高等职业教育"十三五"精品教材

电工技术及应用

主　编　邓　勇　王海军　牟　刚
副主编　朱文艳　何　艳　张俊佳
　　　　　龚清林　王　骁

西南交通大学出版社
·成　都·

图书在版编目（CIP）数据

电工技术及应用 / 邓勇，王海军，牟刚主编. —成都：西南交通大学出版社，2020.9（2022.7 重印）
ISBN 978-7-5643-7505-8

Ⅰ. ①电… Ⅱ. ①邓… ②王… ③牟… Ⅲ. ①电工技术 – 高等职业教育 – 教材 Ⅳ. ①TM

中国版本图书馆 CIP 数据核字（2020）第 132056 号

Diangong Jishu ji Yingyong
电工技术及应用

主编　邓　勇　　王海军　　牟　刚

责任编辑	穆　丰
助理编辑	赵永铭
封面设计	曹天擎

出版发行	西南交通大学出版社 （四川省成都市金牛区二环路北一段 111 号 西南交通大学创新大厦 21 楼）
邮政编码	610031
发行部电话	028-87600564　028-87600533
网址	http://www.xnjdcbs.com
印刷	四川森林印务有限责任公司

成品尺寸	185 mm×260 mm
印张	19.25
字数	432 千
版次	2020 年 9 月第 1 版
印次	2022 年 7 月第 2 次
定价	49.80 元
书号	ISBN 978-7-5643-7505-8

课件咨询电话：028-81435775
图书如有印装质量问题　本社负责退换
版权所有　盗版必究　举报电话：028-87600562

前言 PREFACE

电工技术是电气自动化、机电一体化、供配电技术等相关专业的一门基础课程，该课程对后续专业课程的学习及以后从事机电相关工作具有重要的支撑作用。本书根据高职院校电气、机电相关专业对电工知识及技能的要求编写而成，理论知识以够用为原则，注重知识和技能的应用。通过项目式任务，使学生掌握必要的电工技能。

本书为校企合作联合编审的教材，邀请了重庆市轨道交通（集团）有限公司廖承波高级工程师、重庆公共运输职业学院唐春林教授担任联合主审，还邀请了具有多年一线工作经验的老师对教材内容参与审定。

本书内容包括八个综合训练项目：项目一介绍简单直流电路的认识与测量；项目二通过制作指针式万用表介绍复杂直流电路的分析过程；项目三通过日光灯照明电路的装调介绍单相交流电路；项目四介绍三相交流电路的分析与测量；项目五介绍单相变压器的原理及测试；项目六介绍直流电动机的测试及电力拖动；项目七介绍三相交流异步电动机的认识及拆装；项目八介绍低压电器及其控制电路的安装调试。每个项目又分不同的任务，以任务为驱动，首先讲解任务相关的理论知识，然后通过实践任务完成知识的应用分析。

本书由重庆公共运输职业学院邓勇、王海军、牟刚担任主编，朱文艳、何艳、张俊佳、龚清林、王骁担任副主编。邓勇对本书的内容和编写思路进行了总体策划，并对全书进行统稿。邓勇、牟刚编写了项目六、七、八；王海军、金钊编写了项目二、三、四；朱文艳编写了项目五；何艳编写了项目一；重庆公共运输职业学院龚清林、王骁参与了项目八的编写；张俊佳参与了项目一的编写；邓雄参与了项目七的编写；廖化容、刘阳参与了项目五的编写。此书在编写过程中，得到了重庆公共运输职业学院徐晓灵、蔡娟、马羊琴、张芳莉、张莉、杨靓雨、卢文、罗苹等老师的支持和帮助，在此一并表示感谢。

为便于教师更好地使用本书教学，也为学生更好地学习掌握本书知识，本书增加了课程标准、教案、PPT、微课视频等数字资源，读者通过手机扫描二维码即可获取相应数字资源。

由于编者水平和经验有限，书中难免有不足之处，恳请读者批评指正。

编 者

2020 年 6 月

课程标准

教案

PPT

目录 CONTENTS

项目一　简单直流电路的认识与测量 ·· 001
　【项目目标】·· 001
　【项目描述】·· 001
　【相关知识】·· 001
　　一、电路及其模型·· 001
　　二、电路的基本物理量·· 003
　　三、电路的基本元件·· 007
　　四、电路的工作状态和电气设备的额定值·· 014
　【项目实施】·· 018
　　任务　电路元件伏安特性的测量··· 018
　【知识拓展】·· 022
　　一、误差··· 022
　　二、常用电工工具和仪表·· 024
　【研讨】·· 030
　【训练】·· 031
　　实训任务一　导线绝缘层的剖削··· 031
　　实训任务二　导线的连接·· 035

项目二　MF-47 指针式万用表的制作 ·· 040
　【项目目标】·· 040
　【项目描述】·· 040
　【相关知识】·· 040
　　一、等效变换法·· 040
　　二、基尔霍夫定律··· 053
　【项目实施】·· 057

任务一　万用表的常用检测功能 057
　　　任务二　MF-47型万用表的焊接与安装 058
　【知识拓展】 062
　　　一、支路电流法 062
　　　二、叠加定理 064
　　　三、戴维南定理 065
　【研讨】 067
　【训练】 069
　　　实训任务　基尔霍夫定律和叠加原理的验证 069

项目三　日光灯电路装调与功率因数的提高 076
　【项目目标】 076
　【项目描述】 076
　【相关知识】 076
　　　一、正弦交流电的基本特征 076
　　　二、相量及其与正弦量的对应关系 079
　　　三、单一参数的正弦交流电路 083
　　　四、正弦交流电路中的功率 089
　　　五、功率因数的提高及意义 092
　【任务实施】 099
　　　任务　日光灯电路的测量及功率因数的提高 099
　【知识拓展】 104
　　　一、阻抗的串并联 104
　　　二、RLC串并联电路 106
　　　三、谐振电路 110
　【研讨】 114
　【训练】 116
　　　实训任务一　简单照明电路的装调 116
　　　实训任务二　照明线路常见故障及检修 118

项目四　三相交流电路的分析与测量 122
　【项目目标】 122
　【项目描述】 122
　【相关知识】 122
　　　一、三相交流电源 122
　　　二、三相负载的连接 126
　　　三、三相电路的功率 132

【项目实施】 134
  任务　三相交流电路的分析与测量 134
【知识拓展】 141
  一、安全用电常识 141
  二、触电的危害性与急救 144
【研讨】 149
【训练】 151
  实训任务　配电箱接线 151

项目五　单相变压器的原理及测试 158

【项目目标】 158
【项目描述】 158
【相关知识】 158
  一、磁场的基本物理量和安培环路定律 158
  二、磁性材料的磁性能 160
  三、磁路和磁路定律 161
  四、铁心线圈 162
  五、单相变压器 164
【项目实施】 168
  任务　单相变压器的测试及同名端判别 168
【知识拓展】 171
  一、互感和耦合 171
  二、三相变压器 172
  三、其他变压器 176
【研讨】 178

项目六　直流电动机的测试及电力拖动 179

【项目目标】 179
【项目描述】 179
【相关知识】 179
  一、直流电机的认知 179
  二、他励直流电动机的电力拖动 187
【项目实施】 199
  任务　他励直流电动机的电枢电阻测试及使用 199
【知识拓展】 203
  一、直流电动机的使用 203
  二、直流电动机的维护 204

三、直流电动机的常见故障及检修方法 ················ 205
　【研讨】············ 207

项目七　三相异步电动机的认识及拆装 ············ 208
　【项目目标】············ 208
　【项目描述】············ 208
　【相关知识】············ 208
　　一、三相异步电动机的认知 ············ 208
　　二、三相异步电动机的运行 ············ 219
　【项目实施】············ 229
　　任务一　三相异步电动机的绕组判别与接线 ············ 229
　　任务二　三相异步电动机的拆装 ············ 233
　【知识拓展】············ 238
　　一、单相异步电动机简介 ············ 238
　　二、三相异步电动机的选用原则、安装原则及故障维修 ············ 242
　【研讨】············ 248

项目八　三相异步电动机的继电器-接触器控制 ············ 250
　【项目目标】············ 250
　【项目描述】············ 250
　【相关知识】············ 250
　　一、低压电器概述 ············ 250
　　二、电气控制线路的识读 ············ 275
　【项目实施】············ 279
　　任务一　三相异步电动机的点动控制 ············ 279
　　任务二　三相异步电动机的连续运行控制 ············ 283
　　任务三　三相异步电动机的点长动运行控制 ············ 286
　　任务四　三相异步电动机的正反转控制 ············ 289
　【知识拓展】············ 292
　　一、三相异步电动机的控制 ············ 292
　　二、电气控制线路的安装工艺与调试方法 ············ 297
　【研讨】············ 298

参考文献 ············ 300

项目一 简单直流电路的认识与测量

【项目目标】

认识电工实验室的直流电源、常用工具和仪表;能对电路中电流、电压、电位、电动势、电能、电功率等常用物理量进行分析与计算;能利用欧姆定律对电路进行分析与计算;能判断电路的工作状态;熟练使用常用的电工工具。

【项目描述】

通过本项目的学习,能对简单直流电路进行分析和测量,会利用万用表对电阻、电容、电感等常用元件进行识别和检测,并能将实际的元器件和理论的元器件对应。通过对常用电工工具的学习,会根据不同的导线选用适当的剖削工具,能检查剖削过绝缘层的导线,看是否存在断丝、线芯受损的现象;会根据不同的导线选用适当的连接工具,检查连接后的导线,看是否存在连接松动的现象。

【相关知识】

一、电路及其模型

(一)电路的组成及作用

电流所流过的回路叫作电路,也称为导电回路。它是为了某种需要,把一些电气设备或元器件按一定方式连接而成的电流通路。电路通常由电源、负载和中间环节三部分组成。

(1)电源(供能元件):将其他形式的能量转换为电能的设备,如发电机、电池等。

(2)负载(耗能元件):将电源供给的电能转换为其他形式的能量,如电动机、电灯、空调及电炉等。

(3)中间环节:连接电源和负载的部分,用来传递信号、传输及分配电能,如开关、连接导线、接触器及继电器等。

电路具有两个主要的功能：

（1）能实现电能与其他形式能量的转换、传输和分配，如地铁供电系统（见图1-1）、发电厂系统（见图1-2）。

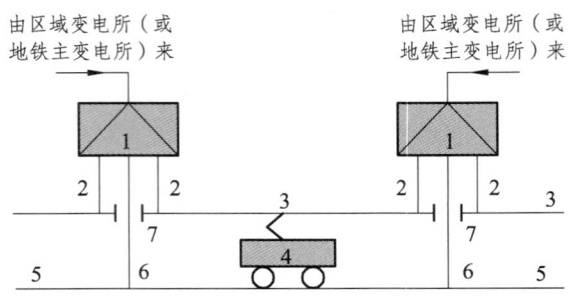

1—牵引变电所；2—馈电线；3—接触网；4—电动列车；
5—钢轨；6—回流线；7—电分段。

图1-1　地铁供电系统

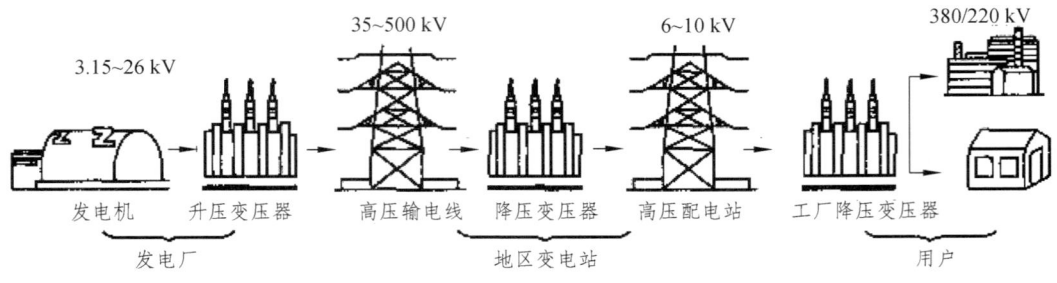

图1-2　发电厂系统

（2）可以实现信号的传递和处理，如通信系统（见图1-3）。

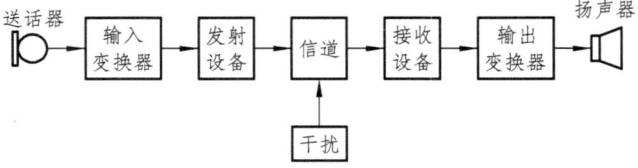

图1-3　通信系统原理图

（二）电路模型

1. 电路模型的定义

电路模型是由实际电路抽象而成，它近似地反映实际电路的电气特性。电路模型由一些理想电路元件用理想导线连接而成。用不同特性的电路元件按照不同的方式连接就构成不同特性的电路。

根据实际电路的不同工作条件以及对模型精确度的不同要求，应当用不同的电路模型模拟同一实际电路。这种抽象的电路模型中的元件均为理想元件。

实际电路一般由三部分组成，即提供电能的设备（电池、发电机等）、传输设备（连接导线、开关）、使用电能的设备（电灯等）。手电筒的电路模型如图 1-4 所示。由于实际电路的几何形态差异很大，并且电路中的各元器件和导线之间存在相互影响的电磁干扰，为了更方便地分析和研究问题，可以用抽象的理想电路元件及其组合，近似地代替实际的器件，由理想电路元件组成的电路称为电路模型。

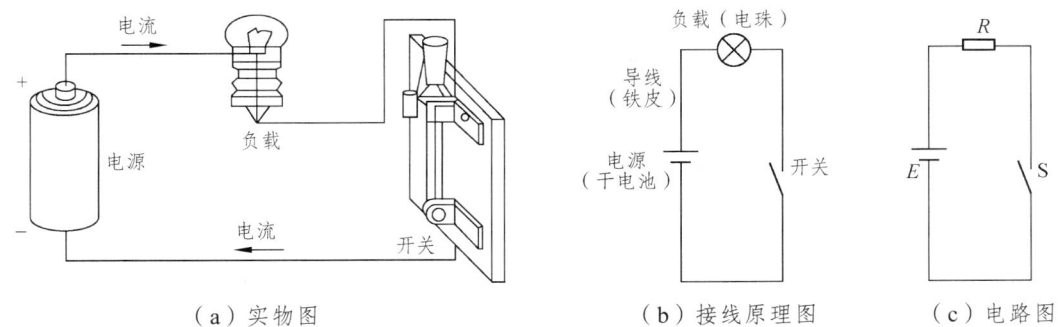

图 1-4　手电筒的电路模型

2. 常用的理想元件及其符号

常用的理想元件及其符号如表 1-1 所示。

表 1-1　常用理想元件及其符号

名称	符号	名称	符号
电阻	─▭─	接地	⏚ 或 ⏊
电池	─┤├─	熔断器	─▭─
电灯	─⊗─	电容	─┤├─
开关	─/─	电感	─⌇⌇⌇─
电流表	─Ⓐ─	电压源	─⊕─
电压表	─Ⓥ─	电流源	─⊙─

二、电路的基本物理量

（一）电流及参考方向

在电场力的作用下，电荷有规则地定向移动，形成了电流。电流既是一种物理现象，又是一个物理量。电流不仅有大小，而且有方向。习惯上规定正电荷移动的方向或负电荷移动的反方向为电流的实际方向，如图 1-5 所示。

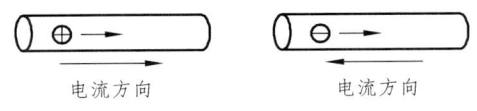

图 1-5　电流的方向

在单位时间内流过导体任一横截面的电荷量定义为电流强度，它是描述电流强弱的物理量，简称为电流，用字母 I 表示。设在 t 时间内通过导体截面的电荷量为 Q，则电流表示为

$$I = \frac{Q}{t} \quad (1\text{-}1)$$

式中　I——电流，A；
　　　Q——在时间 t 内通过导体横截面的电荷量，C（库仑）；
　　　t——时间，s。

根据电流变化的情况，电流有两种基本的形式：直流电流和交流电流。大小和方向都不随时间变化的电流称为恒定电流，简称直流，常用字母"DC"表示。大小和方向随时间变化的电流称为交流电流，简称为交流，常用字母"AC"表示，如果交流电流是按正弦规律变化，则称为正弦交流电流。

在国际单位制中，电流 I 的单位为安培，简称安（A）。如果 1 s 内通过导体横截面的电荷量为 1 C 时，则导体中的电流为 1 A。常用的电流单位还有千安（kA）、毫安（mA）和微安（μA）等，它们之间的换算关系如下：

$$1\text{ kA} = 10^3 \text{ A};\ 1\text{ A} = 10^3 \text{ mA};\ 1\text{ mA} = 10^3 \text{ μA}$$

电流的方向可用箭头表示，也可用字母顺序表示，用字母的双下标表示时为 I_{ab}，如图 1-6 所示。

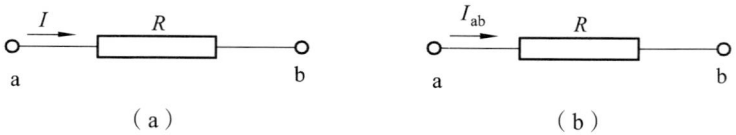

图 1-6　电流方向的表示

电流的参考方向，也称为正方向，可以任意选定。在电路中一般用箭头表示。当电流的参考方向与实际方向一致时，电流为正值（$I > 0$）；当电流的参考方向与实际方向相反时，电流为负值（$I < 0$），如图 1-7 所示。

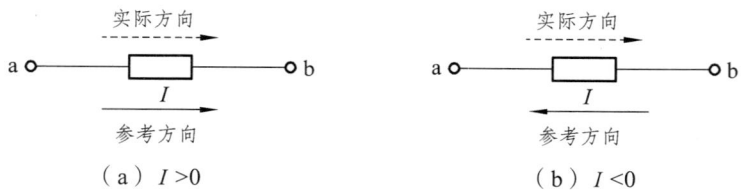

图 1-7　电流的参考方向与实际方向

（二）电压及参考方向

电压，也称作电势差或电位差，是衡量单位电荷在静电场中由于电势不同所产生的能量差的物理量。其大小等于单位正电荷因受电场力作用从 a 点移动到 b 点所做的功，

称为 a、b 间的电压，用 u_{ab}（U_{ab}）表示。习惯上规定电压的实际方向为从高电位点指向低电位点，即电压降的方向，可用"+""-"号表示，也可用字母的双下标表示，如图 1-8 所示。

图 1-8　电压的表示

在电场中若电场力将单位正电荷 Q 从 a 点移动到 b 点所做的功为 W_{ab}，则功 W_{ab} 与电荷 Q 的比值就称为该两点之间的电压。用 U_{ab} 表示，其表达式为

$$U_{ab} = \frac{W_{ab}}{Q} \tag{1-2}$$

式中　U_{ab}——a 点到 b 点间的电压（电位差），V；

　　　Q——被移动电荷的电荷量，C；

　　　W_{ab}——电场力所做的功，J。

在国际单位制中，电压的单位是伏特，简称"伏"，用字母"V"表示。常用的还有千伏（kV）、毫伏（mV）、微伏（μV）等，它们之间的换算关系是

$$1\,kV = 10^3\,V;\ 1\,V = 10^3\,mV;\ 1\,mV = 10^3\,μV$$

电压的参考方向可用箭头"→"表示，也可用双下标（$U_{ab} = -U_{ba}$）表示，还可用极性"+""-"表示，"+"表示高电位，"-"表示低电位。多数情况下采用双下标和极性表示法，如图 1-8 所示。

当电压的参考方向与实际方向一致时，电压为正（$U > 0$）；当电压的参考方向与实际方向相反时，电压为负（$U < 0$），如图 1-9 所示。在分析电路时，往往难以确定电压的实际方向，此时可以先任意假设电压的参考方向，再根据计算所得值的正负来确定电压的实际方向。为了分析电路的方便，电压和电流常取一致的参考方向，称为关联参考方向，否则为非关联参考方向，如图 1-10 所示。

（a）$U > 0$　　　　　　　　　　（b）$U < 0$

图 1-9　电压的参考方向与实际方向

（a）U、I 为关联参考方向　　　　　　（b）U、I 为非关联参考方向

图 1-10　关联参考方向与非关联参考方向

（三）电位

电场力把单位正电荷 Q 从电路中某一点 a 沿任意路径移动到参考点 O，电场力所做的功，称为 a 点的电位，记为 V_{aO}，规定参考点的电位为 0 V，即 $V_O = 0$。参考点的电位为零可用符号"⏚"表示，也可用符号"⊥"表示。前者表示用大地作为参考点，后者表示用若干导线连接的公共点或机壳作为参考点。电位的单位与电压相同，用"V"表示。

那么电路中任意一点的电位，就是该点与参考点之间的电压。而电路中任意两点间的电压也可用两点间的电位差来表示，即

$$U_{ab} = V_a - V_b \tag{1-3}$$

电路中两点间的电压是不变的，电位随参考点（零电位点）选择的不同而不同。

（四）电动势

在电源内部，非电场力（即局外力）把单位正电荷由低电位端（负极）移到高电位端（正极）所做的功，称为电动势，用字母 $e(E)$ 表示。电动势是衡量电源将非电能转换成电能本领大小的物理量。电动势的实际方向在电源内部从低电位端指向高电位端。单位与电压相同，用"V"表示。

设在电源内部，非电场力把正电荷 Q 从低电位端移至高电位端所作功为 W，则电源的电动势为

$$E = \frac{W}{Q} \tag{1-4}$$

式中　W——外力对电荷所做的功，J；
　　　Q——被移动电荷的电荷量，C；
　　　E——电源的电动势，V。

在交流情况下，电动势用小写字母 e 来表示。电动势只存在于电源内部，在电路分析中也是一个有方向的物理量。其实际方向的规定与电压实际方向相反，由低电位指向高电位，即由电源的负极指向电源的正极。如同水泵能够把低处的水抽到高处的作用一样。

在图 1-11 中，电压 U_{ab} 是电场力把单位正电荷由外电路从 a 点移到 b 点所做的功，由高电位指向低电位的方向，是电压的实际方向。电动势是非电场力在电源内部克服电场阻力，把单位正电荷从 b 点移到 a 点所做的功。在图 1-12 中，直流电源在没有与外电路连接的情况下，电动势与两端电压大小相等。

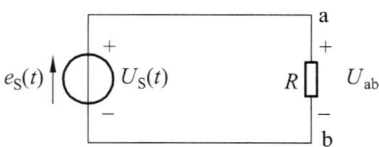
图 1-11　电压与电动势的关系

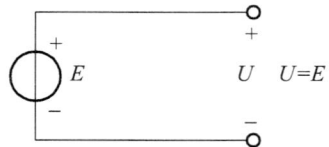
图 1-12　直流电源开路时电压与电动势的关系

（五）电功与电功率

电流所做的功叫作电功。电流做功的实质是把电能转化成多种其他形式的能量。如：电流通过电炉发热，电能转化为内能；电流通过电灯时，灯丝灼热发光，电能转化为热能和光能等。电流做了多少功，就有多少电能转化为其他形式的能，但能的总量不变。设 a、b 两点的电压为 U，流过的电流为 I，在时间 t 内，电荷 q 受电场力作用从 a 点（电源正极）移动到 b 点（电源负极），电场力所做的功为

$$W = UIt \tag{1-5}$$

式中　W——电功，J，有时电功也用度（千瓦·时）表示；

　　　U——电压，V；

　　　I——电流，A；

　　　t——通电时间，s。

电功率用来表示电流做功的快慢，也就是电场力在单位时间内所做的功。设电场力在时间 t 内所做功为 W，则电功率表示为

$$P = \frac{W}{t} = UI \tag{1-6}$$

式中，P 为电功率（W）。

在国际单位制中，功率的单位是瓦[特]，符号为 W。常用的电功率单位还有千瓦（kW）和毫瓦（mW），它们之间的关系为

$$1\text{ kW} = 10^3\text{ W}；\quad 1\text{ W} = 10^3\text{ mW}$$

电路吸收或发出功率的判断：

① U、I 取关联参考方向：$P = UI$，如 $P>0$，则吸收正功率（实际吸收），表明该元件是负载性质；如 $P<0$，则吸收负功率（实际发出），表明该元件为电源。

② U、I 取非关联参考方向：$P = -UI$，结论与上述一致。

例如，标注为"220 V、1 kW"的电动机，是指该电动机运行在 220 V 电压时，1 s 内可将 1 000 J 的电能转换成机械能和热能；"220 V、40 W"的电灯，表明该灯在 220 V 电压下工作时，1 s 内可将 40 J 的电能转换成光能和热能。如果用电器上实际加的电压不等于额定电压，则电功率也不等于额定电功率。

三、电路的基本元件

（一）电阻元件

电阻元件用 R 表示。电流通过导体，导体对电流有一定的阻碍作用，这个阻碍作用称为电阻。电阻元件一般是反映实际电路中的耗能元件，如灯泡、电热炉等电器。根据电阻定律，在一定温度下，导体的电阻与导体的尺寸（大小、长短）、构成导体的材料及外部条件（如温度）有关，导体电阻的计算公式为

$$R = \rho \frac{l}{S} \tag{1-7}$$

式中　　R——为导体的电阻，Ω；

　　　　ρ——电阻材料的电阻率，Ω·m；

　　　　l——导体的长度，m；

　　　　S——导体的横截面面积，m^2。

电阻的单位是欧姆，用字母"Ω"表示。常用的电阻单位还有千欧（kΩ）和兆欧（MΩ），它们之间的换算关系为

$$1\ MΩ = 10^3\ kΩ = 10^6\ Ω$$

常用材料在 20 ℃ 的电阻率如表 1-2 所示。

表 1-2　常用材料在 20 ℃ 的电阻率

材料名称	电阻率 $\rho/\Omega\cdot m$
银	1.6×10^{-8}
铜	1.7×10^{-8}
铝	2.9×10^{-8}
铁	1.0×10^{-7}
锡	1.1×10^{-7}
钢	2.5×10^{-7}
锰铜	4.4×10^{-7}
康铜	5.0×10^{-7}
镍铬合金	1.0×10^{-6}
铁铬铝合金	1.4×10^{-6}
铝镍铁合金	1.6×10^{-6}
石墨	$(8 \sim 13) \times 10^{-6}$

电阻通常分为线性电阻（伏安特性曲线为直线）和非线性电阻（伏安特性曲线为曲线）。常用电阻器类型：R_X 表示线绕电阻器、R_T 表示碳膜电阻器、R_J 表示金属膜电阻器、R_S 表示实心电阻器。

在同一电路中，导体中的电流跟导体两端的电压成正比，跟导体的电阻成反比，这就是著名的欧姆定律。

当电阻两端的电压与流过电阻的电流是关联参考方向时，如图 1-13（a）所示，根据欧姆定律电压与电流成正比，有如下关系：

$$u = iR \tag{1-8}$$

当电阻两端的电压与流过的电流为非关联参考方向时，如图 1-13（b）所示，根据欧姆定律电压与电流成反比，有如下关系：

$$u = -iR \tag{1-9}$$

图 1-13 电阻、电压、电流的关系

电阻的伏安特性是指电阻两端电压与通过它的电流之间的关系。由欧姆定律可知，电阻的伏安特性是 $u = iR$。以电流为横坐标，电压为纵坐标，可画出电阻的伏安特性曲线。如电阻的数值不随电压或电流变化，是一常数，则称电阻为线性电阻，其伏安特性是一条过原点的直线，如图 1-14 所示。当电阻两端的电压与流过电阻的电流不成正比关系时，电阻的伏安特性是曲线。该电阻的数值不是一个常数，随电压、电流变动，故称为非线性电阻。非线性电阻的伏安特性如图 1-15 所示。

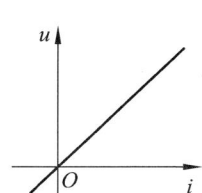
图 1-14 线性电阻的伏安特性

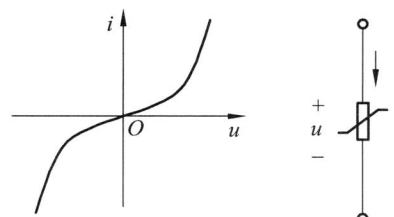
图 1-15 非线性电阻的伏安特性

电阻功率：

$$p = ui = Ri^2 = \frac{u^2}{R} \tag{1-10}$$

从式（1-10）中可以看出不论 u、i 是正值还是负值，p 总是大于零，说明电阻元件总是消耗电功率的，与电压、电流的实际方向无关，故电阻是耗能元件。

电阻的倒数称为电导，用符号 G 表示，即

$$G = \frac{1}{R} \tag{1-11}$$

由式（1-11）可见，导体的电阻越小，电导就越大，电导值大说明导体的导电性能良好。电导的单位是西门子（S），简称为西。

电阻的标称阻值、阻值误差、额定功率等参数一般用数字和文字符号直接标在电阻的表面上，称为直接标注法；也可用代表不同含义的颜色环表示，即色环标注法。

（1）电阻的标称阻值。

电阻的标称阻值根据国家制定的标准系列标注。生产者按照国家规定的标称阻值系列生产，使用者按照国家规定标称阻值范围选用电阻。常用的标称电阻系列及误差等级如表 1-3、表 1-4 所示。

表 1-3　常用电阻器的标称阻值系列

容许误差	系列代号	系 列 值										
±5%	E24	1.0	1.1	1.2	1.3	1.5	1.6	1.8	2.0	2.2	2.4	2.7　3.0
		3.3	3.6	3.9	4.3	4.7	5.1	5.6	6.2	6.8	7.5	8.2　9.1
±10%	E12	1.0	1.2	1.5	1.8	2.2	2.7	3.3	3.9	4.7	5.6	6.8　8.2
±20%	E6	1.0	1.5	2..2	3.3	4.7	6.8					

表 1-4　电阻误差等级

容许误差	±0.5%	±1%	±5%	±10%	±20%
等　　级	0.05	0.01	Ⅰ	Ⅱ	Ⅲ

（2）直接标注法。

将电阻的阻值及误差范围直接用数字印在电阻上，对小于 1 000 Ω 的阻值只标数不标单位，对 kΩ、MΩ 可以只标注 k、M，精度等级只标Ⅰ级或Ⅱ级，对Ⅲ级不标明。例如：5.1k 5%表示标称阻值 5.1 kΩ，误差 5%。

（3）文字符号法。

用文字和数字按照一定规律组合标注电阻的阻值与误差。例如：5Ω1 表示 5.1 Ω；R33 表示 0.33 Ω。阻值允许误差与字母对照如表 1-5 所示。例如：2R2K 表示 2.2 Ω、允许误差±10%；6k8M 表示 6.8 kΩ、允许误差±20%。

表 1-5　阻值允许误差与字母对照表

字母	允许误差	字母	允许误差
W	±0.05%	G	±2%
B	±0.1%	J	±5%
C	±0.25%	K	±10%
D	±0.5%	M	±20%
F	±1%	N	±30%

（4）色环标注法。

体积较小的一些电阻器，其阻值和误差常以色环标注。目前，普通电阻器大多数采用色环来标识，它是在普通电阻的封装上涂上不同颜色的色环，用来区分电阻的阻值。色环电阻可以分为四环和五环，从左至右进行识读，其色环属性说明如表 1-6 所示。

表 1-6　色环标注法

颜色	第 1 数字	第 2 数字	第 3 数字（5 环电阻）	乘数	误差
黑	0	0	0	$10^0=1$	
棕	1	1	1	$10^1=10$	±1%
红	2	2	2	$10^2=100$	±2%
橙	3	3	3	$10^3=1\ 000$	
黄	4	4	4	$10^4=10\ 000$	

续表

颜色	第1数字	第2数字	第3数字（5环电阻）	乘数	误差
绿	5	5	5	$10^5=100\ 000$	±0.5%
蓝	6	6	6		±0.25%
紫	7	7	7		±0.1%
灰	8	8	8		
白	9	9	9		
金	注：第3数字是五色环电阻才有的			$10^{-1}=0.1$	±5%
银				$10^{-2}=0.01$	±10%

四环电阻为常用电阻，而五环电阻的精度较高，最高精度为±0.1%，标称阻值比较准确。在读数时，一定要分清楚色环的始端和末端，记住色环离电阻边缘较近的一端为首端，较远的一端为末端。由表1-6可知，四环电阻前两环为数字，第三环表示阻值倍乘的数，最后一环为误差；五环电阻前三环为数字，第四环表示阻值倍乘的数，最后一环为误差。误差标注通常是金、银和棕三种颜色，金色的误差为±5%，银色的误差为±10%，棕色的误差为±1%，无色的误差为±20%，另外偶尔还有以其他颜色代表误差。

（二）电容元件

电容元件用字母 C 表示。电容是反映电容器储存电荷能力大小的物理量。实际电容通常由两块金属极板中间充满介质（如空气、云母、绝缘纸、塑料薄膜和陶瓷等）构成。当忽略电容器的漏电阻和电感时，可将其抽象为只具有储存电场能性质的电容元件。电容是电路中的基本元件之一，在各种电子产品和电力设备中有着广泛的应用。在电子技术中电容常用于滤波、移相、选频等电路，还能起到"隔直通交"等作用，在电力系统中电容可用来提高系统的功率因素。

电容元件能够储存电场能量。如图1-16所示，当电容元件上电压的参考方向由正极板指向负极板，则正极板上的电荷 q 与其两端电压 u 有以下关系：

$$q = Cu$$

$$C = \frac{q}{u} \tag{1-12}$$

式中　C——电容量，F；

　　　q——电荷量，C；

　　　u——两极板间的电压，V。

电容只与电容器本身的性质有关，与电容器所带的电量及电容器两极板间的电压无关。当电容是正实常数时，电容为线性电容，如图1-17所示，其库伏特性是通过原点的一条直线。

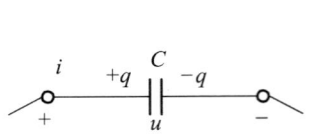 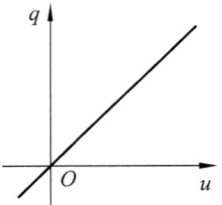

图 1-16　电容元件　　　　图 1-17　线性电容的库伏特性曲线

在国际单位制中，电容的单位是法拉（F），简称法。当电容两端的电压是 1 V，极板上电荷为 1C 时，电容是 1 F。常用单位还有微法（μF）和皮法（pF），它们之间的关系为

$$1\ \text{F}=10^6\ \mu\text{F}=10^{12}\ \text{pF}$$

当电容两端的电压 u 与流进正极板的电流参考方向一致时，为关联参考方向，有

$$i = \frac{dq}{dt} \tag{1-13}$$

把式 $q = Cu$ 代入式（1-13）得

$$i = C\frac{du}{dt} \tag{1-14}$$

由式（1-14）可知：

① i 的大小取决于 u 的变化率，与 u 的大小无关，电容是动态元件。
② 当 u 为常数（直流）时，$i=0$。电容相当于开路，电容有隔断直流作用。
③ 实际电路中通过电容的电流 i 为有限值，则电容电压 u 必定是时间的连续函数。

当电容一定时，电流与电容两端电压的变化率成正比，当电压为直流电压时，电流为零，电容相当于开路。电容元件两端电压与通过的电流在关联参考方向下，从 0 到 τ 的时间内，元件所吸收的电能为

$$W_C = \int_0^\tau p\,dt = \int_0^\tau ui\,dt = C\int_0^\tau u\frac{du}{dt}dt = C\int_{u_0}^{u_\tau} u\,du = \frac{1}{2}Cu^2(\tau) \tag{1-15}$$

从式（1-15）中可以看出：假定 $u(0) = 0$，当 C 一定时，电场能量随电压的增加而增加。电容的储能只与当时的电压值有关，电容电压不能跃变，反映了储能不能跃变，且电容储存的能量一定大于或等于零。

（三）电感元件

电感元件用 L 表示。电感也称为自感系数，是反映电感线圈存储磁场能的能力的物理量。它是线圈本身的固有特性，主要取决于线圈的圈数、结构及绕制方法等，与电流大小无关。电感是电路中的基本元件之一，在电子技术和电力系统中常常可以看到用导线绕制而成的线圈，如收音机中的高频扼线圈、日光灯电路中的整流器等。电感能起到"阻交通直"等作用，在电力系统中可用来提高系统的功率因数。

图 1-18 所示是实际的线圈，假定绕制线圈的导线无电阻，线圈有 N 匝，当线圈通以电流 i，在线圈内部将产生磁通 Φ_L，若磁通 Φ_L 与线圈 N 匝都交链，则磁链 $\psi_L = N\Phi_L$。

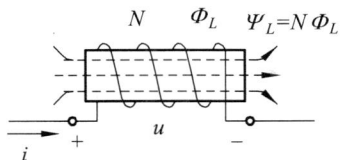

图 1-18　实际线圈

在电路中一般用图 1-19 表示上述的实际线圈，并用字母 L 表示，通常称为电感元件，能够储存磁场能量。Φ_L 和 ψ_L 都是线圈本身电流产生的，称为自感磁通和自感磁链。

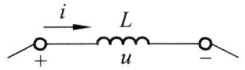

图 1-19　电感元件

当磁通 Φ_L 和磁链 ψ_L 的参考方向与电流 i 参考方向之间满足右手螺旋定则时，有

$$\psi_L = N\Phi_L = Li \tag{1-16}$$

式中，L 为线圈的自感或电感。

在国际单位制中，磁通和磁链的单位是韦伯（Wb），简称韦，电感的单位是亨利（H），简称亨。常用的还有毫亨（mH）、微亨（μH），它们之间的关系为

$$1\ \text{H} = 10^3\ \text{mH} = 10^6\ \mu\text{H}$$

当 $L = \dfrac{\psi_L}{i}$ 是正实常数时，称为线性电感，如图 1-20 所示，韦安特性是通过原点的一条直线。

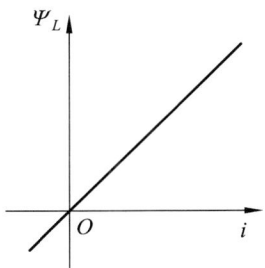

图 1-20　线性电感的韦安特性曲线

当电感元件两端电压和通过电感元件的电流在关联参考方向下时，根据楞次定律，有

$$u = \frac{\mathrm{d}\psi_L}{\mathrm{d}t} \tag{1-17}$$

把 $\psi_L = Li$ 代入式（1-17），得

$$u = L\frac{\mathrm{d}i}{\mathrm{d}t} \qquad (1\text{-}18)$$

从式（1-18）可以看出：

① 电感电压 u 的大小取决于 i 的变化率，与 i 的大小无关，电感是动态元件。

② 当 i 为常数（直流）时，$u=0$。电感相当于短路。

③ 实际电路中电感的电压 u 为有限值，则电感电流 i 不能跃变，必定是时间的连续函数。

电感元件两端电压和通过电感元件的电流在关联参考方向下，从 0 到 τ 的时间内电感元件所吸收的电能为

$$W_L = \int_0^\tau p\mathrm{d}t = \int_0^\tau ui\mathrm{d}t = L\int_0^\tau i\frac{\mathrm{d}i}{\mathrm{d}t}\mathrm{d}t = L\int_{i_0}^{i_\tau} i\mathrm{d}i = \frac{1}{2}Li^2(\tau) \qquad (1\text{-}19)$$

从式（1-19）中可看出：假定 $i(0)=0$，L 一定时，磁场能量 W_L 随着电流的增加而增加。电感的储能只与当时的电流值有关，电感电流不能跃变，反映了储能不能跃变，且电感储存的能量一定大于或等于零。

四、电路的工作状态和电气设备的额定值

（一）电路的工作状态

在电子电路中，要学会分析电路，就要从了解电路的三种状态开始。电路在不同的工作条件下会呈现不同的工作状态。直流电路的状态包括通路（负载）状态、短路状态、开路（空载）状态。三种状态下的电源电压分别是 $U=E\text{-}IR$，$U=0$，$U=E$。下面分别介绍这三种状态。

1. 通路状态

通路就是电路中的开关闭合，负载中有电流流过。在这种状态下，电源端电压与负载电流的关系可以用电源外特性确定，根据负载的大小，又分为满载、轻载、过载三种情况。负载在额定功率下的工作状态为额定工作状态或满载，低于额定功率的工作状态为轻载，高于额定功率的工作状态为过载。由于过载很容易烧坏电器，所以一般情况都不允许出现过载。图 1-21 所示为简单直流电路，闭合开关 S 合上，电路中产生了电流 I，电路处于负载状态。

电流的大小：
$$I = \frac{E}{R_0 + R} \qquad (1\text{-}20)$$

负载两端的电压：
$$U_{ab} = E - IR_0 \qquad (1\text{-}21)$$

根据式（1-21）可画出 U_{ab} 与 I 的 U-I 曲线，如图 1-22 所示。

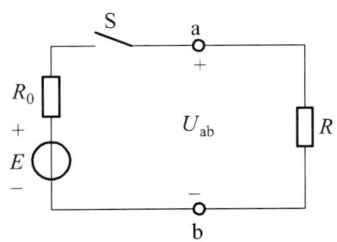 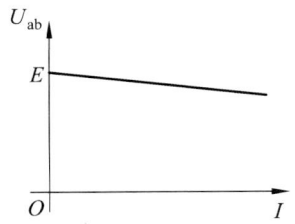

图 1-21 简单直流电路　　　　图 1-22 电路负载状态的 U–I 曲线

电源的内阻 R_0 一般很小，即 $R_0 \ll R$，从 U-I 曲线中可见，负载两端的电压 $U_{ab} \approx E$，说明电路带负载能力较强。将式（1-21）两边乘以电流 I，得

$$U_{ab}I = EI - I^2R_0 \quad (1\text{-}22)$$

即
$$P = P_E - \Delta P \text{ 或 } P_E = P + \Delta P \quad (1\text{-}23)$$

式中，$P_E = EI$ 表示电源发出的功率；$\Delta P = I^2R_0$ 表示电源内阻上消耗的功率；$P = U_{ab}I$ 表示负载上得到的功率。

2. 短路状态

如果外电路被阻值近似为零的导体接通，这时电源就处于短路状态，在这种状态下，电路中的电流（短路电流）$I \approx E/R$。我们知道，电源的内阻一般都是很小的，因而短路电流可能达到非常大的数值，这使电源有烧毁的危险，必须严格防止，避免发生。

防止短路的最常见方法是在电路中安装保险管。保险管中的熔丝是由低熔点的铅锡合金、银丝制成。当电流增大到一定数值时，保险丝被熔断，从而切断电路。

如图 1-23 所示，将 a、b 两点用一根导线连接起来，称为短路状态，电流被称为短路电流，在短路状态下电源的端电压为

$$U_{ab} = E - IR_0$$

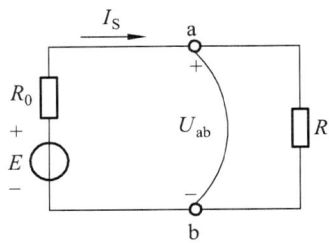

图 1-23 电路的短路状态

短路电流用 I_S 表示，即

$$I = I_S = \frac{E}{R_0} \quad (1\text{-}24)$$

这时 $U_{ab} = 0$，电阻吸收的功率 $P = 0$。电源产生的功率全部消耗在内电阻中，即

$$P_E = EI_S = R_0 I_S^2 \quad (1\text{-}25)$$

可见，短路状态的主要特点是：短路电流很大，电源端电压为零。这里需要说明的是，通常电源的内阻都基本不变并且数值很小，所以可近似认为电源的端电压等于电源电动势。今后若不特别标出电源内阻时，就表示内阻很小，可以忽略不计。

3. 开路状态

开路就是电源两端电路某处断开，电路中没有电流通过，电源不向负载输送电能。对于电源来说，这种状态叫空载。开路状态的主要特点是：电路中的电流为零，电源端电压和电动势相等。

图 1-22 中，S 断开，称为开路状态，也可称为空载或断路状态。电源两端的电压称为开路电压或空载电压，用 U_o 表示，其值等于电源的电动势 E。输出功率 P 等于零，电源不输出功率。

综上所述，电路开路时的特点可表示为

$$\left.\begin{array}{l} I = 0 \\ U_{ab} = U_o = E \\ P = 0 \end{array}\right\} \qquad (1\text{-}26)$$

例 1-1 图 1-24 所示是一个含有电源和负载的闭合回路，电动势 $E = 20\text{V}$，内阻 $R_0 = 0.8\ \Omega$，负载电阻 $R_L = 9.2\ \Omega$，试求：

（1）电路中的电流 I；

（2）负载 R_L 上的电压；

（3）负载吸收的功率、电源产生的功率和内阻消耗的功率；

（4）若负载发生短路时，计算短路电流。

解：（1）电路中的电流：

$$I = \frac{E}{R_0 + R_L} = \frac{20}{0.8 + 9.2} = 2(\text{A})$$

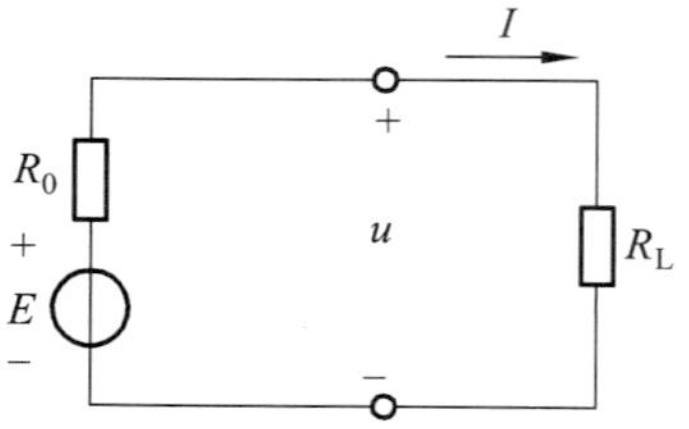

（2）负载 R_L 上的电压：

$$U = R_L I = 9.2 \times 2 = 18.4(\text{V})$$

图 1-24 例 1-1 的电路图

（3）负载吸收的功率：

$$P = UI = 18.4 \times 2 = 36.8(\text{W})$$

电源发出的功率（电动势 E 与电流 I 参考方向一致）：

$$P_E = EI = 20 \times 2 = 40(\text{W})$$

内阻消耗的功率：

$$\Delta P = P_E - P = 40 - 36.8 = 3.2(\text{W})$$

或

$$\Delta P = R_0 I^2 = 0.8 \times 2^2 = 3.2(\text{W})$$

（4）负载短路时的电流：

$$I_S = \frac{E}{R_0} = \frac{20}{0.8} = 25(\text{A})$$

（二）电气设备的额定值

1. 额定值的定义

额定值是根据用户需求和制造厂商生产技术的能力，并考虑到安全、经济、维修、使用等因素，由用户和制造厂双方协商决定的，对于社会上大量需要的产品，还需考虑到长期的社会效益。额定值一般由双方公认的权威机构批准公布，在中国则由国家技术监督局或有关的部门以标准的形式发布。在这些标准中，详尽地规定了额定值的项目、定义、要求（如允许偏差）、测试方法等。各种产品额定值的内容因使用情况不同而各异。电工产品主要额定值一般包括电压、电流、功率、电流种类、工作制、绝缘等级、环境温度、温升、冷却方式等。此外，还有重量、体积（外形尺寸）、绝缘电阻、耐电压强度等。对于交流设备，还有频率、相数、功率因数、波形等要求；对于电动机，还有转矩、轴中心高、底脚螺孔尺寸等要求；对于开关设备，还有断流能力等要求。

通常用 U_N、I_N、P_N 表示额定电压、额定电流和额定功率。这种标记在设备的预期寿命内应清晰可见、易读，并能经久耐用，标记不应设置在打算拆除的部件上（对于设备安装时暂被拆除，安装后又重新装配上的外壳部件除外）。当电压超过额定值许多时，绝缘材料就会被击穿；同样，当负载电流远远小于额定值时会出现欠载情况，设备不能被充分地利用。所以当负载电流与额定值相近、趋于满载时，设备的运行才能达到经济合理和高效率。电动机三种运行状态：

（1）满载状态：使用值等于额定值时电气设备的工作状态（即 $I=I_N$，$P=P_N$）。此时经济合理且安全可靠。

（2）过载状态（超载）：使用值大于额定值时电气设备的工作状态（即 $I>I_N$，$P>P_N$）。此时容易损坏设备。

（3）欠载状态（轻载）：使用值小于额定值时电气设备的工作状态（即 $I<I_N$，$P<P_N$）。此时不经济，有些情况下也损坏设备。

2. 额定值表示方法

（1）利用铭牌标出（电动机、电冰箱、电视机的铭牌）。

（2）直接标在该产品上（电灯泡、电阻）。

（3）写在产品目录中（半导体器件）。

3. 额定值的应用

额定值是指导使用者正确使用电气设备的主要依据，但要提醒注意的是电气设备的额定值并不一定等于该设备使用时的实际值（电压、电流和功率等）。从负载和电源两个方面来看待额定值与实际值之间的关系：

（1）当负载一定，电源电压发生波动时，会影响到电气设备的实际值。例如额定值为 220 V、40 W 的电灯泡，在电源电压高于或低于 220 V 时，它的实际值也会随之大于或小于额定值。

（2）电源的额定功率通常不为实际值，即电源一般不处于额定工作状态，因为在一定电压下电源输出的功率和电流取决于负载的大小，即负载需要多少功率和电流，电源在额定值范围内提供多少。

例 1-2 标有 100 Ω、4 W 的电阻，如果将它接在 20 V 或 40 V 的电源上，能否正常工作？

解：该电阻阻值为 100 Ω，额定功率为 4 W，也就是说，如果该电阻消耗的功率超过 4 W，就会产生过热现象甚至烧毁。

（1）在 20 V 电压作用下时

$$P = \frac{U^2}{R} = \frac{20^2}{100} = 4(\text{W})$$

该值等于额定功率，因此在 20 V 的电源电压作用下时可以正常工作。

（2）在 40 V 电压作用下时，同理可得

$$P = \frac{40^2}{100} = 16(\text{W})$$

16 W > 4 W，此时该电阻消耗的功率已经大大超过其额定值，这种过载情况极易烧毁电阻，使其不能正常工作。应更换阻值相同、额定功率大于或等于 16 W 的电阻。

【项目实施】

任务　电路元件伏安特性的测量

（一）任务目的

（1）学会识别常用电路元件的方法。
（2）掌握线性电阻、非线性电阻元件伏安特性的逐点测试法。
（3）掌握实验台上直流电工仪表和设备的使用方法。

（二）任务要求

（1）根据各任务结果数据，分别在纸上绘制出光滑的伏安特性曲线。其中，二极管和稳压管的正、反向特性均要求画在同一张图中，正、反向电压可取为不同的比例尺。
（2）根据任务结果，总结、归纳被测各元件的特性。
（3）必要的误差分析。
（4）完成后面的思考题。

（三）原理

任何一个电气二端元件的特性可用该元件上的端电压 U 与通过该元件的电流 I 之间的函数关系 $I = f(U)$ 来表示，即用 I-U 平面上的一条曲线来表征，这条曲线称为该元件的

伏安特性曲线。

（1）线性电阻器的伏安特性曲线是一条通过坐标原点的直线，如图 1-25 中 a 所示，该直线的斜率等于该电阻器的电阻值。

（2）一般的白炽灯在工作时灯丝处于高温状态，其灯丝电阻随着温度的升高而增大，通过白炽灯的电流越大，其温度越高，阻值也越大，一般灯泡的"冷电阻"与"热电阻"的阻值可相差几倍至十几倍，所以它的伏安特性如图 1-26 中 b 曲线所示。

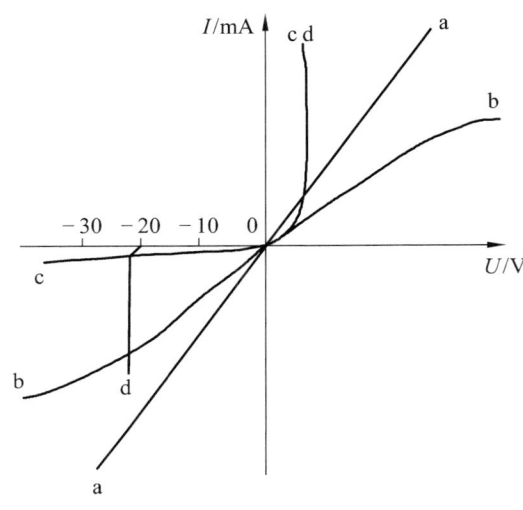

图 1-25　伏安特性曲线

（四）设备

实验设备清单见表 1-7。

表 1-7　实验设备清单

序号	名　　称	型号与规格	数量	模块
1	可调直流稳压电源	0～30 V	1	电工实验台
2	万用表	MF500 型或 UA9801A+	1	—
3	直流数字电流表	0～200 mA	1	电工实验台
4	直流数字电压表	0～200 V	1	电工实验台
5	白炽灯	12 V，0.1 A	1	HE-11
6	线性电阻器	200 Ω，510 Ω/8 W	1	HE-19

（五）任务内容

1. 测定线性电阻器的伏安特性

（1）找到实验台上面的直流稳压电源，如图 1-26 所示，选择 U_A 输出，调节 U_A 对应下发的旋转按钮,归零。

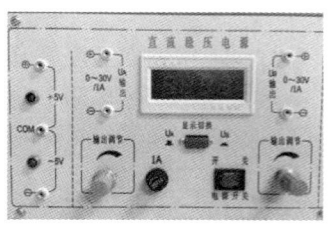

图 1-26　直流稳压电源

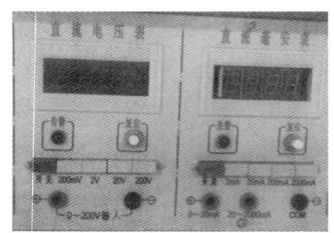

图 1-27　直流表

（2）选择直流电流表、电压表,如图 1-27 所示。其中,电流表的量程选择到 200 mA,红导线为正极插入到"20-200 mA"孔,黑导线插入到"COM"孔;电压表的量程选择到 20 V,红导线为正极,插入到红色孔,黑导线插入到黑色孔。负载如图 1-28 所示,选择 1 kΩ/8W,按照图 1-29 连接好电路图。

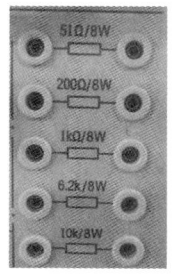

图 1-28　负载

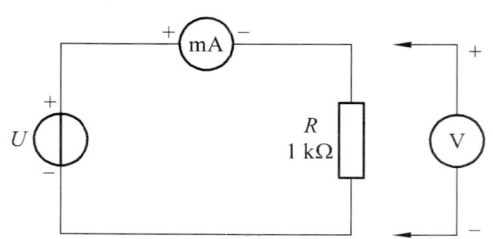

图 1-29　原理图

（3）调节稳压电源的输出电压 U,从 0 V 开始缓慢地增加,一直到 10 V,记下相应的电压表和电流表的读数 U_R、I,填入到表 1-8 中。

表 1-8　实验数据

	U_R/V	0	2	4	6	8	10
I/mA	实训台电流表测量值						
	万用表测量值						
	误差						

2. 测定非线性白炽灯泡的伏安特性

（1）找到实验台上面的直流稳压电源,选择 U_A 输出,调节 U_A 对应下发的旋转按钮,归零。

（2）正极插入到"0-20 mA"孔,黑导线插入到"COM"孔;电压表的量程选择到 20 V,红导线为正极,插入到红色孔,黑导线插入到黑色孔,负载如图 1-30 所示,选择

1 kΩ/8W，按照图 1-31 连接好电路图。

图 1-30　负载

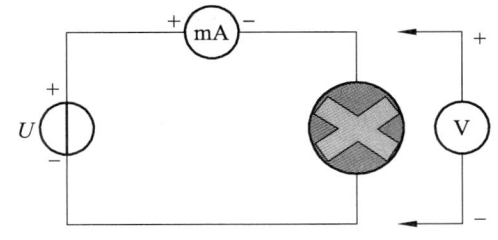

图 1-31　原理图

（3）按照要求，将数据填入到表 1-9。

表 1-9　实验数据

	U_R/V	0.1	1	2	3	4	5
I/mA	实训台电流表测量值						
	万用表测量值						
	误差						

（六）注意事项

（1）稳压源输出端切勿碰线短路。

（2）进行不同实验时，应先估算电压和电流值，合理选择仪表的量程，勿使仪表超量程，仪表的极性也不可接错。

（七）思考题

（1）线性电阻与非线性电阻的概念是什么？

（2）设某器件伏安特性曲线的函数式为 $I = f(U)$，试问在逐点绘制曲线时，其坐标变量应如何放置？

（八）预习要点

（1）阅读教材中关于电位、电压、电流的定义，了解基本电路的组成。

（2）预习实际电压源和电流源的使用调节方法。

（3）熟悉数字万用表的操作规程，掌握如何使用数字万用表测量电压和电流。

（九）任务评价

电路元件伏安特性的测量任务评价标准见表 1-10。

表 1-10 任务评价标准

操作项目	考核要求	分数配比	评分标准	自评	互评
仪器的使用	能正确使用稳压电源、数字万用表、直流电压表、直流电流表	20	能正确连接电压表和电流表，能正确读取被测量的有效值，不能正确连接的或读数错误，每次扣 5 分		
电路的连接	按要求连接电路，要求正确连接、接线牢固	20	要求电路及各测量仪器连接正确，电路连接错误、不牢固，每个扣 4 分		
测量记录	要及时、正确地做好实验记录	30	在实验过程中，要求及时准确地做好实验记录，不做记录不得分，不及时记录每次扣 4 分，测量数据错误，每个扣 2 分		
实验数据分析	要求能画出各电量的变化图，并对实验数据进行正确分析	20	不能正确画出电量变化图扣 4 分，不能对实验数据进行分析，每处酌情扣 4~8 分		
安全文明操作	工作台工具摆放整齐，严格遵守安全操作规程，符合管理要求	10	对违反安全操作、工作台上脏乱、没有遵守安全操作规程、不符合管理要求的情况，酌情扣 3~10 分		
合　　计					

学生交流改进总结：

教师签名：

【知识拓展】

一、误差

（一）误差的分类

根据误差的性质和产生的原因，一般分为三类：

（1）系统误差。

系统误差是指在测量和实验中未发觉或未确认的因素所引起的误差，而这些因素影响结果永远朝一个方向偏移，其大小及符号在同一组实验测定中完全相同，当实验条件一经确定，系统误差就获得一个客观上的恒定值。当改变实验条件时，就能发现系统误差的变化规律。系统误差产生的原因：测量仪器不良，如刻度不准、仪表零点未校正或标准表本身存在偏差等；周围环境的改变，如温度、压力、湿度等偏离校准值；实验人员的习惯和偏向，如读数偏高或偏低等引起的误差。针对仪器的缺点、外界条件变化影响的大小、个人的偏向，待分别加以校正后，系统误差是可以清除的。

（2）偶然误差。

在已消除系统误差的一切量值的观测中，所测数据仍在末一位或末两位数字上有差别，而且它们的绝对值和符号的变化，时而大时而小，时正时负，没有确定的规律，这类误差称为偶然误差或随机误差。偶然误差产生的原因不明，因而无法控制和补偿。但是，倘若对某一量值做足够多次的等精度测量后，就会发现偶然误差完全服从统计规律，误差的大小或正负的出现完全由概率决定。因此，随着测量次数的增加，随机误差的算术平均值趋近于零，所以多次测量结果的算数平均值将更接近于真值。

（3）过失误差。

过失误差是一种显然与事实不符的误差，它往往是由于实验人员粗心大意、过度疲劳和操作不正确等原因引起的。此类误差无规则可循，只要加强责任感、多方警惕、细心操作，过失误差是可以避免的。

（二）误差的表示方法

利用任何量具或仪器进行测量时，总存在误差，测量结果总不可能准确地等于被测量的真值，而只是它的近似值。测量的质量高低以测量精确度作指标，根据测量误差的大小来估计测量的精确度。测量结果的误差越小，则认为测量就越精确。

（1）绝对误差。

测量值 x 和真值 A_0 之差为绝对误差，通常称为误差。记为

$$D = x - A_0$$

由于真值 A_0 一般无法求得，因而上式只有理论意义。常用高一级标准仪器的示值作为实际值 A 以代替真值 A_0。由于高一级标准仪器仍存在较小的误差，因而 A 不等于 A_0，但总比 x 更接近于 A_0。x 与 A 之差称为仪器的示值绝对误差。记为

$$d = x - A$$

（2）相对误差。

衡量某一测量值的准确程度，一般用相对误差来表示。示值绝对误差 d 与被测量的实际值 A 的百分比值称为实际相对误差。记为

$$\delta_A = \frac{d}{A} \times 100\%$$

二、常用电工工具和仪表

（一）电工刀

电工刀是用来剖削电线线头、切割木台缺口、削制木材的专用工具。普通的电工刀由刀片、刀刃、刀把、刀挂等构成，如图1-32所示。

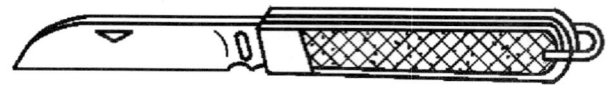

图1-32 电工刀外形

在使用电工刀进行剖削作业时，应注意将刀口朝外，剖削导线绝缘时，使刀面与导线成较小的锐角，以防损伤导线；电工刀使用时应注意避免伤手；使用完毕后，应立即将刀身折进刀柄；因为电工刀刀柄是无绝缘保护的，所以，绝不能在带电导线或电气设备上使用，以免触电。

（二）钢丝钳

钢丝钳有铁柄和绝缘柄两种，电工用钢丝钳为绝缘柄（耐压500 V）。

钢丝钳是钳夹和剪切工具，由钳头和钳柄两部分组成。钳头有钳口、齿口、刀口和铡口四部分组成，每部分功能有专门的分工：钳口用来弯绞或钳夹导线线头，齿口用来紧固或起松螺母，刀口用来剪切导线或剖削软导线绝缘层，铡刀用来铡切电线线芯、钢丝或铅丝等较硬的金属丝。钢丝钳的外形结构如图1-33所示。

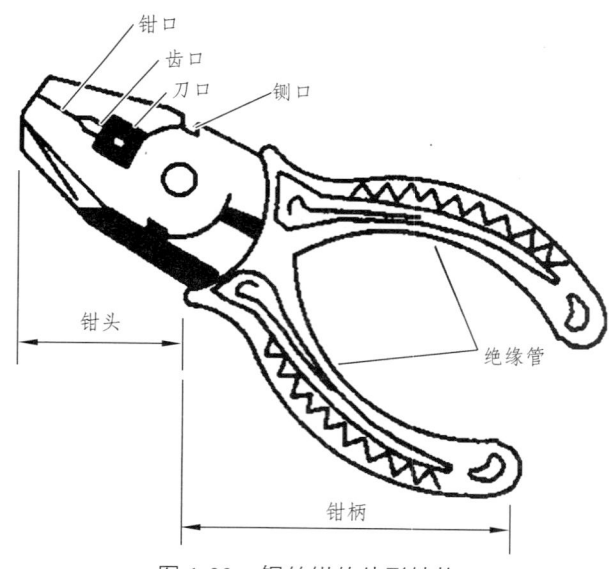

图1-33 钢丝钳的外形结构

使用电工钢丝钳时应注意：

（1）使用前，必须检查绝缘柄的绝缘是否完好。绝缘如果损坏，进行带电操作时会发生触电事故。

（2）用电工钢丝钳剪切带电导线时，不得用刀口同时剪切相线和零线，以免发生短路故障。

（3）使用时应使刀口朝向自己，切勿把钳子当手锤使用。

（4）在剪切钢丝时，要根据钢丝粗细选用钢丝钳，并要求将钢丝放在剪口根部，不要斜放，以免崩口卷刃。

（三）尖嘴钳

尖嘴钳有较细长的钳嘴，适于在狭小的工作空间操作。尖嘴钳也有铁柄和绝缘柄两种类型，绝缘柄的耐压同样为 500 V，尖嘴钳一般可用来夹持小螺丝、小螺母、小零件、导线等，也可用来对单股导线整形（如平直、弯曲等），还可用它夹住元器件的引线进行焊接，并有利于元器件散热。用尖嘴钳弯导线接头的操作方法是：先将线头向左折，然后紧靠螺杆依顺时针方向向右弯即成。

要避免尖嘴钳头部长时间受热，否则会容易使钳头退火，降低钳头部分的强度。当然长时间受热也会使塑料柄熔化或老化。尖嘴钳的刃口能剪断细小的金属丝，但不能用尖嘴钳剪比较粗大的金属丝，以防其钳嘴折断。其外形结构如图 1-34 所示。

尖嘴钳在使用时的注意事项，与钢丝钳一致。

图 1-34　尖嘴钳外形

（四）斜口钳

斜口钳又叫断线钳或偏口钳等，其钳柄常见的有铁柄和绝缘柄两种。其中，电工用的绝缘柄斜口钳的外形实物图如图 1-35 所示，其耐压值为 500 V。

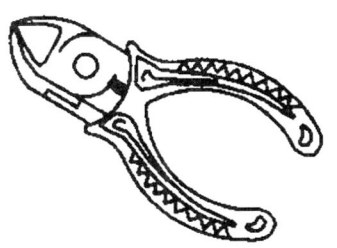

图 1-35　斜口钳外形

斜口钳主要用来剪断金属丝和细导线，修剪焊接后多余的线头，能紧贴电路板进行剪线。斜口钳还常用来代替一般的剪刀剪切绝缘套管、尼龙扎线卡等。对粗细不同、硬度不同的材料，应选用大小合适的斜口钳。

操作时应注意：剪下的线头容易飞出伤人眼部，双目不要直视被剪物。钳口朝下剪线，当被剪物体不易变化方向时，可用另一只手遮挡飞出的线头。不允许用斜口钳剪切螺钉及较粗的钢丝等，否则易损坏钳口。只有经常保持钳口结合紧密和刀口锐利，才能使剪切轻快并使切口整齐。当钳口有轻微的损坏或变钝时，可用砂轮或油石修磨。

（五）剥线钳

剥线钳是用来剥落小直径导线绝缘层的专用工具。其钳口部分设有几个刃口，用以剥落不同线径的导线绝缘层。其柄部是绝缘的，耐压值为 500 V。其规格也是以钳身全长来表示，常见的有 140 mm 和 180 mm 两种。其外形结构如图 1-36 所示。

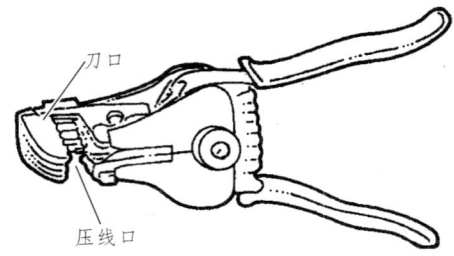

图 1-36　剥线钳的外形结构

使用剥线钳时，把待剥导线线端放入相应的咬口中，然后用力握住钳柄，导线的绝缘层即被剥落并自动弹出。同时应注意在使用过程中，不允许用小咬口剥大直径导线，以免咬伤线芯；不允许当钢丝钳使用，以免损坏咬口。

（六）验电笔

验电笔也叫测电笔，简称"电笔"，是一种电工工具，用来测试电线中是否带电，如图 1-37 所示。笔体中有一氖泡，测试时如果氖泡发光，说明导线有电或为通路的火线。验电笔中笔尖、笔尾为金属材料制成，笔杆为绝缘材料制成。使用验电笔时，一定要用手触及验电笔尾端的金属部分，否则，因带电体、验电笔、人体与大地没有形成回路，验电笔中的氖泡不会发光，造成误判，认为带电体不带电。

验电笔按照测量电压的高低分高压验电笔、低压验电笔和弱电验电笔。高压验电笔用于 10 kV 及以上项目作业，为电工的日常检测用具；低压验电笔用于线电压 500 V 及以下项目的带电体检测；弱电验电笔用于电子产品的测试，一般测试电压为 6～24 V。为了便于使用，电笔尾部常带有一根带夹子的引出导线。

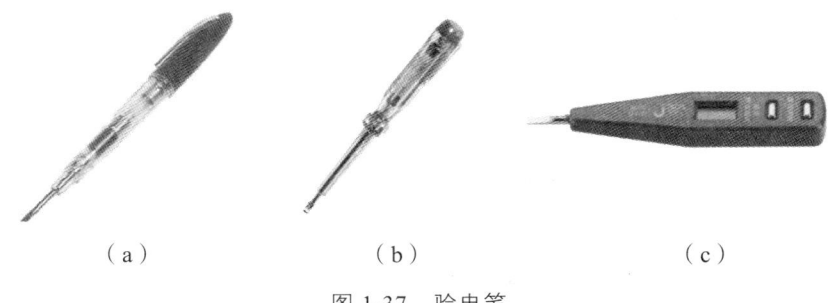

(a) (b) (c)

图 1-37 验电笔

使用方法：

（1）判定交流电和直流电口诀：电笔判定交直流，交流明亮直流暗，交流氖管通身亮，直流氖管亮一端。

说明：首先告知读者一点，使用低压验电笔之前，必须在已确认的带电体上验测；在未确认验电笔正常之前，不得使用。判别交、直流电时，最好在"两电"之间做比较，这样就很明显。测交流电时氖管两端同时发亮，测直流电时氖管里只有一端极发亮。

（2）判定直流电正负极口诀：电笔判定正负极，观察氖管要心细，前端明亮是负极，后端明亮为正极。

说明：氖管的前端指验电笔笔尖一端，氖管后端指手握的一端，前端明亮为负极，反之为正极。测试时要注重：电源电压为 110 V 及以上；若人和大地绝缘，一只手摸电源任一极，另一只手持测电笔，电笔金属头触及被测电源另一极，氖管前端极发亮，所测触的电源是负极；若是氖管的后端极发亮，所测触的电源是正极，这是根据直流单向流动和电子由负极向正极流动的原理。

（3）判定直流电源有无接地和正负极接地的区别口诀：变电所直流系数，电笔触及不发亮；若亮靠近笔尖端，正极有接地故障；若亮靠近手指端，接地故障在负极。

说明：发电厂和变电所的直流系数，是对地绝缘的，人站在地上，用验电笔去触及正极或负极，氖管是不应当发亮的，假如发亮，则说明直流系统有接地现象；假如发亮在靠近笔尖的一端，则是正极接地；假如发亮在靠近手指的一端，则是负极接地。

（4）判定同相和异相口诀：判定两线相同异，两手各持一支笔，两脚和地相绝缘，两笔各触一要线，用眼观看一支笔，不亮同相亮为异。

说明：此项测试时，切记两脚和地必须绝缘。因为我国大部分是 380/220 V 供电，且变压器普遍采用中性点直接接地，所以做测试时，人体和大地之间一定要绝缘，避免构成回路，以免误判定；测试时，两笔亮和不亮显示一样，故只看一支则可。

（5）判定 380/220 V 三相三线制供电线路相线接地故障口诀：星形接法三相线，电笔触及两根亮，剩余一根亮度弱，该相导线已接地；若是几乎不见亮，金属接地有故障。

说明：电力变压器的二次侧一般都接成 Y 形，在中性点不接地的三相三线制系统中，用验电笔触及三根相线时，有两根比通常稍亮，而另一根上的亮度要弱一些，则表示这根亮度弱的相线有接地现象，但还不太严重；假如两根很亮，而剩余一根几乎看不见亮，则是这根相线有金属接地故障。

验电笔操作姿势如图 1-38 所示。

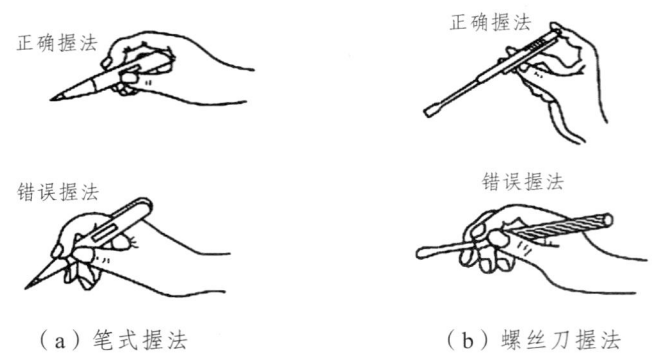

（a）笔式握法　　　　　　（b）螺丝刀握法

图 1-38　测电笔操作姿势

（七）万用表

万用表又称为复用表、多用表、三用表、繁用表等，是电力电子等部门不可缺少的测量仪表，一般以测量电压、电流和电阻为主要目的。万用表按显示方式分为指针式万用表和数字万用表（见图 1-39）。万用表是一种多功能、多量程的测量仪表，一般万用表可测量直流电流、直流电压、交流电流、交流电压、电阻和音频电平等，有的还可以测电容量、电感量及半导体的一些参数（如 β）等。

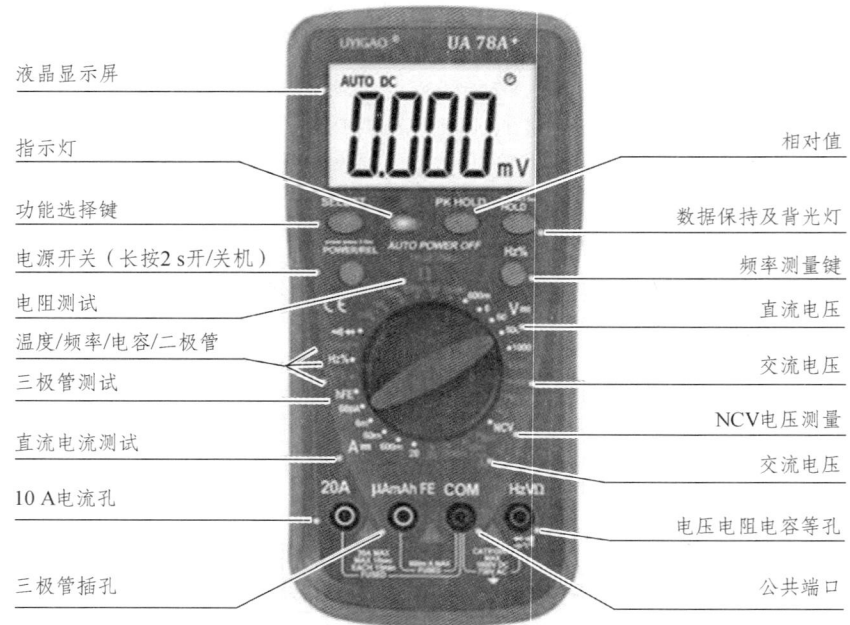

（a）数字万用表

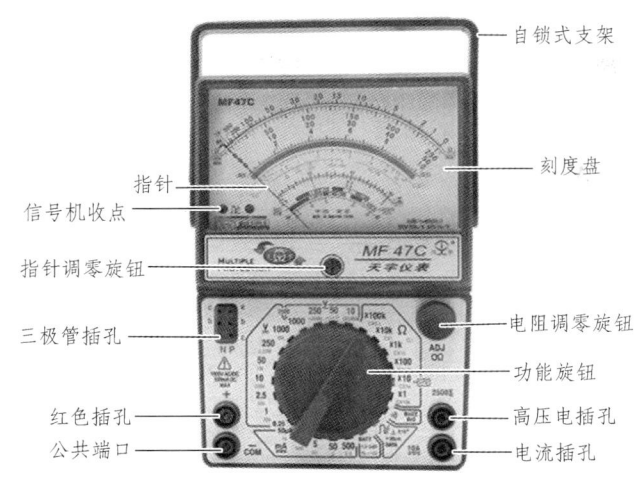

万用表的使用

（b）指针式万用表

图 1-39　万用表

（1）使用前应熟悉万用表各项功能，根据被测量的对象，正确选用挡位、量程及表笔插孔。

（2）在对被测数据大小不明时，应先将量程开关置于最大值，而后由大量程往小量程挡处切换，使仪表指针指示在满刻度的 1/2 以上处即可。

（3）测量电阻时，在选择了适当倍率挡后，将两表笔相碰使指针指在零位，如指针偏离零位，应调节"调零"旋钮，使指针归零，以保证测量结果准确。如不能调零或数显表发出低电压报警，应及时检查。

（4）在测量某电路电阻时，必须切断被测电路的电源，不得带电测量。

（5）使用万用表进行测量时，要注意人身和仪表设备的安全，测试中不得用手触摸表笔的金属部份，不允许带电切换挡位开关，以确保测量准确，避免发生触电和烧毁仪表等事故。

使用注意：

（1）在使用指针式万用表之前，应先进行"机械调零"，即在没有被测电量时，使万用表指针指在零电压或零电流的位置上，如图 1-40（b）所示。

（2）在使用万用表过程中，不能用手去接触表笔的金属部分，这样一方面可以保证测量的准确，另一方面也可以保证人身安全。

（3）在测量某一电量时，不能在测量的同时换挡，尤其是在测量高电压或大电流时，更应注意。否则，会使万用表毁坏。如需换挡，应先断开表笔，换挡后再去测量。

（4）万用表在使用时，必须水平放置，以免造成误差。同时，还要注意避免外界磁场对万用表的影响。

（5）万用表使用完毕，应将转换开关置于交流电压的最大挡。如果长期不使用，还应将万用表内部的电池取出来，以免电池腐蚀表内其他器件。

（八）兆欧表

兆欧表又称绝缘电阻表、绝缘电阻测试仪，是一种专门测量电动机、电气设备及线路绝缘电阻的便携式仪表，俗称摇表，如图1-40所示。兆欧表本身带有高压电源，由手摇直流发电机提供，主要有500 V、1 000 V、2 500 V等几种型号。测量时，将绝缘电阻表的"L"端连接线路，"E"端连接线路或大地和电气设备外壳。电动机维修中主要是用500 V的。

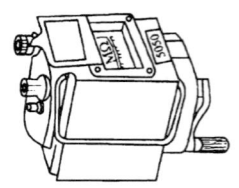 

图1-40　兆欧表外形　　　　　　兆欧表的使用

使用兆欧表应注意以下几个问题：

（1）测量前，应先将被测设备电源断开，并将设备的引出线充分放电，测量后也应放电。放电通常使用的方法是短接线圈或对地放电。

（2）兆欧表的引线必须使用绝缘良好的单根多股软线，不能使用绞线或将两根引线绞到一起。

（3）测量前，应先对兆欧表进行一次开路和短路试验。开路试验的方法是将仪表放平，将"E""L"端两根引线分开，由慢到快摇动手柄（达到120 r/min，匀速摇动约1 min），指针应指到"∞"处；短路试验时将两根引线短接，慢慢转动手柄，指针应指在"0"处，否则为兆欧有故障，必须检修。

（4）测量时，要将兆欧表放置平稳，避免表身晃动，摇动手柄时速度慢慢加快，一般应保持在120 r/min，匀速不变。眼睛要随时注意表盘，待指针不变时读数，一般采用1 min读数为准。如所测设备短路，应立即停止摇动手柄。

（5）测量结束后，要先取下兆欧表的测量引线，再停止摇动摇把。

【研讨】

（1）接"地"是否将导线埋入大地中？实际"接地"应如何解释？说一说"电位是相对的量"这句话你是如何正确理解的。

（2）额定电流为100 A的发电机，只接了60 A的照明负载，还有40 A去哪了？

（3）两个额定值分别是"110 V，40 W""110 V，100 W"的灯泡，能否串联后接到220 V的电源上使用？如果两只灯泡的额定功率相同又如何？

（4）在图1-41中，在开关S断开和闭合的两种情况下，试求A点的电位。

（5）如图1-42所示，已知电源电动势E_1=18 V，E_3=5 V，内阻r_1=1 Ω，r_2=1 Ω，外电阻R_1=4 Ω，R_2=2 Ω，R_3=6 Ω，R_4=10 Ω，电压表的读数是28 V，求电源电动势E_2和A、

B、C、D 各点的电位。

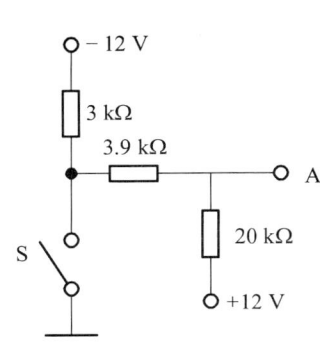

图 1-41 习题（4）的电路图

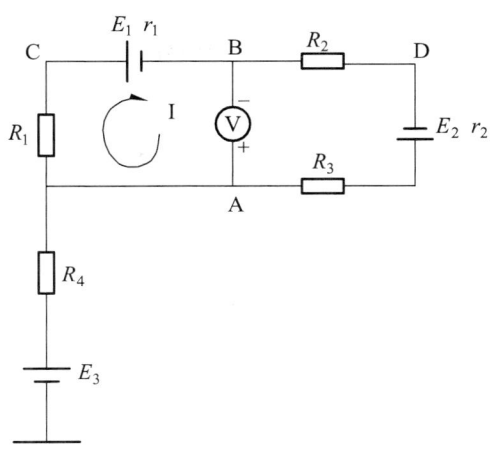

图 1-42 习题（5）的电路图

（6）用色标法标示下列各电阻器：
① $0.02\ \Omega \pm 0.5\%$
② $205\ \Omega \pm 1\%$
③ $4.7\ k\Omega \pm 10\%$

（7）简述用万用表判断电阻、电容、电感好坏的方法？

（8）电路如图 1-43 所示，已知 $U_S=100\ V$，$R_1=2\ k\Omega$，$R_2=8\ k\Omega$，在下列 3 种情况下，分别求电阻 R_2 两端的电压及 R_2、R_3 中通过的电流：
① $R_3=8\ k\Omega$；② $R_3=\infty$（开路）；③ $R_3=0$（短路）。

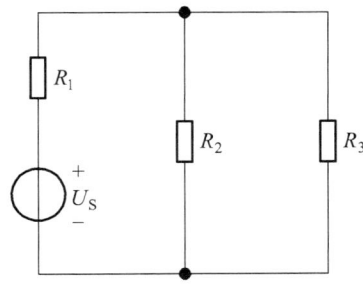

图 1-43 习题（8）的电路图

【训练】

实训任务一　导线绝缘层的剖削

（一）塑料硬线绝缘层的剖削

有条件时，去除塑料硬线的绝缘层用剥线钳非常方便，没有剥线钳时可以使用钢丝钳或电工刀剖削。

1. 用钢丝钳剖削

线芯截面面积在 4 mm² 及以下的塑料硬线，可用钢丝钳剖削。

其操作步骤为：用左手捏住导线，根据连接所需长度，用钳头刀口轻切绝缘层；用左手捏紧导线，右手适当用力捏住钢丝钳头部，然后两手反向同时用力即可使端部绝缘层脱离芯线。如图 1-44 所示。值得注意的是：在勒去绝缘层时，不可在钳口处加剪切力，也不能用力过大，切痕过深，否则容易伤及线芯，甚至将导线剪断；剖削出的芯线应保持完好无损，如损伤较大应重新剖削。

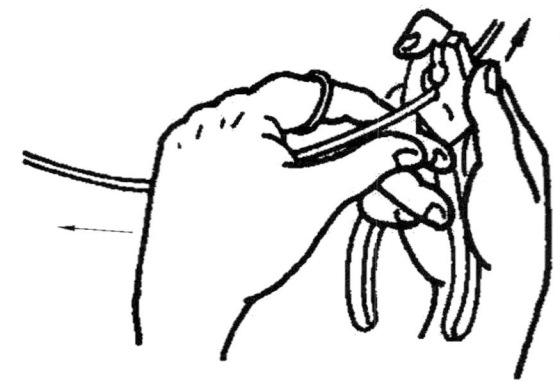

图 1-44　用钢丝钳勒去导线绝缘层

2. 用电工刀剖削

对于规格大于 4 mm² 的塑料硬线的绝缘层，直接用钢丝钳剖削较为困难，可用电工刀剖削。其操作步骤为：

（1）根据连接所需长度，用电工刀刀口以 45°角倾斜切入塑料绝缘层，注意掌握好切入力度，使电工刀口刚好削去绝缘层而不伤及线芯，如图 1-45（a）所示。

（2）调整刀口，使电工刀面与芯线保持 15°角度左右，用力向线端推削，但不可切入芯线，削去上面一层塑料绝缘，如图 1-45（b）所示。

（3）将余下的塑料绝缘层向后扳翻，用电工刀齐根切去，如图 1-45（c）所示。

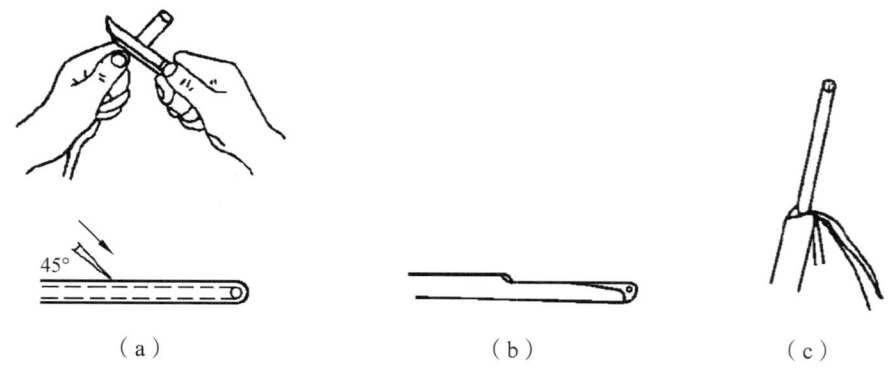

图 1-45　用电工刀剖削塑料硬线绝缘层

（二）塑料软线绝缘层的剖削

塑料软线绝缘层剖削除用剥线钳外，仍可用钢丝钳直接剖削截面面积为 4 mm² 及以下的导线。方法与用钢丝钳剖削塑料硬线绝缘层时相同。

塑料软线不能用电工刀剖削，因其太软，线芯又由多股铜丝组成，用电工刀极易伤及线芯。软线绝缘层剖削后，要求不存在断股（一根细芯线称为一股）和长股（即部分细芯线较其余细芯线长，出现端头长短不齐）现象。否则应切断后重新剖削。

（三）塑料护套线护套层和绝缘层的剖削

在一般情况下塑料护套线只允许端头连接，不允许进行中间连接。塑料护套线绝缘层分为外层的公共护套层和内部每根芯线的绝缘层。

公共护套层一般用电工刀剖削，操作步骤：

（1）先按线头所需长度用刀尖对准两股芯线的中缝划开护套层，如图1-46（a）所示。

（2）将护套层向后扳翻，然后用电工刀齐根切去，如图1-46（b）所示。

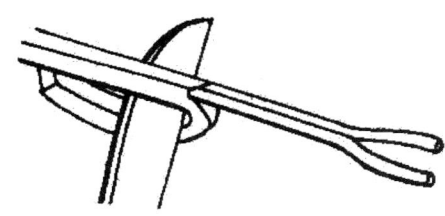

（a）划开护套层　　　　　　　　（b）切去护套层

图1-46　塑料护套线的剖削

芯线绝缘层的剖削与塑料绝缘硬线端头绝缘层剖削方法完全相同，但切口相距护套层长度应根据实际情况确定，一般应在10 mm以上。

（四）花线绝缘层的剖削

花线绝缘层分外层和内层，外层是一层柔韧的棉纱编织层。剖削时选用电工刀在线头所需长度处切割一圈拉去，然后在距离棉纱编织层10 mm左右处，用钢丝钳按照剖削塑料软线的方法将内层的橡皮绝缘层勒去。有的花线在紧贴线芯处还包缠有棉纱层，在勒去橡皮绝缘层后，再将棉纱层松开扳翻，齐根切去。如图1-47所示。

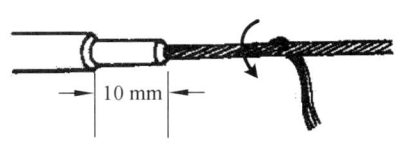

（a）去除编织层和橡皮绝缘层　　　　　　（b）扳翻棉纱

图1-47　花线绝缘层的剖削

（五）铅包线护套层和绝缘层的剖削

铅包线绝缘层分为外部铅包层和内部芯线绝缘层。剖削时选用电工刀在铅包层切下一个刀痕，然后上下左右扳动折弯这个刀痕，使铅包层从切口处折断，并将它从线头上拉掉。内部芯线绝缘层的剖除方法与塑料硬线绝缘层的剖削方法相同。如图1-48所示。

（a）剖切铅包层　　　（b）折扳和拉出铅包层　　　（c）剖削芯线绝缘层

图 1-48　铅包线绝缘层的剖削

（六）漆包线绝缘层的去除

漆包线的绝缘层是喷涂在芯线上的绝缘漆层。根据其线径的不同，去除其绝缘层的方法也不一样。直径在 0.1 mm 及以下的可用细砂纸或细纱布擦除，但易于折断，需要小心操作；直径在 0.6 mm 以上的，可用薄刀片刮去，也可用细砂纸或细纱布擦去；有时为了使漆包线的芯线直径保持原有尺寸以便测量，也可用微火烤焦其线头绝缘层，再轻轻刮去。

（七）练一练

（1）根据不同的导线选用适当的剖削工具。
（2）采用正确的方法进行绝缘层的剖削。
（3）检查剖削过绝缘层的导线，看是否存在断丝、线芯受损的现象。

（八）任务评价

导线绝缘层的剖削任务评价标准见表 1-11。

表 1-11　任务评价标准

评价项目	评价标准	评价等级
知识 30%	优：积极主动查阅资料，应用知识解决任务中的问题	□优
	良：能积极查阅资料，应用知识寻求解决问题的方法，但效果不佳	□良
	中：不能主动寻求解决问题的方法，效果差距较大	□中
	差：碰到问题时观望、等待，不能解决任何问题	□差
	优：在工具、耗材选用的基础上提出更优、最经济方案	□优
	良：在工具、耗材选用的基础上提出可行、较经济方案	□良
	中：在工具、耗材选用的基础上提出可行、但不经济方案	□中
	差：方案不可行或没有改进方案	□差

续表

评价项目	评价标准	评价等级
技能 30%	优：工具使用正确，操作方法合理，符合工艺标准	□优
	良：工具使用正确，操作方法基本合理，基合符合工艺标准	□良
	中：工艺标准差，但工具使用正确，操作方法基本合理	□中
	差：工艺差，不能正确地使用工具，线芯有断丝、受损现象	□差
	优：能完成任务，并考虑相应安全保障措施	□优
	良：能完成任务，安全保障措施不完善	□良
	中：能基本完成任务，安全保障措施不完善	□中
	差：不能完成基本任务	□差
素质 40%	优：能完全遵守实训室管理制度和作息制度	□优
	良：能遵守实训室管理制度，无旷课行为	□良
	中：能遵守实训室管理制度，迟到/早退 2 次以内	□中
	差：违反实训室管理制度，有 1 次旷课或迟到/早退 3 次	□差
	优：能进行合理的分工，在工作过程中能相互协商、讨论	□优
	良：能进行合理的分工，在工作过程中相互协商、帮助不够	□良
	中：分工不合理，个别人承担较多工作任务，相互协调差	□中
	差：分工不合理，相互间不协调、讨论	□差
学生签名		教师签名	

实训任务二　导线的连接

（一）单股铜线的直线连接

（1）首先把两线头的芯线做 X 形相交，互相紧密缠绕 6~8 圈，如图 1-49（a）所示。

（2）接着把两线头扳直，如图 1-50（b）所示。

（3）然后将每个线头围绕芯线紧密缠绕 6 圈，并用钢丝钳把余下的芯线切去，最后钳平芯线的末端，如图 1-50（c）所示。

导线的连接

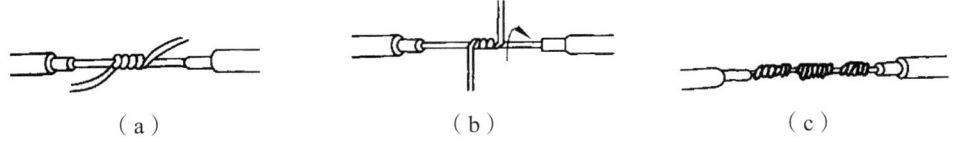

图 1-49　单股铜线的直线连接

（二）单股铜线的 T 字形连接

单股导线的 T 字形连接，主要用于一根导线与另一根导线中间部位的连接，或三根导线的连接。

（1）将除去绝缘层和氧化层的支路芯线的线头与干线芯线十字相交，使支路芯线根部留出约 3～5 mm 裸线，如图 1-50（a）所示。

（2）按顺时针方向将支路线芯在干线上紧密缠绕 3～5 圈，然后用钢丝钳切去余下的芯线，并用钢丝钳钳平芯线末端。值得注意的是，第一圈须将线芯本身打个结扣，以防脱落。如图 1-50（b）所示。

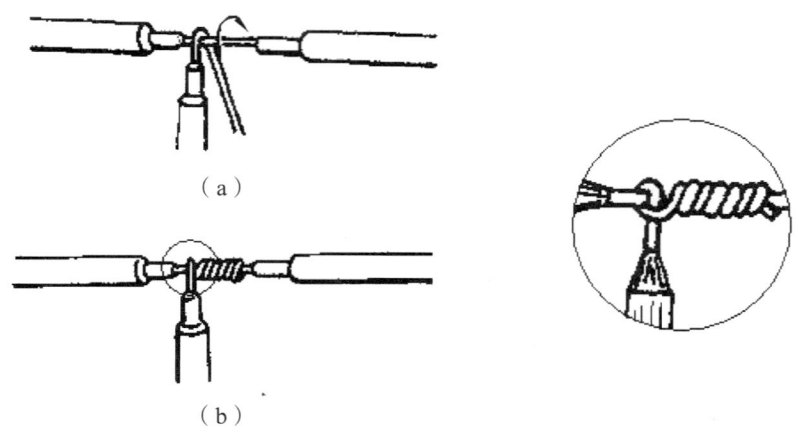

图 1-50　单股铜线 T 形连接

（三）7 芯铜线的直线连接

（1）先将剖去绝缘层和氧化层的芯线散开并拉直，接着把靠近绝缘层 1/3 线端的芯线顺着原来的扭转方向绞紧，然后把余下的 2/3 线段芯线分散成伞状，并将每根线头拉直，如图 1-51（a）所示。

（2）将两股伞状芯线头相对，隔股交叉直至伞形根部相接，然后捏平两边散开的线头，如图 1-51（b）所示。

（3）把一端的 7 股芯线按根数 2、2、3 分成三组，先将第一组两根芯线扳起，垂直于芯线，并按顺时针方向缠绕，如图 1-51（c）所示。

（4）缠绕两圈后，将余下的芯线向右扳直。再将第二组的两根芯线扳直，也按顺时针方向紧紧压着前两根扳直的芯线缠绕，如图 1-51（d）所示。

（5）缠绕两圈后，将余下的芯线向右扳直，再将第三组的三根线芯扳于线头垂直方向，按顺时针方向紧紧压着前四根扳直的芯线向右缠绕，如图 1-51（e）所示。

（6）为保证电接触良好，如果铜线较粗较硬，可用钢丝钳将其绕紧。缠绕时注意使后一组线头压在前一组线头已折成直角的根部。最后一组线头应在芯线上缠绕三圈，在缠到第三圈时，把前两组多余的线端剪除，使该两组线头断面能被最后一组第三圈缠绕完的线匝遮住。最后一组线头绕到两圈半时，就剪去多余部分，使其刚好能缠满三圈，最后用钢丝钳钳平线头，修理好毛刺，如图 1-52（f）所示。

（7）用同样的方法再缠绕另一边的芯线。

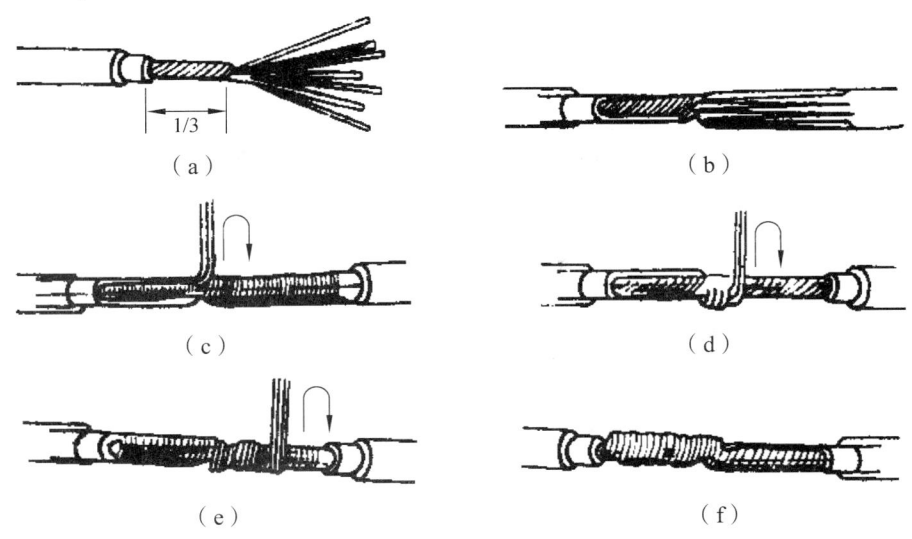

图 1-51 七股铜芯线的直接连接

(四) 7 芯铜线的 T 字形连接

（1）把分支芯线散开钳平，将距离绝缘层 1/8 处的芯线绞紧，再把支路线头 7/8 的芯线分成 4 根和 3 根两组，并排齐；然后用一字形螺丝刀把干线分成尽可能对等的两组，并在分出的中缝处撬开一定距离，将支路中 4 根芯线的一组插入干线两组芯线中间，而把 3 根芯线的一组支线放在干线芯线的前面，如图 1-52（a）所示。

（2）把 3 根芯线的一组在干线右边紧密缠绕 3~4 圈，钳平线端；再把 4 根芯线的一组按相反方向在干线左边紧密缠绕，缠绕 4~5 圈后，钳平线端，如图 1-52（b）所示。

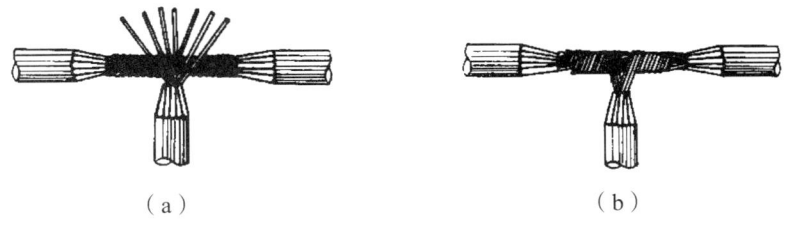

图 1-52 七芯铜线的 T 字形连接

(五) 19 股铜芯导线的直接连接

19 股铜芯线的直线连接与 7 股铜芯线的直线连接方法基本相同。在直接连接中，由于芯线股数较多，可剪去中间几股，按要求在根部留出一定长度绞紧，隔股对叉，分组缠绕。为保证有良好的电接触和足够的机械强度，对这类多股芯线的接头，通常都应进行钎焊处理，即对连接部分加热后搪锡。

（六）19股铜芯导线的T字形连接

19股铜芯线的T字形连接与7股铜芯线的T字形连接方法基本相同。在T字形连接中，支路芯线按9和10的根数分成两组，将其中一组（一般为10根的一组）穿过中缝后，沿干线两边缠绕。连接后，也应进行钎焊处理。

（七）不同线径铜线的连接

如果要连接的两根铜导线的直径不同，可把细导线线头在粗导线线头上紧密缠绕5～6圈，弯折粗线头端部，使它压在缠绕层上，再把线头缠绕3～4圈，剪去余端，钳平切口，如图1-53所示。

图1-53　不同线径铜线的连接

（八）软线与单股硬导线的连接

连接软线和单股硬导线时，可先将软线拧成单股导线，再在单股硬导线上紧密缠绕7～8圈，最后将单股硬导线向后弯曲，以防止绑线脱落，如图1-54所示。

图1-54　软线与单股硬导线的连接

（九）练一练

（1）根据不同的导线选用适当的连接工具。
（2）采用正确的方法进行导线的连接。
（3）检查连接后的导线，看是否存在连接松动的现象。

（十）任务评价

导线的连接任务评价标准见表1-12。

表1-12　任务评价标准

评价项目	评价标准	评价等级
知识 30%	优：积极主动查阅资料，应用知识解决任务中的问题 良：能积极查阅资料，应用知识寻求解决问题的方法，但效果不佳 中：不能主动寻求解决问题的方法，效果差距较大 差：碰到问题时观望、等待，不能解决任何问题	□优 □良 □中 □差
	优：在工具、耗材选用的基础上提出更优、最经济方案 良：在工具、耗材选用的基础上提出可行、较经济方案 中：在工具、耗材选用的基础上提出可行、但不经济方案 差：方案不可行或没有改进方案	□优 □良 □中 □差

续表

评价项目	评价标准	评价等级
技能 30%	优：工具使用正确，操作方法合理，符合工艺标准 良：工具使用正确，操作方法基本合理，基合符合工艺标准 中：工艺标准差，但工具使用正确，操作方法基本合理 差：工艺差，不能正确地使用工具，导线连接有松脱、不牢靠现象	□优 □良 □中 □差
技能 30%	优：能完成任务，并考虑相应安全保障措施 良：能完成任务，安全保障措施不完善 中：能基本完成任务，安全保障措施不完善 差：不能完成基本任务	□优 □良 □中 □差
素质 40%	优：能完全遵守实训室管理制度和作息制度 良：能遵守实训室管理制度，无旷课行为 中：能遵守实训室管理制度，迟到/早退 2 次以内 差：违反实训室管理制度，有 1 次旷课或迟到/早退 3 次	□优 □良 □中 □差
	优：能进行合理的分工，在工作过程中能相互协商、讨论 良：能进行合理的分工，在工作过程中相互协商、帮助不够 中：分工不合理，个别人承担较多工作任务，相互协调差 差：分工不合理，相互间不协调、讨论	□优 □良 □中 □差
学生签名		教师签名	

项目二 MF-47 指针式万用表的制作

【项目目标】

会计算串联、并联及混联电路的等效电阻；会使用直流电流表、直流电压表、万用表测量直流电路的电流、电压、电位；会使用万用表检测元器件；运用基尔霍夫定理、叠加定理分析与计算电路中的电压和电流。

【项目描述】

通过对本项目的学习，会判断和检测万用表所用的元器件，能对选用的万用表散件进行参数测试；了解焊接技术及整机安装工艺，能自己动手将一套 MF-47 磁电式万用表散件焊接组装成一台成品万用表，作为今后电工电子实验、实习时常备的测量工具。

【相关知识】

一、等效变换法

（一）电阻串联、并联、混联电路

在电路中电阻的连接形式是多种多样的，其中最简单和最常用的是电阻的串联和并联。

1. 电阻的串联

在如图 2-1 所示的电路中，假定有若干个电阻 R_1、R_2、$\cdots$、R_n 顺序连在一起，中间没有分支，这种连接方式称为电阻的串联。U 代表总电压，I 代表电流。

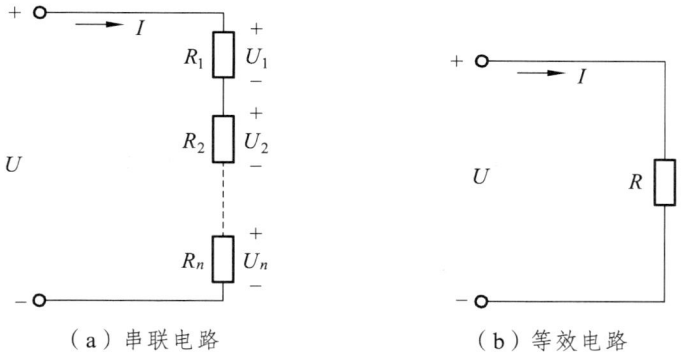

（a）串联电路　　　　　　　（b）等效电路

图 2-1　电阻的串联

串联电路具有如下特点：

（1）串联电路中流过每一个电阻的电流处处相等。

当 n 个电阻串联时，则

$$I_1 = I_2 = I_3 = \cdots = I_n \tag{2-1}$$

（2）电路两端的总电压等于每一个电阻上两端电压的分电压之和。

$$U = U_1 + U_2 + U_3 + \cdots + U_n \tag{2-2}$$

（3）串联电路的总电阻等于各串联电阻之和。

R 叫作 R_1、R_2、$\cdots$、R_n 串联的等效电阻，其意义是用 R 代替 R_1、R_2、$\cdots$、R_n 后，不影响电路的电流和电压。在图 2-1 中，（b）图是（a）图的等效电路。

当 n 个电阻串联时，则

$$R = R_1 + R_2 + R_3 + \cdots + R_n \tag{2-3}$$

（4）电阻串联时，每个电阻的电压与阻值成正比，即

$$\left. \begin{aligned} U_1 &= IR_1 = \frac{U}{R}R_1 \\ U_2 &= IR_2 = \frac{U}{R}R_2 \\ &\cdots\cdots \\ U_n &= IR_n = \frac{U}{R}R_n \end{aligned} \right\} \tag{2-4}$$

由等式（2-4）可得

$$\left. \begin{aligned} U_1 &= \frac{R_1}{R_1 + R_2 + \cdots + R_n}U \\ U_2 &= \frac{R_2}{R_1 + R_2 + \cdots + R_n}U \\ &\cdots\cdots \\ U_n &= \frac{R_n}{R_1 + R_2 + \cdots + R_n}U \end{aligned} \right\} \tag{2-5}$$

（5）串联电路中的电压分配和功率分配关系。

由于串联电路中的电流处处相等，所以

$$I = \frac{U_1}{R_1} = \frac{U_2}{R_2} = \cdots = \frac{U_n}{R_n} \quad \rightarrow \quad I^2 = \frac{P_1}{R_1} = \frac{P_2}{R_2} = \cdots = \frac{P_n}{R_n}$$

则有功率：$P = UI = (R_1 + R_2 + \cdots + R_n)I^2 = RI^2$　　　　　　　　　　　（2-6）

上述表明，n 个串联电阻吸收的总功率等于它们的等效电阻所吸收的功率；串联电路中各个电阻两端的电压与各个电阻的阻值成正比；各个电阻所消耗的功率也和各个电阻阻值成正比。

在生活中用串联电阻分压、降流的实例非常多，比如：

① 要想将 220 V 的灯泡接到 380 V 的电压中使用，单独一个接上去会烧坏，如果将两个电压为 220 V，功率相等的灯泡先串联以后，再接到 380 V 的电压中就不会烧坏了。

② 在直流回路中要测大电流，不是直接将电流表串在回路中。

③ 常利用电阻串联的方法，扩大电压表的量程。

2. 电阻的并联

在如图 2-2 所示的电路中，假定有若干个电阻 R_1、R_2、…、R_n 并联在两点之间，这种连接方式称为电阻的并联。U 代表总电压，I、I_1、I_2、I_n 代表电流。

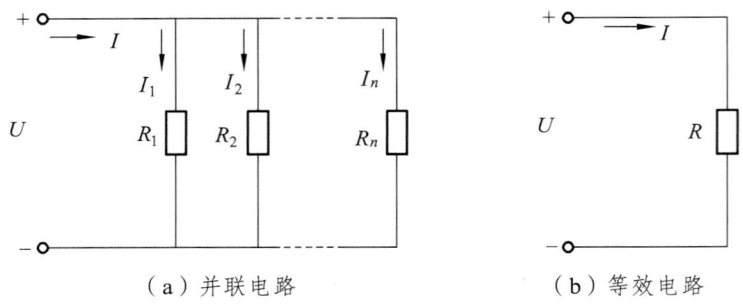

（a）并联电路　　　　　　（b）等效电路

图 2-2　电阻的并联

并联电路有如下特点：

（1）电路中各个电阻两端的电压相同，即

$$U_1 = U_2 = U_3 = \cdots = U_n \quad （2-7）$$

（2）电阻并联电路总电流等于各支路电流之和，即

$$I = I_1 + I_2 + I_3 + \cdots + I_n \quad （2-8）$$

（3）并联电路的总阻值的倒数等于各并联电阻的倒数的和，即

$$\frac{1}{R} = \frac{1}{R_1} + \frac{1}{R_2} + \frac{1}{R_3} + \cdots + \frac{1}{R_n} \quad （2-9）$$

（4）如图 2-3 所示，当两个电阻并联时，通过每个电阻的电流可以用分流公式计算，分流公式为

$$I_1 = \frac{R_2}{R_1+R_2} \cdot I$$
$$I_2 = \frac{R_1}{R_1+R_2} \cdot I$$
(2-10)

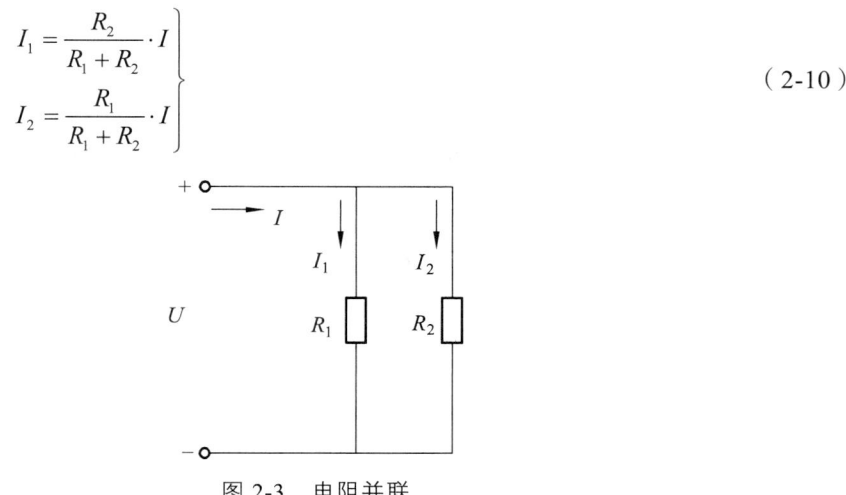

图 2-3 电阻并联

在电阻并联电路中，电阻小的支路通过的电流大；电阻大的支路通过的电流小。

（5）电阻并联电路的电流分配和功率分配关系。

在并联电路中，并联电阻两端电压相同，所以

$$U = R_1I_1 = R_2I_2 = R_3I_3 = \cdots = R_nI_n$$

$$\downarrow$$

$$U^2 = R_1P_1 = R_2P_2 = R_3P_3 = \cdots = R_nP_n$$

即
$$\frac{P_1}{P_2} = \frac{R_2}{R_1}$$
(2-11)

上式表明，并联电路中各支路电流与电阻成反比；各支路电阻消耗的功率和电阻成反比。

电阻并联电路在日常生活中应用十分广泛，例如：

① 照明电路中的用电器通常都是并联供电的。只有将用电器并联使用，才能在断开、闭合某个用电器时，或者某个用电器出现故障时，保障其他用电器能够正常工作。

② 利用并联电阻可以分得原电路电流的一部分，可以达到分流的作用。

③ 常利用电阻与电流表并联的方法，扩大电流表的量程。

3. 电阻的混联

如图 2-4 所示，既有电阻的串联又有电阻的并联的电路，叫电阻的混联。可以采用等电位点法标示的方法保证电阻元件之间的连接关系，通过等效概念逐步化简，最后化成一个等效电阻。

$$R_{23} = \frac{R_2R_3}{R_2+R_3} \qquad R = R_1 + R_{23} = R_1 + \frac{R_2R_3}{R_2+R_3}$$
(2-12)

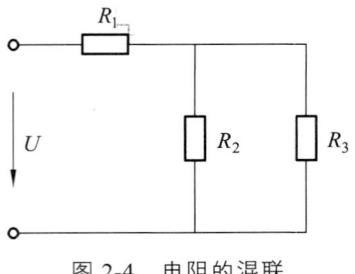

图 2-4 电阻的混联

混联的计算步骤:
(1) 把电路进行等效变换。
(2) 先计算各电阻串联和并联的等效电阻值,再计算电路的总的等效电阻。
(3) 由电路的总的等效电阻值和电路的端电压计算电路的总电流。
(4) 利用电阻串联的分压和电阻并联的分流关系,计算各部分电压及电流。

例 2-1 求图 2-5(a)所示电路 A、B 间的等效电阻 R_{AB}。其中 $R_1=R_2=R_3=2\ \Omega$,$R_4=R_5=4\ \Omega$。

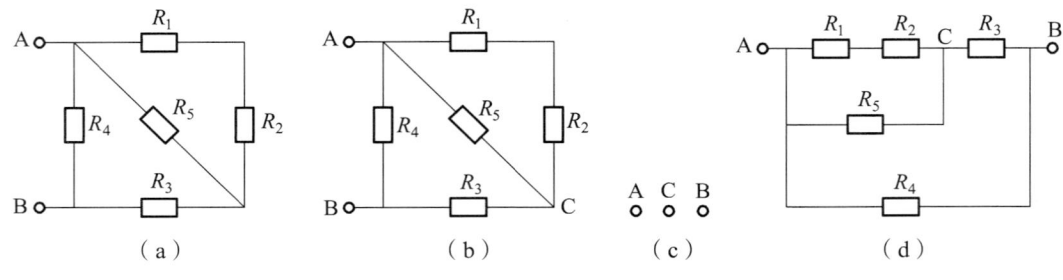

图 2-5 例 2-1 的电路图

解: (1) 按要求在原电路中标出字母 C,如图 2-5(b)所示。
(2) 将 A、B、C 各点沿水平方向排列,如图 2-5(c)所示。
(3) 将 $R_1 \sim R_5$ 依次填入相应的字母之间。R_1 与 R_2 串联在 A、C 之间,R_4 在 A、B 之间,R_5 在 A、C 之间,即可画出等效电路图,如图 2-5(d)所示,其电阻间的串并联一目了然。
(4) 由等效电路图求出 AB 间的等效电阻:

$$R_{12} = R_1 + R_2 = 2 + 2 = 4\ (\Omega)$$

$$R_{125} = \frac{R_{12} \times R_5}{R_{12} + R_5} = \frac{4 \times 4}{4 + 4} = 2\ (\Omega)$$

$$R_{1253} = R_{125} + R_3 = 2 + 2 = 4\ (\Omega)$$

$$R_{AB} = \frac{R_{1253} \times R_4}{R_{1253} + R_4} = \frac{4 \times 4}{4 + 4} = 2\ (\Omega)$$

例 2-2 电路如图 2-6 所示,其中:$R_1=4\ \Omega$,$R_2=6\ \Omega$,$R_3=3.6\ \Omega$,$R_4=4\ \Omega$,$R_5=0.6\ \Omega$,$R_6=1\ \Omega$,$E=4$ V。求各电阻电流和电压 U_{BA}、U_{BC}。

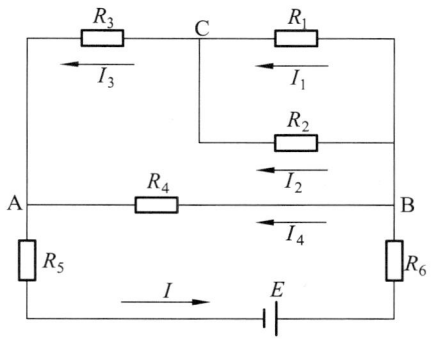

图 2-6 例 2-2 的电路图

解：（1）计算电路的等效电阻 R。

$$R_{12} = \frac{R_1 R_2}{R_1 + R_2} = \frac{4 \times 6}{4 + 6} = 2.4 \, (\Omega)$$

$$R_{123} = R_{12} + R_3 = 2.4 + 3.6 = 6 \, (\Omega)$$

$$R_{1234} = \frac{R_{123} R_4}{R_{123} + R_4} = \frac{6 \times 4}{6 + 4} = 2.4 \, (\Omega)$$

$$R = R_{1234} + R_5 + R_6 = 2.4 + 0.6 + 1 = 4 \, (\Omega)$$

（2）电路总电流 I 为

$$I = \frac{E}{R} = \frac{4}{4} = 1 (A)$$

（3）各支路电流及电压 U_{BA}、U_{BC} 分别计算如下：

$$I_4 = \frac{R_{123}}{R_{123} + R_4} I = \frac{6}{6+4} \times 1 = 0.6 \, (A)$$

$$I_3 = I - I_4 = 1 - 0.6 = 0.4 \, (A)$$

$$I_1 = \frac{R_2}{R_2 + R_1} I_3 = \frac{6}{6+4} \times 0.4 = 0.24 \, (A)$$

$$I_2 = I_3 - I_1 = 0.4 - 0.24 = 0.16 \, (A)$$

$$U_{BA} = I_4 R_4 = 0.6 \times 4 = 2.4 (V)$$

$$U_{BC} = I_1 R_1 = I_2 R_2 = 0.24 \times 4 = 0.96 (V)$$

（二）电阻星形连接与三角形连接等效变换

在电路分析计算中，有时候电阻的连接既不是串联也不是并联，则不能用简单的电阻串并联解决。比如，图 2-7 所示是一个桥式电路，显然用电阻串并联简化的办法求得端口 ab 处的等效电阻是极其困难的。如果能将连接在 1、2、3 三个端子间的 R_{12}、R_{23}、R_{31} 构成的三角形连接电路，等效变换为图 2-7（b）所示的由 R_1、R_2、R_3 构成的星形连接电路，则可方便地应用电阻串并联简化的办法求得端口 ab 处的等效电阻，这就是工程实际中经常遇到的星形、三角形等效变换问题（简称 Y-△变换）。

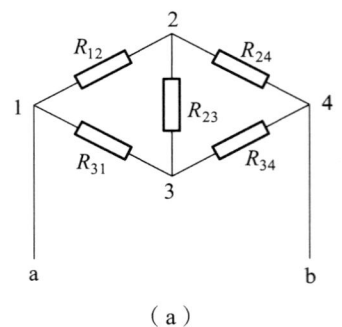
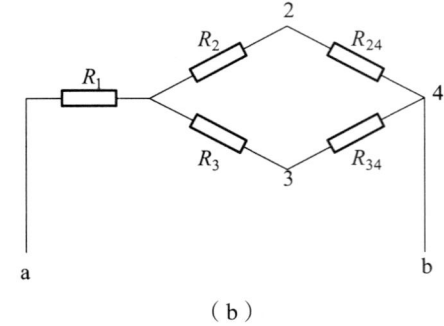

（a） （b）

图 2-7 桥式电路

在这里叙述 Y-△ 变换并非要求同学们掌握此变换，而是通过讲解，了解变换的过程意义，为课程后续内容的学习（三相电路）先行建立一个感性认识，从而为更进一步的学习奠定基础。

三个电阻元件首尾相连接，连成一个封闭的三角形，三角形的三个顶点接到外部电路的三个结点，称为电阻元件的三角形连接，简称△连接，如图 2-8（a）所示。三个电阻元件的一端连接在一起，另一端分别连接到外部电路的三个结点，称为电阻元件的星形连接，简称 Y 形连接，如图 2-8（b）所示。

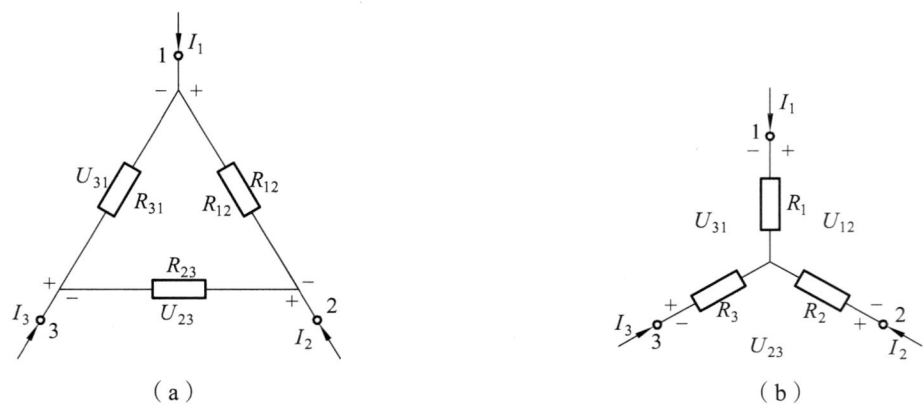

（a） （b）

图 2-8 电阻 △-Y 的等效变换

三角形连接和星形连接都是通过三个结点与外部电路相连，它们之间的等效变换是要求它们的外部特性相同，也就是当它们的对应结点间有相同的电压 U_{12}、U_{23}、U_{31} 时，从外电路流入对应结点的电流 I_1、I_2、I_3 也必须分别相等，即 Y-△ 变换的等效条件。

一种简单的推导等效变换方法是：在一个对应端钮悬空的同等条件下，分别计算出其余两端钮间的电阻，要求计算出的电阻相等。

悬空端钮 3 时，可得
$$R_1 + R_2 = \frac{R_{12}(R_{23} + R_{31})}{R_{12} + R_{23} + R_{31}}$$

悬空端钮 2 时，可得
$$R_3 + R_1 = \frac{R_{31}(R_{12} + R_{23})}{R_{12} + R_{23} + R_{31}}$$

悬空端钮 1 时，可得 $R_2 + R_3 = \dfrac{R_{23}(R_{12} + R_{31})}{R_{12} + R_{23} + R_{31}}$

联立以上三式可得

$$\left.\begin{array}{l} R_1 = \dfrac{R_{12}R_{31}}{R_{12} + R_{23} + R_{31}} \\[6pt] R_2 = \dfrac{R_{12}R_{23}}{R_{12} + R_{23} + R_{31}} \\[6pt] R_3 = \dfrac{R_{31}R_{23}}{R_{12} + R_{23} + R_{31}} \end{array}\right\} \quad (2\text{-}13)$$

式（2-13）是已知三角形连接的三个电阻求等效星形连接的三个电阻的公式。

从式（2-13）可解得

$$\left.\begin{array}{l} R_{12} = R_1 + R_2 + \dfrac{R_1 R_2}{R_3} \\[6pt] R_{23} = R_2 + R_3 + \dfrac{R_2 R_3}{R_1} \\[6pt] R_{31} = R_3 + R_1 + \dfrac{R_3 R_1}{R_2} \end{array}\right\} \quad (2\text{-}14)$$

以上互换公式可归纳为

$$Y形电阻 = \dfrac{\triangle形相邻电阻的乘积}{\triangle形电阻之和}$$

$$\triangle形电阻 = \dfrac{Y形电阻两两乘积之和}{Y形不相邻电阻}$$

记忆口诀：星变角，用电导；角变星，用电阻；分子两项乘，分母三项和。

当 Y 形连接的三个电阻相等时，即 $R_1 = R_2 = R_3 = R_Y$，则等效△形连接的三个电阻也相等，它们等于

$$R_\triangle = R_{12} = R_{23} = R_{31} = 3R_Y \quad 或 \quad R_Y = \dfrac{1}{3}R_\triangle \qquad (2\text{-}15)$$

例 2-3 如图 2-9（a）所示电路，求电流 I。

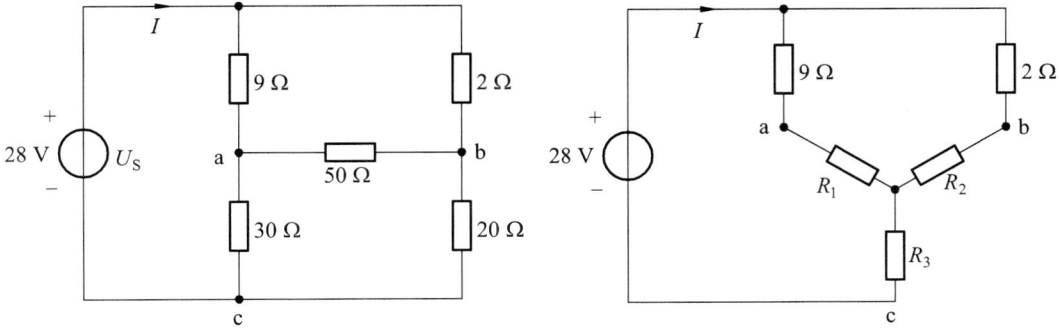

图 2-9 例 2-3 的电路图

解：首先把 π 形结构（50 Ω，30 Ω，20 Ω）等效为 T 形结构。求出 R_1、R_2 和 R_3。

$$R_1 = \frac{30 \times 50}{20 + 30 + 50} = \frac{1500}{100} = 15\ (\Omega)$$

$$R_2 = \frac{50 \times 20}{20 + 30 + 50} = 10\ (\Omega)$$

$$R_3 = \frac{20 \times 30}{20 + 30 + 50} = 6\ (\Omega)$$

对于图 2-9（b）按电阻串、并联关系化简可得等效电阻

$$R = 6 + \frac{(15+9) \times (10+2)}{(15+9)+(10+2)} = 14\ (\Omega)$$

所以电流： $I = U_S/R = 28/14 = 2$（A）

例 2-4 如图 2-10（a）所示电路，试求端子 1、4 间的总电阻。

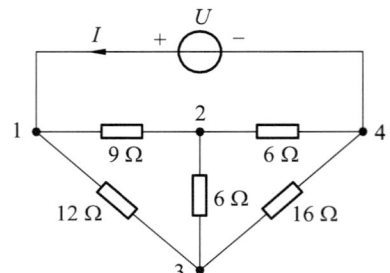 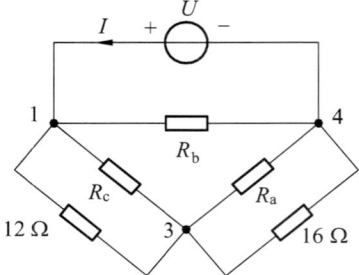

图 2-10 例 2-4 电路图

解：在图 2-10 中，可以把 9 Ω、6 Ω 和 6 Ω 组成的 Y 形连接变换为 △ 形连接，如图 2-10（b）所示。

由图 2-10（a），利用变换公式得

$$R_a = \frac{9 \times 6 + 6 \times 6 + 9 \times 6}{9} = 16\ (\Omega)$$

$$R_b = \frac{9 \times 6 + 6 \times 6 + 9 \times 6}{6} = 24\ (\Omega)$$

$$R_c = \frac{9 \times 6 + 6 \times 6 + 9 \times 6}{6} = 24\ (\Omega)$$

于是可得结点 1、3 间的电阻为

$$R_{13} = \frac{12 \times 24}{12 + 24} = 8\ (\Omega)$$

结点 3、4 间的电阻为

$$R_{34} = \frac{16 \times 16}{16 + 16} = 8\ (\Omega)$$

电路的总电阻为 R_{12} 与 R_{34} 串联，然后再与 R_b 并联，得总电阻：

$$R_{14} = \frac{24 \times (8+8)}{24 + (8+8)} = 9.6(\Omega)$$

（三）电压源与电流源的等效变换

1. 二端网络及等效的概念

电信设备，如载波机中很多部分是由电阻、电容和电感元件组成的。凡是由这些元件单独或相互串联、并联以及混联组成的电路都称为电气网络。这些网络不管它如何复杂，只要它有两个端点（钮）与电路中的其他部分（外电路）相连接时，则称该电路部分为一个二端网络。当一个二端网络与另一个二端网络端点的伏安关系完全相同时，则称这两个二端网络在电路分析中对于外电路的作用是相同的，即它们是等效的。二端网络分为三类：二端网络中如含有电源，称有源二端网络，否则称无源二端网络；如果网络是由纯电感、电容元件组成的，称为纯电抗二端网络；若含有电阻元件或考虑电感、电容元件的损耗在内的，则称为有耗二端网络。

2. 电压源

（1）电压源的概念。

电源在产生电能的同时，也有能量的消耗，人为地把电源消耗的电能视为一个称作内阻的电阻所消耗的电能，那么任何一个实际的电源都可以用一个理想电压源 E 和内阻 R_0 相串联的电路模型来表示，这种电路模型称为电压源模型，简称电压源。

（2）电压源的伏安特性。

理想电压源：向外提供了一个恒定的或按某一特定规律随时间变化的端电压。如图 2-11 所示。通常，稳压电源（稳压器）和新的干电池都可以近似地认为是理想电压源。

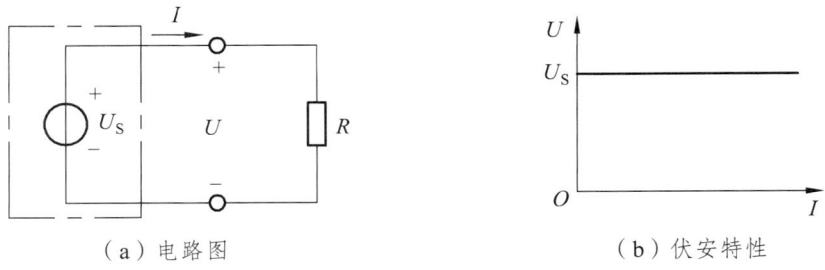

（a）电路图　　　　　　　　（b）伏安特性

图 2-11　理想电压源

实际电源的电压源模型可以用一个理想的电压源 U_S 和一个内电阻 R_0 串联的形式来表示，如图 2-11（a）所示。这时，实际电源的端电压和电路中的电流分别为

$$U = U_S - R_0 I \tag{2-16}$$

$$I = \frac{U_S}{R_0 + R} \tag{2-17}$$

式（2-16）中，U_S 和 R_0 都是常数，故 U 和 I 之间满足线性关系，当电源开路时，$I=0$，

开路电压 $U = U_S$；当电压源短路时，$U = 0$，短路电流 $I = U_S/R_0$；当内阻 $R_0 = 0$，U 为定值，即成为理想电压源。实际电压源不用时应开路放置，其开路电压为 U_S。注意，实际电压源不允许短路，否则电源内阻将把电压源的能量消耗掉。

可以根据两点法作出电压源的伏安特性曲线，如图 2-11（b），伏安特性曲线图常用纵坐标表示电流 U、横坐标表示电压 I，以此画出的 U-I 图像叫作导体的伏安特性曲线图。伏安特性曲线是针对导体的，也就是耗电元件，图像常被用来研究导体电阻的变化规律，是物理学常用的图像法之一。

工作在电路中的电压源，可能是电源也可能是负载，可通过其功率进行判断。在关联参考方向条件下，$P>0$ 是负载，$P<0$ 是电源，例如蓄电池充电时就是负载。

3. 电流源

（1）电流源的概念。

理想电流源：提供了一个恒定的电流 I_S，其大小与它的端电压大小无关，它的端电压大小仅仅取决于外电路负载电阻 R 的数值，即 $U = RI_S$。如图 2-12 所示。

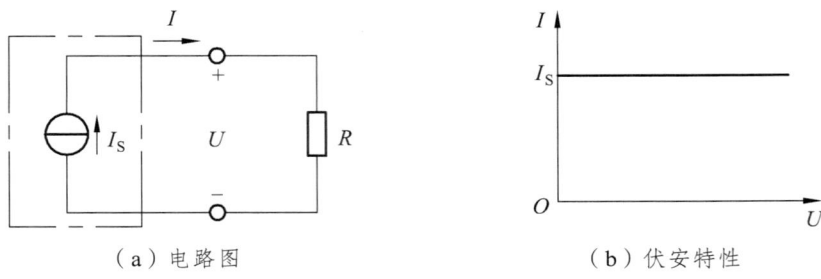

（a）电路图　　　　　　　　　（b）伏安特性

图 2-12　理想电流源

通常，恒流电源（恒流器）和光电池都可以近似地认为是理想电流源。

（2）电流源的伏安特性。

实际电源的电流源模型可以用一个理想的电流源 I_S 和一个内电阻 R_0 并联的理来表示，如图 2-13（a）。这时，电路中的电流为

$$I = I_S - \frac{U}{R_0} \tag{2-18}$$

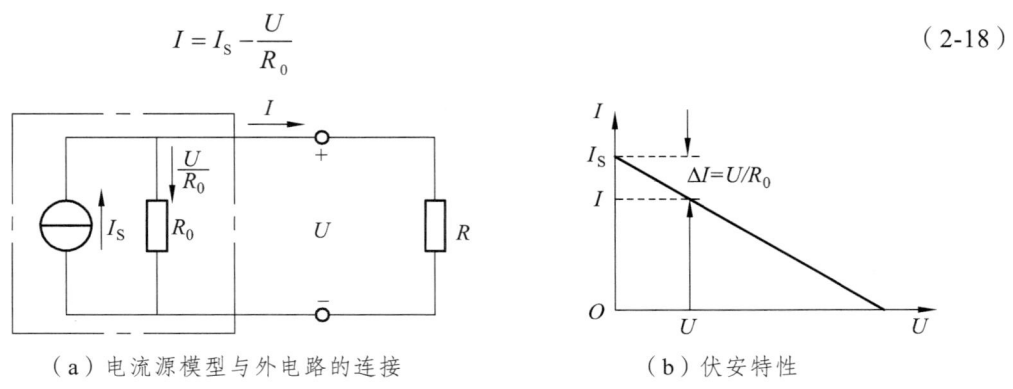

（a）电流源模型与外电路的连接　　　　　（b）伏安特性

图 2-13　电流源模型

如式（2-18）所示，当实际电流源开路时：$I=0$，$U=I_S R_0$；当实际电流源短路时：$U=0$，$I=I_S$。实际电流源不允许开路，否则电源内阻将把电流源的能量消耗掉。因此，实际电流源不用时应短路放置，其短路电流就是I_S。图 2-13（b）是实际电流源的伏安特性。

4. 电源的等效变换

实际电源可用两种电路模型来表示，一种为电压源和一电阻（内阻R_0）的串联模型，还有一种为电流源和电阻（内阻R_0）的并联模型，如图 2-14 所示。实际电源的这两种电路模型，对外电路是相互等效的，具体分析如下：

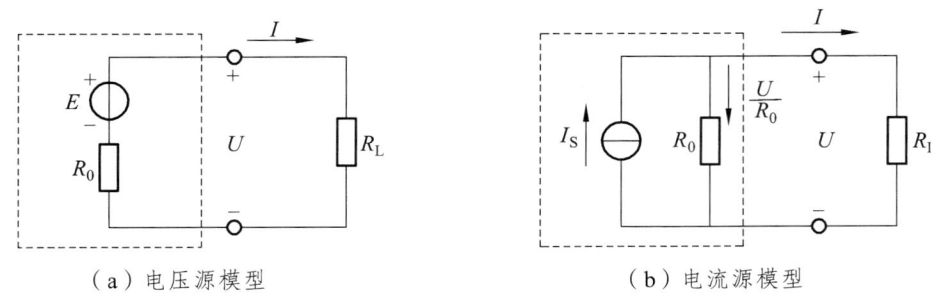

（a）电压源模型　　　　　　　　　　（b）电流源模型

图 2-14　实际电源的两种电路模型

由图 2-14（a）电压源模型可见：$U = E - IR_0$

由图 2-14（b）电流源模型可见：$U = I_S R_0 - IR_0$

等效变换条件：

$$\left.\begin{array}{l} E = I_S R_0 \\ I_S = \dfrac{E}{R_0} \end{array}\right\} \quad (2\text{-}19)$$

注意：

① 电压源和电流源的等效关系只对外电路而言，对电源内部则是不等效的。例：当$R_L = \infty$时，电压源中的内阻R_0不损耗功率，而电流源中的内阻R_0则损耗功率。

② 等效变换时，两电源的参考方向要一一对应。如图 2-15 所示。

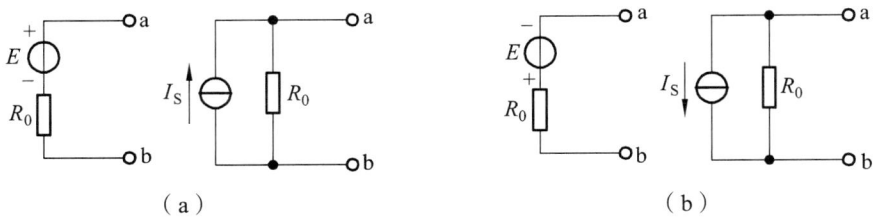

　　　　　（a）　　　　　　　　　　　　　　　（b）

图 2-15　两种电源的参考方向

③ 理想电压源与理想电流源之间无等效关系。

④ 任何一个电动势E和某个电阻R串联的电路，都可化为一个电流为I_S和这个电阻

并联的电路。

⑤ 任何与电压源并联的两端元件不影响其电压源，可以舍去，如图 2-16 所示。

⑥ 任何与电流源串联的两端元件不影响其电流源，可以舍去，如图 2-17 所示。

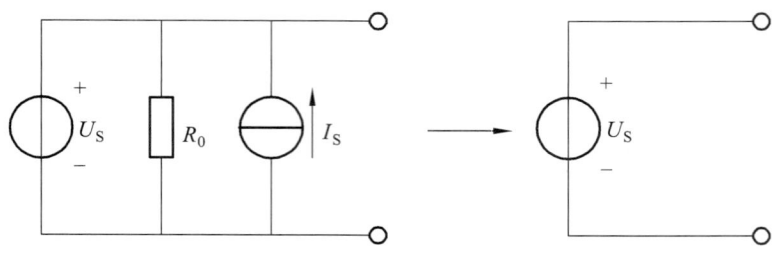

图 2-16 关于电压源模型等效变换的说明

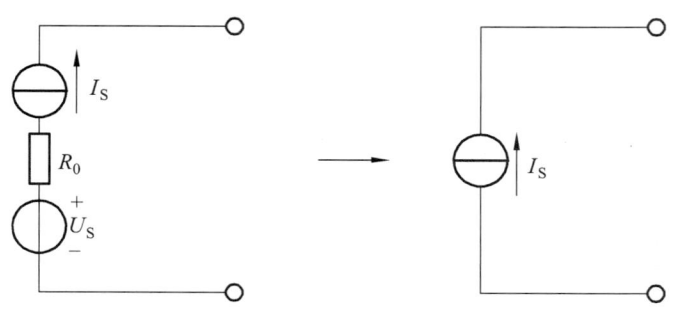

图 2-17 关于电流源模型等效变换的说明

例 2-5 如图 2-18（a）所示，试用电压源与电流源等效变换的方法计算 2 Ω 电阻中的电流。

解：根据电压源和电流源的等效变换性质可得，如图 2-18（b）、（c）、（d）所示。

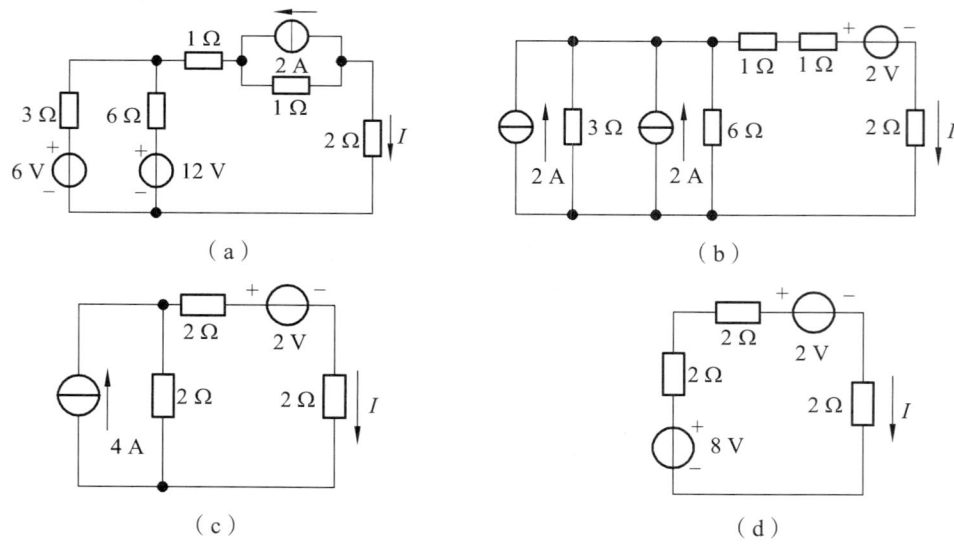

图 2-18 例 2-5 的电路图

根据图 2-18（d）得

$$I = \frac{8-2}{2+2+2} = 1(A)$$

二、基尔霍夫定律

基尔霍夫定律是求解复杂电路的电学基本定律。从 19 世纪 40 年代，由于电气技术发展得十分迅速，电路变得越来越复杂。某些电路呈现出网络形状，并且网络中还存在一些由 3 条或 3 条以上支路形成的交点（结点）。这种复杂电路不是串、并联电路的公式所能解决的。刚从德国哥尼斯堡大学毕业，年仅 21 岁的基尔霍夫在他的第 1 篇论文中提出了适用于这种网络状电路计算的两个定律，即著名的基尔霍夫定律。该定律能够迅速地求解任何复杂电路，从而成功地解决了这个阻碍电气技术发展的难题。由于似稳电流（低频交流电）具有的电磁波长远大于电路的尺度，所以在电路中每一瞬间的电流与电压均能很好地满足基尔霍夫定律。因此，基尔霍夫定律的应用范围亦可扩展到交流电路之中。

基尔霍夫（电路）定律（Kirchhoff Laws）是电路中电压和电流所遵循的基本规律，是分析和计算较为复杂电路的基础，包括基尔霍夫电流定律（KCL）和基尔霍夫电压定律（KVL）。

基尔霍夫（电路）定律既可以用于直流电路的分析，也可以用于交流电路的分析，还可以用于含有电子元件的非线性电路的分析。

（一）基本概念

（1）两端元件。凡具有两个端钮可与外部电路相连接的元件称为两端元件。图 2-19 所示的电路中含有 5 个两端元件（即 R_1、R_2、R_3、U_{S1}、U_{S2}）。

（2）支路。电路中的一条分支，用字母"b"表示。图 2-19 所示的电路中 $b=3$。

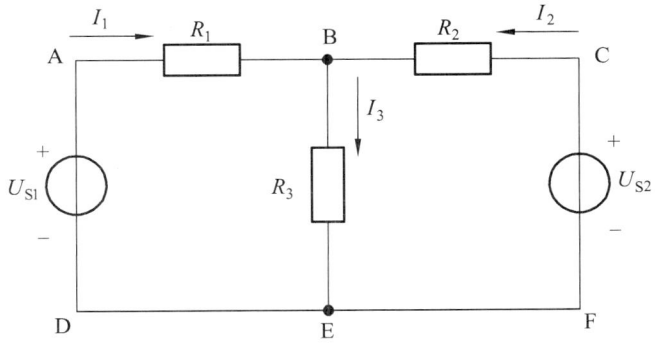

图 2-19 基尔霍夫定律示例

（3）结点。在电路中三条或三条以上支路的会聚点称为结点，用字母"n"表示（node）。图 2-19 所示的电路中 $n=2$（即 B 和 E）。

（4）回路。由一条或多条支路所组成的闭合电路称为回路，用字母"l"表示（loop）。图 2-19 所示的电路中 $l=3$（即 ABED 回路、BCFE 回路和 ACFD 回路）。

（5）网孔。内部无支路的回路称为网孔，用字母"m"表示（mesh）。图 2-19 所示的电路中 $m=2$（即 ABED 回路、BCFE 回路）。网孔一定是回路，但回路不一定是网孔。

（二）基尔霍夫电流定律（KCL）

基尔霍夫电流定律是反映了电路中对任一结点相关联的所有支路电流之间的相互约束关系。表述为：在电路中，任何时刻，对任一结点所有支路电流的代数和等于零。即

$$\sum I = 0 \qquad (2\text{-}20)$$

如图 2-19 所示，假定流入结点的电流为正时，流出结点的电流为负。这里流入或流出都是根据参考方向而定。

对结点 B：　$I_1 + I_2 - I_3 = 0$　或　$I_1 + I_2 = I_3$　（2-21）

对结点 E：　$-I_1 - I_2 + I_3 = 0$　或　$I_1 + I_2 = I_3$　（2-22）

由上可见：

① 在任何一个瞬间、对任何一个结点，流进结点的电流之和一定等于流出结点的电流之和，即 $\sum I_{\text{进}} = \sum I_{\text{出}}$。对结点 B 有 $I_1 + I_2 = I_3$，对结点 E 有 $I_1 + I_2 = I_3$。值得注意：流进或流出是针对所假设的电流参考方向而言的。

② 如果在电路中有 n 个结点，则其中有（$n-1$）个是独立结点。在图 2-19 所示电路中有 2 个结点（B、E），则有 1 个独立结点（任选一个）。在以上所列方程中，若将结点 B 的方程乘以-1，即得到结点 E 的方程，因此，这两个方程中只有一个是独立的。

基尔霍夫电流定律还可以把它推广应用于包围部分电路的任一假想闭合面（称为广义结点）。在任何瞬间通过任一假想闭合面的电流的代数和也恒等于零。这是电流连续性的体现。

在图 2-20 所示闭合面的电路中

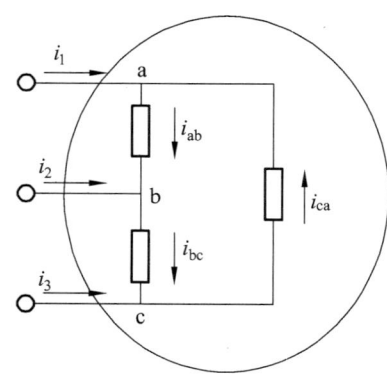

图 2-20　基尔霍夫电流定律的推广

对结点 a：$-i_1 - i_{\text{ca}} + i_{\text{ab}} = 0$ 　　　　　　　　　　　　　　　（2-23）

对结点 b：$-i_2 - i_{ab} + i_{bc} = 0$ （2-24）

对结点 c：$-i_3 - i_{bc} + i_{ca} = 0$ （2-25）

将上面 3 个方程式相加，得

$$i_1 + i_2 + i_3 = 0 \quad (2\text{-}26)$$

注意：基尔霍夫定律具有普遍的适用性，它适用于由任何元件所构成的任何结构的电路，电压和电流是恒定的，也可是任意变化的。

例 2-6 在图 2-21 所示的电路中，$I_1 = 4$ A，$I_2 = 1$ A，$I_4 = -3$ A，$I_5 = -2$ A，求电流 I_3 的数值。

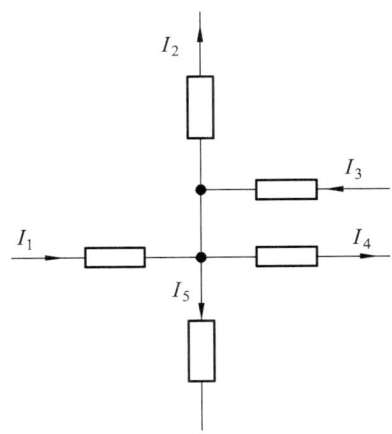

图 2-21 例 2-6 的电路图

解：根据 KCL 有　　　$I_1 - I_2 + I_3 - I_4 - I_5 = 0$

所以　　　$I_3 = -I_1 + I_2 + I_4 + I_5$

$= -4 + 1 + (-3) + (-2) = -8$ (A)

（三）基尔霍夫电压定律（KVL）

基尔霍夫电压定律反映了电路中对组成任一回路的所有支路的电压之间的相互约束关系。表述为：在电路中，任何时刻，沿任一闭合回路所经各个元件的电位降的代数和恒等于零。即

$$\sum U = 0 \quad (2\text{-}27)$$

在列写方程时，可任意选取回路的绕行方向（一经选定不可更改）。在绕行过程中所经元件电位从低到高为电位升，该元件电压为负值；若电位从高到低为电位降，该元件电压为正值。

假定各支路电压、电流的参考方向，并指定回路的循行方向（顺时针方向或逆时针方向）。我们规定：支路电压的参考方向与回路循行方向一致时取"+"号，相反时取"−"号；支路电流的参考方向与回路循行方向一致时，在电阻上产生的电压降取"+"号，相

反时在电阻上产生的电压降取"-"号。

假定各支路电压的参考方向和各回路的循行方向（取顺时针方向），如图 2-22 所示。

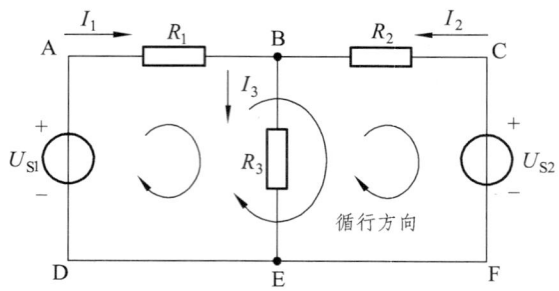

图 2-22　基尔霍夫电压定律

根据 KVL，对 ACFD 回路列写方程

$$U_{AC}+U_{CF}+U_{FD}+U_{DA}=0$$

式中，$U_{AC}=R_1I_1-R_2I_2$，$U_{CF}=U_{S2}$，$U_{FD}=0$，$U_{DA}=-U_{S1}$

将上面 4 个方程式相加整理后得到

$$R_1I_1-R_2I_2+U_{S2}-U_{S1}=0 \quad 或 \quad R_1I_1-R_2I_2=U_{S1}-U_{S2} \tag{2-28}$$

同理，对 ABED 回路，我们分析可以得到

$$R_1I_1+R_3I_3-U_{S1}=0 \quad 或 \quad R_1I_1+R_3I_3=U_{S1} \tag{2-29}$$

对 BCFE 回路，我们分析可以得到

$$-R_2I_2+U_{S2}-R_3I_3=0 \quad 或 \quad R_2I_2+R_3I_3=U_{S2} \tag{2-30}$$

由上面 3 个等式方程可得

$$\sum R_K I_K = \sum U_{SK} \quad （式中，K=1,2,\cdots,n） \tag{2-31}$$

这就基尔霍夫电压定律的另一种表达式，可叙述为：任一瞬时，电路中的任一回路各电压降的代数和恒等于这个回路内各电源电压的代数和。

注意：基尔霍夫定律具有普遍的适用性，它适用于由任何元件所构成的任何结构的电路，电压和电流是恒定的，也可是任意变化的。基尔霍夫电压定律不仅应用于闭合电路，也可以推广应用于假想回路（开口回路）。

例 2-7　在图 2-23 所示的闭合电路中，各支路元件是任意的，各电压参考方向如图标示。已知 $U_{AB}=3\text{ V}$，$U_{BC}=4\text{ V}$，$U_{ED}=-6\text{ V}$，$U_{AE}=8\text{ V}$，试求：（1）U_{CD}；（2）U_{AD}。

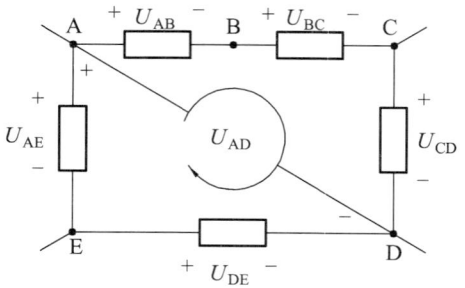

图 2-23　例 2-7 的电路图

解：(1) 取顺时针方向为回路循行方向，根据 KVL 可列写出

$$U_{AB} + U_{BC} + U_{CD} + U_{DE} + U_{EA} = 0$$

$$\begin{aligned}U_{CD} &= -U_{AB} - U_{BC} - U_{DE} - U_{EA} \\ &= -U_{AB} - U_{BC} - (-U_{ED}) - (-U_{AE}) \\ &= -3 - 4 - (6) - (-8) = -5 \text{ (V)}\end{aligned}$$

(2) 设 ADEA 为一个假想回路，取顺时针方向为回路循行方向，根据 KVL 可列写出

$$U_{AD} + U_{DE} + U_{EA} = 0$$

$$\begin{aligned}U_{AD} &= -U_{DE} - U_{EA} = -(-U_{ED}) - (-U_{AE}) \\ &= -(6) - (-8) = -6 + 8 = 2 \text{ (V)}\end{aligned}$$

总结：基尔霍夫电流定律、电压定律具有普遍性，它们适用于由任何元件所构成的任何结构的电路，电路中的电压和电流可以是恒定的，也可以是任意变化的。基尔霍夫定律和欧姆定律可用于任意复杂电路的电流、电压、功率计算。

【项目实施】

任务一 万用表的常用检测功能

数字万用表的使用

（一）电阻的检测

电阻是电子电路的常用元件，对交、直流都有阻碍作用，常用于控制电路电流和电压的大小。普通电阻的检测可以用万用表直接测量，也可以通过色环识别。

（二）电解电容极性的判断

注意观察在电解电容侧面有"–"，是负极，如果电解电容上没有标明正负极，也可以根据它引脚的长短来判断，长脚为正极，短脚为负极。如果，已经把引脚剪短，并且电容上没有标明正负极，那么可以用万用表来判断，判断的方法是正接时漏电流小（阻值大），反接时漏电流大。

（三）二极管、三极管的检测

1. 测二极管

把定位挡打在二极管挡位或 $R×10\ \Omega$ 的电阻挡，然后把万用表的黑红两表笔放于二极管两侧的金属丝上，若显示的电阻很小，一般是几个欧姆以下，则说明该二极管是好的，同时说明黑表笔所测端为二极管的正极，另一端为负极（万用表在电路中，红表笔接电源电池负极，黑表笔接电池正极）。假如二极管是好的，但两表笔极性接反，则所测电阻非常大，一般为几十千欧以上。如果二极管是坏的，则无论怎么测量，电阻都很大，一般也为几十千欧以上。

2. 测三极管

把定位挡打在晶体管调节 ADJ 挡位。将红黑两测试表笔短接，调节调零器、使指针对准 300 hFE 刻度线上，然后转动调位挡到 hEF 位置，将要测的三极管脚分别插入晶体管测试座的 ebc 管座内，指针偏转所示数值即约为三极管的直流放大倍数值。NPN 型晶体管应插入 N 型管孔内，PNP 型晶体管应插入 P 型管孔内，即把三极管根据 NPN 型或 PNP 型插入 NPN 或 PNP 槽中（NPN 槽或 PNP 槽有三孔，分别插入 b、c、e 三级）。

（四）电位器的检测

用万用表测量电位器引脚的阻值，电位器共有五个引脚，其中三个并排的引脚中，1、3 两点为固定触点，2 为可动触点，当旋钮转动时，1、2 或 2、3 间的阻值发生变化。如果没有阻值或阻值没变化，说明电位器已经损坏。

任务二　MF-47 型万用表的焊接与安装

（一）元器件的焊接安装

取出线路板，将各元器件按线路板黄面上的标识插在线路板上，并用烙铁焊接牢固。如图 2-24 所示。

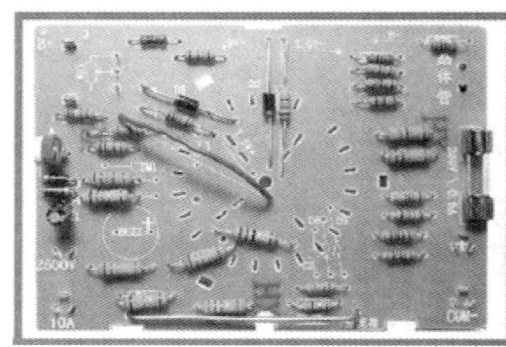 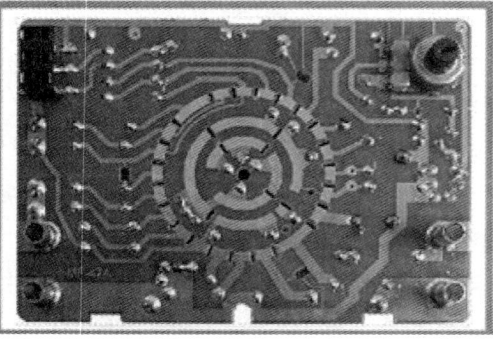

（a）电路板正面图　　　　　　　　　　（b）电路板反面图

图 2-24　元器件安装在线路板上

1. 元器件的焊接

检查每个元件插放是否正确、整齐，二极管、电解电容极性是否正确，电阻读数是否一致（横排的必须从左向右读，竖排的从下向上读），全部合格后方可进行元器件的焊接。焊接完后的元器件，要求排列整齐，高度一致。为了保证焊接的整齐美观，焊接时应将线路板架在焊接木架上焊接，两边架空的高度要一致，元件插好后，要调整位置，使它与桌面相接触，保证每个元件焊接高度一致。焊接时，电阻不能离开线路板太远，也不能紧贴线路板焊接，以免影响电阻的散热。应先焊水平放置的元器件，后焊垂直放置的或体积较大的元器件，如分流器、可调电阻等。焊接时不允许用电烙铁运载焊锡丝，因为烙铁头的温度很高，焊锡在高温下会使助焊剂分解挥发，易造成虚焊等焊接缺陷。

2. 电位器的安装

安装时应捏住电位器的外壳，平稳地插入，不应使某一个引脚受力过大。不能捏住电位器的引脚安装，以免损坏电位器。安装前应用万用表测量电位器的阻值，电位器 1、3 为固定触点，2 为可动触点，1、3 之间的阻值应为 10 kΩ，拧动电位器的黑色小旋钮，测量 1 与 2 或者 2 与 3 之间的阻值应在 0 ~ 10 kΩ 间变化。注意电位器要装在线路板的焊接绿面，不能装在黄色面。

3. 分流器的安装

安装分流器时要注意方向，不能让分流器影响线路板及其余电阻的安装。

4. 输入插管的安装

输入插管装在绿面，是用来插表棒的，因此一定要焊接牢固。将其插入线路板中，用尖嘴钳在黄面轻轻捏紧，将其固定，一定要注意垂直，然后将两个固定点焊接牢固。

5. 晶体管插座的安装

晶体管插座装在线路板绿面，用于判断晶体管的极性。在绿面的左上角有 6 个椭圆的焊盘，中间有两个小孔，用于晶体管插座的定位，将其放入小孔中检查是否合适，如果小孔直径小于定位突起物，应用锥子稍微将孔扩大，使定位突起物能够插入。将晶体管插片插入晶体管插座中，检查是否松动，将其伸出部分折平。晶体管插片装好后，将晶体管插座装在线路板上，定位，检查是否垂直，并将 6 个椭圆的焊盘焊接牢固。

（二）万用表的组装

1. 电池夹的安装

（1）焊接前先要检查电池极板的松紧，如果太紧应将其调整。调整的方法是用尖嘴钳将电池极板侧面的突起物稍微夹平，使它能顺利地插入电池极板插座，且不松动。检查电池极板安装的位置，平极板与突极板不能对调，否则电路无法接通。焊接时应将电池极板拨起，否则高温会把电池极板插座的塑料烫坏。为了便于焊接，应先用尖嘴钳的齿口将其焊接部位部分锉毛，去除氧化层。用加热的烙铁沾一些松香放在焊接点上，再加焊锡，为其搪锡。将连接线线头剥出，如果是多股线应立即将其拧紧，然后沾松香并搪锡（提供的连接线已经搪锡）。用烙铁运载少量焊锡，烫开电池极板上已有的锡，迅速将连接线插入并移开烙铁。如果时间稍长将会使连接线的绝缘层烫化，影响其绝缘。

（2）分别将各个连接线焊接在电池夹的焊接端，如图 2-25 所示。

（3）将焊好线的电池片分别插入表头一体化面板上相对应的电池片插孔内。

2. 表头正负极线与线路板的连接

将表头一体化面板上的表头的正极线（红线）和负极线（黑线）分别焊在线路板正面所标示的 B+ 和 B- 插孔内。

3. 电刷旋钮的安装

取出弹簧和钢珠，并将其放入凡士林油中，使其粘满凡士林。加油有两个作用：使电刷旋钮润滑，旋转灵活；起黏附作用，将弹簧和钢珠黏附在电刷旋钮上，防止其丢失。将加上润滑油的弹簧放入电刷旋钮的小孔中，钢珠黏附在弹簧的上方，注意切勿丢失。

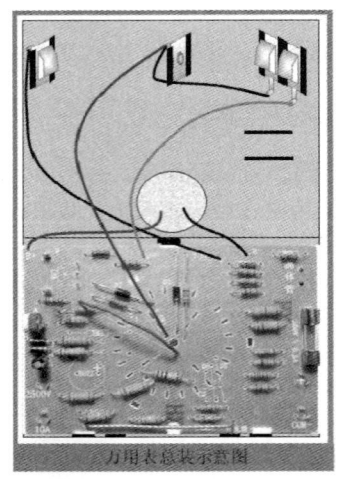

图 2-25　焊接连接线

观察面板背面的电刷旋钮安装部位，它有 3 个电刷旋钮固定卡、2 个电刷旋钮定位弧、1 个钢珠安装槽和 1 个花瓣形钢珠滚动槽组成。将电刷旋钮平放在面板上，注意电刷放置的方向。用起子轻轻顶，使钢珠卡入花瓣槽内，小心滚掉，然后手指均匀用力将电刷旋钮卡入固定卡。

将面板翻到正面，挡位开关旋钮轻轻套在从圆孔中伸出的小手柄上，慢慢转动旋钮，检查电刷旋钮是否安装正确，应能听到"咔嗒"、"咔嗒"的定位声，如果听不到则可能钢珠丢失或掉进电刷旋钮与面板间的缝隙，这时挡位开关无法定位，应拆除重装。

将挡位开关旋钮轻轻取下，用手轻轻顶小孔中的手柄，同时反面用手依次轻轻扳动三个定位卡，注意用力一定要轻且均匀，否则会把定位卡扳断。小心钢珠不能滚掉。

4. V 型电刷的安装

将 V 型电刷安装在表头一体化面板的电刷卡槽内，如图 2-26 所示。

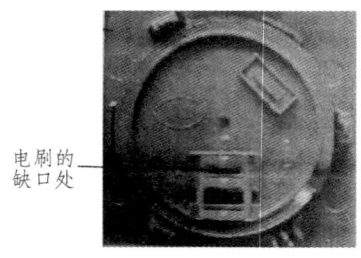

图 2-26　安装电刷

5. 线路板的安装

将焊好连接线的线路板卡放表头一体化面板中。将线路板上的三个卡槽卡在表头一体化面板上的三个卡钩下，听到"咔嗒"声响后，线路板就安装到位了。

6. 安装电池、后盖和 Ω 调零旋钮

装后盖时左手拿面板，稍高，右手拿后盖，稍低，将后盖从向上推入面板，拧上螺丝，注意拧螺丝时用力不可太大或太猛，以免将螺孔拧坏。抽出后盖上的电池盖板，分别将 2 号电池和 9 V 层叠电池装入电池槽内，注意电池的正负极不要装反，最后合上电池盖板。将电位器旋钮安装在表头一体化面板正面的电位器处。

7. 提把的安装

后盖侧面有两个"O"形小孔，是提把铆钉安装孔。提把放在后盖上，将两个黑色的提把橡胶垫圈垫在提把与后盖中间，然后从外向里将提把铆钉按其方向卡入，听到"咔嗒"声后说明已经安装到位。如果无法听到"咔嗒"声可能是橡胶垫圈太厚，应更换后重新安装。大拇指放在后盖内部，四指放在后盖外部，用四指包住提把铆钉，大拇指向外轻推，检查铆钉是否已安装牢固。注意一定要用四指包住提把铆钉，否则会使其丢失。将提把转向朝下，检查其是否能起支撑作用，如果不能支撑，说明橡胶垫圈太薄，应更换后重新安装。

（三）任务评价

MF-47 型万用表的焊接与安装任务评价标准见表 2-1。

表 2-1 任务评价标准

项目内容	配分	评分标准	扣分	得分
器件检测	10	（1）二极管极性不正确，扣 5 分； （2）电解电容极性不正确，扣 5 分		
线路板安装与焊接	40	（1）焊接方法不正确，出现虚焊、漏焊，扣 10 分； （2）元件错装、漏装、接线不正确，扣 10 分； （3）器件排列不合理，无法盖箱盖，扣 10 分； （4）焊点加热时间过长使焊盘脱开，扣 5 分； （5）焊点不美观或线路板焊反，扣 5 分		
机械部件的安装	20	（1）挡位开关安装不正确，扣 10 分； （2）电刷安装不正确，扣 10 分		
元器件损坏与返工情况	30	（1）表头、表棒损坏，扣 10 分； （2）其他器件损坏，每件扣 10 分； （3）返工，扣 10 分		
安全文明操作		（1）每违反一次操作规程，扣 5 分； （2）工作场地不整洁，扣 5 分； （3）发生事故，扣 50 分		
额定工时	10 h	开始时间	结束时间	
考核方式	时限性	教师签字	总分	

【知识拓展】

一、支路电流法

支路电流法是以电路中每条支路的电流为未知量，对独立结点、独立回路（网孔）分别应用基尔霍夫电流定律、基尔霍夫电压定律列出相应的方程，从而解得支路电流。具体分析如下：

在图 2-27 中，设定每条支路电流 I_1、I_2、I_3 的参考方向，网孔为顺时针绕行方向。在图中有两个结点，独立结点只有一个，故只要对其中一个结点列电流方程。独立回路有两个，故只要对网孔列电压方程即可。

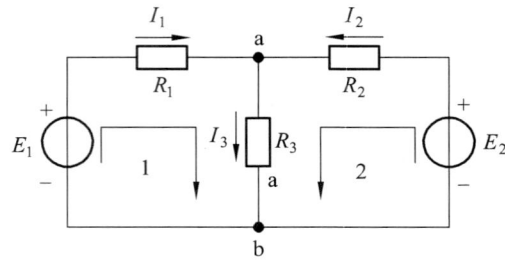

图 2-27 支路电流法

对 a 结点： $I_1 + I_2 - I_3 = 0$ （2-32）

对回路 1： $R_1 I_1 + R_3 I_3 - E_1 = 0$ （2-33）

对回路 2： $R_2 I_2 + R_3 I_3 - E_2 = 0$ （2-34）

对三个方程式求解可解得三个支路电流 I_1、I_2、I_3。

通过以上分析，可总结出应用支路电流法求解电路的步骤：

① 假定各支路电流的参考方向，网孔绕行方向。

② 根据基尔霍夫电流定律，对独立结点列电流方程（如有 n 个结点，则 $n-1$ 个结点是独立的）。

③ 根据基尔霍夫电压定律，对独立回路列电压方程（一般选取网孔，网孔是独立回路）。

④ 解出支路电流。

例 2-8 试用支路电流法，求解图 2-28 所示电路中通过电阻 R_1、R_2 和 R 中的电流。已知 $U_{S1} = 130$ V，$U_{S2} = 117$ V，$R_1 = 1$ Ω，$R_2 = 0.6$ Ω，$R = 24$ Ω。

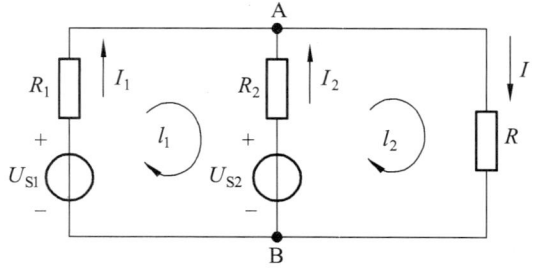

图 2-28 例 2-8 的电路图

解： 先假定各支路电流的参考方向，如图 2-28 所示。然后，根据基尔霍夫电流定律 $\sum I = 0$，列出结点的电流方程式。该电路中有 A、B 两个结点，我们分别列出方程。

对于结点 A 有　　　　　$I_1 + I_2 - I = 0$　　　　　　　　　　　　　　　（2-35）

对于结点 B 有　　　　　$-I_1 - I_2 + I = 0$　　　　　　　　　　　　　　（2-36）

这两个方程中只有一个是独立的。于是得出结论：结点电流的独立方程数比结点数少一个，即若电路有 n 个结点，则可列出 ($n-1$) 个结点电流方程。

再根据基尔霍夫电压定律 $\sum U = 0$，列出回路的电压方程式，通常选网孔为分析对象。本例中我们对回路 l_1 和回路 l_2 选定顺行方向如图 2-28 所示。

对回路 l_1 有　　　　$R_1 I_1 - R_2 I_2 + U_{S2} - U_{S1} = 0$　　　　　　　　（2-37）

对回路 l_2 有　　　　$R_2 I_2 + RI - U_{S2} = 0$　　　　　　　　　　　　（2-38）

为了使待求的支路电流能够求解，必须使回路电压方程数加上结点电流方程数等于支路数。得到结论为：若电路中有 b 条支路，n 个结点，则可列出 ($b-n+1$) 个回路电压方程。本例中共有三条支路，两个结点，因而只需再列两个回路电压方程即可求解，将回路 l_1 和回路 l_2 的电压方程式分别记作（2-37）式和（2-38）式。

最后解方程组，求出三条支路电流。本例中，需联立（2-35）、（2-37）、（2-38）三个方程式，代入数据，求出支路电流得 $I_1 = 10 \text{ A}$，$I_2 = -5 \text{ A}$，$I = 5 \text{ A}$。

例 2-9 如图 2-29 所示电路，用支路电流法求各支路电流及各元件功率。

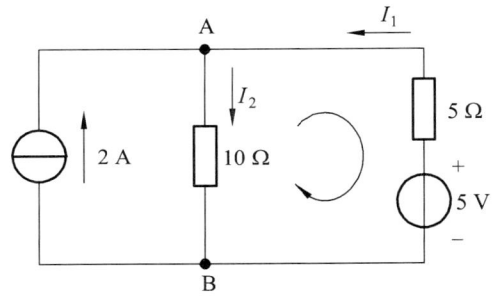

图 2-29　例 2-9 的电路图

解： 本例中只有两个电流未知量 I_1 和 I_2，因此只需列出两个方程即可求解。对结点 A，列 KCL 方程

$$I_1 - I_2 + 2 = 0 \quad (2\text{-}39)$$

对图示回路，列 KVL 方程

$$-5I_1 - 10I_2 + 5 = 0 \quad (2\text{-}40)$$

解式（2-39）、（2-40）两个方程得

$$I_1 = -1 \text{ A}, \quad I_2 = 1 \text{ A}$$

各元件的功率为

5 Ω 电阻：$P_1 = 5I_1^2 = 5 \times (-1)^2 = 5 \text{ (W)}$

10 Ω 电阻：$P_2 = 10I_2^2 = 10 \times 1^2 = 10 \text{ (W)}$

5 V 电压源：$P_3 = -5I_1 = -5 \times (-1) = 5$ (W)

因为 2 A 电流源与 10 Ω 电阻并联，故其两端的电压为 $U = 10I_2 = 10 \times 1 = 10$ (V)，功率为 $P_4 = -2U = -2 \times 10 = -20$ (W)。

由以上的计算可知，2 A 电流源发出 20 W 功率，其余 3 个元件总共吸收的功率也是 20 W，可见电路功率平衡。

二、叠加定理

电路的叠加定理（Superposition Theorem）指出：对于一个线性系统，一个含多个独立源的双边线性电路的任何支路的响应（电压或电流），等于每个独立源单独作用时的响应的代数和，此时所有其他独立源被替换成他们各自的阻抗。该定理适用于由独立源、受控源、无源器件（电阻器、电感、电容）和变压器组成的线性网络（时变或静态）。

注意：在考虑某一独立电源单独作用时，要假设其他电源不存在。
① 假设理想电压源不起作用，即电压为零，电压为零相当于短路，可用短路线代替。
② 假设理想电流源不起作用，即电流为零，电流为零相当于开路，可用开路代替。
③ 但若电源有内阻，则应保留在原处。

依次对每个电源按以上步骤单独计算，然后将所得的响应相加以确定电路的真实值。所得到的电路参数是不同电压源和电流源的叠加。如图 2-30 所示。

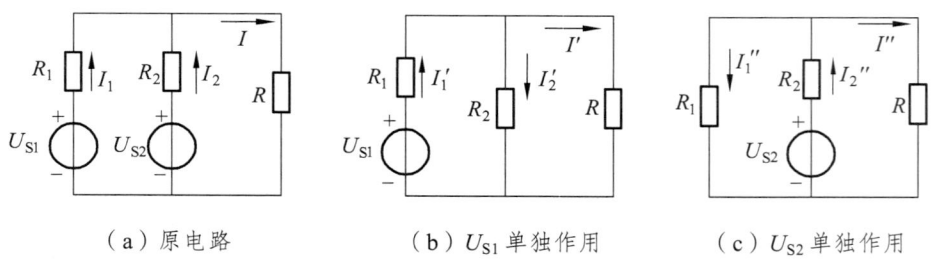

（a）原电路　　　　（b）U_{S1} 单独作用　　　　（c）U_{S2} 单独作用

图 2-30　叠加定理

电路中的 U_{S1}、U_{S2} 共同作用所产生的电流应为各电源单独作用所产生的电流的代数和。

U_{S1} 单独作用在各支路中所产生的电流：I_1'、I_2'、I'。

U_{S2} 单独作用在各相应支路中所产生的电流：I_1''、I_2''、I''。

因此，图 2-30（a）可视为（b）和（c）的叠加。

注意：不作用的电压源短接，不作用的电流源断开，电阻仍保留在电路中；另外，叠加仅适用于电压和电流，而不适用于电功率。换句话说，其他每个电源单独作用的功率之和并不是真正消耗的功率。要计算电功率，我们应该先用叠加定理得到各线性元件的电压和电流，然后计算出倍增的电压和电流的总和。

例 2-10　试求图 2-31（a）所示电路中的电流 I 和电压 U。

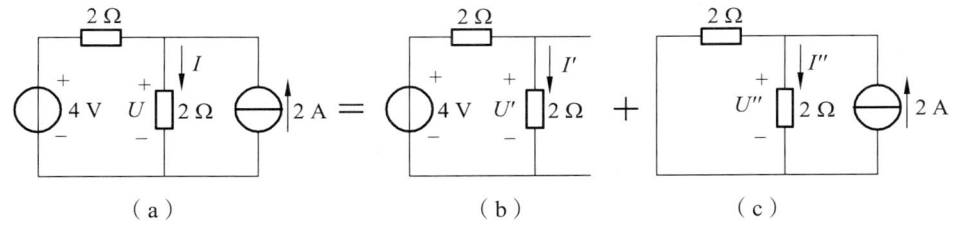

图 2-31 例 2-10 的电路

解：先求理想电压源单独作用时所产生的电流 I' 和电压 U'。此时将理想电流源所在支路开路，如图 2-30（b）所示。由欧姆定律可得

$$I' = \frac{4}{2+2} = 1 \text{ (A)} \qquad U' = 2 \times 1 = 2 \text{ (V)}$$

再求理想电流源单独作用时所产生的电流 I'' 和电压 U''。此时将理想电压源所在处短路，如图 2-30（c）所示。由分流公式可得

$$I'' = \frac{2}{2+2} \times 2 = 1 \text{ (A)} \qquad U'' = 2 \times 1 = 2 \text{ (V)}$$

由叠加定理，可得

$$I = I' + I'' = 1 + 1 = 2 \text{ (A)}$$
$$U = U' + U'' = 2 + 2 = 4 \text{ (V)}$$

三、戴维南定理

对于含独立源、线性电阻和线性受控源的单口网络（二端网络），都可以用一个电压源与电阻相串联的单口网络（二端网络）来等效，这个电压源的电压，就是此单口网络（二端网络）的开路电压，这个串联电阻就是从此单口网络（二端网络）两端看进去，当网络内部所有独立源均置零以后的等效电阻。

如图 2-32（a）所示，把电阻 R_L 的 AB 支路单独画出，而电路的其余部分就成为了一个有源二端网络。

有源二端网络：具有两个出线端且含有电源的部分电路。该有源二端网络对于所画出的支路来说，相当于一个电源，因为这条支路中的电流、电压、功率就是由它供给的。

戴维南定理：任何一个有源二端线性网络都可以变换为一个电压源模型，该电压源模型的理想电压 U_S 等于有源二端网络的开路电压 U_{OC}，电压源模型的内阻 R_0 等于相应的无源二端网络的等效电阻。如图 2-32（b）所示。

等效电阻：除去理想电压源，即 $U_S = 0$，将理想电压源所在处短路；除去理想电流源，即 $I_S = 0$，将理想电流源所在处开路，计算得到的电阻。

$$I = \frac{U_S}{R_0 + R_L} \qquad U = U_S - R_0 I \qquad (2\text{-}41)$$

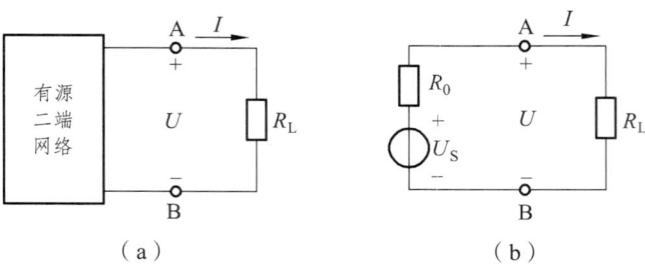

图 2-32 戴维南定理

例 2-11 求图 2-33（a）所示电路的戴维南等效电路。已知 $U_{S1}=40\text{ V}$，$U_{S2}=20\text{ V}$，$R_1=2\text{ Ω}$，$R_2=2\text{ Ω}$，$R=5\text{ Ω}$。

解： 图 2-33（a）所示电路中点划线框内看作有源二端网络，根据戴维南定理可用一个电压为 U_S 的理想电压源和内阻 R_0 相串联的电压源模型来等效代替。

电压源模型的理想电压 U_S 等于 A、B 两端的开路电压 U_{OC}，如图 2-33（b）得

$$I_1=\frac{U_{S1}-U_{S2}}{R_1+R_2}=\frac{40-20}{2+2}=5\text{ (A)}$$

故

$$U_S=U_{OC}=R_2I_1+U_{S2}=2\times 5+20=30\text{ (V)}$$

其内阻 R_0 为 A、B 两端无源网络的入端电阻，由图 2-33（c）可求得

$$R_0=\frac{R_1R_2}{R_1+R_2}=\frac{2\times 2}{2+2}=1\text{ (Ω)}$$

于是得到戴维南等效电路如图 2-33（d）所示。

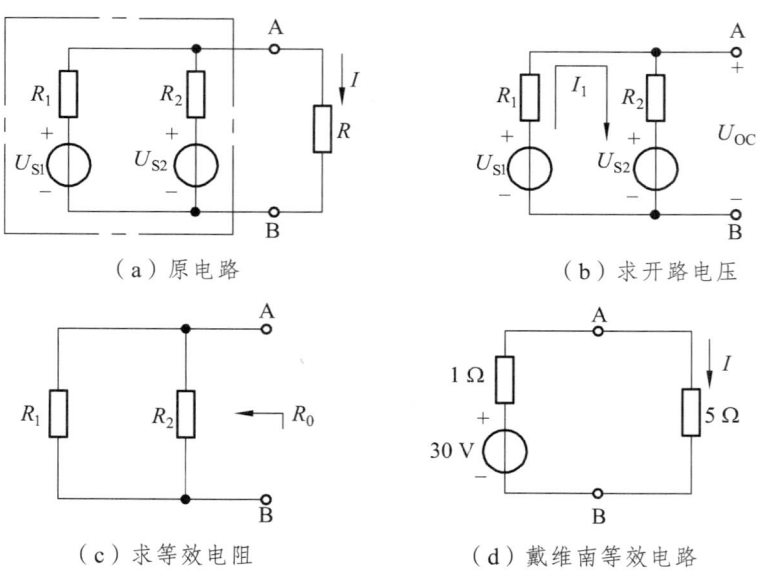

（a）原电路　　　　　　　　　（b）求开路电压

（c）求等效电阻　　　　　　　（d）戴维南等效电路

图 2-33 例 2-11 的电路图

【研讨】

（1）你能说明欧姆定律和基尔霍夫定律在电路的约束上有什么不同吗？

（2）如图 2-34 所示电路中，有几条支路和几个结点？U_{ab} 和 I 各等于多少？

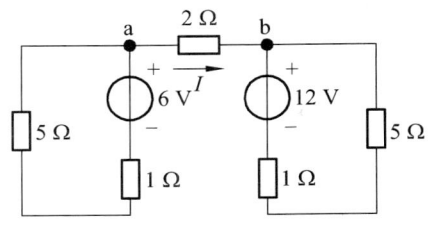

图 2-34　习题（2）的电路图

（3）在图 2-35 所示电路中，已知电流 $I=10$ mA，$I_1=6$ mA，$R_1=3$ kΩ，$R_2=1$ kΩ，$R_3=2$ kΩ。求电流表 A_4 和 A_5 的读数分别是多少？

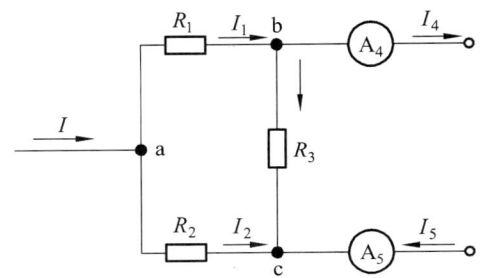

图 2-35　习题（3）的电路图

（4）先将图 2-36 所示电路化简，然后求出通过电阻 R_3 的电流 I_3。

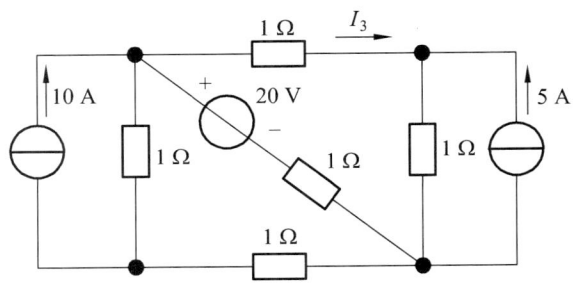

图 2-36　习题（4）的电路图

（5）如图 2-37 所示为一简单的数/模（D/A）转换电路。当开关接于 U_S 时，为高电位，记为 1；当开关接于参考地时，为低电位，记为 0。电路的目前状态表示二进制数为 110。试用叠加定理分析该数字量对应模拟量电压 U_O。已知 $U_S=12$ V。

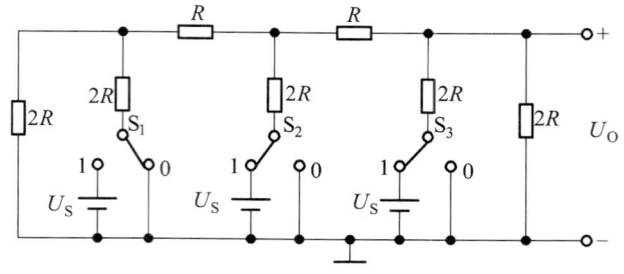

图 2-37 习题（5）的电路图

（6）如图 2-38 所示电路，用叠加定理求电流 I_1。已知 $R_1=R_4=1\ \Omega$，$R_2=R_3=3\ \Omega$，$I_S=2\ A$，$U_S=-10\ V$。

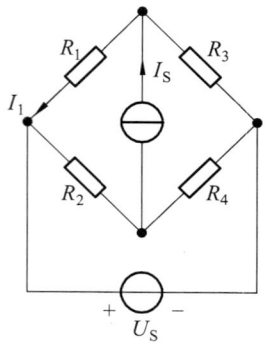

图 2-38 习题（6）的电路图

（7）用戴维南定理求解图 2-39 所示电路中的电流 I。再用叠加定理进行校验。

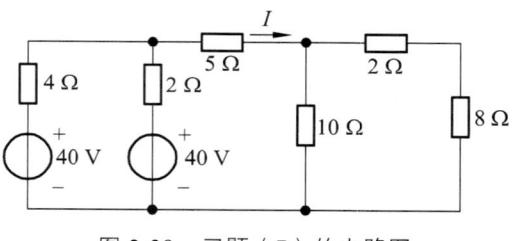

图 2-39 习题（7）的电路图

（8）试求图 2-40 所示电路的戴维南等效电源。

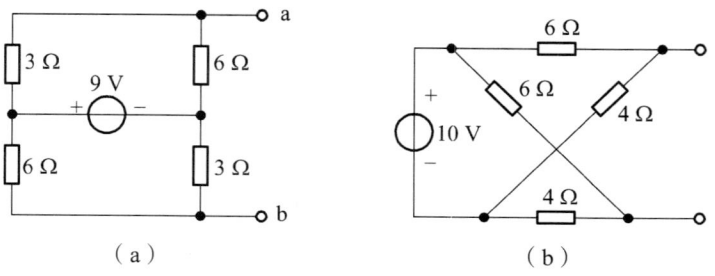

图 2-40 习题（8）的电路图

（9）如图 2-41 所示 N 为含源电阻网络。已知 $U_S=10\text{ V}$，$R=10\text{ Ω}$，$R_L=9\text{ Ω}$，且 R_L 获得的最大功率为 1 W，求 N 的戴维南等效电源。

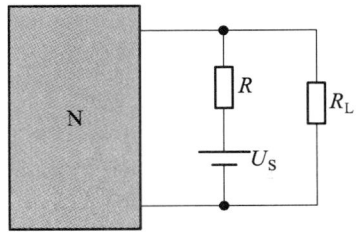

图 2-41　习题（9）的电路图

（10）如图 2-42 所示电路，R_L 为多大时可获得最大功率？此时最大功率为多少？

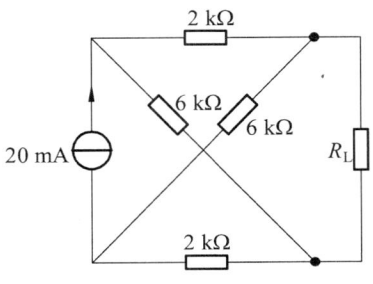

图 2-42　习题（10）的电路图

【训练】

实训任务　基尔霍夫定律和叠加原理的验证

（一）任务目的

（1）验证基尔霍夫定律和叠加原理的正确性，加深对基尔霍夫定律和叠加原理的理解。
（2）学会用万用表测量各支路电流、各元件两端的电压。

（二）原理

1. 基尔霍夫定律

（1）基尔霍夫电流定律。

基尔霍夫电流定律简称为 KCL，描述的是电路中任意一结点上各支路电流之间的关系。可定义为：对于电路中的任意一个结点，单位时间内流入该结点的电荷（流入电流之和）必然等于流出该结点的电荷（流出电流之和），其数学表达式（电流平衡方程）为

$$\sum I_{流入} = \sum I_{流出} \tag{2-42}$$

一般我们可约定，流入电流为正，流出电流为负。

（2）基尔霍夫电压定律。

基尔霍夫电压定律简称为 KVL，描述的是电路中任一回路上各个元件两端电压之间的关系。可定义为：在任意时刻，沿任一电路循行方向（顺时针或逆时针），回路中各段电压的代数和恒等于零。其数学表达式（电流平衡方程）为

$$\sum U = 0 \tag{2-43}$$

一般我们可约定，随绕行方向电压降为正，电压升为负，反之亦可。

2. 叠加定理

叠加定理是线性电路中普遍适用的基本定理，它反映了线性电路所具有的基本性质，即在线性电路中，多个电源（电压源或电流源）共同作用在任一支路所产生的响应（电压或电流）等于这些电源分别单独作用在该支路所产生响应的代数和。

（三）仪器与设备

实验设备清单见表 2-2。

表 2-2 实验设备清单

序号	名　　称	型号与规格	数量	备注
1	可调直流稳压电源	0～30 V	1	
2	万用表	MF500 型	1	
3	直流数字电流表	0～200 mA	1	
4	直流数字电压表	0～200 V	1	
5	实验电路板		1	DGJ-03 或插孔版

（四）任务内容

1. 基尔霍夫定律的验证

（1）首先把万用表（见图 2-43）的转换开关放置到欧姆挡"2 kΩ"的位置，黑表笔放置到"COM"的位置，红表笔放置到"VΩ"的位置，然后通过万用表测试实验台上面的电阻元件的阻值，令 R_1=470 Ω、R_2=1 kΩ、R_3=470 Ω、R_4=470 Ω、R_5=470 Ω，按照实验原理图 2-44 所示，把相应的电阻元件放置到对应的位置，如图 2-45 所示，注意电源和电流表的正负极性。

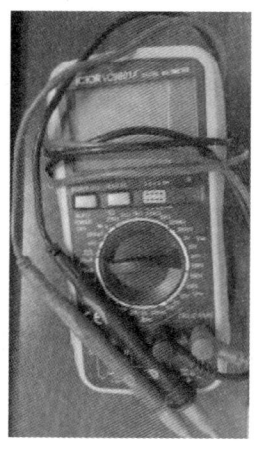

图 2-43 数字万用表

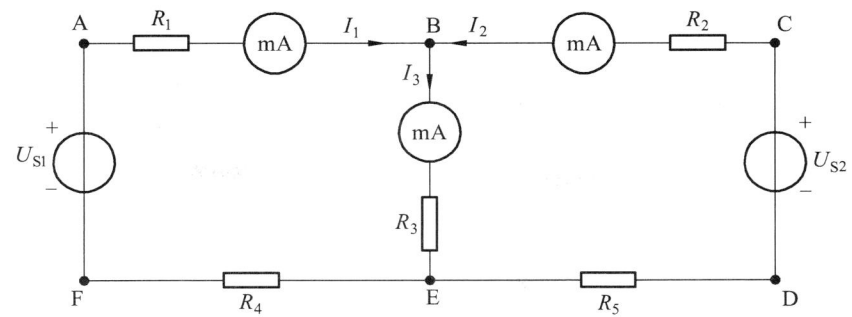

图 2-44 原理图

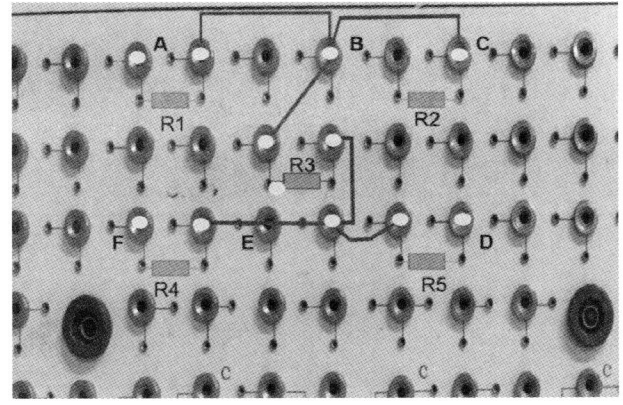

图 2-45 接线图

（2）先打开电源开关，如图 2-46 所示，旋转 U_A 输出调节按钮，使得 U_{S1}=12 V（建议用直流稳压电源上的标注 12 V），按下直流稳压电源切换开关 U_A（红色按钮），旋转 U_B 输出调节按钮，使得 U_{S2}=6 V。

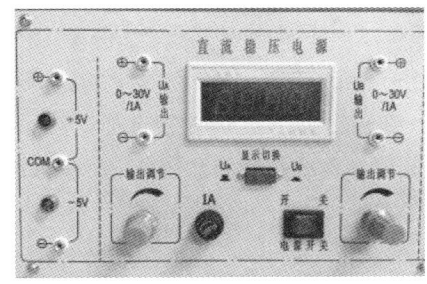

图 2-46 直流稳压电源

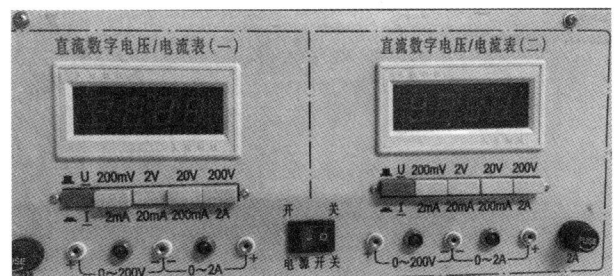

图 2-47 直流数字电压/电流表

（3）实验前先任意设定三条支路和三个闭合回路的电流正方向，如图 2-43 中的 I_1、I_2、I_3 的方向已设定，三个闭合回路的电流正方向可以为 ABEFA、CBEDC 和 ACDFA。把万用表的转换开关放置到直流挡 "20 mA" 的位置，黑表笔放置到 "COM" 的位置，红表笔放置到 "mA" 的位置，然后通过万用表测试 I_1、I_2、I_3，填入表 2-3 中。再利用直流数字电流表如图 2-47 所示，按下 "U/I" 红色按钮选择量程，选择 "20 mA" 挡，接线头插入到 "0～2A"，分别放到 I_1、I_2、I_3 的位置，测得 I_1、I_2、I_3 的值，填入表 2-3 中。

表 2-3　基尔霍夫定律实验电流数据记录表

被测量参数		I_1/mA	I_2/mA	I_3/mA
U_{S1}=12 V，U_{S2}=6 V	实训台电流表测量值			
	万用表测量值			
	计算值			
	误差分析			

（4）首先把万用表的转换开关放置到直流电压挡"20 V"的位置，黑表笔放置到"COM"的位置，红表笔放置到"VΩ"的位置，利用万用表测试U_{S1}、U_{S2}、U_{AB}、U_{BC}、U_{BE}、U_{DE}、U_{EF}的值，并将数据记入表 2-4 中。再利用直流数字电压表，按下"U/I"红色按钮选择量程，选择"20 V"挡，接线头插入到"0～200 V"，分别测量U_{S1}、U_{S2}、U_{AB}、U_{BC}、U_{BE}、U_{DE}、U_{EF}的值，注意电压的正负，并将数据记入表 2-4 中。

表 2-4　基尔霍夫定律实验电压数据记录表

被测量参数		U_{S1}/V	U_{S2}/V	U_{AB}/V	U_{BC}/V	U_{BE}/V	U_{DE}/V	U_{EF}/V
U_{S1}=12 V，U_{S2}=6 V	实训台电压表测量值							
	万用表测量值							
	计算值							
	误差分析							

2. 叠加定理的验证

（1）令电源U_{S1}、U_{S1}分别单独作用，把万用表的转换开关放置到直流挡"20mA"的位置，黑表笔放置到"COM"的位置，红表笔放置到"mA"的位置，然后通过万用表测试I_1、I_2、I_3，填入表 2-5 中。再利用直流数字电流表，按下"U/I"红色按钮选择量程，选择"20 mA"挡，接线头插入到"0～2A"，分别放到I_1、I_2、I_3的位置，测得I_1、I_2、I_3的值，填入表 2-5 中。

表 2-5　叠加定理实验电流数据记录表

被测量参数			I_1/mA	I_2/mA	I_3/mA	备注
U_{S1}=12 V U_{S2}=6 V	U_{S1}单独作用	实训台电流表测量值				
		万用表测量值				
		计算值				
		误差分析				

续表

被测量参数			I_1 / mA	I_2 / mA	I_3 / mA	备注
U_{S1}=12 V U_{S2}=6 V	U_{S2} 单独作用	实训台电流表测量值				
		万用表测量值				
		计算值				
		误差分析				
	U_{S1}、U_{S2} 共同作用	实训台电流表测量值				前面已做
		万用表测量值				

（2）电路保持不变，首先把万用表的转换开关放置到直流电压挡"20 V"的位置，黑表笔放置到"COM"的位置，红表笔放置到"VΩ"的位置，利用万用表测试 U_{S1}、U_{S2}、U_{AB}、U_{BC}、U_{BE}、U_{DE}、U_{EF} 的值，并将数据记入表 2-6 中。再利用直流数字电压表，按下"U/I"红色按钮选择量程，选择"20 V"挡，接线头插入到"0 ~ 200 V"，分别测量 U_{S1}、U_{S2}、U_{AB}、U_{BC}、U_{BE}、U_{DE}、U_{EF} 的值，注意电压的正负，并将数据记入表 2-6 中。

表 2-6 叠加定理实验电压数据记录表

被测量参数			U_{S1} / V	U_{S2} / V	U_{AB} / V	U_{BC} / V	U_{BE} / V	U_{DE} / V	U_{EF} / V	备注
U_{S1}=12 V U_{S2}=6 V	U_{S1} 单独作用	电压表测量值								
		万用表测量值								
	U_{S2} 单独作用	电压表测量值								
		万用表测量值								
	U_{S1}、U_{S2} 共同作用	电压表测量值								前面已做
		万用表测量值								

（五）注意事项

（1）不能接触带电线路，在独立完成电路的连接后，必须经过指导教师的检查和允许，并引起全组成员注意后，方可接通电源，在实验中如发生意外事故，应立即切断电源、保护现场，并报告指导教师，待查清问题和妥善处理后，才能继续进行实验。

（2）遵守各仪器仪表的使用章程，避免意外损坏。注意不要旋错仪表挡位，测量时要注意旋转挡位是否正确，特别是在测量高电压时要认真核对，以免旋错仪表挡位而将仪表烧坏。在测量高电压、大电流时，为避免烧坏开关，应该在切断电源的情况下，及时变换挡位；在测量未知电压或电流时，应先选择到最高挡位，待第一次读数完毕后，再根据被测量值的实际大小，转换到合适的挡位。

（3）随时注意仪表的量程是否合适并及时更换量程。

（4）按给出的电路图连接电路，在接通电源后，要及时观察电流表是否反偏，如有不正常现象，应立即断电检查。

（六）预习要点

（1）认真阅读基尔霍夫电流、电压定律与叠加定理的实验原理与内容，填写预习报告。

（2）预习如何计算结点的总电流和回路的总电压。

（3）了解线性电路的叠加性。

（七）任务结果

（1）根据电路图，测量出通过结点 B 的相应电流，验证基尔霍夫电流定律的正确性。

（2）根据电路图，测量出各回路的电压总值，验证基尔霍夫电压定律的正确性。

（3）测量各电源单独作用和共同作用时，电路中通过各元件的电流与电压值，验证叠加定理的正确性。

（八）任务报告

（1）整理测量数据，填写实验表格，分析任务结果。

（2）利用测量结果验证基尔霍夫定律，计算各支路的电压、电流，并计算各值的误差，分析产生误差的原因。

（3）根据表中的测量值和基尔霍夫定律，分别计算结点 B 的总电流和各回路中的回路电压，验证基尔霍夫电流定律和电压定律的正确性。

（4）根据测量结果验证叠加定理，即各电阻元件上的总电流、总电压是否符合叠加定理。

（5）各电阻元件的功率是否可以用叠加定理计算得出？试用上述实验数据，进行计算并得出相关结论。

（6）在叠加定理实验中，要令 U_{S1} 和 U_{S2} 分别单独作用，应如何操作？可否直接将不作用的电源 U_{S1} 或者 U_{S2} 置零？

（九）任务评价

基尔霍夫定律和叠加原理的验证任务评价标准见表 2-7。

表 2-7 任务评价标准

操作项目	考核要求	分数配比	评分标准	自评分	互评分
仪器的使用	能正确使用稳压电源、数字万用表、直流电压表、直流电流表	20	能正确连接电压表和电流表，能正确读取被测量的有效值，不能正确连接的或读数错误的，每处扣 5 分		
电路的连接	按要求连接电路，要求正确连接、接线牢固	20	要求电路及各测量仪器连接正确，电路连接错误、不牢固的，每错一处扣 4 分		
测量记录	要及时、正确地做好实验记录	30	在实验过程中，要求及时准确地做好实验记录，做作记录不给分，不及时记录扣 4 分，测量错误一个数据扣 2 分		
实验数据分析	按实验要求验证基尔霍夫定律和叠加定理的正确性，计算误差并分析产生误差的原因	20	不能按实验要求验证基尔霍夫定律和叠加定理的正确性的扣 5~10 分，要能对实验数据进行分析，对不会进行实验数据分析的，酌情扣 4~8 分		
安全文明操作	工作台工具摆放整齐，严格遵守安全操作规程，符合管理要求	10	对违反安全操作、工作台上脏乱、没有遵守安全操作规程、不符合管理要求的情形酌情扣 3~10 分		
合计					

学生交流改进总结：

教师签名：

项目三 日光灯电路装调与功率因数的提高

【项目目标】

掌握正弦交流电路的基本概念、三要素、表示方法；掌握电阻元件、电感元件、电容元件的电压与电流的关系，会计算阻抗、感抗、容抗以及有功功率、无功功率；掌握 RLC 串联电路的简单计算方法；理解感性负载提高功率因数的方法和意义；熟悉日光灯的工作原理；熟悉室内电气线路的安装要求及故障检测方法。

【项目描述】

通过本项目的学习，能运用 RLC 电路的特点解决提高感性负载（RL 电路）功率因数的问题；能读懂室内照明电路的原理图、接线图，能用万用表熟练检测所用元件并检查线路，按室内配线工艺要求，完成家用照明电路的安装与照明电路的故障排除。

【相关知识】

正弦交流电在工业中得到广泛的应用，它在生产、输送和应用上比起直流电来有不少优点，而且正弦交流电变化平滑且不易产生高次谐波，这有利于保护电器设备的绝缘性能和减少电器设备运行中的能量损耗。另外各种非正弦交流电都可由不同频率的正弦交流电叠加而成（用傅里叶分析法），因此可用正弦交流电的分析方法来分析非正弦交流电。正弦交流电在生活中有着广泛的应用，最基础的是照明，各类小电器、汽车的蓄电池也是由它转换的。

一、正弦交流电的基本特征

交流电是指电流方向随时间做周期性变化的电流，在一个周期内的平均电流为零。不同于直流电，它的方向是会随着时间发生改变的，而直流电没有周期性变化。

通常交流电（简称 AC）波形为正弦曲线，如生活中使用的市电就是具有正弦波形的交流电。交流电可以有效传输电力。在实际应用中,交流电还有其他的波形,例如三角形波、正方形波。

在正弦交流电路中,电压和电流的大小随时间按正弦规律变化。凡按照正弦规律变化的电压、电流等统称为正弦量。

图 3-1 所示的是正弦交流电流,其数学表达式为

$$i = I_m \sin(\omega t + \varphi) \tag{3-1}$$

式中 I_m 为振幅;ω 为角频率;φ 为初相。正弦量的变化取决于以上三个量,通常把 I_m、ω、φ 叫为正弦交流电三要素。

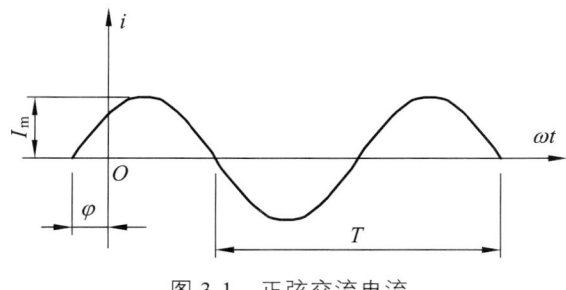

图 3-1 正弦交流电流

(一)周期与频率

频率是单位时间内完成周期性变化的次数,是描述周期运动频繁程度的量,常用符号 f 表示,单位为秒分之一,符号为 s^{-1}。为了纪念德国物理学家赫兹的贡献,人们把频率的单位命名为赫兹,简称赫,符号为 Hz。每个物体都有由它本身性质决定的与振幅无关的频率,叫作固有频率。频率概念不仅在力学、声学中应用,在电磁学、光学与无线电技术中也常使用。

交流电的频率是指它单位时间内周期性变化的次数,单位是赫兹(Hz),与周期成倒数关系。日常生活中的交流电的频率一般为 50 Hz 或 60 Hz,我国采用 50 Hz 作为电力标准频率,又称工频。无线电技术中涉及的交流电频率一般较大,达到千赫兹(kHz)甚至兆赫兹(MHz)的度量。频率和周期互为倒数。

$$f = \frac{1}{T} \tag{3-2}$$

ω 称为正弦电流 i 的角频率,单位是 rad/s(弧度/秒)。

$$\omega = \frac{2\pi}{T} = 2\pi f \tag{3-3}$$

从式(3-3)中可以看出角频率与频率之间是个 2π 的倍数关系,只要知道其中的一个参数就可以求出另外的参数。

(二)幅值与有效值

交流电的最大值是指交变电流在一个周期内所能达到的最大值,它可以用来表示交

变电流的强弱或电压的高低。最大幅值称为振幅，也叫最大值，一般用 I_m、U_m 来表示电流、电压的最大值。

下面分析正弦量的有效值。在图 3-2 中有两个相同的电阻 R，在一个周期内，假若通过电阻 R 的电流分别为一个直流电流 I 和一个交流电流 i，如果产生的热量相等，则这个直流电 I 就为这个交流电流 i 的有效值。即

$$W_{周} = \int_0^T Ri^2 \, dt \qquad W_{直} = RI^2T \tag{3-4}$$

图 3-2 正弦电流的有效值

令消耗的电能相等，$W_{直} = W_{周}$，则

$$RI^2T = \int_0^T Ri^2 \, dt \tag{3-5}$$

$$I = \sqrt{\frac{1}{T} \int_0^T i^2 \, dt} \tag{3-6}$$

式中 I 称为周期电流 i 的有效值，又称方均根值。

当周期电流为正弦量时，$i = I_m \sin \omega t$（令 $\varphi_i = 0$），有

$$I = \sqrt{\frac{1}{T} \int_0^T i^2 \, dt} = \sqrt{\frac{1}{T} \int_0^T I_m^2 \sin^2 \omega t \, dt} = \sqrt{\frac{I_m^2}{T} \int_0^T \frac{1 - \cos 2\omega t}{2} dt} = \frac{I_m}{\sqrt{2}} \tag{3-7}$$

$$I_m = \sqrt{2} I$$

同理可求，$U_m = \sqrt{2} U$ \qquad (3-8)

因此，正弦量最大值（振幅）是有效值的 $\sqrt{2}$ 倍。

（三）相位、初相、相位差

正弦电流一般表示为

$$i = I_m \sin(\omega t + \varphi_i) \tag{3-9}$$

式中 $(\omega t + \varphi_i)$ 称为相位，反映了正弦量随时间变化的进程。当 $t=0$ 时，φ_i 称为初相。

假定两个同频率的正弦量 u、i，则

$$u = U_m \sin(\omega t + \varphi_u) \tag{3-10}$$

$$i = I_m \sin(\omega t + \varphi_i) \tag{3-11}$$

它们的相位差为 φ

$$\varphi = (\omega t + \varphi_u) - (\omega t + \varphi_i) = \varphi_u - \varphi_i \tag{3-12}$$

此式表明，相位差与计时起点无关，是一个定数。相位差只存在于同频率正弦量之间，如图 3-3 所示。

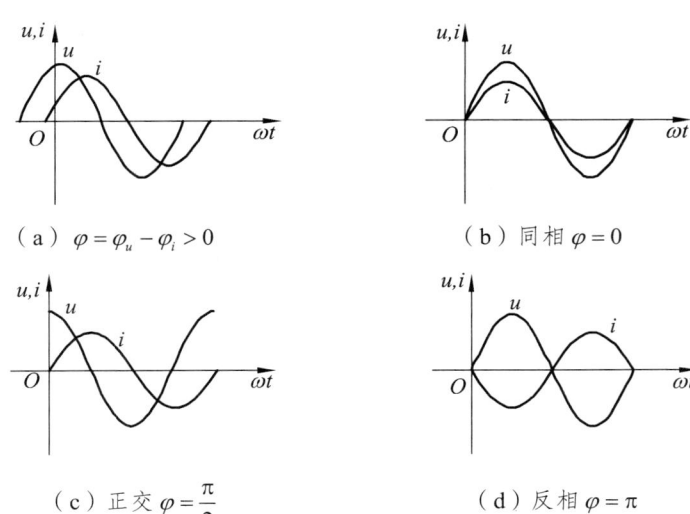

(a) $\varphi = \varphi_u - \varphi_i > 0$ (b) 同相 $\varphi = 0$

(c) 正交 $\varphi = \dfrac{\pi}{2}$ (d) 反相 $\varphi = \pi$

图 3-3 正弦量的相位差

当 $\varphi > 0$ 时，反映出电压 u 的相位超前电流 i 的相位一个角度 φ，简称电压 u 超前电流 i，如图 3-3（a）所示。

当 $\varphi = 0$ 时，电压 u 和电流 i 同相位，如图 3-3（b）所示。

当 $\varphi = \dfrac{\pi}{2}$ 时，称为正交，如图 3-3（c）所示。

当 $\varphi = \pi$ 时，称为反相，见图 3-3（d）所示。

通常 φ 的范围为 $(-\pi, +\pi)$。

二、相量及其与正弦量的对应关系

正弦交流电是随时间按照正弦函数规律变化的电压和电流。由于交流电的大小和方向都是随时间不断变化的，也就是说，每一瞬间电压（电动势）和电流的数值都不相同，所以在分析和计算交流电路时，必须标明它的正方向。表示正弦交流电的方法一般有三种：数学分析法、正弦曲线法和旋转相量法。

（一）解析法

大小与方向均随时间按正弦规律做周期性变化的电流、电压、电动势叫作正弦交流电流、电压、电动势，在某一时刻 t 的瞬时值可用三角函数式（解析式）来表示，即

$$i_{(t)} = I_m \sin(\omega t + \varphi_i), \quad u_{(t)} = U_m \sin(\omega t + \varphi_u), \quad e = E_m \sin(\omega t + \varphi_e) \quad (3\text{-}13)$$

式中，I_m、U_m、E_m 分别叫作交流电流、电压、电动势的振幅（也叫作峰值或最大值），电流的单位为安培（A），电压和电动势的单位为伏特（V）；ω 叫作交流电的角频率，单位为弧度/秒（rad/s），它表示正弦交流电流每秒内变化的电角度；φ_i、φ_u、φ_e 分别叫作电流、

电压、电动势的初相位或初相，单位为弧度（rad）或度（°）。

（二）正弦曲线法

按解析式把正弦量随时间的变化规律在直角坐标系中描绘出的正弦曲线叫正弦曲线法，纵坐标表示正弦量的瞬时值，横坐标表示电度角 ωt。在正弦曲线波形图中，也能获得正弦交流电的三要素，即瞬时值的最大值就是最大值；曲线循环一周的时间为一个周期 T，由周期就可得出角频率 $\omega=2\pi/T$；正半波的起点与原点 O 的夹角就是初相位。如图 3-4 所示。

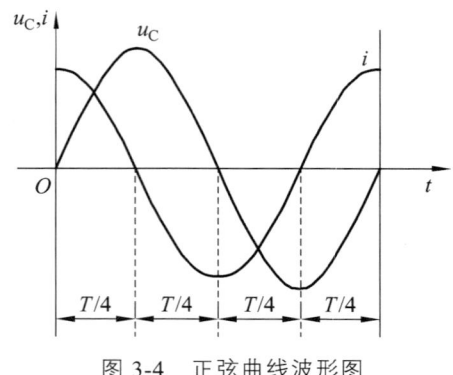

图 3-4　正弦曲线波形图

（三）旋转相量法

相量是复平面上以角速度 ω 逆时针绕原点旋转的有向线段。它可以表示任意时刻正弦量的三要素，旋转相量法必须做如下规定：正弦量的最大值即为旋转相量的长度；正弦量的初相位即为旋转相量与横轴正向的夹角；正弦量的角频率即为旋转相量随时间 t 逆时针旋转的角速度。则在任一瞬间，旋转相量在纵轴上的投影就等于该正弦量的瞬时值，如图 3-5 所示。

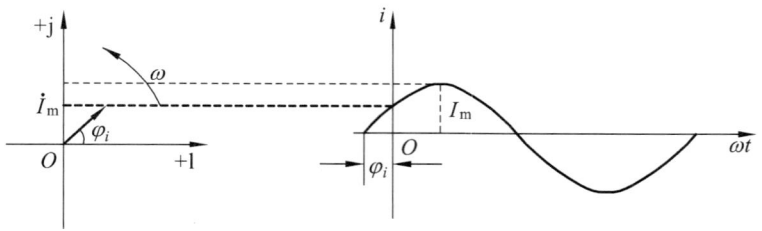

图 3-5　正弦波与旋转相量的关系

相量逆时针旋转的角速度，正好是正弦量的角频率 ω；相量的模正好对应正弦量的幅值；相量任意时刻在虚轴上的投影正好是正弦量的瞬时值；相量的辐角正好是正弦量的初相角。所以任意一个正弦量总可以用一个相量与其对应，相量的模对应正弦量的幅值（或有效值），相量的辐角对应正弦量的初相角。在相量图中一般只画它的起始位置，但应理解它是以角频率 ω 逆时针连续旋转的，它的位置与时间有关，在经过时间 t，才转到虚线位置，所以，说它是时间相量。在同一电路中，各个正弦量都是同频率旋转，它们之间的相对位置（即相位差）保持不变。因此，只要用旋转相量的初始位置来表示正弦量就可以了，我们把这种表示正弦量的方法称相量法。正弦量用相量表示所作的图为相量图。如果相量线段的长度等于正弦量的有效值，就称为正弦量的有效值相量，但该相量在纵轴上的投影就不是瞬时值了。

相量可以用大写字母上加一点表示，例如 $\dot{U}$、$\dot{I}$ 就表示电压有效值相量和电流有效值相量。$\dot{U}_m$、$\dot{I}_m$ 表示电压幅值相量和电流幅值相量。相量可以用复数式、三角式、指数式和极坐标式四种形式来表示。

1. 复数的表示方法

一个复数可以用以下几种形式来表示：

（1）直角坐标形式。

$$A = a + jb \tag{3-14}$$

a 为复数的实部，b 为复数的虚部，j 为虚单位，$j^2 = -1$。如图3-6所示。

复数在复平面上还可以用向量表示，如图3-7所示。向量的长度 r 称为复数 A 的模，用 $|A|$ 表示。向量与实轴的夹角，称为复数的辐角，用 φ 表示。

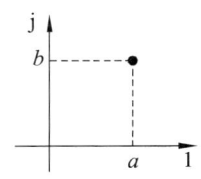
图 3-6 复平面上的点

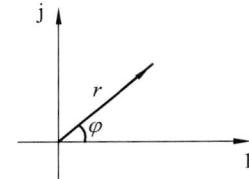
图 3-7 复平面上的向量

（2）三角形式。

$$A = |A|(\cos\varphi + j\sin\varphi) \tag{3-15}$$

其中，$|A| = \sqrt{a^2 + b^2}$，$\varphi = \arctan\dfrac{b}{a}$。

（3）指数形式。

$$A = |A|e^{j\varphi} \tag{3-16}$$

在电工技术中还常把复数写成如下的极坐标形式：

$$A = |A| \angle \varphi \tag{3-17}$$

2. 复数的运算

在一般情况下，相量的乘除运算用指数式或极坐标式进行。

设有相量 $\dot{U}_1 = |U_1|e^{j\varphi_1}$ $\dot{U}_2 = |U_2|e^{j\varphi_2}$

则
$$\dot{U}_1 \cdot \dot{U}_2 = |U_1| \angle \varphi_1 \cdot |U_2| \angle \varphi_2 = |U_1| \cdot |U_2| \angle \varphi_1 + \varphi_2 \qquad (3\text{-}18)$$

$$\frac{\dot{U}_1}{\dot{U}_2} \cdot = \frac{|U_1| \angle \varphi_1}{|U_2| \angle \varphi_2} = \frac{|U_1|}{|U_2|} \cdot \angle \varphi_1 - \varphi_2 \qquad (3\text{-}19)$$

相量相乘除的几何意义如图 3-8 所示。

把模等于 1 的相量如 $e^{j\varphi}$、$e^{j\frac{\pi}{2}}$、$e^{j\pi}$ 等称为旋转因子，例如把任意相量 $\dot{U}$ 乘以 j（$e^{j\frac{\pi}{2}} = j$）就等于把相量在复平面上逆时针旋转 $\frac{\pi}{2}$（见图 3-9），表示为 $j\dot{U}$，故把 j 称为旋转 90° 的旋转因子。

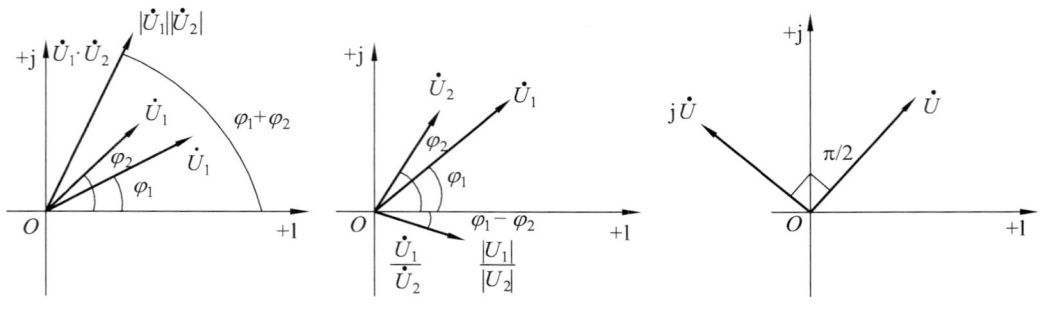

图 3-8　相量的乘除运算　　　　图 3-9　旋转因子

例 3-1　设已知两个正弦电流分别为 $i_1 = 70.7\sin(314t - 30°)$ A，$i_2 = 60\sin(314t + 60°)$ A，求 $i = i_1 + i_2$。

解：同频率正弦量的相加（或相减）所得的和（或差）仍是一个频率相同的正弦量。
$$i = i_1 + i_2$$

设 $i = I_m \sin(314t + \theta)$ A，则有
$$I_m \sin(314t + \theta) = 70.7\sin(314t - 30°) + 60\sin(314t + 60°)$$

用相量来表示 i、i_1、i_2
$$\dot{I}_m = I_m \angle \theta \text{ A}，\dot{I}_{1m} = 70.7 \angle -30° \text{ A}，\dot{I}_{2m} = 60 \angle 60° \text{ A}$$

把正弦量的运算转换成对应的相量代数运算，有式
$$\dot{I}_m = \dot{I}_{1m} + \dot{I}_{2m}$$

也可表示为　　$\dot{I} = \dot{I}_1 + \dot{I}_2$

$$\left[\dot{I} = \frac{\dot{I}_m}{\sqrt{2}} \right]$$

$$\dot{I}_1 = \frac{70.7}{\sqrt{2}} \angle -30° = (43.3 - j25) \text{ A}$$

$$\dot{I}_2 = \frac{60}{\sqrt{2}} \angle 60° = (21.2 + j36.8) \text{ A}$$

$$\dot{I} = \dot{I}_1 + \dot{I}_2 = [(43.3 - j25) + (21.2 + j36.8)]\text{A}$$
$$= (64.5 + j11.8)\text{A}$$
$$= 65.5\angle 10.37° \text{ A}$$

通过 $\dot{I}$ 写出对应的正弦量

$$i = 65.5\sqrt{2}\sin(314t + 10.37°) \text{ A} = 92.6\sin(314t + 10.37°) \text{ A}$$

通过上面的例子，可知：

① 只有对同频率的正弦量，才能应用对应的相量来进行代数运算。

② 在应用相量分析法时，先将正弦量变换为对应的相量，通过相量的代数运算求得所求正弦量对应的相量，再由该相量写出对应的正弦量的瞬时表达式。

③ 可推广到多个同频率的正弦量运算，转换成对应相量的代数运算，如基尔霍夫定律的相量表达形式。

$$\sum i = 0 \quad \rightarrow \quad \sum \dot{I} = 0, \quad \sum u = 0 \quad \rightarrow \quad \sum \dot{U} = 0 \tag{3-20}$$

三、单一参数的正弦交流电路

由单个元件组成的正弦交流电路，是最简单的交流电路。分析各种正弦交流电路，不外乎要确定电路中电压与电流之间的关系（大小和相位），并讨论电路中能量的转换和功率问题。在相量模型的条件下电阻、电容、电感的约束关系都具有欧姆定律的形式。所以对正弦交流电路，建立电路的相量模型后就可以应用欧姆定律对电路中的电阻、电容、电感元件进行分析。在分析各种交流电路时，我们必须首先掌握单一参数（电阻、电感、电容）元件中电压与电流之间的关系，因为其他电路无非是一些电阻、电感、电容参数元件的组合而已。

（一）电阻元件的交流电路

首先分析电阻元件的正弦交流电路。

图 3-10（a）是一个线性电阻元件的交流电路图，电压和电流的参考方向如图中所示。两者的关系由欧姆定律确定，即

$$u = Ri \tag{3-21}$$

为了方便起见，选择电流经过零值并将向正值增加的瞬间作为计时起点（$t=0$），设 $i = I_m \sin\omega t$ 为参考正弦量，则

$$u = Ri = RI_m \sin\omega t = U_m \sin\omega t \tag{3-22}$$

u 也是一个同频率的正弦量。

比较式（3-21）、（3-22）即可看出，在电阻元件的交流电路中，电流和电压是同相的。电压和电流的正弦波形如图 3-10（b）所示。

在式（3-22）中，

$$U_m = RI_m, \quad \frac{U}{I} = \frac{U_m}{I_m} = R \tag{3-23}$$

由此可知，在电阻元件电路中，电压的幅值（或有效值）与电流的幅值（或有效值）之比值，就是电阻 R。

如用相量表示电压与电流的关系，则为

$$\dot{U} = U\angle 0° \quad \dot{I} = I\angle 0°$$

$$\frac{\dot{U}}{\dot{I}} = \frac{U}{I} = R \text{ 或 } \dot{U} = R\dot{I} \tag{3-24}$$

此即欧姆定律的相量表示式。电压和电流的相量如图 3-10（c）所示。

知道了电压与电流的变化规律和相互关系后，便可计算出电路中的功率。在任意瞬间，电压瞬时值 u 与电流瞬时值 i 的乘积，称为瞬时功率，用小写字母 p 代表，即

$$\begin{aligned}p &= ui = U_m \sin\omega t I_m \sin\omega t = \frac{U_m I_m}{2}(1-\cos 2\omega t) \\ &= UI(1-\cos 2\omega t)\end{aligned} \tag{3-25}$$

由式（3-25）可见，p 是由两部分组成的，第一部分是常数 UI，第二部分是幅值为 UI 并以 2ω 的角频率随时间而变化的交变量 $UI\cos 2\omega t$，p 随时间变化的波形如图 3-10（d）所示。

由于在电阻元件的交流电路中 u 与 i 同相，它们同时为正，同时为负，所以瞬时功率总是正值，即 $p \geq 0$。瞬时功率为正，这表示外电路从电源取用能量。在这里就是电阻元件从电源取用电能而转换为热能，这是一种不可逆的能量转换过程。

平均功率是一个周期内电路消耗电能的平均速率，其平均功率为

$$P = \frac{1}{T}\int_0^T p\,dt = \frac{1}{T}\int_0^T UI(1-\cos\omega t)\,dt = UI = RI^2 = \frac{U^2}{R} \tag{3-26}$$

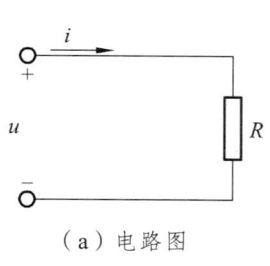

（a）电路图

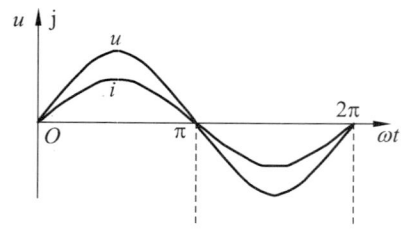

（b）电压与电流的正弦波形

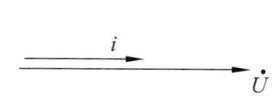

（c）电压与电流的相量图

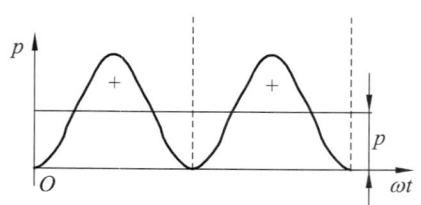

（d）功率波形

图 3-10 电阻元件的交流电路

（二）电感元件的交流电路

1. 电感元件的概述

电感器的检测

电感元件以电感量 L 表示。元件的"伏安关系"是线性电路分析中除了基尔霍夫定律以外的必要的约束条件。电感元件的伏安关系是 $u=L(di/dt)$，也就是说，电感元件两端的电压，除了电感量 L 以外，与电阻元件 R 不同，它不是取决于电流 i 本身，而是取决于电流对时间的变化率（di/dt）。电流变化越快，电感两端的电压越大，反之则越小。据此，在"稳态"情况下，当电流为直流时，电感两端的电压为零；当电流为正弦波时，电感两端的电压也是正弦波，但在相位上要超前电流（$\pi/2$）；当电流为周期性等腰三角形波时，电压为矩形波，如此等等。总的来说，电感两端的电压波形比电流变化得更快，含有更多的低频成分。

通俗地说，穿过一个闭合导体回路的磁感线条数称为磁通量。由于穿过闭合载流导体（很多情况是线圈）的磁场在其内部形成的磁通量变化，根据法拉第电磁感应定律，闭合导体将产生一个电动势以"反抗"这种变化，即电磁感应现象。电感元件的电磁感应分为自感应和互感应，自身磁场在线圈内产生磁通量变化导致的电磁感应现象，称为"自感应"现象；外部磁场在线圈里磁通量变化产生的电磁感应现象，称为"互感应"现象。

比如，当电流以 1 A/s 的变化速率穿过一个 1 H 的电感元件，则引起 1 V 的感应电动势。当缠绕导体的导线匝数增多，导体的电感也会变大。不仅匝数，每匝（环路）面积，连缠绕材料都会影响电感大小。此外，用高渗透性材料缠绕导体也会令磁通量增加。电感元件即利用这种感应的原理，在电路中发挥了许多作用。

2. 电感元件的伏安关系

现在来分析一下非铁心线圈（线性电感元件）与正弦电源连接的电路。我们首先分析电感元件交流电路中电压与电流之间的关系，并讨论该电路中能量的功率问题。

假定这个线圈只具有电感 L，而电阻 R 极小，可以忽略不计。当电感线圈中通过交流 i 时，其中产生自感电动势 e_L。设电流 i，电动势 e_L 和电压 u 的参考方向如图 3-11（a）所示。

设电流为参考正弦量，即 $i = I_m \sin \omega t$，则

$$u = L\frac{d(I_m \sin \omega t)}{dt} = \omega L I_m \sin(\omega t + 90°) = U_m \sin(\omega t + 90°) \quad (3\text{-}27)$$

因此，电感两端电压也是一个同频率的正弦量。

可见，在电感元件电路中，在相位上电流比电压滞后 90°（相位差 $\varphi=+90°$）。表示电压 u 和电流 i 的正弦波形如图 3-11（b）所示。

在式（3-27）中

$$U_m = \omega L I_m \qquad \frac{U}{I} = \frac{U_m}{I_m} = \omega L \quad (3\text{-}28)$$

由此可知，在电感元件电路中，电压的幅值（或有效值）与电流的幅值（或有效值）

之比值为 ωL。显然，它的单位为欧姆。当电压 U 一定时，ωL 愈大，则电流 I 愈小。可见它具有对交流电流起阻碍作用的物理性质，所以称为感抗，用 X_L 代表，即

$$X_L = \omega L = 2\pi f L \tag{3-29}$$

可见感抗与频率成正比。当频率的单位是 Hz、电感的单位是 H 时、感抗的单位为 Ω。感抗 X_L 与电感 L、频率 f 成正比。因此，电感线圈在高频电路中对电流的阻碍作用很大，而对直流则可视作短路，即对直流讲，$X_L=0$（注意，不是 $L=0$，而是 $f=0$）。因此，电感元件具有阻交流通直流的基本特性。

如用相量表示电压与电流的关系，则为

$$\dot{U}=U\angle 90° \quad \dot{I}=I\angle 0°$$

$$\frac{\dot{U}}{\dot{I}} = \frac{U}{I}\angle 90° = jX_L \text{ 或 } \dot{U} == jX_L \dot{I} = j\omega L\dot{I} \tag{3-30}$$

式（3-30）表示电压的有效值等于电流的有效值与感抗的乘积，在相位上电压比电流超前 90°。电压和电流的相量图如图 3-11（c）所示。

知道了电压 u 和电流 i 的变化规律和相互关系后，便可找出瞬时功率的变化规律，即

$$p = p_L = ui = U_m I_m \sin\omega t \sin(\omega t + 90°) = U_m I_m \sin\omega t \cos\omega t$$
$$= \frac{U_m I_m}{2}\sin 2\omega t = UI\sin 2\omega t \tag{3-31}$$

由上式可见，p 是一个幅值为 UI，并以 2ω 的角频率随时间而变化的交变量，其变化波形如图 3-11（d）所示。

电感元件电路中的平均功率

$$P = \frac{1}{T}\int_0^T p\,dt = \frac{1}{T}\int_0^T UI\sin 2\omega t\,dt = 0 \tag{3-32}$$

从图 3-11（d）的功率波形也容易看出，p 的平均值为零。

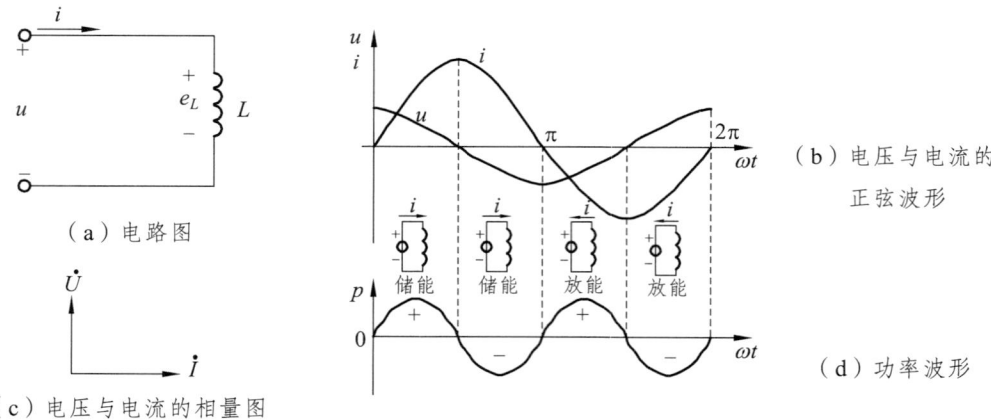

图 3-11 电感元件的交流电路

从上述可知，在电感元件的交流电路中，没有能量消耗，只有电源与电感元件间的能量互换。这种能量互换的规模，我们用无功功率 Q 衡量。我们规定无功功率等于瞬时

功率 p 的幅值,即

$$Q = UI = I^2 X_L \tag{3-33}$$

它并不等于单位时间内互换了多少能量。无功功率的单位是乏(var)或千乏(kvar)。

(三)电容元件的交流电路

1. 电容元件概述

电容器的检测

在线性电路中,电容元件以电容量 C 表示。元件的"伏安关系"是线性电路分析中除了基尔霍夫定律以外的必要的约束条件。电容元件的伏安关系是 $i=C(\mathrm{d}u/\mathrm{d}t)$,也就是说,电容元件中的电流,除了电容量 C 以外,与电阻元件 R 不同,它不是取决于电压 u 本身,而是取决于电压对时间的变化率($\mathrm{d}u/\mathrm{d}t$)。电压变化越快,电容中的电流越大,反之则越小。据此,在"稳态"情况下,当电压为直流时,电容中电流为零;当电压为正弦波时,电容中电流也是正弦波,但在相位上要超前电压($\pi/2$);当电压为周期性等腰三角形波时,电流为矩形波,如此等等。总的来说,电容中的电流波形比电压变化得更快,含有更多的高频成分。

2. 电容元件的伏安关系

如图 3-12 所示,当电压发生变化时,电容器极板上的电荷量也要随着发生变化,在电路中引起的电流为

$$i = \frac{\mathrm{d}q}{\mathrm{d}t} = C\frac{\mathrm{d}u}{\mathrm{d}t} \tag{3-34}$$

如果在电容器的两端加一正弦电压 $u = U_\mathrm{m}\sin\omega t$,则

$$i = C\frac{\mathrm{d}(U_\mathrm{m}\sin\omega t)}{\mathrm{d}t} = \omega C U_\mathrm{m}\sin(\omega t + 90°) = I_\mathrm{m}\sin(\omega t + 90°) \tag{3-35}$$

因此,经过电容的电流也是一个同频率的正弦量。

可见,在电容元件电路中,在相位上电流比电压超前 90°。我们规定:当电流比电压滞后时,其相位差为正;当电流比电压超前时,其相位差为负。这样的规定是为了便于说明电路是电感性的还是电容性的。

表示电压和电流的正弦波形如图 3-12(b)所示。

在式(3-35)中

$$I_\mathrm{m} = \omega C U_\mathrm{m} \qquad \frac{U}{I} = \frac{U_\mathrm{m}}{I_\mathrm{m}} = \frac{1}{\omega C} \tag{3-36}$$

由此可知,在电容元件电路中,电压的幅值(或有效值)与电流的幅值(或有效值)的比值为 $1/\omega C$。显然,它的单位是 Ω。当电压 U 一定时,$1/\omega C$ 愈大,则电流 I 愈小。可见电容具有对电流起阻碍作用的物理性质,称为容抗。用 X_C 代表,即 $X_C = \dfrac{1}{\omega C} = \dfrac{1}{2\pi f C}$

容抗与频率成反比。当频率的单位是 Hz,电容的单位是 F 时,容抗的单位为 Ω。容

抗 X_C 与电容 C、频率 f 成反比。电容元件对高频电流所呈现的容抗很小，而对直流（$f=0$）所呈现的容抗 $X_C \to \infty$，可视作开路。因此，电容元件有阻直流通交流的基本特性。

如用相量表示电压与电流的关系，则为

$$\dot{U} = U\angle 0° \qquad \dot{I} = I\angle 90°$$

$$\frac{\dot{U}}{\dot{I}} = \frac{U}{I}\angle -90° = -\mathrm{j}X_C \quad \text{或} \quad \dot{U} = -\mathrm{j}X_C \dot{I} = -\mathrm{j}\frac{\dot{I}}{\omega C} = \frac{\dot{I}}{\mathrm{j}\omega C} \tag{3-37}$$

式（3-37）表明电压的有效值等于电流的有效值与容抗的乘积，而在相位上电压比电流滞后 90°。电压和电流的相量图如图 3-12（c）所示。

知道了电压和电流的变化规律与相互关系后，便可找出瞬时功率的变化规律，即

$$p = p_C = ui = U_m I_m \sin\omega t \sin(\omega t + 90°) = U_m I_m \sin\omega t \cos\omega t = \frac{U_m I_m}{2}\sin 2\omega t = UI\sin 2\omega t \tag{3-38}$$

由上式可见，p 是一个以 2ω 的角频率随时间而变化的交变量，它的幅值为 UI。p 的波形如图 3-12（d）所示。

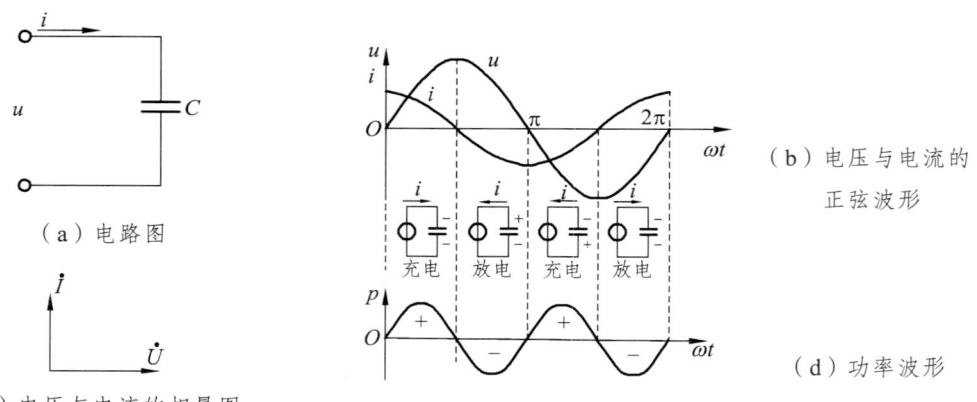

图 3-12 电容元件的交流电路

在电容元件电路中，其平均功率为

$$P = \frac{1}{T}\int_0^T p\,\mathrm{d}t = \frac{1}{T}\int_0^T UI\sin 2\omega t\,\mathrm{d}t = 0 \tag{3-39}$$

这说明电容元件是不消耗能量的，在电源与电容元件之间只发生能量的互换。能量互换的规模，用无功功率来衡量，它等于瞬时功率 p_C 的幅值。

为了同电感元件电路的无功功率相比较，我们也设电流 $i = I_m \sin\omega t$ 为参考正弦量，则

$$u = U_m \sin(\omega t - 90°)$$

于是得出瞬时功率

$$p = p_C = ui = -UI\sin 2\omega t$$

由此可见，电容元件电路的无功功率为

$$Q = -UI = -X_C I^2 \qquad (3\text{-}40)$$

即电容性元件无功功率取负值,而电感性元件无功功率取正值,以示区别,其单位为乏(var)。

应当指出,前面讲的电感元件和电容元件都是储能元件,它们与电源间进行能量互换是工作所需。这对电源来说,是一种负担。但对储能元件本身来说,没有消耗能量,故将往返于电源与储能元件之间的功率命名为无功功率。因此,将耗能元件的平均功率也称为有功功率。

四、正弦交流电路中的功率

在正弦交流电路中不但有电阻元件,而且还有电容和电感元件。由于电容和电感元件的储能特性,它们的功率特性与电阻元件是不同的。电类设备及其负载在工作时都要提供或吸收一定的功率。如某台变压器提供的容量为 250 kV·A,某台电动机的额定功率为 2.5 kW,一盏白炽灯的功率为 60 W,等等。

由于电路中负载性质的不同,它们的功率性质及大小也各自不一样。前面所提到的感性负载就不一定全部都吸收或消耗能量。所以我们要对电路中的不同功率进行分析。正弦交流电路的功率有四种表达形式,分别是瞬时功率、有功功率(表示耗能元件实际消耗能量的情况)、无功功率(表示储能元件与电源进行能量交换的情况)、视在功率(表示电源或装置的容量)。

(一)瞬时功率

如图 3-13 所示,若通过负载的电流为 $i = \sqrt{2}I\sin(\omega t + \varphi_i)$,负载两端的电压为 $u = \sqrt{2}U\sin(\omega t + \varphi_u)$,其参考方向如图。在电流、电压关联参考方向下,瞬时功率为

$$\begin{aligned} p &= ui = \sqrt{2}U\sin(\omega t + \varphi_u)\sqrt{2}I\sin(\omega t + \varphi_i) \\ &= UI\cos(\omega t + \varphi_u - \omega t - \varphi_i) - UI\cos(\omega t + \varphi_u + \omega t + \varphi_i) \\ &= UI\cos(\varphi_u - \varphi_i) - UI\cos(2\omega t + \varphi_u + \varphi_i) \end{aligned}$$

设 $\varphi = \varphi_u - \varphi_i$,且为了简化,设 $\varphi_i = 0$,上式可写成

$$p = UI\cos\varphi - UI\cos(2\omega t + \varphi) \qquad (3\text{-}41)$$

可见,正弦交流电路的瞬时功率由恒定分量和正弦分量两部分构成,其中,正弦分量的频率是电压、电流频率的两倍。波形如图 3-14 所示,由图可以看出,当 u、i 瞬时值同号时 $p > 0$,从外电路吸收功率,当 u、i 瞬时值异号时 $p < 0$,向外电路提供能量,二端口网络与外电路之间进行能量交换,这是由于储能元件造成的。

还可以看出,在一个循环内,$p > 0$ 的部分大于 $p < 0$ 的部分,因此,电路是从外电路吸收功率的,这是由于二端口网络中存在着耗能的电阻的原因。

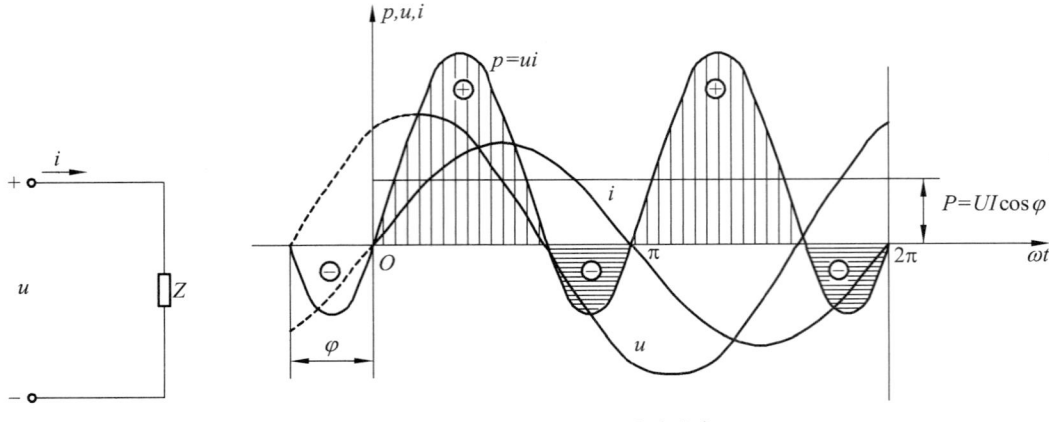

图 3-13　复阻抗　　　　　图 3-14　瞬时功率

（二）有功功率

如前所述，有功功率也称为平均功率。在交流电路中，有功功率反映了电阻元件所消耗的能量。根据有功功率的定义，可求出正弦交流电路的有功功率为

$$P = \frac{1}{T}\int_0^T p\,\mathrm{d}t = \frac{1}{T}\int_0^T [UI\cos\varphi - UI\cos(2\omega t + \varphi)]\mathrm{d}t$$
$$= UI\cos\varphi = UI\lambda \tag{3-42}$$

其中，λ 称为功率因数，φ 称为功率因数角，它等于二端网络等效复阻抗的阻抗角。

对电阻元件 R：$\varphi = 0$，$P_R = U_R I_R = I_R^2 R \geqslant 0$

对电感元件 L：$\varphi = \pi/2$，$P_L = U_L I_L \cos(\pi/2) = 0$

对电容元件 C：$\varphi = -\pi/2$，$P_C = U_C I_C \cos(-\pi/2) = 0$

可见，在正弦交流电路中，电感、电容元件实际不消耗电能，而电阻总是消耗电能的。通过以上的分析得到：有功功率是反映电路实际消耗的功率，即无源二端网络中，各电阻所消耗的有功功率之和。有功功率的单位是 W。即

$$P = UI\cos\varphi = P_1 + P_2 + \cdots + P_n = \sum P_n \tag{3-43}$$

（三）无功功率

交流电路中的电感和电容元件并不消耗电源的功率，而是与电源之间进行能量交换。我们把负载与外电路进行能量交换的最大速率即最大瞬时功率值称为无功功率。无功功率描述了能量交换的规模。这种能量交换规模的大小，用无功功率 Q 来表示。无功功率的单位是乏（var）。

定义正弦交流电路的无功功率 Q 为

$$Q = UI\sin\varphi = Q_L - Q_C \tag{3-44}$$

当 $\varphi = 0$，二端网络等效成一个电阻，它吸收的无功功率为零。

当 $\varphi = \dfrac{\pi}{2}$，二端网络等效成一个电感，它吸收的无功功率为 $Q = Q_L = UI$，即电感元件吸收无功功率。

当 $\varphi = -\dfrac{\pi}{2}$，二端网络等效成一个电容，它吸收的无功功率为 $Q = -Q_C = -UI$，即电容元件吸收无功功率。

当 $\varphi > 0$，二端网络呈感性，则 $Q > 0$。

当 $\varphi < 0$，二端网络呈容性，则 $Q < 0$。

注意，若二端网络中既有电感又有电容时，电感电容在二端网络内部先自行交换一部分能量，其差额再与外电路进行交换，因此二端网络从外电路吸收的无功功率等于电感吸收的无功功率与电容吸收的无功功率之差，即

$$Q = Q_L - Q_C = UI\sin\varphi \tag{3-45}$$

式中，Q_L 和 Q_C 总是正的，Q 是一代数量，可正可负。

可以证明二端网络吸收的总的无功功率等于各部分的无功功率之和，即

$$Q = UI\sin\varphi = Q_1 + Q_2 + \cdots + Q_n = \sum Q_n \tag{3-46}$$

在电路系统中，电感和电容的无功功率有互补作用。通常在工程上认为电感"吸收"无功功率，电容"发出"无功功率。而在实际电路中，大部分负载为感性负载，因此，常用电容进行无功功率补偿。

（四）视在功率

视在功率是交流电路电压的有效值 U 与电流的有效值 I 的乘积，它与电路的能量状态并无太大关系，只是反映了电路可能消耗或提供的最大有功功率。视在功率是用来表示电气设备的容量大小的重要参数。其公式为

$$S = UI \tag{3-47}$$

视在功率的国际单位为伏安（V·A），也常使用千伏·安（kV·A），1kV·A=1 000 V·A。在电力工程中，我们规定了电气设备使用时的额定电压 U_N 和额定电流 I_N，我们把 $S_N = U_N I_N$ 称为电气设备的额定容量。例如，某发电机的容量为 S，表示发电机在输出额定电压和额定电流时，所能提供的最大有功功率为 S。

有功功率、无功功率、视在功率的关系为

$$P = S\cos\varphi \tag{3-48}$$

$$Q = S\sin\varphi \tag{3-49}$$

$$S = \sqrt{P^2 + Q^2} \tag{3-50}$$

$$\varphi = \arctan\dfrac{Q}{P} = \arctan\dfrac{X}{R} \tag{3-51}$$

将交流电路表示电压间关系的电压三角形的各边乘以电流 I 即成为功率三角形,如图 3-15 所示。

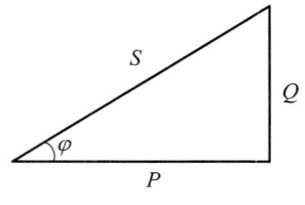

图 3-15 功率三角形

例 3-2 已知电阻 $R=30\ \Omega$,电感 $L=328\ \text{mH}$,电容 $C=40\ \mu\text{F}$,串联后接到电压为 $u = 220\sqrt{2}\sin(314t + 30°)\text{V}$ 的电源上。求电路的 P、Q 和 S。

解: 根据题目,电路的总阻抗为

$$Z = R + \text{j}(X_L - X_C) = 30 + \text{j}(314 \times 382 \times 10^{-3} - \frac{1}{314 \times 40 \times 10^{-6}})$$
$$= 30 + \text{j}(120 - 80) = (30 + \text{j}40) = 50\angle 53.1°\ (\Omega)$$

电压相量为 $\dot{U} = 220\angle 30°\text{V}$,因此电流相量为

$$\dot{I} = \frac{\dot{U}}{Z} = \frac{220\angle 30°}{50\angle 53.1°} = 4.4\angle -23.1°\ (\text{A})$$

电路的有功功率为

$$P = UI\cos\varphi = 220 \times 4.4 \cos 53.1° = 58\ (\text{W})$$

电路的无功功率为

$$Q = UI\sin\varphi = 220 \times 4.4 \sin 53.1° = 774\ (\text{var})$$

电路的视在功率为

$$S = UI = 220 \times 4.4 = 968\ (\text{V}\cdot\text{A})$$

五、功率因数的提高及意义

(一)功率因素的定义

功率因数(Power Factor)的大小与电路的负荷性质有关,如白炽灯泡、电阻炉等电阻负荷的功率因数为 1,一般具有电感性负载的电路功率因数都小于 1。功率因数是电力系统的一个重要的技术数据。功率因数是衡量电气设备效率高低的一个系数。功率因数低,说明电路用于交变磁场转换的无功功率大,从而降低了设备的利用率,增加了线路供电损失。在交流电路中,电压与电流之间的相位差(φ)的余弦叫作功率因数,用符号 $\cos\varphi$ 表示,在数值上,功率因数是有功功率与视在功率的比值,即 $\cos\varphi = P/S$。

电能占企业成本的 5%~30%,甚至占得更高。因此如何提高电能的利用率和使用效率,保证电能质量,是企业节能提效的重要手段。绝大多数企业是用电动机作为机械的原动机,而电动机是感性负载,功率因数并不高,因此企业的能源消耗中无功能源消耗

占了很大成分。尽可能地减少无功能量的消耗，是企业节能的头等大事。对于企业而言，供电损耗主要是电动机损耗、低压线路损耗、高压线路损耗和变压器损耗。安装无功补偿装置后功率因数提高，线路电流会下降，这样线路损耗降低，变压器的有功损失也会降低。电动机损耗（即效率）是电动机本身固有的，目前 Y 系列的电动机的效率一般都在 85%~95%。但电动机的功率因数将影响整个电网的效率。用电系统装设无功补偿设备，提高功率因数，对于企业的降损节电、用电系统的安全可靠运行具有极为重要的意义。

（二）提高功率因数的意义

（1）充分利用供电设备的容量，使同样的供电设备为更多的用电器供电。

每个供电设备都有额定的容量，即视在功率 $S = UI$。供电设备输出的总功率 S 中，一部分为有功功率 $P = S\cos\varphi$，另一部分为无功功率 $Q = S\sin\varphi$。$\cos\varphi$ 越小，电路中的有功功率 $P = S\cos\varphi$ 就越小，提高 $\cos\varphi$ 的值，可使同等容量的供电设备向用户提供更多的功率。因此，提高功率因数可提高供电设备的能量的利用率。

例 3-3 一台发电机的额定电压为 220 V，输出的总功率为 4 400 kV·A。试求：① 该发电机能带动多少个 220 V，4.4 kW，$\cos\varphi=0.5$ 的用电器正常工作？② 该发电机能带动多少个 220 V，4.4 kW，$\cos\varphi=0.8$ 的用电器正常工作？

解：① 每台用电器占用电源的功率：

$$S_{1台} = \frac{P_{N1台}}{\cos\varphi} = \frac{4.4}{0.5} = 8.8 \text{ (kV·A)}$$

因此，该发电机能带动的电器个数：

$$n = \frac{S_{N电源}}{S_{1台}} = \frac{4\,400 \times 10^3}{8.8 \times 10^3} = 500 \text{ (台)}$$

② 每台用电器占用电源的功率：

$$S_{1台} = \frac{P_{N1台}}{\cos\varphi} = \frac{4.4}{0.8} = 5.5 \text{ (kV·A)}$$

该发电机能带动的电器个数：

$$n = \frac{S_{N电源}}{S_{1台}} = \frac{4\,400 \times 10^3}{5.5 \times 10^3} = 800 \text{ (台)}$$

可见，功率因数从 0.5 提高到 0.8，发电机正常供电的用电器的个数即从 500 个提高到 800 个，使同样的供电设备为更多的用电器供电，大大提高了供电设备的能量利用率。

（2）减少供电线路上的电压降和能量损耗。

我们知道，$P = IU\cos\varphi$，$I = P/(U\cos\varphi)$，故用电器的功率因数越低，则用电器从电源吸取的电流就越大，输电线路上的电压降和功率损耗就越大；用电器的功率因数越高，则用电器从电源吸取的电流就越小，输电线路上的电压降和功率损耗就越小。故提高功率因数，能减少供电线路上的电压降能量损耗。

例 3-4 一台发电机以 400 V 的电压输给负载 6 kW 的电力，如果输电线总电阻为 1 Ω，试计算：① 负载的功率因数从 0.5 提高到 0.75 时，输电线上的电压降可减小多少？
② 负载的功率因数从 0.5 提高到 0.75 时，输电线上一天可少损失多少电能？

解： ① $\cos\varphi=0.5$ 时，输电线上的电流：

$$I_1 = \frac{P}{U\cos\varphi} = \frac{6\times 10^3}{400\times 0.5} = 30 \text{ (A)}$$

输电线上的电压降：

$$\Delta U_1 = I_1 R = 30\times 1 = 30 \text{ (V)}$$

$\cos\varphi=0.75$ 时，输电线上的电流：

$$I_2 = \frac{P}{U\cos\varphi} = \frac{6\times 10^3}{400\times 0.75} = 20 \text{ (A)}$$

输电线上电压降减小的数值：

$$\Delta U = \Delta U_1 - \Delta U_2 = 30 - 20 = 10 \text{ (V)}$$

② $\cos\varphi=0.5$ 时输电线上的电能损耗：

$$W_{1损} = I_1^2 R = 30^2 \times 1 = 900 \text{ (W)}$$

$\cos\varphi=0.75$ 时输电线上的电能损耗：

$$W_{2损} = I_2^2 R = 20^2 \times 1 = 400 \text{ (W)}$$

输电线上一天可少损失的电能：

$$\Delta W = (900-400)\times 24 = 12\,000 \text{ (W·h)} = 12 \text{ (度)}$$

（3）提高功率因数能改善供电质量。

线路上输送的有功功率为 $P=UI\cos\varphi$，若要求有功功率 P 一定和电压 U 不变时，则电流和功率因数 $\cos\varphi$ 成反比。功率因数越低，说明线路上的无功功率越大，因而通过线路的电流 I 也越大，由于线路具有一定的阻抗，必然造成电压损失，使线路电压降低。

（4）提高功率因数可以减少企业电费支出。

为了促进用户提高功率因数，电力部门对工业用户规定了按照月平均功率因数调整电费的办法。月平均功率因数的计算方法为：月平均功率因数=月有功电度/户月有功电度+月无功电度。目前电价制度规定：功率因数低于 0.85 时，企业的全部电费相应增加，以示惩罚，功率因数高于 0.85 者时企业的全部电费相应减少，以资奖励。

（三）提高功率因数的方法

提高功率因数的方法可分为提高自然功率因数和采用人工补偿两种。

1. 提高自然功率因数的方法

提高自然功率因数，就是不添置任何补偿装置，采取措施来减少供电系统中无功功率。它不需增加投资，是最经济的提高功率因数的方法。在不进行任何人工补偿之前，首先从提高自然功率因数着手，能收到既节电又减少开支的效果。

提高自然功率因数的方法具体有以下几种：

（1）正确选用异步电动机的型号与容量。

合理使用电动机，选择电动机既要注意机械性能，又要考虑电器指标。若电动机长期处于低负载下运行，既增大功率损耗，又使功率因数和效率都显著恶化。故从节约电能和提高功率因数的观点出发，必须正确合理地选择电动机的容量。

提高异步电动机的检修质量。异步电动机定子绕组匝数变动和电动机定、转子间的气隙变动时对异步电动机无功功率的大小有很大的影响。采用同步电动机或异步电动机同步运行提高功率因数。只要调节电机的励磁电流，使其处于过激状态，就可以使同步电机向电网"送出"无功功率，减少电网输送给企业的无功功率，从而提高企业的功率因数。异步电动机同步运行就是将异步电动机三相转子绕组适当连接并通入直流励磁电流，使其呈同步电动机运行状态，这就是"异步电动机同步化"。调节电机的直流励磁电流，使其呈过激状态，即能向电网输出无功功率，从而达到提高低压网功率因数的目的。

合理选择配变容量，改善配变的运行方式。对负载率比较低的配变，一般采取"撤、换、并、停"等方法，使其负载率提高到最佳值，从而改善电网的自然功率因数。正确选用异步电动机，使其额定容量与所带负载相配合，对于改善功率因数是十分重要的。在选型方面，要注意选用节能型，淘汰高能耗的电动机，并依据电机机械工作对启动力矩、启动次数、调速等方面的具体要求，选用不同的型号。电动机的效率 η 与功率因数 $\cos\varphi$ 是反映电动机经济运行水平的主要标准，都与负载率 β 有密切关系。GB/T 12497—2006 对三相异步电机三个运行区域规定如下：

当负载率 β 在 70%～100%时，为经济运行区；

当 40%≤ β ≤70%时，为一般运行区；

当 β <40%时，为非经济运行区。

因此要防止"大马拉小车"，减少负载的无功消耗，使其尽可能在满载下运行，达到提高自然功率因数的目的。

（2）根据负荷选用相匹配的变压器。

电力变压器一次侧功率因数不但与负荷的功率因数有关，而且与负荷率有关，若变压器满载运行，一次侧功率因数仅比二次侧降低约 3%～5%；若变压器轻载运行，当负荷小于 0.6 时，一次侧功率因数就显著下降，下降达 11%～18%，所以电力变压器的负荷率在 0.6 以上时变压器运行才较经济，一般应在 60%～70%比较合适。为了充分利用设备和提高功率因数，电力变压器一般不宜作轻载运行。当电力变压器负荷率小于 30%时，应当更换成容量较小的变压器。根据变压器的最佳负载系数合理选用变压器，将变压器进行更换及调整，在负载小的时候切除部分变压器，这样可以减少无功功率的需求量，使自然功率因数得到提高。

（3）保证电动机的检修质量。

异步电动机定子与转子间的气隙是决定异步电动机需要较多无功功率的主要因素。当定转子间气隙增大或定子线圈减少时都会使励磁电流增大，从而增加向电网吸收的无功功率而使功率因数降低，因此要提高检修质量，保证电动机的结构参数和性能参数。

（4）对于容量较大且又不需要调速的电动机，应尽量选用同步电动机。

通过调节励磁电流处于过励状态，使其功率因数的相位角变为超前（即成为感性负载），这样同步电动机不仅不会吸收无功功率，而且还可向电网输出无功功率，以补偿其他感性负载的无功功率要求，达到提高功率因数的目的。通常对低速、恒速且长期连续工作的容量较大的电动机，宜采用同步电动机组，如轧钢的电动机组、球磨机、空压机、鼓风机、水泵等设备。这些设备采用同步电动机为原动机时，其容量一般在 250 kW 以上，环境与启动条件均能满足同步电动机的要求，而且停歇时间较少，因此对改善功率因数能起很大作用。对负载有变化且经常处于轻载运行状态的电动机，采用 △-Y 自动切换方式运行。

2. 功率因数的人工补偿

实际中可使用电路电容器或调相机进行功率因数的人工补偿，一般多采用电力电容器补偿无功功率，即在感性负载上并联电容器，如图 3-16 所示。在感性负载上并联电容器的方法可用电容器的无功功率来补偿感性负载的无功功率，从而减少甚至消除感性负载与电源之间原有的能量交换。

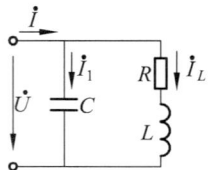

图 3-16 感性负载并联电容器

感性负载电路中的电流落后于电压，并联电容器后可产生超前电压 90°的电容支路电流，抵减落后于电压的电流，使电路的总电流减小，从而减小阻抗角，提高功率因数。用串联电容器的方法也可提高电路的功率因数，但串联电容器使电路的总阻抗减小，总电流增大，从而加重电源的负担，因而不用串联电容器的方法来提高电路的功率因数。并联电容器以后，电感性负载的电流 $I_1 = U/\sqrt{R^2 + X_L^2}$ 和功率因数 $\cos\varphi_1 = R/\sqrt{R^2 + X_L^2}$ 均未变化，这是因为所加电压和负载参数没有改变。但电压 u 和线路电流 i 之间的相位差 φ 变小了，即 $\cos\varphi$ 变大了。这里我们所讲的提高功率因数，是指提高电源或电网的功率因数，而不是指提高某个电感性负载的功率因数。

在电感性负载上并联了电容器以后，减少了电源与负载之间的能量互换。这时电感性负载所需的无功功率，大部分或全部都是就地供给（有电容器供给），就是说能量的互换现在主要或完全发生在电感性负载与电容器之间，因而使发动机容量得到充分利用。其次，由相量图可见，并联电容器以后线路电流也减少了（电流相量相加），因而减小了功率损耗。

例 3-5 设负载的端电压为 U，电压频率为 f，电源供给负载的功率为 P，功率因数为 $\cos\varphi_1$，要将负载的功率因数从 $\cos\varphi_1$ 提高到 $\cos\varphi_2$，问需在负载两端并联多大的电容？

解：设并联电容量为 C 的电容器电路的功率因数从 $\cos\varphi_1$ 提高到 $\cos\varphi_2$。

因为，$I_C = I_1 \sin\varphi_1 - I_2 \sin\varphi_2 = \dfrac{P}{U\cos\varphi_1}\sin\varphi_1 - \dfrac{P}{U\cos\varphi_2}\sin\varphi_2$

$$= \dfrac{P}{U}\tan\varphi_1 - \dfrac{P}{U}\tan\varphi_2 = \dfrac{P}{U}(\tan\varphi_1 - \tan\varphi_2)$$

又，$I_C = \dfrac{U}{X_C} = \dfrac{U}{1/WC} = 2\pi fCU$

所以，$C = \dfrac{P}{2\pi fU^2}(\tan\varphi_1 - \tan\varphi_2)$

式中　P——电源供给负载的有功功率，W；
　　　U——负载的端电压，V；
　　　φ_1——并联电容前电路的阻抗角；
　　　φ_2——并联电容后电路的阻抗角；
　　　f——电源频率，Hz；
　　　C——并联电容器的电容量。

对于采用并联电容器进行无功补偿，按其在供电系统中安装的位置来分，可分为集中补偿、分组补偿和就地补偿三种。

① 集中补偿：在高、低压配电所内设置若干组电容器组，电容器接在配电母线上，补偿该配电所供电范围内的无功功率，并使总功率因数达到所规定的值以上。如果电容器组容量较大，可采用电容器柜，如果企业配电容量大，需大量采用电容器进行无功补偿，则另外建造电容器室。

② 分组补偿：有的企业小功率异步电动机较少，不可能都装无功就地补偿器。这时，用分组补偿比较合适，即在车间或对多台小功率异步电动机装设无功补偿器。

③ 就地补偿：把无功补偿器直接接在异步电动机旁或进线端子上。这种补偿方法相当于把无功电源直接搬移到异步电动机旁，使异步电动机所需要的大部分无功功率由无功就地补偿器供给，无功功率仅在异步电动机和并联电容器之间流动。从而消除了无功电流在高、低压线路上的流动，减少线路负荷和损耗。

综上所述，提高功率因数必然对国家能源的利用、企业的经济效益起到促进作用，是保证电力系统电能质量、降低网络损耗以及安全运行所不可缺少的条件，它不仅能够减少电费开支，提高企业自身的经济效益，而且能够为国家节约资源，减少有害气体排放。提高功率因数是节约能源、利国利民的重要举措。因此，应该重视功率因数的控制，这对缓解我国的电力供应紧张状态，提高企业的经济效益以及节能环保，都具有重要意义。应根据不同情况采取相应措施来提高功率因数，降低无功损耗，从而提高经济效益。

注意：
① 凡是电热电器功率因数都是等于 1，因为它们都是电阻负载。
② 凡是带马达的家用电器（大多数白色家电）都是感性负载。

③ 凡是带变压器的家用电器（电视机、音响）也都是感性负载。
④ 24 小时连续工作的电冰箱是一个耗电很大、功率因数很低的感性负载。
⑤ 因为其中的照明灯具主要是白炽灯，所以功率因数才会接近 1。

例 3-6 有一感性负载，接于 380 V，50 Hz 的电源上，负载的功率 $P = 20$ kW，因数功率 $\cos\varphi = 0.6$。若将此负载的功率因数提高到 0.9，求并联电容器的电容量和并联电容器前后电路中的电流。向量图如图 3-17 所示。

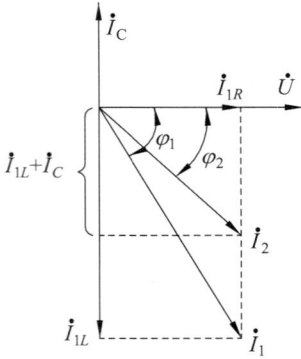

图 3-17 感性负载并联电容器向量图

解： $C = \dfrac{P}{2\pi f U^2}(\tan\varphi_1 - \tan\varphi_2) = \dfrac{P}{2\pi f U^2}(\tan\arccos 0.6 - \tan\arccos 0.9)$

$= \dfrac{20\times 10^3}{2\times 3.14\times 50\times 380^2}(\tan 53.13° - \tan 25.84°) = \dfrac{20\times 10^3}{2\times 3.14\times 50\times 380^2}(1.333 - 0.484)$

$= 374\times 10^{-6}$ (F) $= 374$ (μF)

并联电容前、后电路的电流分别为

$I_1 = \dfrac{P}{U\cos\varphi_1} = \dfrac{20\times 10^3}{380\times 0.6} = 87.7$ (A)，$I_2 = \dfrac{P}{U\cos\varphi_1} = \dfrac{20\times 10^3}{380\times 0.9} = 58.5$ (A)

例 3-7 某单位原来用电功率为 70 kW，用电设备的功率因数为 0.7，由一台容量 $S = 100$ kV·A，额定电压 $U = 220$ V 的三相变压器配电。现用电功率增至 90 kW，问：

（1）如果电路的功率因数不变，则须换用多大容量的变压器？

（2）能否在变压器低压侧并联电容使原变压器满足现在的配电要求，如可以，则需用多大电容？

解：（1）如果电路的功率因数不变，则须换用的变压器的容量为

$$S = \dfrac{P}{\cos\varphi} = \dfrac{90}{0.7} \approx 129 \text{ (kV·A)}$$

（2）如在变压器低压侧并联电容使原变压器满足现在的配电要求，则电路的功率因数需提高为

$$\cos\varphi = \dfrac{P}{S} = \dfrac{90}{100} = 0.9$$

这是可以做到的，因此可用在变压器低压侧并联电容的方法使原变压器满足现在的

配电要求。所需的电容器的总容量为

$$C = \frac{P}{2\pi f U^2}(\tan\varphi_1 - \tan\varphi_2) = \frac{P}{2\pi f U^2}(\tan\arccos 0.7 - \tan\arccos 0.9)$$

$$= \frac{70\times 10^3}{2\times 3.14\times 50\times 220^2}(\tan 45.57° - \tan 25.84°) = \frac{70\times 10^3}{2\times 3.14\times 50\times 220^2}(1.020 - 0.484)$$

$$\approx 2467\times 10^{-6}\ (\text{F})$$

【任务实施】

任务　日光灯电路的测量及功率因数的提高

（一）任务目的

（1）研究正弦稳态交流电路中电压、电流相量之间的关系。
（2）掌握日光灯线路的接线。
（3）理解改善电路功率因数的意义并掌握其方法。

日光灯电路的测量及
功率因素的提高

（二）原理

在单相正弦交流电路中，用交流电流表测得各支路的电流值，用交流电压表测得回路各元件两端的电压值，它们之间的关系满足相量形式的基尔霍夫定律，即 $\sum \dot{I} = 0$ 和 $\sum \dot{U} = 0$。

（1）日光灯电路（见图3-18）是感性负载电路。镇流器 L 可看作电感与电阻的串联；点燃的日光灯管看成是电阻元件。例如 20 W 日光灯电路在外加电压 U=220 V（有效值）的作用下，灯管电流为 0.31 A，电路的有功功率为 P=20 W，日光灯的功率因数为

$$\cos\varphi = P/UI = \frac{20}{220\times 0.31} = 0.293$$

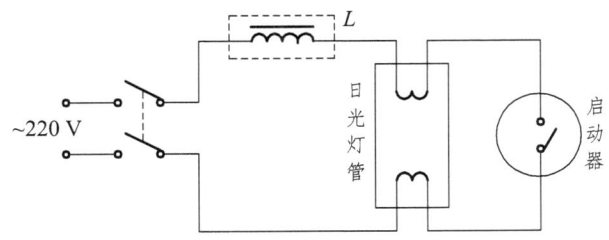

图3-18　日光灯原理图

负载功率因数低使得供电电源设备容量不能充分利用；另外，因为功率因数低，线路总电流大，导致电能损耗增加，这些都是很不经济的。

（2）在日光灯电路上并联电容（见图3-19）可以提高功率因数。由图3-20的相量图可见，由于有了 $\dot{I}_C$ 这一分量，总电流减少了，整个负载的功率因数提高了。

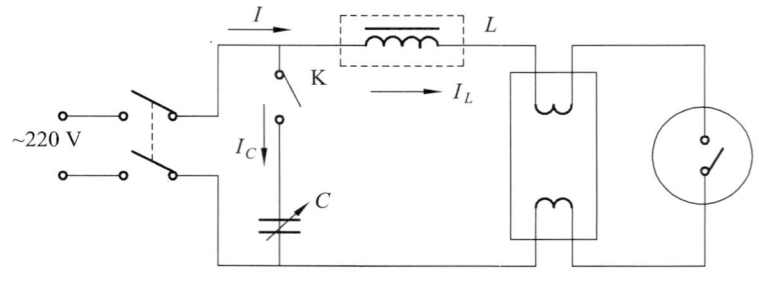

图 3-19 并联电容的日光灯电路图

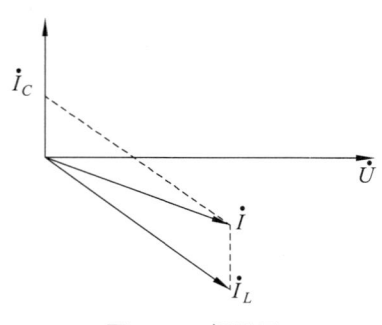

图 3-20 相量图

（三）仪器与设备

设备清单见表 3-1。

表 3-1 设备清单

序号	名称	型号与规格	数量	备注
1	交流电压表	0～500 V	1	D38
2	交流电流表	0～5 A	1	D37
3	功率表		1	D34
4	自耦调压器		1	DG01
5	镇流器、启辉器	与 40 W 灯管配用	各 1	DGJ-04
6	日光灯灯管	40 W	1	屏内
7	电容器	1 μF，2.2 μF，4.7 μF/500 V	各 1	DGJ-05
8	电流插座		3	DGJ-04

（四）任务内容

1. 日光灯线路接线与测量

（1）找到电源，如图 3-21 所示。其中，过电流保护（Over Current Protection）就是当电流超过预定最大值时，使保护装置动作的一种保护方式。当流过被保护原件中的电流超过预先整定的某个数值时，保护装置启动，并用时限保证动作的选择性，使断路器跳闸或给出报警信号。调节自耦变压器旋转按钮（左侧黑色旋转按钮），使电源输出为 0 V。

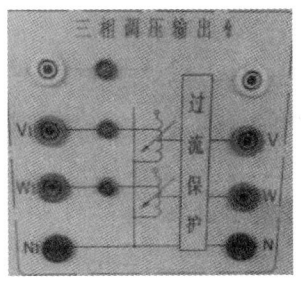

图 3-21　三相电源

（2）按图 3-22 原理图接线，得到实物效果图如图 3-23 所示。

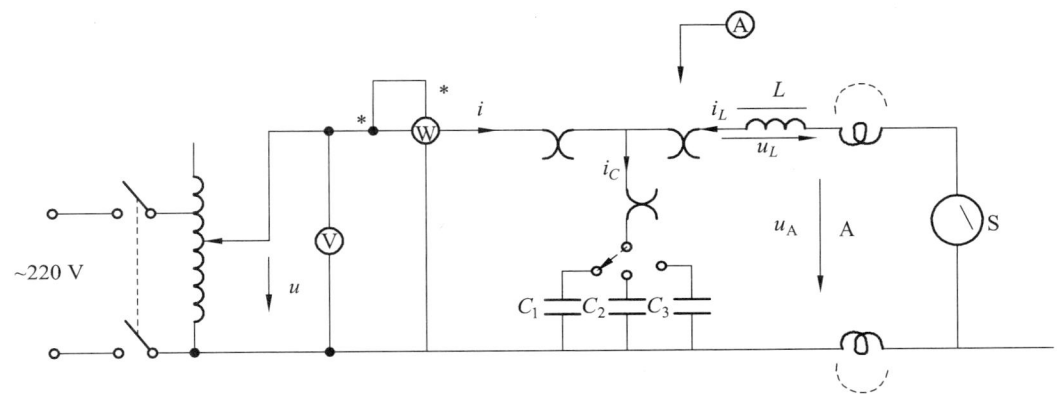

图 3-22　原理图

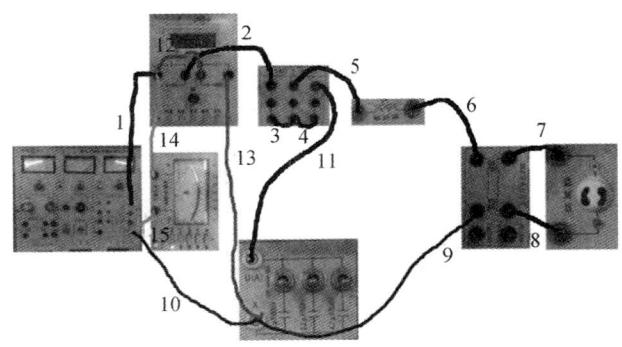

图 3-23　实物效果图

（3）经指导教师检查后，接通实验台电源，调节自耦调压器的输出，使其输出电压缓慢增大，直到日光灯刚刚启辉点亮为止，在表 3-2 中记下三表的指示值。

（4）然后将电压调至 220 V，测量功率 P，电流 I，电压 U、U_L、U_A 等值记入表 3-2 中，验证电压、电流相量关系。

表 3-2 实验数据

类别		测量数值					计算值	
		P/W	$\cos\varphi$	I/A	U/V	U_L/V	U_A/V	R/Ω	X/Ω
启辉值	实验台仪表测量值								
	万用表测量值								
	误差								
正常工作值	实验台仪表测量值								
	万用表测量值								
	误差								

2. 并联电容——电路功率因数的改善

经指导老师检查后,接通实验台电源,将自耦调压器的输出调至 220 V,记录功率表、电压表读数。通过一只电流表和三个电流插座分别测得三条支路的电流,改变并联电容值,进行多次重复测量。数据记入表 3-3 中。

表 3-3 实验数据

电容值/μF	测量数值					
	P/W	$\cos\varphi$	U/V	I/A	I_L/A	I_C/A
0						
1						
2.2						
4.7						

注意事项:
① 本实验用交流市电 220 V,务必注意用电和人身安全。
② 功率表要正确接入电路。
③ 线路接线正确,日光灯不能启辉时,应检查启辉器及其接触是否良好。

(五) 预习思考题

(1) 参阅课外资料,了解日光灯的启辉原理。在日常生活中,当日光灯上缺少启辉器时,人们常用一根导线将启辉器的两端短接一下,然后迅速断开,使日光灯点亮(DG09 实验挂箱上有短接按钮,可用它代替启辉器做一下实验。)或用一只启辉器去点亮多只同类型的日光灯,这是为什么?

(2) 为了改善电路的功率因数,常在感性负载上并联电容器,此时增加了一条电流支路，试问电路的总电流是增大还是减小，此时感性元件上的电流和功率是否改变？

（3）提高线路功率因数为什么只采用并联电容器法，而不用串联法？所并的电容器是否越大越好？

（六）任务报告

（1）完成数据表格中的计算，根据实验数据，分别绘出电压、电流相量图，验证相量形式的基尔霍夫定律。

（2）绘出 $\cos\varphi\text{-}C$、$I\text{-}C$ 关系曲线，并分析曲线的变换规律。

（3）讨论改善电路功率因数的意义和方法。

（4）装接日光灯线路的心得体会。

（七）任务评价

日光灯电路测量及功率因素的提高任务评价标准见表3-4。

表3-4 任务评价标准

操作项目	考核要求	分数配比	评分标准	自评分	互评分
仪器的使用	能正确使用稳压电源、数字万用表、直流电压表、直流电流表	20	能正确连接电压表和电流表，能正确读取被测量的有效值。不能正确连接的或读数错误的，每次扣5分		
电路的连接	按要求连接电路，要求连接正确、接线牢固	20	要求电路及各测量仪器连接正确，电路连接错误、不牢固，每错一处扣4分		
测量记录	要及时、正确的做好实验记录	30	在实验过程中，要求及时准确地做好实验记录，不做记录不得分，不及时记录每次扣4分，测量数据错误一个扣2分		
实验数据分析	要求能绘制出电压源与电流源的外部特性曲线，总结归纳各电源特性，并对实验数据进行正确分析	20	不能按要求绘制出电压源与电流源的外部特性曲线的扣5~10分，要能对实验数据进行分析，对不会进行实验数据分析的，每处酌情扣4~8分		
安全文明操作	工作台工具摆放整齐，严格遵守安全操作规程，符合管理要求	10	对违反安全操作、工作台上脏乱、没有遵守安全操作规程、不符合管理要求的情形，酌情扣3~10分		
合 计					
学生交流改进总结：					
教师签名：					

【知识拓展】

一、阻抗的串并联

在具有电阻、电感和电容的电路里，对电路中的电流所起的阻碍作用叫作阻抗。阻抗常用 Z 表示，是一个复数，实部称为电阻，虚部称为电抗，其中电容在电路中对交流电所起的阻碍作用称为容抗，电感在电路中对交流电所起的阻碍作用称为感抗，电容和电感在电路中对交流电引起的阻碍作用总称为电抗。阻抗的单位是欧姆。阻抗的概念不仅存在与电路中，在力学的振动系统中也有涉及。复阻抗的串、并联电路如图 3-24 所示。

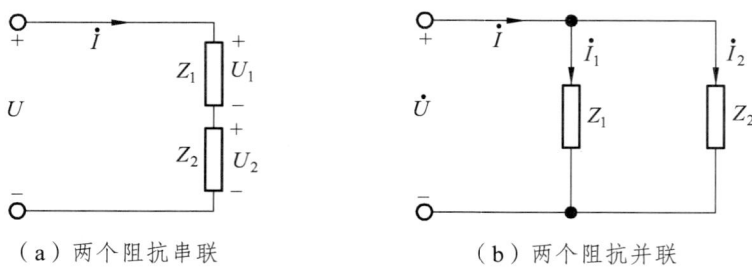

（a）两个阻抗串联　　　　　（b）两个阻抗并联

图 3-24　阻抗的串并联电路

（一）阻抗的串联

图 3-24（a）所示的是两个复阻抗串联的电路，根据 KVL，总电压为

$$\dot{U} = \dot{U}_1 + \dot{U}_2 = Z_1\dot{I} + Z_2\dot{I} = (Z_1 + Z_2)\dot{I} = Z\dot{I} \tag{3-52}$$

由此得电路的等效复阻抗

$$Z = \frac{\dot{U}}{\dot{I}} = Z_1 + Z_2$$

同理，对于 n 个复阻抗串联电路的等效复阻抗为

$$Z = Z_1 + Z_2 + Z_3 + \cdots + Z_n = \sum_{k=1}^{n} Z_k \tag{3-53}$$

（二）阻抗的并联

图 3-24（b）所示的是两个复阻抗并联的电路，根据 KCL 得总电流为

$$\dot{I} = \dot{I}_1 + \dot{I}_2 = Y_1\dot{U} + Y_2\dot{U} = (Y_1 + Y_2)\dot{U} = Y\dot{U}$$

由此得电路的等效复导纳

$$Y = \frac{\dot{I}}{\dot{U}} = Y_1 + Y_2$$

同理，对于 n 个复阻抗并联电路的等效复导纳为

$$Y = Y_1 + Y_2 + Y_3 + \cdots + Y_n = \sum_{k=1}^{n} Y_k \tag{3-54}$$

（三）复阻抗与复导纳的等效变换

图 3-25（a）是一个无源二端网络，端口电压、电流相量分别是 $\dot{U}$、$\dot{I}$，且为关联参考方向，根据欧姆定律

$$\dot{U} = Z\dot{I} \text{ 或 } \dot{I} = Y\dot{U}$$

Z 和 Y 为此二端口网络的输入复阻抗和输入复导纳，称为等效复阻抗和等效复导纳，如果等效复阻抗用 $Z = R + jX$ 表示，则此二端网络可以看成是由电阻 R 和电抗 X 串联组成的电路，称为串联等效电路，如图 3-25（b）所示；如果用等效复导纳 $Y = G + jB$ 表示，则此二端口网络可以看作由电导 G 和电纳 B 并联组成的电路，称为并联等效电路，如图 3-25（c）所示。

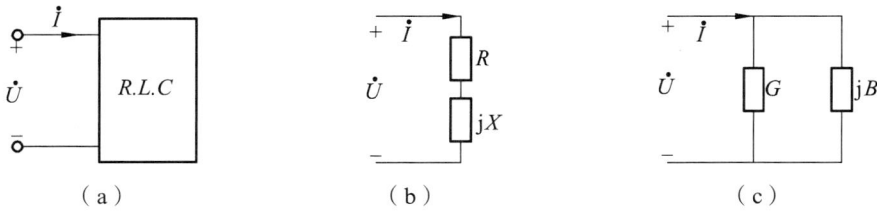

图 3-25　复阻抗与复导纳的等效变换

显然

$$Z = \frac{1}{Y} = \frac{1}{|Y| \angle \varphi_{导纳}} = |Z| \angle \varphi_{阻抗}$$

$$|Z| = \frac{1}{|Y|} \text{ 及 } \varphi_{导纳} = -\varphi_{阻抗} \tag{3-55}$$

得出，等效复阻抗和等效复导纳的模互为倒数，它们的辐角大小相等符号相反。利用上式可以进行两种等效电路参数的互换。

如果已知串联等效电路的阻抗为 $Z = R + jX$，则它的并联等效电路的复导纳为

$$Y = \frac{1}{Z} = \frac{1}{R + jX} = \frac{R}{R^2 + X^2} - j\frac{X}{R^2 + X^2} = G + jB$$

即

$$G = \frac{R}{R^2 + X^2}, \quad B = -\frac{X}{R^2 + X^2} \tag{3-56}$$

同理，如果已知并联电路的复导纳为 $Y = G + jB$，则它的串联等效电路的复阻抗为

$$Z = \frac{1}{Y} = \frac{1}{G^2 + B^2} - j\frac{B}{G^2 + B^2} = R + jX$$

即

$$R = \frac{G}{G^2 + B^2}, \quad X = -\frac{B}{G^2 + B^2} \tag{3-57}$$

式（3-56）、（3-57）就是二端口网络的两种等效电路的互换条件。

注意，复阻抗中的虚部电抗定义为感抗与容抗的差值，即 $X = X_L - X_C$，而复导纳中的虚部电抗定义为容纳与感纳的差值，即 $B = B_C - B_L$。

例 3-8 已知 $Z_1 = (20 + \text{j}50)\,\Omega$，$Z_2 = -\text{j}50\,\Omega$，$f = 50\,\text{Hz}$，试求其串联、并联等效电路。

解：串联等效电路的复阻抗为

$$Z = \frac{Z_1 \cdot Z_2}{Z_1 + Z_2} = \frac{(20 + \text{j}50) \cdot (-\text{j}50)}{(20 + \text{j}50) + (-\text{j}50)} = (125 - \text{j}50) = 134.63\angle -21.8°\,(\Omega)$$

可以等效为一个电阻和一个电容串联，电阻阻值为 $125\,\Omega$，电容为

$$C = \frac{1}{\omega X_C} = \frac{1}{2\pi \times 50 \times 50} = 63.66\,(\text{F})$$

并联等效电路的复导纳为

$$Y = \frac{1}{Z} = \frac{1}{125 - \text{j}50} = 0.007\,4\angle 21.8° = 0.006\,9 + \text{j}0.002\,8\,(\text{S})$$

因电纳为正值，电路呈容性，并联等效电路的等效电导为 $0.006\,9\,\text{S}$，等效电容为

$$C = \frac{B_C}{\omega} = \frac{0.002\,8}{2\pi \times 50}\,(\text{F}) = 8.91\,(\mu\text{F})$$

二、RLC 串并联电路

（一）RLC 串联电路

前面讨论了由电阻、电感、电容单个元件组成的最简单的交流电路，下面将对电阻、电感、电容元件组成的串联电路进行讨论。因为在电路中涉及多个正弦量，为了便于比较各正弦量之间的关系，对串联电路一般选择电流为参考正弦量（设电流的初相为零）。

在图 3-26 中假设电流为

$$i = \sqrt{2}I\sin\omega t$$

根据基尔霍夫电压定律有

$$u = u_R + u_L + u_C$$

代入元件的约束关系，则

$$u = Ri + L\frac{\text{d}i}{\text{d}t} + \frac{1}{C}\int i\,\text{d}t \tag{3-58}$$

为了避免求解微分方程，把图 3-26 的正弦量模型转换成图 3-27 所示的相量模型就可以使用代数运算了。

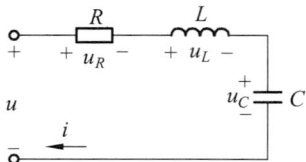

图 3-26　RLC 串联电路　　图 3-27　RLC 串联电路的相量形式

对图 3-27 应用基尔霍夫电压定律,得到

$$\dot{U} = \dot{U}_R + \dot{U}_L + \dot{U}_C$$

代入元件相量形式的约束关系：$\dot{U}_R = R\dot{I}_R$，$\dot{U}_L = jX_L\dot{I}_L$，$\dot{U}_C = -jX_C\dot{I}_C$

在串联电路中,通过 RLC 元件中的正弦电流 $\dot{I}$ 相同,有

$$\dot{U} = R\dot{I} + jX_L\dot{I} - jX_C\dot{I} = [R + j(X_L - X_C)]\dot{I} = Z\dot{I}$$

把上式称为 RLC 串联电路相量形式的欧姆定律,式中 Z 称为 RLC 串联电路的复阻抗,单位是 Ω。

$$Z = R + j(X_L - X_C) = R + jX \tag{3-59}$$

复阻抗的实部是电阻 R,虚部是电抗 X。注意：复阻抗虽然是复数,但它不与正弦量相对应,故不是相量。

复阻抗可通过阻抗三角形来表示,如图 3-28 所示。图中

$$Z = |Z| \angle \varphi$$

$$|Z| = \sqrt{R^2 + (X_L - X_C)^2} \qquad \tan\varphi = \frac{X_L - X_C}{R}$$

因为 $Z = \dfrac{\dot{U}}{\dot{I}} = |Z|\angle\varphi$，得到：

当 $X_L = X_C$ 时, $\varphi = 0$, Z=R, 电路呈电阻性。

当 $X_L > X_C$ 时, $\varphi > 0$, 电路呈电感性。

当 $X_L < X_C$ 时, $\varphi < 0$, 电路呈电容性。

式中的阻抗角 φ 同时也是电压与电流的相位差,$\varphi = \varphi_u - \varphi_i$。以 RLC 串联电路 $\varphi > 0$ 为例介绍用多边形法则画相量图,如图 3-29 所示。

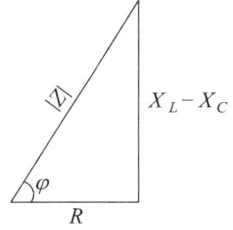

图 3-28 阻抗三角形

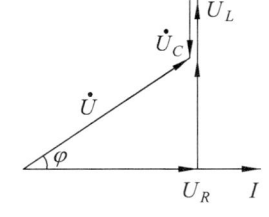

图 3-29 相量图

① 先画出参考正弦量即电流相量 $\dot{I}$ 的方向。

② 画出 $\dot{U}_R$ 与 $\dot{I}$ 同相。

③ 在 $\dot{U}_R$ 的末端作 $\dot{U}_L$ 超前 $\dot{I}$ 为 $\pi/2$。

④ 在 $\dot{U}_L$ 的末端作 $\dot{U}_C$ 滞后 $\dot{I}$ 为 $\pi/2$。

⑤ 从 $\dot{U}_R$ 始端到 $\dot{U}_C$ 末端作相量 $\dot{U}$,即为所求电压相量。$\dot{U} = \dot{U}_R + \dot{U}_L + \dot{U}_C$。

例 3-9 已知在图 3-30 中,第一只电压表读数为 15 V,第二只电压表读数为 80 V,

第三只电压表读数为 100 V，求电路的端电压有效值（电压表的读数表示有效值）。

解：通过画相量图，用多边形法则求解。

设 $\dot{I}$ 为参考相量，如图 3-31 所示。由图可知：$\dot{U}_R$ 与 $\dot{I}$ 同相位（$\varphi=0$），$\dot{U}_L$ 超前 $\dot{I}$ 90°，$\dot{U}_C$ 滞后 $\dot{I}$ 90°。

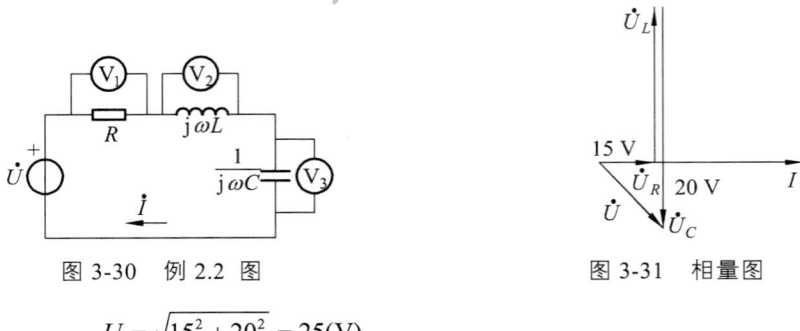

图 3-30　例 2.2 图　　　　　图 3-31　相量图

$$U = \sqrt{15^2 + 20^2} = 25(\text{V})$$

电路呈电容性，电流 $\dot{I}$ 超前电压 $\dot{U}$，端电压有效值等于 25 V。注意：$U \neq U_R + U_L + U_C$，而应该是 $\dot{U} = \dot{U}_R + \dot{U}_L + \dot{U}_C$，即相量相加。

（二）RLC 并联电路

在图 3-32 中，设电源电压

$$u = \sqrt{2} U \cos \omega t \tag{3-60}$$

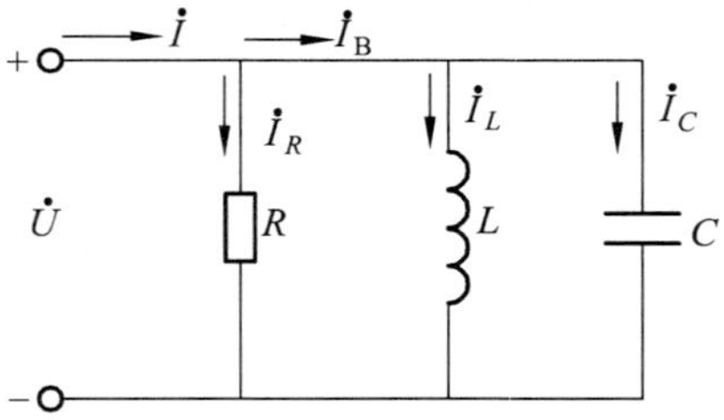

图 3-32　RLC 并联电路

根据基尔霍夫电流定律可知

$$i = i_R + i_C + i_L \tag{3-61}$$

相量形式为

$$\dot{I} = \dot{I}_R + \dot{I}_L + \dot{I}_C \tag{3-62}$$

由单一参数电路分析知道

$$\dot{I}_R = \frac{1}{R}\dot{U}, \quad \dot{I}_L = -\mathrm{j}\frac{1}{\omega L}\dot{U}, \quad \dot{I}_C = \mathrm{j}\omega C \cdot \dot{U}$$

代入式（3-62）可得

$$\dot{I} = \frac{1}{R}\dot{U} - j\frac{1}{\omega L}\cdot\dot{U} + j\omega C\cdot\dot{U} \tag{3-63}$$

所以，RLC 并联电路的复导纳为

$$Y = \frac{\dot{I}}{\dot{U}} = \frac{1}{R} - j\frac{1}{\omega L} + j\omega C = Y_R + j(Y_C - Y_L) \tag{3-64}$$

式中，$Y_R = \frac{1}{R}$ 称为电导，$Y_C = j\omega C$ 称为容纳，$Y_L = j\frac{1}{\omega L}$ 称为感纳，单位用 S（西门子）表示。

根据 RLC 并联电路电压、电流间的关系，作出与 u、i_R、i_L 和 i_C 相对应的旋转矢量图，如图 3-33 所示。

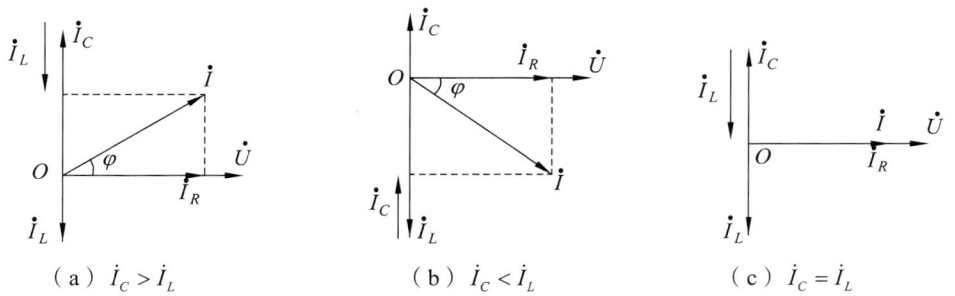

(a) $\dot{I}_C > \dot{I}_L$　　　(b) $\dot{I}_C < \dot{I}_L$　　　(c) $\dot{I}_C = \dot{I}_L$

图 3-33　RLC 并联电路电压、电流的旋转矢量图

根据平行四边形法则，求解总电流的旋转矢量 $\dot{I}$。

在图 3-33（a）中，$\dot{I}_C > \dot{I}_L$，总电流超前电压 φ，电路呈容性；

在图 3-33（b）中，$\dot{I}_C < \dot{I}_L$，总电流滞后电压 φ，电路呈感性；

在图 3-33（c）中，$\dot{I}_C = \dot{I}_L$，总电流与总电压同相，电路呈电阻性。

分析上图可以看出，总电流 $\dot{I}$ 与 $\dot{I}_R$、$|\dot{I}_L - \dot{I}_C|$ 组成一个直角三角形，即电流三角形，如图 3-34 所示。

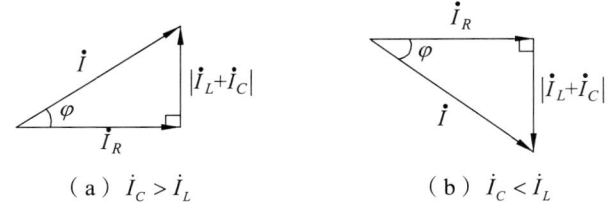

(a) $\dot{I}_C > \dot{I}_L$　　　(b) $\dot{I}_C < \dot{I}_L$

图 3-34　RLC 并联电路电流三角形

由电流三角形可知总电流与各支路电流间的数量关系为：$\dot{I} = \sqrt{\dot{I}_R^2 + (|\dot{I}_L - \dot{I}_C|)^2}$

总电流与流过电阻 R 的电流间的夹角 φ，就是总电流与电压间的相位差，即

$$\varphi = \arctan\frac{|\dot{I}_L - \dot{I}_C|}{\dot{I}_R}$$

例 3-10　设图 3-32 所示的电路中，$Y_R = 0.125\text{ S}$，$Y_L = 0.318\text{ S}$，$Y_C = 0.0445\text{ S}$，电流 $\dot{I} = 12\angle -65.44°\text{ A}$。求：（1）计算复导纳。（2）计算各支路电流。

解：（1） $Y = Y_R + j(Y_C - Y_L) = 0.125 + j(0.0445 - 0.318)$
$= 0.125 + j0.2735$
$= 0.3 \angle -65.44°$ (S)

（2） $\dot{U} = \dfrac{\dot{I}}{Y} = \dfrac{12\angle -65.44°}{0.3 \angle -65.44°} = 40 \angle 0°$ (V)

$\dot{I}_R = Y_R \cdot \dot{U} = 0.125 \cdot 40 \angle 0° = 5 \angle 0°$ (A)

$\dot{I}_C = jY_C \cdot \dot{U} = j0.0445 \cdot 40 \angle 0° = 1.78 \angle 90°$ (A)

$\dot{I}_L = -jY_L \cdot \dot{U} = -j0.318 \cdot 40 \angle 0° = 12.72 \angle -90°$ (A)

三、谐振电路

在具有电阻 R、电感 L 和电容 C 元件的交流电路中，电路两端的电压与其中电流相位一般是不同的。如果调节电路元件（L 或 C）的参数或电源频率，可以使它们相位相同，整个电路呈现为纯电阻性。电路达到这种状态称之为谐振。在谐振状态下，电路的总阻抗达到极值或近似达到极值。研究谐振的目的就是要认识这种客观现象，并在科学和应用技术上充分利用谐振的特征，同时又要预防它所产生的危害。

谐振电路在无线电技术、广播电视技术中有着广泛的应用。各种无线电装置、设备、测量仪器等都不可缺少谐振电路。这种电路的显著特点就是它具有选频能力，它可以将有用的频率成分保留下来，而将无用的频率成分滤除，比如收音机、电视机。收音机的天线会同时接收多个电台发射的不同载波的广播节目，而我们收听时，必须在这众多广播节目中选出我们所要接收的那一套广播节目，这就是选频（选台）。改变谐振电路的谐振频率，使其谐振在所需要接收台的载频上，从而选择出所接收台的广播信号，而滤除掉除此之外的其他台及外来的无用信号，这就完成了选台。电视机的选台也是如此。

（一）串联谐振

1. 串联谐振的定义和条件

在电阻、电感、电容串联电路中，当电路端电压和电流同相时，电路呈电阻性，电路的这种状态叫作串联谐振，如图 3-35 所示。

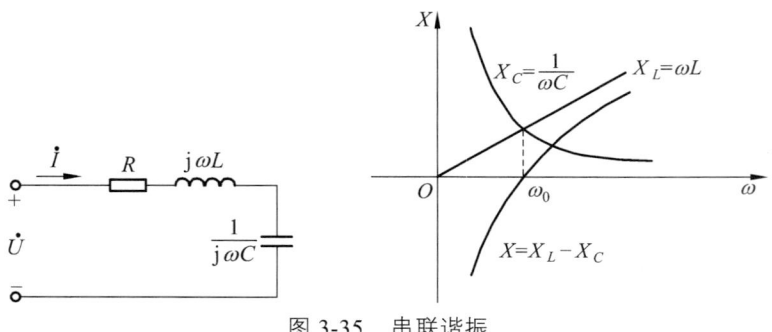

图 3-35　串联谐振

在电路两端加上正弦电压 U，根据欧姆定律有

$$I = \frac{U}{|Z|}$$

式中

$$|Z| = \sqrt{R^2 + (X_L - X_C)^2} = \sqrt{R^2 + (\omega L - \frac{1}{\omega C})^2}$$

ωL 和 $\frac{1}{\omega C}$ 部分是频率的函数。当频率较低时，容抗大而感抗小，阻抗 $|Z|$ 较大，电流较小；当频率较高时，感抗大而容抗小，阻抗 $|Z|$ 也较大，电流也较小。在这两个频率之间，总会有某一频率使容抗与感抗恰好相等。这时阻抗最小且为纯电阻，所以，此时电流最大，且与端电压同相，这就发生了串联谐振。

根据上述分析，串联谐振的条件为

$$X_L = X_C \quad 即 \quad \omega_0 L = \frac{1}{\omega_0 C} \quad 或 \quad \omega_0 = \frac{1}{\sqrt{LC}} \tag{3-65}$$

$$f_0 = \frac{1}{2\pi\sqrt{LC}} \tag{3-66}$$

f_0 称为谐振频率。可见，当电路的参数 L 和 C 一定时，谐振频率也就确定了。如果电源的频率一定，可以通过调节 L 或 C 的参数大小来实现谐振，所以，谐振频率只与电路的 L、C 参数有关，与 R 无关。

2. 串联谐振的特点

（1）因为串联谐振时，$X_L = X_C$，故谐振时电路阻抗为 $|Z_0| = R$。

（2）串联谐振时，阻抗最小，在电压 U 一定时，电流最大，其值为 $I_0 = \frac{U}{|Z_0|} = \frac{U}{R}$，由于电路呈纯电阻，故电流与电源电压同相，$\varphi = 0$。

（3）电阻两端电压等于总电压。电感和电容的电压相等，其大小为总电压的 Q 倍，即

$$U_R = RI_0 = R\frac{U}{R} = U \tag{3-67}$$

$$U_L = U_C = X_L I_0 = X_C I_0 = \frac{\omega_0 L}{R} U = \frac{1}{\omega_0 CR} U = QU \tag{3-68}$$

式中 Q 为串联谐振电路的品质因数，其值为

$$Q = \frac{\omega_0 L}{R} = \frac{1}{\omega_0 CR}$$

谐振电路中的品质因数，一般可达 100 左右。可见，电感和电容上的电压比电源电压大很多倍，故串联谐振也叫作电压谐振，线圈的电阻越小，电路消耗的能量也越小，则表示电路品质好，品质因数高；若线圈的电感量 L 越大，储存的能量越多，而损耗一定时，同样也说明，电路品质好，品质因数高。所以在电子技术中，由于外来信号微弱，

常常利用串联谐振来获得一个与信号电压频率相同,但大很多倍的电压。

(4)谐振时,电能仅供给电路电阻的消耗,电源电路间不发生能量转换,而电感与电容间进行着磁能和电能的转换。

3. 串联谐振的应用

在收音机中,常利用串联谐振电路来选择电台信号,这个过程叫作调谐,如图 3-36 (a) 所示。图 3-36 (b) 是它的等效电路。

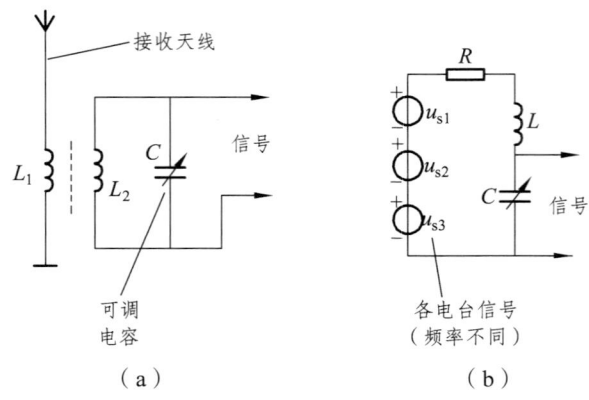

图 3-36 收音机电台信号电路图

当各种不同频率信号的电波在天线上产生感生电流时,电流经过线圈 L_1 感应到线圈 L_2。如果振荡电路对某一信号频率发生谐振时,回路中该信号的电流最大,则在电容器两端产生一高于此信号电压 Q 倍的电压 U_C。而对于其他各种频率的信号,因为没有发生谐振,在回路中电流很小,从而被电路抑制掉。所以,可以改变电容 C,以改变回路的谐振频率来选择所需要的电台信号。

(二)并联谐振

1. 并联谐振的条件与频率

在图 3-37 中,用电阻 R 和电感 L 的串联来表示实际线圈,与电容器组成并联谐振电路。线圈和电容的复阻抗分别为

$$Z_1 = R + j\omega L , \quad Z_C = \frac{1}{j\omega C}$$

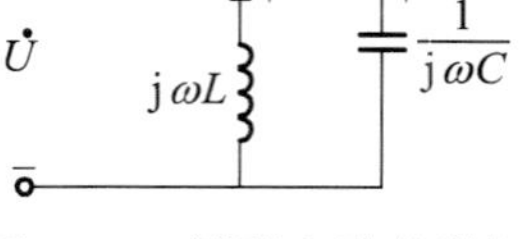

图 3-37 并联电路的谐振

电路的复阻抗

$$Z = \frac{(R+j\omega L)\dfrac{1}{j\omega C}}{R+j\omega L+\dfrac{1}{j\omega C}} \tag{3-69}$$

在一般情况下,线圈本身的电阻很小,特别是在频率较高时,ωL 远大于 R,有

$$Z = \frac{\dfrac{L}{C}}{R+j\omega L+\dfrac{1}{j\omega C}} = \frac{1}{\dfrac{RC}{L}+j(\omega C-\dfrac{1}{\omega L})}$$

谐振时,复阻抗的虚部为零,得到

$$\omega_0 C - \frac{1}{\omega_0 L} = 0$$

$$\omega_0 = \frac{1}{\sqrt{LC}}, \quad f_0 = \frac{1}{2\pi\sqrt{LC}} \tag{3-70}$$

在 ωL 远大于 R 的情况下,得到并联谐振电路与串联谐振电路的谐振频率相同,并联谐振时,$\varphi = 0$,电压、电流同相位,阻抗最大。阻抗为 $Z_0 = \dfrac{L}{RC}$,电路的总电流 I_0 最小(外施电压 $\dot{U}$ 一定)。

在谐振时,通过线圈和电容的电流远远大于电路的总电流,如图 3-38 所示。这个现象称为过电流现象。$\dfrac{I_C}{I_0}$ 远大于 1,$\omega_0 L$ 远大于 R。

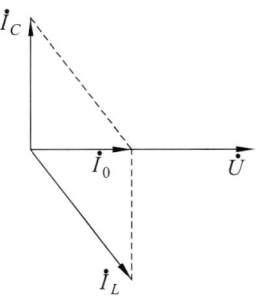

图 3-38 过电流现象

2. 并联谐振电路的特点

(1)总电流与端电压同相,电路呈纯阻性。
(2)电源和电路之间不发生能量交换,能量交换只发生在电感和电容之间。
(3)如果外加频率比谐振频率高时,电路阻抗呈容性,相当于一个电容。
(4)如果外加频率等于谐振频率时,电路阻抗呈纯电阻性,且有最大值,它这个特性在实际应用中叫作选频电路。

（5）如果外加频率比谐振频率低时，这时电路呈感性，相当于一个电感线圈。

所以当串联或并联谐振电路不是调节在信号频率点时，信号通过它将会产生相移（即相位失真）。

3. 并联谐振的危害

当电力线路发生并联谐振时，支路电流往往大大超过电路总电流，造成熔断器熔断、开关跳闸或烧毁电气设备的事故。所以电力线路中要避免发生谐振。

4. 并联谐振的应用

谐振广泛应用在无线电工程中，但在电力工程中，往往又要避免谐振给电气设备带来的危害。通过对电路发生谐振的分析，人们在生产实践中能更好地用其所长，避其所短。

【研讨】

（1）如果给你一只验电笔或者一个量程为 400 V 以上的交流电压表，你能用这些器件确定三相四线制供电线路中的火线和零线吗？应怎样做？

（2）判断下列公式的正误：

① $u = 3 + j4$ V   ② $I = 5\sin(314t + 30°)$ A   ③ $\dot{U} = 220\angle 36.9°$ V

（3）电感元件、电容元件的正弦交流电路中，无功功率是无用之功吗？如何正确理解？

（4）在 R、L、C 元件串联的电路中，已知 $R=30\ \Omega$，$L=127$ mH，$C=40\ \mu$F，电源电压 $u = 220\sqrt{2}\sin(314t + 20°)$ V。① 求感抗、容抗和阻抗；② 求电流的有效值 I 与瞬时值 i 的表达式；③ 求功率因数 $\cos\varphi$；④ 求各部分电压的有效值与瞬时值的表达式；⑤ 作相量图；⑥ 求功率 P、Q 和 S。

（5）已知交流接触器的线圈电阻为 200 Ω，电感量为 7.3 H，接到工频电压为 220 V 的电源上。求线圈中的电流 I 是多少？如果误将此接触器接到 $U=220$ V 的直流电源上，线圈中的电流又为多少？如果此线圈允许通过的电流为 0.1A，将产生什么后果？

（6）在图 3-39 中，已知电源电压 $\dot{U} = 220\angle 0°$ V。试求：① 等效复阻抗 Z；② 电流 $\dot{I}$、$\dot{I}_1$、$\dot{I}_2$。

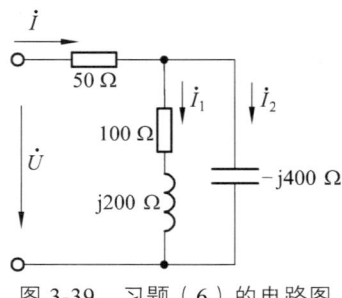

图 3-39 习题（6）的电路图

（7）在电扇电动机中串联一个电感线圈可以降低电动机两端的电压，从而达到调速的目的。已知电动机电阻为 190 Ω，感抗为 260 Ω，电源电压为工频 220 V。现要使电动机上的电压降为180 V，求串联电感线圈的电感量应为多大（设其损耗电阻等于零）？能否用串联电阻来代替此电感线圈？试比较两种方法的优、缺点。

（8）设有 10 Ω 电阻，当输入电压 $u=100\sin 314t$ V 时，i 为多少？当 $u=25\sin(314t+60°)$ V 时，i 又如何变化？分别画出它们的波形。

（9）在图 3-40 所示电路中，已知 $R_1=3\ \Omega$，$R_2=6\ \Omega$，$L=1\ \mu H$，$C=0.5\ \mu F$，$U=10$ V，$\omega=10^6$ rad/s，试用相量法求 $\dot{U}_{ab}$。

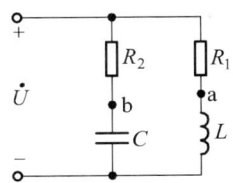

图 3-40　习题（9）的电路图

（10）已知图 3-41 所示电路中，正弦信号源的角频率 $\omega=10^3$ rad/s。试问：
① 全电路呈电容性还是电感性？
② 若 C 可变，要使 $\dot{U}$ 和 $\dot{I}$ 同相，C 应为何值？

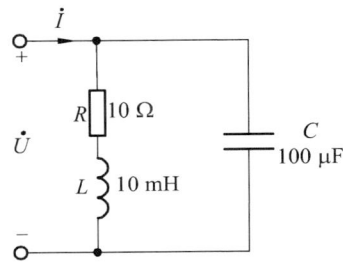

题 3-41　习题（10）的电路图

（11）在图 3-42 所示电路中，若测得 $I=10$ A，$I_L=11$ A，$I_R=6$ A，求 I_C。

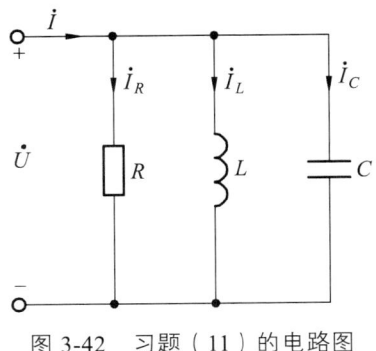

图 3-42　习题（11）的电路图

（12）某工厂的配电室用安装电容器的方法来提高线路的功率因数。采取自动调控方式，即线路上吸收的无功功率不同时接入电容器的容量也各不相同，为什么？可不可以把全部电容器都接到电路上？这样做会出现什么问题？

【训练】

实训任务一　简单照明电路的装调

（一）任务要求

了解漏电保护开关、自动空气开关的作用及接线方法；掌握照明电路的接线工艺；能按安装图安装室内照明电路；每个电路设置 2 个或者 3 个故障，在规定时间内排除故障。

（二）电路分析

图 3-43 所示是日常生活中常见的简单照明电路图。电路由电度表、开关、白炽灯、日光灯和插座等器件组成。合上电源空气开关 QF_1 后，单相电度表不转动；再合上空气开关 QF_2，此时电路进入通电状态。

（1）合上开关 K_1，白炽灯 EL 发亮，电度表盘旋转（从左向右转），开始计量电能。

（2）合上开关 K_2，日光灯点亮，由于日光灯与白炽灯同时发光，负荷增大，电度表表盘的转速比刚才的速度快了一点。

（3）插座接通，左边是零线，右边是火线，电压是相电压 220 V；插上电热器，因为电热器是大功率负载，电度表表盘的转速转得非常快。

安装线路的工艺要求："横平竖直，拐弯成直角，少用导线少交叉，多线并拢一起走"。其意思是横线要水平，竖线要垂直，转弯要直角，不能有斜线；接线时，要尽量避免交叉线，如果一个方向有多条导线，要并在一起走。

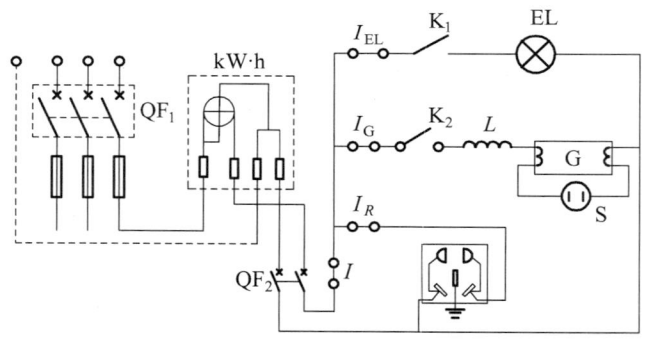

图 3-43　照明电路图

（三）照明电路的安装步骤

1. 开关、插座、灯座（头）的接线

（1）开关的接线。

照明开关是控制灯具的电气元件，起控制照明电灯的亮与灭的作用（即接通或断开照明线路）。开关有明装和暗装之分，现家庭一般是暗装开关，如图3-44所示。

（2）插座的接线。

根据电源电压的不同，插座可分为三相四孔插座、单相三孔或五孔插座；家庭一般都是单相插座，可根据插座后面的标识，L端接相线，N端接零线，E端接地线。一般插座接线原则是左零右相；单相三孔插座的接线原则是左零右相上接地。如图3-45所示的插座接线。注意：根据标准规定，相线（火线）是红色线，零线（中性线）是黑色线，接地线是黄绿双色线。

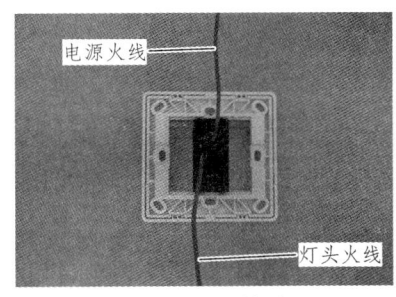

图3-44 开关接线

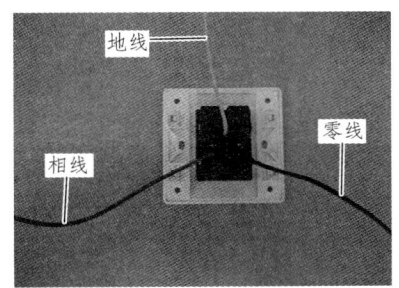

图3-45 插座接线

（3）灯座的接线。

灯座上有一般两个接线端子，一个为相线端，一个为零线断。在接线时灯座螺口上的接线端子，必须接零线，把来自开关的相线接在连通中心簧片的端子上。接线时应注意线头弯曲的方向与螺丝拧紧的方向相同。

2. 照明电路的安装步骤

（1）按图3-43所示电路准备好所需的元器件，并把元件固定在木板上。

（2）用万用表测量所用元器件的好坏。根据测量各种开关、白炽灯、镇流器、日光灯和电热器电阻大小，判断它们的好坏。

（3）根据工艺要求按图3-43安装线路。

（4）用万用表检查线路情况。将万用表置于"$R \times 1k$"挡，两个表笔放在QF_2下方火线零线上，如果一开始读数为零，则说明线路火线零线有直接短路现象，要马上寻找短路点；当读数显示"∞"时，按下开关K_1，如果测到白炽灯的电阻，则表明火线到电灯的线路没有问题。

（5）通过上述检查正确后，合上开关QF_1、QF_2，接通电源，合上K_1、K_2观察白炽灯、日光灯的发光情况。

（6）用万用表测量插座上的电压，并判断插座是否左零右火；电热杯装上半杯水，把电热杯的插头插到插座上，看电热杯是否正常工作。

（7）通电完毕，断开开关QF_1、QF_2，切断电源。

（四）注意事项

（1）通电要在教师的监护下进行。

（2）分清实训台上电源的火线和零线，开关应接在火线上，插座接法应该是"左零右火上地"。

（3）电热杯插到插座通电时，应注意先装上水，禁止干烧。

（4）通电前，应认真检查线路，防止发生短路。

实训任务二　照明线路常见故障及检修

在完成图 3-43 所示照明电路的安装后，利用此电路进行照明电路排除故障的练习。

（一）白炽灯线路的常见故障及其排除方法

白炽灯的规格很多，有 220 V、110 V、36 V、24 V、12 V、6 V 等。其中 36 V 以下的属于低压安全灯泡。灯泡的灯头、灯座有卡口式和螺旋口式两种，功率超过 300 W 的灯泡，一般采用螺旋口灯头，因为螺旋口灯头在接触与散热方面好于卡口灯头。白炽灯线路的常见故障及其排除方法见表 3-5。

表 3-5　白炽灯线路的常见故障及其排除方法

常见故障	故障原因	排除方法
灯泡不亮	（1）电源进线无电压； （2）灯座或开关接触不良； （3）灯丝断裂； （4）线路断路	（1）检查是否停电，若停电，查找系统线路停电的原因，并处理； （2）检修或更换灯座、开关； （3）更换灯泡； （4）修复线路
灯泡强烈发光后瞬时烧坏	（1）电源电压过高； （2）灯丝局部短路； （3）灯泡额定电压低于电源电压	（1）调整电源电压； （2）更换灯泡； （3）换用额定电压与电源电压一致的灯泡
灯光时亮时灭	（1）灯座或开关接触不良，导线接线松动或表面氧化； （2）电源电压忽高忽低或由于附近有大容量负载经常启动引起； （3）熔丝接触不良； （4）灯丝烧断但受振后忽接忽离	（1）修复松动的触头或接线、清除导线的氧化层后重新接线，清除触头表面的氧化层； （2）增加电源容量； （3）重新安装； （4）更换灯泡
熔丝烧断	（1）灯座或挂线盒连接处两线头相碰； （2）熔丝太细； （3）线路短路； （4）负载过大； （5）胶木灯座两触点间胶木烧毁，造成短路	（1）重新接好线头； （2）正确选择熔丝规格； （3）修复线路； （4）减轻负载； （5）更换灯座
灯光暗淡	（1）灯座、开关接触不良，或导线连接处接触电阻增加； （2）灯座、开关或导线对地严重漏电； （3）线路导线太长太细，压降过大； （4）电源电压过低	（1）修复接触不良的触头，重新连接导线接头； （2）更换灯座、开关或导线； （3）缩短线路长度，或换用截面面积较大的导线； （4）调整电源电压

（二）日光灯常见故障及其排除方法

日光灯由灯管、镇流器、启辉器、灯架、灯座组成。荧光灯管是将管内抽成真空后再充入少量氩气的玻璃管，在灯管两端各装有一个通电时能发射大量电子的灯丝。灯管内涂有荧光粉，并放有微量水银。当灯管的两个电极上通电后便加热灯丝发射电子，电子在电场的作用下逐渐达到高速碰撞汞原子，使其产生紫外线；紫外线照射到管壁的荧光粉上，使其激发出可见光。如图 3-46 所示。

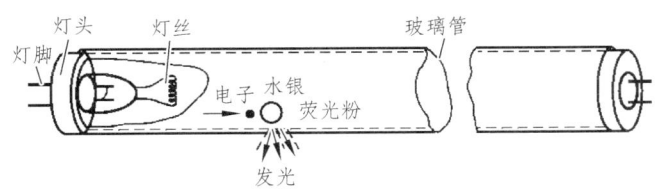

（a）日光灯管的结构

（b）灯头

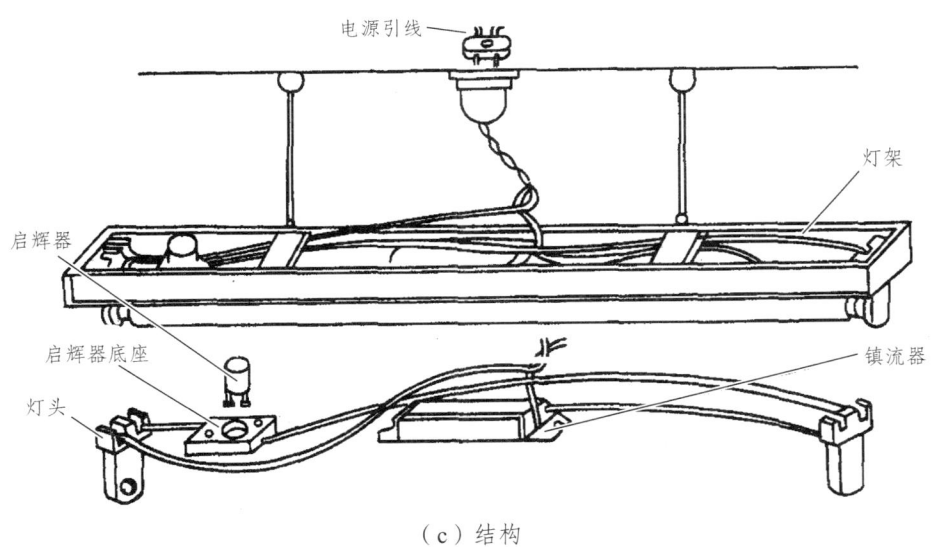

（c）结构

图 3-46　日光灯

日光灯的点亮需要启辉器和镇流器。启辉器由氖泡、介质电容、出线脚和外壳组成。镇流器是带有铁芯的线圈。启辉器及日光灯电路如图 3-47、图 3-48 所示。日光灯线路的常见故障及其排除方法见表 3-6。

 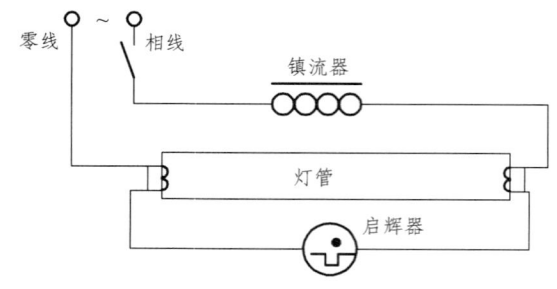

图 3-47 启辉器　　　　　　　　　图 3-48 荧光灯电路图

表 3-6　日光灯线路的常见故障及其排除方法

常见故障	故障原因	排除方法
灯管不亮	（1）灯座触点接触不良，或电路接线松动； （2）启辉器损坏，或与启辉器座接触不良； （3）镇流器线圈或灯管内灯丝断裂或脱落； （4）无电源； （5）新装灯管接线错误； （6）气温太低，启辉器难以启辉	（1）重新安装灯管，或重新接好导线； （2）先旋动启辉器，看是否发亮，再检查线头是否脱落，排除后仍不发亮，应更换启辉器； （3）用万用表低电阻挡检查线圈和灯丝是否断路；20W 及以下灯管一端断丝，将该端的两个灯脚短路后，仍可使用； （4）验明是否停电，或熔丝熔断； （5）检查线路； （6）灯管进行加热、加罩处理或换用低温灯管
灯管两端发亮，中间不亮	启辉器接触不良，或内部小电容击穿，或启辉器座线头脱落；或启辉器损坏	按上列方法（2）检查；若小电容击穿，可将其剪去后继续使用
启辉困难（灯管两端不断闪烁，中间不亮）	（1）启辉器规格与灯管不配套； （2）电源电压过低； （3）镇流器规格与灯管不配套，启辉电流小； （4）灯管老化； （5）环境温度过低； （6）接线错误或灯座灯脚松动	（1）更换启辉器； （2）调整电源电压，使电压保持在额定值； （3）更换镇流器； （4）更换灯管； （5）可用热毛巾在灯管上来回烫熨（但应注意安全，灯架和灯座不可触及和受潮； （6）检查线路或修理灯座
灯光闪烁或管内有螺旋形滚动光带	（1）启辉器或镇流器连接不良； （2）镇流器不配套，工作电流过大； （3）新灯管暂时现象； （4）灯管质量不好	（1）接好连接点； （2）更换镇流器； （3）使用一段时间后，会自然消失； （4）更换灯管
灯管两端发黑	（1）灯管衰老； （2）启辉不良； （3）电源电压过高； （4）镇流器不配套； （5）灯管内水银凝结	（1）更换灯管； （2）排除启辉系统故障； （3）调整电源电压； （4）更换镇流器； （5）灯管工作后即能蒸发或将灯管旋转 180°

续表

常见故障	故障原因	排除方法
镇流器声音异常	（1）铁心叠片松动； （2）电源电压过高； （3）线圈内部短路（伴随过热现象）	（1）固紧铁心； （2）调整电源电压； （3）更换线圈或整个镇流器
灯管寿命过短	（1）镇流器不配套； （2）开关次数过多； （3）电源电压过高； （4）接线错误，导致灯丝烧毁	（1）更换镇流器； （2）减少不必要的开关次数； （3）调整电源电压； （4）改正接线
灯管亮度降低	（1）温度太低或冷风直吹灯管； （2）灯管老化陈旧； （3）线路电压太低或压降太大； （4）灯管上积垢太多	（1）加防护罩并回避冷风直吹； （2）换用新灯管； （3）查找线路电压太低的原因，并处理； （4）断电后清洗灯管并烘干处理

人为设置故障，根据以上内容，由学生进行排除故障的练习，注意同一次练习所设置的故障不超过三个，且故障点不出现在同一回路上。

任务一和任务二评价标准见表3-7。

表3-7 任务评价标准

项目内容	配分	评分标准	扣分	得分
元件安装	10	（1）元件布置不合理扣2分； （2）元件排列不整齐扣2分		
线路板安装	30	（1）元件安装不牢固，每处扣1分； （2）导线选配不当，每处扣1分； （3）布线不合理，每处扣2分； （4）走线不横平竖直、有交叉，每处扣2分； （5）导线露铜过长、压绝缘层、绕向不正确，每处扣2分； （6）错线、漏线，每处扣5分。		
通电调试	20	通电检测不通过，每次扣10分		
故障排除	20	（1）故障范围判断迅速，8~10分； （2）排故流程正确，能迅速找到故障点，8~10分		
元器件损坏与返工情况	10	损坏元件，每个扣2分		
安全文明操作	10	（1）每违反一次操作规程，扣5分； （2）工作场地不整洁，扣5分； （3）发生事故，扣50分		
额定工时	6 h	开始时间	结束时间	
考核方式	时限性	教师签字	总分	

项目四 三相交流电路的分析与测量

【项目目标】

认识三相交流电路的基本概念，掌握三相交流电路电压、电流和功率的测试方法，掌握星形连接方式下线电压和相电压的关系及线电流、相电流和中性线电流的关系，能复述中性线的作用；能复述三角形连接方式下线电压和相电压的关系及线电流和相电流的关系；会连接一个三相负载电路，会观察三相星形负载电路在有、无中性线时的运行情况，测量相关数据并分析；掌握安全用电的常识。

【项目描述】

掌握三相负载做星形连接、三角形连接的方法，按照安全文明生产标准和操作规范，分别验证这两种接法的线电压和相电压及线电流和相电流之间的关系；对称负载电压、电流的测量；非对称负载电压、电流的测量；观察分析三相四线制供电系统中，当负载不对称时中线的作用。

【相关知识】

一、三相交流电源

（一）三相电源的产生

我国发电厂和电力网生产、输送和分配的交流电都是三相交流电。这是因为三相交流电具有许多优点。在发电设备方面，三相交流发电机比同样尺寸的单相交流发电机输出功率大；在输电方面，三相供电制也较单相供电制节省材料；在用电方面，生产中广泛使用的三相交流电动机与直流电动机及其他类型的交流电动机相比，有性能优良、结构简单、价格低廉等优点。三相交流电的用途很多，工业中大部分的交流用电设备，例如电动机，都采用三相交流电。而在日常生活中，多使用单相电源，也称为照明电。当采用照明电供电时，使用三相电其中的一相给用电设备供电，例如家用电器，而另外一根线是三相四线之中的第四根线，也就是其中的零线，该零线从三相电的中性点引出。

三相交流电是电能的一种输送形式，简称为三相电。三相交流电源，是由三个频率相同、振幅相等、相位依次互差120°的交流电势组成的电源。

交流发电机的原理是：在发电机内部有一个由发动机带动的转子（旋转磁场）。磁场外有一个子绕组，绕组有3组线圈（三相绕组），三相绕组彼此相隔120°电角。当转子旋转时，旋转磁场使固定的定子绕组切割磁力线（或者说使电动势绕组中通过的磁通量发生变化）而产生电动线圈所能产生的电动势的大小和线圈通量的强度、磁极的旋转速度成正比。如图4-1所示。

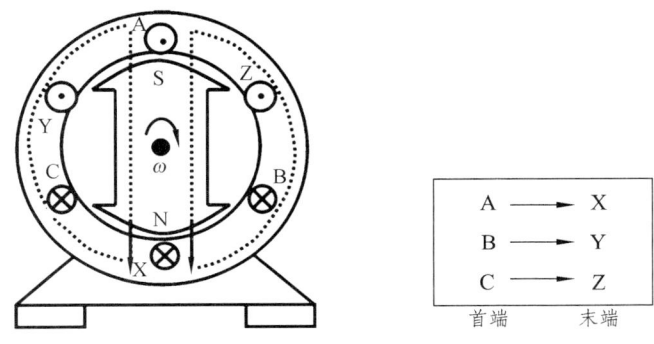

图4-1 三相交流发电机示意图

假设发电机的定子中放三个相同线圈：三线圈空间位置各差120°。转子装有磁极并以 ω 的速度旋转。三个线圈中便产生三个大小相等、频率相同、相位互差120°的电动势。U_1、V_1、W_1 分别为三个绕组的首端，U_2、V_2、W_2 分别为绕组的末端。在工程应用中，一般U相、V相、W相分别用黄、绿和红来标记。按照U、V、W的顺序，以U相交流电压 e_U 作为参考正弦量，则V相电压 e_V 滞后 e_U 120°，W相电压 e_W 滞后 e_V 120°或超前 e_U 120°，它们的解析式为

$$\left.\begin{aligned} e_U &= E_m \sin \omega t \\ e_V &= E_m \sin(\omega t - \frac{2\pi}{3}) \\ e_W &= E_m \sin(\omega t + \frac{2\pi}{3}) \end{aligned}\right\} \quad (4\text{-}1)$$

它们对应的相量为

$$\left.\begin{aligned} \dot{U}_U &= U \angle 0° \\ \dot{U}_V &= U \angle -120° \\ \dot{U}_W &= U \angle 120° \end{aligned}\right\} \quad (4\text{-}2)$$

从图 4-2 所示波形图和相量图可以看出，任何瞬间对称三相电源电压的代数和为零，即
$$u_\text{U} + u_\text{V} + u_\text{W} = 0 \tag{4-3}$$
用相量表示即为
$$\dot{U}_\text{U} + \dot{U}_\text{V} + \dot{U}_\text{W} = 0 \tag{4-4}$$

在工程应用中，通常把三相正弦交流电压依次到达最大值（或相应零值）的先后顺序称为相序，相序又可分为正序和负序两种。若三相电压的相序依次 U、V、W 称为正序或顺序；反之，则称为负序或逆序。一般在电力系统都采用正序连接。

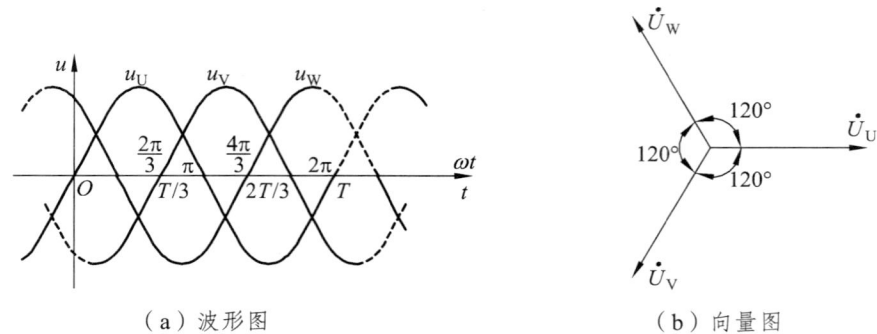

（a）波形图　　　　　　　　　　（b）向量图

图 4-2　对称三相电动势的波形图和旋转相量图

（二）三相电源的连接

三相电源的三相绕组一般有两种连接方式，一种是星形（Y 形）连接，另一种是三角形（△形）连接。

1. 星形连接

将三相电源的三相绕组三个尾端（U_2、V_2、W_2）连接起来形成一个公共点 N，三个首端（U_1、V_1、W_1）作为电源的输出端，这种连接方式称为星形（Y 形）连接。如图 4-3 所示。

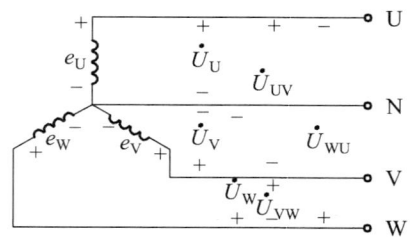

图 4-3　三相绕组的星形连接

从三相电源三个相头 U_1、V_1、W_1 引出的三根导线 U、V、W 叫作端线或相线，俗称火线，任意两个火线之间的电压叫作线电压。Y 形公共连接点 N 叫作中点，从中点引出的导线叫作中线或零线。由三根相线和一根中线组成的输电方式叫作三相四线制（通常

在低压配电中采用）。

Y形接法的相量图如图4-4所示。

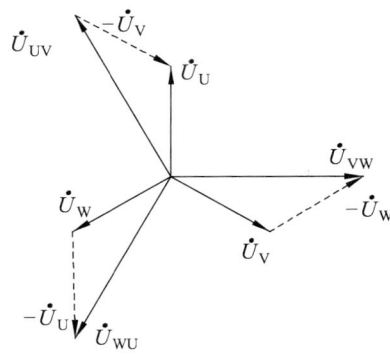

图4-4 三相绕组星形连接的相电压与线电压的相量图

每相绕组始端与末端之间的电压（即相线与中线之间的电压）叫作相电压，它们的瞬时值用 u_U、u_V、u_W 来表示，显然这三个相电压也是对称的。相电压大小（有效值）均为

$$U_U = U_V = U_W = U_P \tag{4-5}$$

任意两相始端之间的电压（即火线与火线之间的电压）叫作线电压，它们的瞬时值用 u_{UV}、u_{VW}、u_{WU} 来表示。显然三个线电压也是对称的。大小（有效值）均为

$$U_{UV} = U_{VW} = U_{WU} = U_L = \sqrt{3} U_P \tag{4-6}$$

即在对称三相电源的星形连接中，线电压 U_L 是相电压的 $\sqrt{3}$ 倍，线电压超前对应的相电压 30°，线电流 I_L 等于相电流 I_P。

实际中，低压配电线上的火线与地线间的电压（即相电压）是 220 V，则火线与火线间的电压（即线电压）为

$$U_L = \sqrt{3} U_P = \sqrt{3} \times 220 = 380 \text{ (V)} \tag{4-7}$$

2. 三角形连接

将三相电源的三个绕组按相序首尾相连接成三角形，第二绕组始端 V_1 与第一绕组的末端 U_2 相连、第三绕组始端 W_1 与第二绕组的末端 V_2 相连，第一绕组始端 U_1 与第三绕组的末端 W_2 相连，U_1、V_1、W_1 引出三根导线 U、V、W 分别与负载相连，这种连接方法叫作三角形（△形）连接，如图4-5所示。

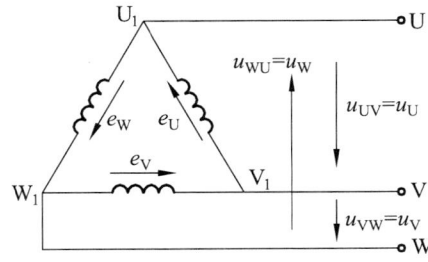

图4-5 三相绕组的三角形连接

三相对称电源的线电压等于相电压，即有

$$u_{UV} = u_U; \quad u_{VW} = u_V; \quad u_{WU} = u_W$$

用相量形式可表示为

$$\left.\begin{array}{l}\dot{U}_{UV} = \dot{U}_U \\ \dot{U}_{VW} = \dot{U}_V \\ \dot{U}_{WU} = \dot{U}_W\end{array}\right\} \quad (4\text{-}8)$$

在三角形连接中，两根相线间的线电压就是各相绕组的相电压，如图4-5，所以：

$$U_L = U_P \quad (4\text{-}9)$$

三相电源三角形连接的相量图如图4-6所示，可见：三个相电压的相量和为零，即

$$\dot{U}_U + \dot{U}_V + \dot{U}_W = 0 \quad (4\text{-}10)$$

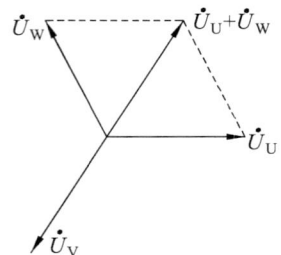

图4-6　三相绕组三角形接法的相电压与线电压的相量图

三相电源三角形连接时，要特别注意正确接线。如果有一相绕组首末端接错，使电源三角形回路内的总电压不为零，而且是单相电压的两倍大，由于三相电源的内阻抗很小，那么在三相绕组中势必会产生很大的环流，它将严重损坏电源绕组。

二、三相负载的连接

三相电路中，负载一般也是三相的，即由三个负载阻抗组成，每一个负载称为三相负载的一相。如果三个负载阻抗相同，则称为对称负载；否则称为不对称负载。三相负载也有星形（Y形）和三角形（△形）两种连接方式。

（一）三相负载的星形（Y）连接

1. 连接方式

在三相负载中，如果每相负载的阻抗均相等（电阻相等、电抗相等，而且性质相同），则称为三相对称负载，如图4-7所示。三相负载连接为星形（Y形）时，称为星形连接负载。如果每相负载不对称，应接成三相四线制；反之，当每相负载对称，则可连接成三相三线制。

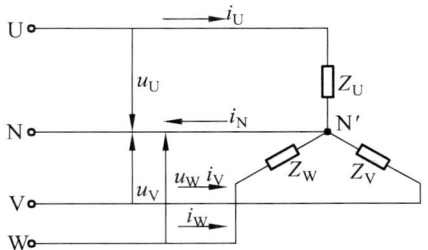

图 4-7 三相负载星形连接的电路

2. 负载的线电压与相电压

每相负载两端的电压称为负载的相电压。所以负载相电压等于电源的相电压，因为三相电源的三个相电压是对称的，所以负载的相电压也是对称的。

$$U_L = \sqrt{3}U_P \tag{4-11}$$

3. 负载的线电流与相电流

在三相电路中，流过每条相线（端线）上的电流称为线电流，用 i_U、i_V、i_W 表示，其参考方向是从电源指向负载，如图 4-7 所示，有效值用字母 I_L 表示。流经每相负载的电流称为相电流，有效值用字母 I_P 表示，在图 4-7 所示三相负载星形连接图中，可以看出，各相的线电流就等于该相的相电流。

由相量形式的欧姆定律，可得各相的电流相量为

$$\left.\begin{array}{l} \dot{I}_U = \dfrac{\dot{U}_U}{Z_U} \\[4pt] \dot{I}_V = \dfrac{\dot{U}_V}{Z_V} \\[4pt] \dot{I}_W = \dfrac{\dot{U}_W}{Z_W} \end{array}\right\} \tag{4-12}$$

设三相负载的各相电阻分别为 R_U、R_V、R_W，电抗分别为 X_U、X_V、X_W，由阻抗三角形可推出各相阻抗 Z_U、Z_V、Z_W 的值为

$$|Z_U| = \sqrt{R_U^2 + X_U^2} \qquad |Z_V| = \sqrt{R_V^2 + X_V^2} \qquad |Z_W| = \sqrt{R_W^2 + X_W^2}$$

每相负载中的电流有效值为

$$\left.\begin{array}{l} I_U = \dfrac{U_U}{|Z_U|} = \dfrac{U_P}{|Z_U|} = \dfrac{U_L}{\sqrt{3}|Z_U|} \\[4pt] I_V = \dfrac{U_V}{|Z_V|} = \dfrac{U_P}{|Z_V|} = \dfrac{U_L}{\sqrt{3}|Z_V|} \\[4pt] I_W = \dfrac{U_W}{|Z_W|} = \dfrac{U_P}{|Z_W|} = \dfrac{U_L}{\sqrt{3}|Z_W|} \end{array}\right\} \tag{4-13}$$

每相负载的相电压和电流的相位差为

$$\left.\begin{aligned}\varphi_U &= \arctan\frac{X_U}{R_U} \\ \varphi_V &= \arctan\frac{X_V}{R_V} \\ \varphi_W &= \arctan\frac{X_W}{R_W}\end{aligned}\right\} \quad (4\text{-}14)$$

图 4-8 给出了各相电压、相电流及中线电流在一般情况下的相量图。中性线电流的有效值相量表达式为

$$\dot{I}_N = \dot{I}_U + \dot{I}_V + \dot{I}_W \quad (4\text{-}15)$$

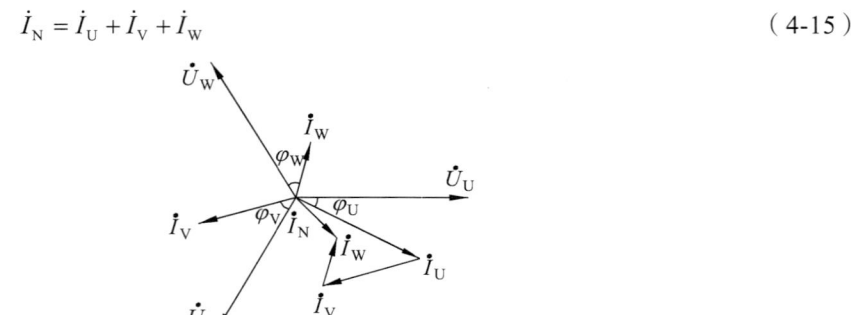

图 4-8　三相四线制电路各相电压电流相量图

当三相负载对称时，即 $Z_U = Z_V = Z_W = Z$，由于其三相电压对称，所以三相电流也对称，就有各相电流大小相等、频率相同、相位互差 120° 的特点，即

$$\left.\begin{aligned}\dot{I}_U &= \frac{\dot{U}_U}{Z_U} = \frac{\dot{U}_U}{Z} = I_P\angle\varphi \\ \dot{I}_V &= \frac{\dot{U}_V}{Z_V} = \frac{\dot{U}_V}{Z} = I_P\angle\varphi - 120° \\ \dot{I}_W &= \frac{\dot{U}_W}{Z_W} = \frac{\dot{U}_W}{Z} = I_P\angle\varphi + 120°\end{aligned}\right\} \quad (4\text{-}16)$$

三相负载星形连接，每相负载都串在相线上，相线和负载通过同一个电流，所以各相电流等于各线电流。

$$I_L = I_P \quad (4\text{-}17)$$

如果负载对称，则中线电流为零，可表示为

$$\dot{I}_N = \dot{I}_U + \dot{I}_V + \dot{I}_W = 0 \quad (4\text{-}18)$$

此时，由于中线电流为零，有无中线并不影响电路，所以中线可省略，电路可采用三相三线制。

在不对称星形负载的三相电路，中性线电流为

$$I_N = I_U + I_V + I_W \neq 0 \quad (4\text{-}19)$$

不对称三相负载做星形连接时，必须采用三相四线制，即必须有中线。中线的作用

是为不对称的三相负载，提供对称的电源电压；也可为负载提供单相电源，使单相负载能正常工作；还可为负载提供一个工作接地端。所以，规定中线上不能接入熔断器或刀开关，而且还要经常定期检查、维修，避免事故发生。

例 4-1 照明系统故障分析，如图 4-9 所示。试分析下列情况：

（1）U 相短路：中性线未断时，求各相负载电压；
　　　　　　　中性线断开时，求各相负载电压。

（2）U 相断路：中性线未断时，求各相负载电压；
　　　　　　　中性线断开时，求各相负载电压。

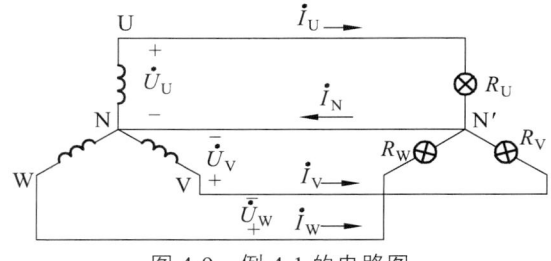

图 4-9　例 4-1 的电路图

解：（1）U 相短路。

① 中性线未断：此时 U 相短路电流很大，将 U 相熔断丝熔断，而 V 相和 W 相未受影响，其相电压仍为 220 V，正常工作。

② 中性线断开：此时负载中性点 N' 即为 U，因此负载各相电压为

$$U'_U = 0, \quad U'_U = 0$$
$$U'_V = U_{VU}, \quad U'_V = 380 \text{ V}$$
$$U'_W = U_{WU}, \quad U'_W = 380 \text{ V}$$

此情况下，W 相和 V 相的电灯组由于承受电压上所加的电压都超过额定电压（220V），这是不允许的。

（2）U 相断路。

① 中性线未断：V、W 相灯仍承受 220 V 电压，正常工作。

② 中性线断开：此时变为单相电路，由图 4-10 可求得

$$I = \frac{U_{VW}}{R_V + R_W} 、 U'_B = R_B I 、 U'_C = R_C I$$

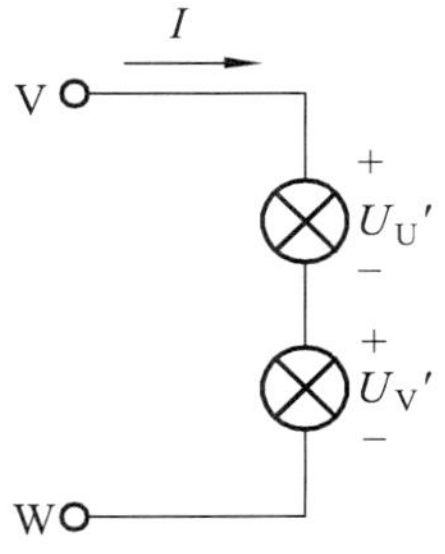

图 4-10　等效的单相串联电路

结论：

① 不对称负载 Y 形连接又未接中性线时，负载相电压不再对称，且负载电阻越大，负载承受的电压越高。

② 中线的作用：保证星形连接三相不对称负载的相电压对称。

③ 照明负载三相不对称，必须采用三相四线制供电方式，且中性线（指干线）内不允许接熔断器或刀闸开关。

（二）三相负载的三角形（△形）连接

三相负载的三角形（△形）连接，如图 4-11 所示。

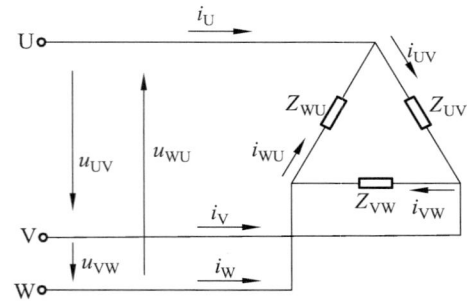

图 4-11 三相负载三角形连接的电路

1. 负载的线电压与相电压

三角形连接的每相负载接在两根相线之间，因此负载的相电压就是对称电源的线电压，即相电压与线电压相等。

$$U_L = U_P \tag{4-20}$$

2. 负载的线电流与相电流

如图 4-11 所示电路中，规定三角形连接的负载相电流的参考方向与相电压的参考方向一致，用 i_{UV}、i_{VW}、i_{WU} 表示，由 KCL 定律可知，线电流与相电流的关系为

$$\left.\begin{array}{l} i_U = i_{UV} - i_{WU} \\ i_V = i_{VW} - i_{UV} \\ i_W = i_{WU} - i_{VW} \end{array}\right\} \tag{4-21}$$

用相量表示，则

$$\left.\begin{array}{l} \dot{I}_U = \dot{I}_{UV} - \dot{I}_{WU} \\ \dot{I}_V = \dot{I}_{VW} - \dot{I}_{UV} \\ \dot{I}_W = \dot{I}_{WU} - \dot{I}_{VW} \end{array}\right\} \tag{4-22}$$

每相负载的相电流相量为

$$\left.\begin{array}{l}\dot{I}_{\mathrm{UV}}=\dfrac{\dot{U}_{\mathrm{UV}}}{Z_{\mathrm{UV}}}\\[4pt]\dot{I}_{\mathrm{VW}}=\dfrac{\dot{U}_{\mathrm{VW}}}{Z_{\mathrm{VW}}}\\[4pt]\dot{I}_{\mathrm{WU}}=\dfrac{\dot{U}_{\mathrm{WU}}}{Z_{\mathrm{WU}}}\end{array}\right\} \qquad (4-23)$$

$$\varphi_{\mathrm{UV}}=\varphi_{\mathrm{VW}}=\varphi_{\mathrm{WU}}=\varphi=\arctan\dfrac{X}{R}$$

当各相负载对称时,那么三相相电流是对称的,三相线电流也是对称的。作出线电流、相电流的相量图如图 4-12 所示,从相量图看线电流总是滞后对应相电流 30°,大小关系有

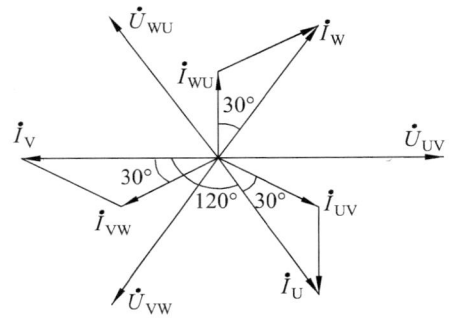

图 4-12 三相对称负载的三角形连接相量图

$$\left.\begin{array}{l}\dot{I}_{\mathrm{U}}=\sqrt{3}\dot{I}_{\mathrm{UV}}\angle-30°\\ \dot{I}_{\mathrm{V}}=\sqrt{3}\dot{I}_{\mathrm{VW}}\angle-30°\\ \dot{I}_{\mathrm{W}}=\sqrt{3}\dot{I}_{\mathrm{WU}}\angle-30°\end{array}\right\} \qquad (4-24)$$

即线电流与相电流满足关系:$I_{\mathrm{L}}=\sqrt{3}I_{\mathrm{P}}$。

三相电动机绕组可以连接成星形,也可以连接成三角形,而照明负载一般都连接成星形(具有中性线)。

(三)三相负载的连接原则

三相负载采用哪种方法,要根据负载的额定电压和电源电压确定。

(1)电源提供的电压=负载的额定电压,应作△形连接;负载的额定电压=$\dfrac{1}{\sqrt{3}}$电源线电压,应作 Y 形连接。

(2)单相负载尽量均衡地分配到三相电源上,如图 4-13 所示。

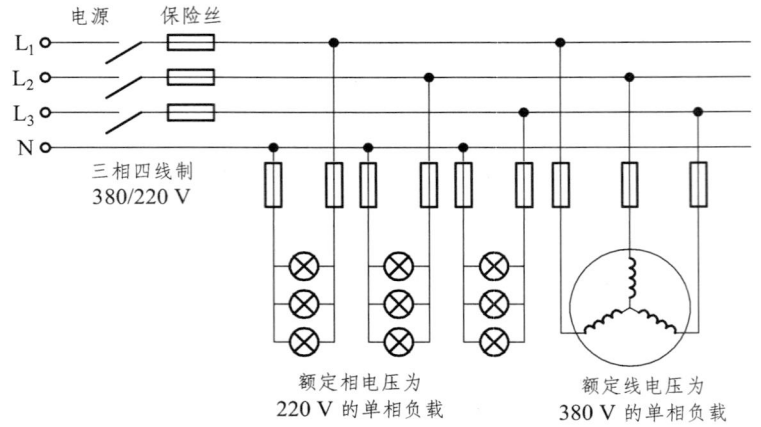

图 4-13 三相负载连接电路图

三、三相电路的功率

在单相交流电路中，负载的有功功率是

$$P = UI\cos\varphi \tag{4-25}$$

式中，U、I 分别表示单相电压和电流的有效值，φ 是电压和电流之间的相位差。

在三相交流电路中，三相负载消耗的总电功率为各相负载消耗功率之和，即

$$P = P_1 + P_2 + P_3 = U_{1P}I_{1P}\cos\varphi_{1P} + U_{2P}I_{2P}\cos\varphi_{2P} + U_{3P}I_{3P}\cos\varphi_{3P} \tag{4-26}$$

式中，P_1、P_2、P_3 分别表示 U、V、W 相的功率。

当三相电路对称时，由于每一相的电压和电流都相等，阻抗角也相同，所以各相电路的功率必定相等，可以把它看成是三个单相交流电路的组合，因此三相交流电路的功率等于三倍的单相功率，即

$$P = P_P = 3U_P I_P \cos\varphi_P \tag{4-27}$$

式中　P——三相负载总的有功功率，W；

　　　P_P——对称三相负载每一相的有功功率，W；

　　　U_P——负载的相电压，V；

　　　I_P——负载的相电流，A；

　　　φ_P——对称负载的阻抗角，即负载相电压与相电流之间的相位差。

无论负载为 Y 形或 △ 形连接，每相有功功率都应为

$$P = U_P I_P \cos\varphi_P$$

对称负载 Y 形连接时：$U_P = \dfrac{1}{\sqrt{3}}U_L$，　$I_P = I_L$

对称负载 △ 形连接时：$U_P = U_L$，　$I_P = \dfrac{1}{\sqrt{3}}I_L$

所以，$P = 3U_P I_P \cos\varphi_P = \sqrt{3}U_L I_L \cos\varphi_P \tag{4-28}$

对称三相电路的视在功率为

$$S = 3U_P I_P = \sqrt{3} U_L I_L \tag{4-29}$$

如果三相负载不对称，则应分别计算各相功率，其总功率等于三个单相功率之和。

由于发电机、变压器等电器设备输出的有功功率取决于负载的情况，因此通常用视在功率表示其输出功率的最大值，设备的视在功率表示设备所能承受的最大功率，也称为电气设备的容量。

对称三相电路的无功功率为

$$Q = 3U_P I_P \sin\varphi = \sqrt{3} U_L I_L \sin\varphi \tag{4-30}$$

有功功率、无功功率、视在功率三者的关系是：

$$S = \sqrt{P^2 + Q^2} \tag{4-31}$$

对称三相电路的功率因数为

$$\lambda = \frac{P}{S} = \cos\varphi \tag{4-32}$$

例 4-2 有一对称三相负载，每相电阻为 $R=6\ \Omega$，电抗 $X=8\ \Omega$，三相电源线电压为 380 V。求：（1）负载做星形连接时的功率 P_Y；（2）负载做三角形连接时的功率 $P_\triangle$。

解：每相阻抗均为 $|Z| = \sqrt{6^2 + 8^2} = 10(\Omega)$

功率因数为 $\lambda = \cos\varphi = \dfrac{R}{|Z|} = 0.6$

（1）负载做星形连接时：

相电压 $U_{YP} = \dfrac{U_L}{\sqrt{3}} = \dfrac{380}{\sqrt{3}} = 200(\text{V})$

线电流等于相电流 $I_{YL} = I_{YP} = \dfrac{U_{YP}}{|Z|} = \dfrac{220}{10} = 22(\text{A})$

负载功率为 $P_Y = \sqrt{3} U_{YL} I_{YL} \cos\varphi = 8.7\ (\text{kW})$

（2）负载做三角形连接时：

相电压等于线电压 $U_{\triangle P} = U_N = 380(\text{V})$

相电流 $I_{\triangle L} = \dfrac{U_{\triangle P}}{|Z|} = 38\ \text{A}$

线电流 $I_{\triangle L} = \sqrt{3} I_{\triangle P} = 66\ \text{A}$

负载功率为 $P_\triangle = \sqrt{3} U_{\triangle L} I_{\triangle L} \cos\varphi = 26.1\ (\text{kW})$

【项目实施】

任务 三相交流电路的分析与测量

（一）任务目的

（1）掌握三相负载做星形连接、三角形连接的方法，分别验证这两种接法的线电压和相电压及线电流和相电流之间的关系。

（2）对称负载电压、电流的测量。

（3）非对称负载电压、电流的测量。

（4）观察分析三相四线制供电系统中，当负载不对称时中线的作用。

（二）原理

（1）当三相对称负载做星形（Y形）连接时，线电压 U_L 是相电压 U_P 的 $\sqrt{3}$ 倍，线电流 I_L 等于相电流 I_P，即 $U_L = \sqrt{3}U_P$，$I_L = I_P$，在这种情况下，流过中性线的电流 $I_N = 0$，所以也可省去中性线。

（2）当三相不对称负载做星形（Y形）连接时，必须采用三相四线制接法，而且中性线必须牢固连接，用以保证三相不对称负载的每相电压维持对称不变。

如若中性线断开，会导致三相负载电压的不对称，致使负载轻的那一相的相电压过高，使负载损坏，负载大的一相的相电压又过低，使负载不能正常工作，尤其是对于三相照明负载，无条件的一律采用三相四线制接法。

（3）将三个负载的首尾相连，再将三个连接点分别与三相电源的相线 U、V、W 相连，即构成负载的三角形连接。

（4）当三相对称负载做三角形（△形）连接时，负载的相电压等于电源的线电压，而负载的相电流显然与线电流是不相等的，即 $U_L = U_P$，$I_L = \sqrt{3}I_P$。

（5）当三相不对称负载做三角形（△形）连接时，$I_L \neq \sqrt{3}I_P$，但只要电源的线电压 U_L 对称，加载三相负载上的电压仍是对称的，对各项负载工作均没有影响。

（三）仪器与设备

实验设备清单见表 4-1。

表 4-1 实验设备清单

序号	名　　称	型号与规格	数量	模块
1	交流电压表	0～500 V	1	
2	交流电流表	0～5 A	1	
3	万用表	MF500 型或 UA9801A+	1	
4	三相自耦调压器		1	
5	三相灯组负载	220 V，15 W 白织灯	9	DGJ-04

(四)任务内容

1. 三相负载做星形连接(三相四线制供电)

(1)找到电源,如图 4-14 所示(其中,过电流保护(Over Current Protection)就是当电流超过预定最大值时,使保护装置动作的一种保护方式。当流过被保护原件中的电流超过预先整定的某个数值时,保护装置启动,并用时限保证动作的选择性,使断路器跳闸或给出报警信号)。调节自耦变压器旋转按钮(左侧黑色旋转按钮),使电源输出为 U_{UV}=380 V 或 U_{UW}=380 V 或 U_{VW}=380 V 或 U_{UN}=220 V 或 U_{VN}=220 V 或 U_{WN}=220 V。

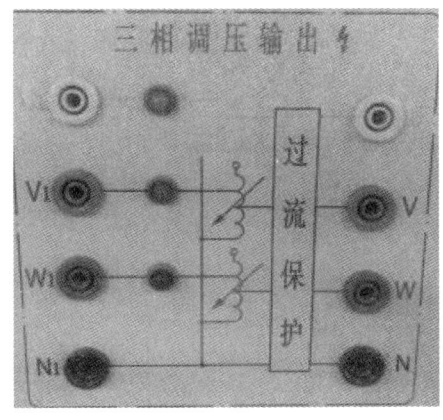

图 4-14 三相电源

(2)按照原理图 4-15 接线,实物效果图如图 4-16 所示,按实验电路将负载接成星形,经指导教师检查合格后接通三相电源,并调节调压器,使其输出三相线电压为 220 V。

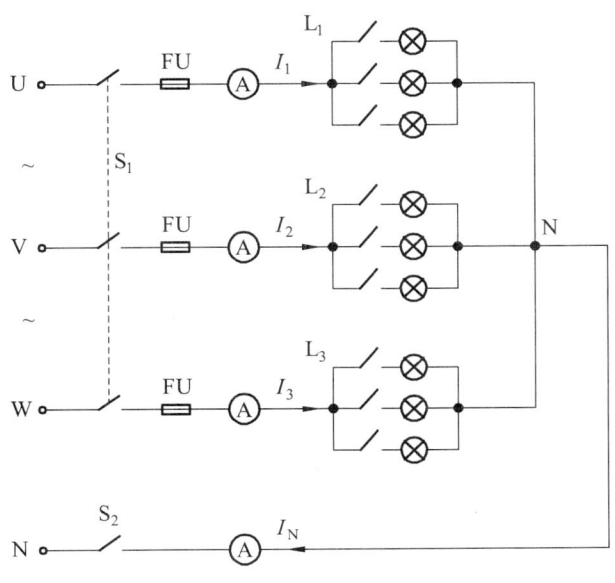

图 4-15 三相负载星形连接原理图

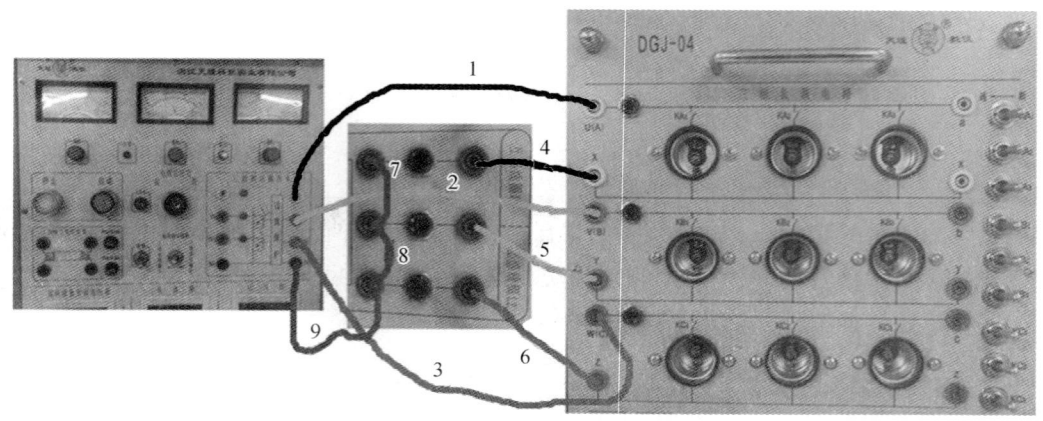

图 4-16 实物效果图

（3）闭合电源开关，保留中性线，L_1相、L_2相、L_3相均开三盏灯，使三相负载对称，分别用平台上的电压表和数字万用表（数字万用表的交流电压挡，量程选到 1 000 V）测量线电压 U_{UV}、U_{VW} 和 U_{WU}，测量相电压 U_{UN}、U_{VN} 和 U_{WN}，同时观察各相灯光亮暗的变化程度，并将各测量数据值填入表 4-2 中。

（4）闭合电路中的电源开关 S_1 和中性线开关 S_2，L_1 相、L_2 相、L_3 相均开三盏灯，使三相负载对称，分别用电流表（数字万用表的交流电流挡）测量线电流 I_1、I_2、I_3 和 L_1 相、L_2 相、L_3 相的相电流，这时线电流和相电流相等，再用电流表测量中性线电流 I_N，同时观察各相灯光亮暗的变化程度，并将各测量数据值填入表 4-2 中。

（5）闭合电路中的电源开关 S_1，断开中性线开关 S_2，L_1 相、L_2 相、L_3 相均开三盏灯，使三相负载对称，再分别用电压表（数字万用表的交流电压挡）测量线电压 U_{UV}、U_{VW} 和 U_{WU}，测量相电压 U_{UN}、U_{VN} 和 U_{WN} 同时观察各相灯光亮暗的变化程度，并将各测量数据值填入表 4-2 中。

（6）闭合电路中的电源开关 S_1，断开中性线开关 S_2，L_1 相、L_2 相、L_3 相均开三盏灯，使三相负载对称，分别用电流表（数字万用表的交流电流挡）测量线电流 I_1、I_2、I_3 和 L_1 相、L_2 相、L_3 相的相电流，这时线电流和相电流相等，再用电流表测量中性线电流 I_N，同时观察各相灯光亮暗的变化程度，并将各测量数据值填入表 4-2 中。

（7）改变各相的负载，使 L_1 相亮一盏灯，L_2 相亮两盏灯，L_3 相亮三盏灯，这时三相负载不对称，分别用电压表（数字万用表的交流电压挡）测量线电压 U_{UV}、U_{VW} 和 U_{WU}，测量相电压 U_{UN}、U_{VN} 和 U_{WN}，观察各相灯光亮暗的变化程度，并将各测量数据值填入表 4-2 中。

（8）重新闭合中性线开关 S_2，分别用电流表（数字万用表的交流电流挡）测量线电流 I_1、I_2、I_3 和 L_1 相、L_2 相、L_3 相的相电流，这时线电流和相电流仍然相等，再用电流表测量中性线电流 I_N，同时观察各相灯光亮暗的变化程度，并将各测量数据值填入表 4-2 中。

表 4-2 三相负载做星形连接时的电压测量数据

负载情况	中性线	测量工具	灯泡的亮度（开/关）			现象	线电压/V			相电压/V			线电流/A=相电流/A			中性线电流 I_N/A	中性线电压 U_N/V
			L_1	L_2	L_3		U_{UV}	U_{VW}	U_{WU}	U_{UN}	U_{VN}	U_{WN}	I_1	I_2	I_3		
三相对称负载	有	实验台仪表测量值	3	3	3												
		万用表测量值	3	3	3												
		误差	3	3	3												
	无	实验台仪表测量值	3	3	3												
		万用表测量值	3	3	3												
		误差	3	3	3												
三相不对称负载	有	实验台仪表测量值	1	2	3												
		万用表测量值	1	2	3												
		误差	1	2	3												
	无	实验台仪表测量值	1	2	3												
		万用表测量值	1	2	3												
		误差	1	2	3												

2. 三相负载做三角形连接（三相三线制供电）

（1）如图 4-17 所示，按实验电路将负载接成三角形，实物效果如图 4-18 所示。经指导教师检查合格后接通三相电源，并调节调压器，使其输出三相线电压为 220 V。

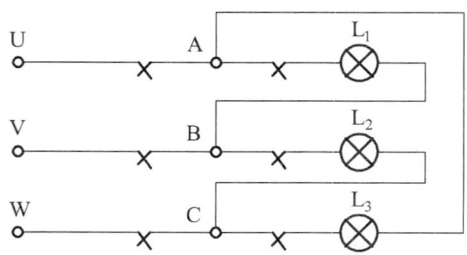

图 4-17　三相负载三角形连接实验电路

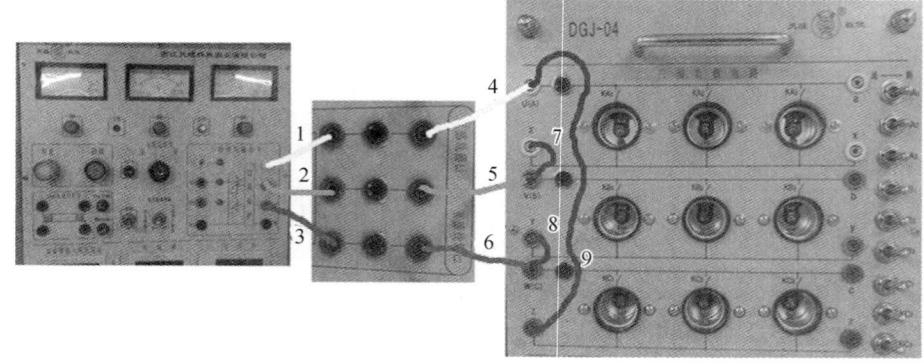

图 4-18　实物效果图

（2）闭合电路中的电源开关 S，L_1 相、L_2 相、L_3 相均开三盏灯，使三相负载对称，分别用电压表（数字万用表的交流电压挡）测量线电压 U_{UV}、U_{VW} 和 U_{WU}，这时 L_1 相、L_2 相、L_3 相之间的相电压等于线电压，同时观察各相灯光亮暗的变化程度，并将各测量数据值填入表 4-3 中。

（3）闭合电路中的电源开关 S，L_1 相、L_2 相、L_3 相均开三盏灯，使三相负载对称，分别用电流表（数字万用表的交流电流挡）测量线电流 I_1、I_2、I_3 和 L_1 相、L_2 相、L_3 相的相电流，同时观察各相灯光亮暗的变化程度，并将各测量数据值填入表 4-3 中。

（4）改变各相的负载，使 L_1 相亮一盏灯，L_2 相亮两盏灯，L_3 相亮三盏灯，这时三相负载不对称，分别用电压表（数字万用表的交流电压挡）测量线电压 U_{UV}、U_{VW} 和 U_{WU}，测量 L_1 相、L_2 相、L_3 相之间的相电压 U_{L1L2}、U_{L2L3} 和 U_{L3L1}，同时观察各相灯光亮暗的变化程度，并将各测量数据值填入表 4-3 中。

（5）改变各相的负载，使 L_1 相亮一盏灯，L_2 相亮两盏灯，L_3 相亮三盏灯，这时三相负载不对称，分别用电流表（数字万用表的交流电流挡）测量线电流 I_1、I_2、I_3 和 L_1 相、L_2 相、L_3 相的相电流，同时观察各相灯光亮暗的变化程度，并将各测量数据值填入表 4-3 中。

表 4-3 三相负载做三角形连接时的电压测量数据

负载情况	灯泡的亮度（开关）			现象	测量仪表	线电压/V=相电压/V			线电流/A			相电流/A		
	L_1	L_2	L_3			U_{UV}	U_{VW}	U_{WU}	U_{L1L2}	U_{L2L3}	U_{L3L1}	I_1	I_2	I_3	I_{12}	I_{23}	I_{31}
三相对称负载	3	3	3		实验台仪表测量值												
					万用表测量值												
					误差												
三相不对称负载	1	2	3		实验台仪表测量值												
					万用表测量值												
					误差												

（五）注意事项

（1）本实验采用三相交流市电，线电压为 380 V，应穿绝缘鞋进实验室。实验时要注意人身安全，不可触及导电部件，防止意外事故发生。

（2）每次接线完毕，同组同学应先自查一遍，然后由指导教师检查后，方可接通电源，必须严格遵守先断电、再接线、后通电；先断电、后拆线的实验操作原则。

（3）星形负载做短路实验时，必须首先断开中线，以免发生短路事故。

（六）预习要点

（1）预习三相负载根据什么条件做星形或三角形连接？

（2）复习三相交流电路有关内容，并分析三相星形连接不对称负载在无中线情况下，当某相负载开路或短路时会出现什么情况？如果接上中线，情况又如何？

（3）本实验为什么要通过三相调压器将 380 V 的市电降为 220 V 的线电压使用？

（七）任务报告

（1）整理测量数据，填写实验表格，分析任务结果。

（2）用实验测得的数据验证三相对称负载电路中，负载做星形连接时的线电压和相电压之间的关系，负载做三角形连接时的线电流和相电流之间的关系。

（3）根据实验数据绘制各种负载情况下的电压、电流相量图，并与各计算值相比较。

（4）用实验数据和观察到的现象，总结三相四线供电系统中中线的作用。

（5）不对称三角形连接的负载，能否正常工作？实验是否能证明这一点？

（八）任务评价

三相交流电路的测量与分析任务评价标准见表 4-4。

表 4-4　任务评价标准

操作项目	考核要求	分数配比	评分标准	自评分	互评分
仪器的使用	能正确使用交流电压表、电流表和灯箱实验板	20	能正确连接电压表和电流表，能正确读取被测量的有效值，不能正确连接的或读数错误的每处扣 5 分		
电路的连接	按要求连接电路，要求连接正确、接线牢固	20	要求电路连接正确，电路连接错误、不牢固的每错一个扣 4 分		

续表

操作项目	考核要求	分数配比	评分标准	自评分	互评分
测量记录	要及时、正确地做好实验记录	30	在实验过程中，要求及时准确地做好实验记录，不做记录不给分，不及时记录扣 4 分，测量错误一个数据扣 2 分		
实验数据分析	要求能对实验数据进行正确分析	20	要求能对实验数据进行分析，对不会进行实验数据分析的酌情扣 4～8 分		
安全文明操作	工作台工具摆放整齐，严格遵守安全操作规程，符合管理要求	10	对违反安全操作、工作台上脏乱、不符合管理要求的酌情扣 3～10 分		
		合计			
学生交流改进总结：					
教师签名：					

【知识拓展】

一、安全用电常识

安全用电包括供电系统的安全、用电设备的安全及人身安全三个方面，它们之间是紧密联系的。供电系统的故障可能导致用电设备的损坏或人身伤亡事故，而用电事故也可能导致局部或大范围停电，甚至造成严重的社会灾难。

在用电过程中，必须特别注意电气安全，如果稍有麻痹或疏忽，就可能造成严重的人身触电事故，或者引起火灾或爆炸，给国家和人民带来极大的损失。

安全用电宣传

（一）安全电压定义

安全电压，是指不致使人直接致死或致残的电压。一般环境条件下允许持续接触的"安全特低电压"是 36 V。我国规定的安全电压额定值的等级为 42 V、36 V、24 V、12 V、

6 V。当电气设备采用的电压超过安全电压时，必须按规定采取防止直接接触带电体的保护措施。

安全电压应满足以下三个条件：① 标称电压不超过交流 50 V、直流 120 V；② 由安全隔离变压器供电；③ 安全电压电路与供电电路及大地隔离。

根据生产和作业场所的特点，采用相应等级的安全电压，是防止发生触电伤亡事故的根本性措施。国家标准 GB/T 3805—2008《特低电压（ELV）限值》规定我国安全电压额定值的等级为 42 V、36 V、24 V、12 V 和 6 V，应根据作业场所、操作员条件、使用方式、供电方式、线路状况等因素选用。例如特别危险环境中使用的手持电动工具应采用 42 V 特低电压；有电击危险环境中使用的手持照明灯和局部照明灯应采用 36 V 或 24 V 特低电压；金属容器内、特别潮湿处等特别危险环境中使用的手持照明灯就采用 12 V 特低电压；水下作业等场所应采用 6 V 特低电压。

安全电压值的规定，各国有所不同，我国根据具体环境条件的不同，将安全电压值规定为：

（1）在无高度触电危险的建筑物中为 65 V。

（2）在有高度触电危险的建筑物中为 24 V。

（3）在有特别触电危险的建筑物中为 12 V。

我国 GB 2894—2008《安全标志及其使用导则》规定了在容易发生事故或危险性较大的场所安全标志设置原则，并列出了所有安全标志。与电力安全有关的有 35 种主要标志，辅助标志由地方有关部门根据需要设计制作。经常用到的安全标志图如图 4-19 所示。

图 4-19　安全标志图

（二）电工安全操作规程

（1）电气操作人员应思想集中，电器线路在未经验电笔确定无电前，应一律视为"有电"，不可用手触摸，不可绝对相信绝缘体，应认为有电操作。

（2）工作前应仔细检查自己所用工具是否安全可靠，穿戴好必需的防护用品，以防工作时发生意外。

（3）维修线路要采取必要的措施，在开关手把上或线路上悬挂"有人工作、禁止合闸"的警告牌，防止他人中途送电。

（4）使用验电笔时要注意测试电压范围，禁止超出范围使用，电工人员一般使用的电笔，只许在 500 V 以下电压使用。

（5）工作中所有拆除的电线要处理好，带电线头包好，以防发生触电。

（6）所用导线及保险丝，其容量大小必须合乎规定标准，选择开关时必须大于所控制设备的总容量。

（7）工作完毕后，必须拆除临时地线，并检查是否有工具等物漏忘电杆上。

（8）检查完工后，送电前必须认真检查，看是否合乎要求并和有关人员联系好，方能送电。

（9）发生火警时，应立即切断电源，用四氯化碳粉质灭火器或黄砂扑救，严禁用水扑救。

（10）工作结束后，必须全部工作人员撤离工作地段，拆除警告牌，所有材料、工具、仪表等随之撤离，原有防护装置随时安装好。

（11）操作地段清理后，操作人员要亲自检查，如要送电试验一定要和有关人员联系好，以免发生意外。

（三）安全操作知识

（1）在进行电工安装与维修操作时，必须严格遵守各种安全操作规程，不得玩忽职守。

（2）进行电工操作时，要严格遵守停、送电操作规定，确实做好突然送电的各项安全措施，不准进行约时送电。

（3）在邻近带电部分进行电工操作时，一定要保持可靠的安全距离。

对于交流电压的最小安全距离：

10 kV 及以下——0.70 m
20、35 kV——1.00 m
63（66）、110 kV——1.50 m
220 kV——3.00 m
330 kV——4.00 m
500 kV——5.00 m
750 kV——6.00 m
1000 kV——7.00 m

对于直流电压的最小安全距离：

± 50 kV——1.5 m
± 500 kV——6.8 m
± 660 kV——9.0 m
± 800 kV——10.1 m

（4）严禁采用一线一地、两线一地、三线一地（指大地）安装用电设备和器具。

以地线代替零线，会导致地线长时间带电，当有人接触时可能使人触电危及生命。

（5）在一个插座或灯座上不可引接功率过大的用电器具。

因为插座或灯座的通电部件的最大承载电流值是有限制的，一旦引接功率过大的用电器具，实际电流值将超过这个限值，通电金属部件以及相互之间的连接部位就会急剧发热，甚至损毁。

（6）不可用潮湿的手去触及开关、插座和灯座等用电装置，更不可用湿抹布去揩抹电气装置和用电器具。

（7）操作工具的绝缘手柄，绝缘鞋和手套的绝缘性能必须良好，并作定期检查。登高工具必须牢固可靠，也应作定期检查。

（8）在潮湿环境中使用移动电器时，一定要采用 36 V 安全低压电源。在金属容器内（如锅炉、蒸发器或管道等）使用移动电器时，必须采用 12 V 安全电源，并应有人在容器外监护。

（9）发现有人触电，应立即断开电源，采取正确的抢救措施抢救触电者。

二、触电的危害性与急救

人体是导电体，一旦有电流通过时，将会受到不同程度的伤害。由于触电的种类、方式及条件的不同，受伤害的后果也不一样。

1. 触电的种类

人体触电有电击和电伤两类。

（1）电击是指电流通过人体时所造成的内伤。它可以使肌肉抽搐，内部组织损伤，造成发热发麻、神经麻痹等。严重时将引起昏迷、窒息，甚至心脏停止跳动而死亡。通常说的触电就是电击。触电死亡大部分由电击造成。

（2）电伤是指电流的热效应、化学效应、机械效应以及电流本身作用下造成的人体外伤。常见的有灼伤、烙伤和皮肤金属化等现象。

2. 触电方式

（1）单相触电。

这是常见的触电方式。人体的某一部分接触带电体的同时，另一部分又与大地或中性线相接，电流从带电体流经人体到大地（或中性线）形成回路。一般地，人体接触相和地形成回路的情况更多一些，如图 4-20 所示。

（2）两相触电。

人体的不同部分同时接触两相电源时造成的触电，如图 4-21 所示。对于这种情况，无论电网中性点是否接地，人体所承受的线电压将比单相触电时高，危险更大。

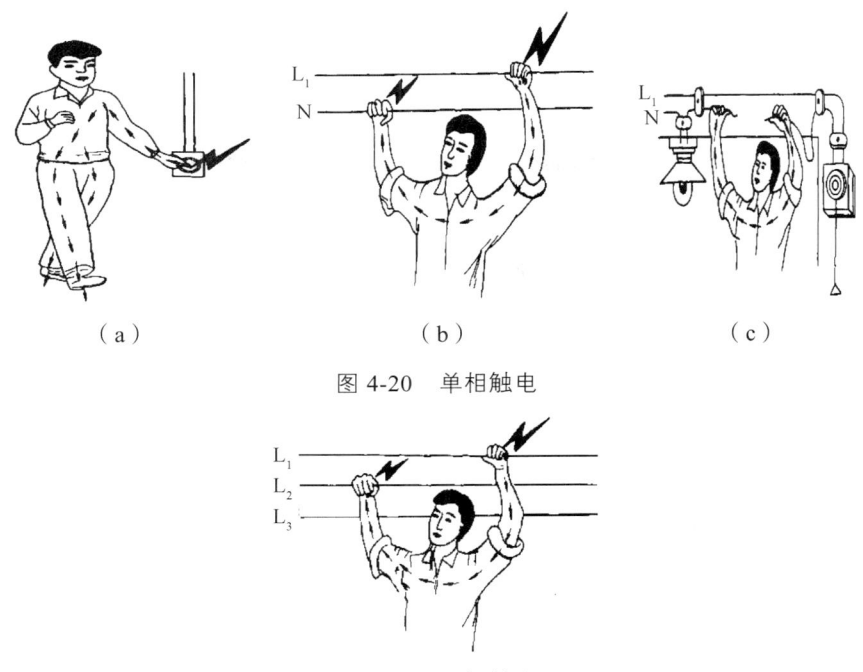

图 4-20　单相触电

图 4-21　两相触电

（3）跨步电压触电。

对于外壳接地的电气设备，当绝缘损坏而使外壳带电，或导线断落发生单相接地故障时，电流由设备外壳经接地线、接地体（或由断落导线经接地点）流入大地，向四周扩散。如果此时人站立在设备附近地面上，两脚之间也会承受一定的电压，称为跨步电压。跨步电压的大小与接地电流、土壤电阻率、设备接地电阻及人体位置有关。当接地电流较大时，跨步电压会超过允许值，发生人身触电事故。特别是在发生高压接地故障或雷击时，会产生很高的跨步电压，如图 4-22 所示。跨步电压触电也是危险性较大的一种触电方式。

图 4-22　跨步电压触电

此外，除以上三种触电形式外，还有感应电压触电、剩余电荷触电等。

3. 影响电流对人体危害程度的主要因素

电流对人体伤害的严重程度与通过人体电流的大小、频率、持续时间、通过人体的路径及人体电阻的大小等多种因素有关。电流通过人体的持续时间是影响电击伤害程度的重要因素。人体通过电流时间越长，人体电阻就会下降，流过的电流就会越大，后果就越严重。另一方面，人的心脏每收缩、扩张一次，中间约有 0.1 s 的间歇，这 0.1 s 对电流最敏感。如果电流在这一瞬间通过心脏，即使电流很小（零点几毫安）也会引起心脏震颤；如果电流不在这一瞬间通过心脏，即使电流较大，也不会引起心脏麻痹。由此可知，如果电流持续时间超过 0.1 s，则必然与心脏最敏感的间隙相重合而造成很大的危险。不同电流对人体的影响见表 4-5。

表 4-5　不同电流对人体的影响

电流/mA	通电时间	人体反应	
		工频电流	直流电流
0～0.5	连续通电	无感觉	无感觉
0.5～5	连续通电	有麻刺感	无感觉
5～10	数分钟以内	痉挛、剧痛，但可摆脱电源	有针刺感、压迫感及灼热感
10～30	数分钟以内	迅速麻痹、呼吸困难、血压升高，不能摆脱电流	压痛、刺痛、灼热感强烈，并伴有抽筋
30～50	数秒钟到数分钟	心跳不规则、昏迷、强烈痉挛、心脏开始颤动	感觉强烈，剧痛，并伴有抽筋
50～数百	低于心脏搏动周期	受强烈冲击，但未发生心室颤动	剧痛、强烈痉挛、呼吸困难或麻痹
	高于心脏搏动周期	昏迷、心室颤动、呼吸、麻痹、心脏麻痹	

（1）电流大小。

通过人体的电流越大，人体的生理反应就越明显，感应越强烈，引起心室颤动所需的时间越短，致命的危险越大。

对于工频交流电，按照通过人体电流的大小和人体所呈现的不同状态，电流大致分为下列三种。

① 感觉电流：引起人体感觉的最小电流。实验表明，成年男性的平均感觉电流约为 1.1 mA，成年女性为 0.7 mA。感觉电流不会对人体造成伤害，但电流增大时，人体反应变得强烈，可能造成坠落等间接事故。

② 摆脱电流：人体触电后能自主摆脱电源的最大电流。实验表明，成年男性的平均摆脱电流约为 16 mA，成年女性的约为 10 mA。

③ 致命电流：在较短的时间内危及生命的最小电流。实验表明，当通过人体的电流达到 50 mA 以上时，心脏会停止跳动，可能导致死亡。

（2）电流频率。

一般认为 40～60 Hz 的交流电对人体最危险。随着频率的增高，危险性将降低。高频电流不仅不伤害人体，还能治病。

（3）人体状况。

电流对人体的作用，女性较男性敏感；小孩遭受电击较成人危险；人体的皮肤干湿等情况对电击伤害程度也有一定的影响。皮肤干燥时电阻大通过电流小；皮肤潮湿时电阻小，通过的电流就大，危害也大。凡患有心脏病，神经系统疾病或结核病的病人电击伤害程度比健康人严重。

（4）人体电阻。

在一定的电压作用下，通过人体电流的大小就与人体电阻有关系。人体电阻因人而异，与人的体质、皮肤的潮湿程度、触电电压的高低、年龄、性别以至工种职业有关系，通常为 1 000～2 000 Ω，当角质外层破坏时，则降到 800～1 000 Ω。

根据欧姆定律（$I=U/R$）可以得知流经人体电流的大小与外加电压和人体电阻有关。人体电阻除人的自身电阻外，还应附加上人体以外的衣服、鞋、裤等电阻，虽然人体电阻一般可达 2 kΩ，但是，影响人体电阻的因素很多，如皮肤潮湿出汗、带有导电性粉尘、加大与带电体的接触面积和压力以及衣服、鞋、袜的潮湿油污等情况，均能使人体电阻降低，所以通常流经人体电流的大小是无法事先计算出来的。因此，为确定安全条件，往往不采用安全电流，而是采用安全电压来进行估算：一般情况下，也就是干燥而触电危险性较大的环境下，安全电压规定为 24 V，对于潮湿而触电危险性较大的环境（如金属容器、管道内施焊检修），安全电压规定为 12 V，这样，触电时通过人体的电流，可被限制在较小范围内，可在一定的程度上保障人身安全。

（5）电流路径。

电流通过头部可使人昏迷；通过脊髓可能导致瘫痪；通过心脏造成心跳停止，血液循环中断；通过呼吸系统会造成窒息。因此，从左手到右脚是最危险的电流路径，从手到手从手到脚也是很危险的电流路径，从脚到脚是危险性较小的电流路径。

（四）触电急救

触电急救的要点是要动作迅速，救护得法，切不可惊慌失措、束手无策。

1. 尽快使触电者脱离电源

人触电以后，可能由于痉挛或失去知觉等原因而紧抓带电体，不能自行摆脱电源。这时，使触电者尽快脱离电源是救活触电者的首要因素。

（1）低压触电事故。

对于低压触电事故，可采用下列方法使触电者脱离电源。

① 触电地点附近有电源开关或插头，可立即断开开关或拔掉电源插头，切断电源。

② 电源开关远离触电地点，可用有绝缘柄的电工钳或干燥木柄的斧头分相切断电线，断开电源；或将干木板等绝缘物插入触电者身下，以隔断电流。

③ 电线搭落在触电者身上或被压在身下时，可用干燥的衣服、手套、绳索、木板、木棒等绝缘物作为工具，拉开触电者或挑开电线，使触电者脱离电源。

（2）高压触电事故。

对于高压触电事故，可以采用下列方法使触电者脱电源。

① 立即通知有关部门停电。

② 戴上绝缘手套，穿上绝缘靴，用相应电压等级的绝缘工具断开开关。

③ 抛掷裸金属线使线路短路接地，迫使保护装置动作，断开电源。注意在抛掷金属线前，应将金属线的一端可靠地接地，然后抛掷另一端。

（3）脱离电源的注意事项。

① 救护人员不可以直接用手或其他金属及潮湿的物件作为救护工具，而必须采用适当的绝缘工具且单手操作，以防止自身触电。

② 防止触电者脱离电源后可能造成的摔伤。

③ 如果触电事故发生在夜间，应当迅速解决临时照明问题，以利于抢救，并避免扩大事故。

2. 现场急救方法

当触电者脱离电源后，应当根据触电者的具体情况，迅速地对症进行救护。现场应用的主要救护方法是人工呼吸法和胸外心脏挤压法。

（1）对症进行救护。

触电者需要救治时，大体上按照以下三种情况分别处理：

① 如果触电者伤势不重，神志清醒，但是有些心慌、四肢发麻、全身无力；或者触电者在触电的过程中曾经一度昏迷，但已经恢复清醒。在这种情况下，应当使触电者安静休息，不要走动，严密观察，并请医生前来诊治或送往医院。

② 如果触电者伤势比较严重，已经失去知觉，但仍有心跳和呼吸，这时应当使触电者舒适、安静地平卧，保持空气流通。同时揭开他的衣服，以利于呼吸，如果天气寒冷，要注意保温，并立即请医生诊治或送医院。

③ 如果触电者伤势严重，呼吸停止或心脏停止跳动或两者都已停止时，则应立即实行人工呼吸和胸外心脏挤压，并迅速请医生诊治或送往医院。应当注意，急救要尽快地进行，不能等候医生的到来，在送往医院的途中，也不能中止急救。

（2）口对口人工呼吸法。

口对口人工呼吸法是在触电者呼吸停止后应用的急救方法。具体步骤如图4-23所示。

① 触电者仰卧，迅速解开其衣领和腰带。

② 触电者头偏向一侧，清除口腔中的异物，使其呼吸畅通，必要时可用金属匙柄由口角伸入，使口张开。

③ 救护者站在触电者的一边，一只手捏紧触电者的鼻子，一只手托在触电者颈后，使触电者颈部上抬，头部后仰，然后深吸一口气，用嘴紧贴触电者嘴，大口吹气，接着放松触电者的鼻子，让气体从触电者肺部排出。每5s吹气一次，不断重复地进行，直到触电者苏醒为止。

对儿童施行此法时，不必捏鼻。开口困难时，可以使其嘴唇紧闭，对准鼻孔吹气（即口对鼻人工呼吸），效果相似。

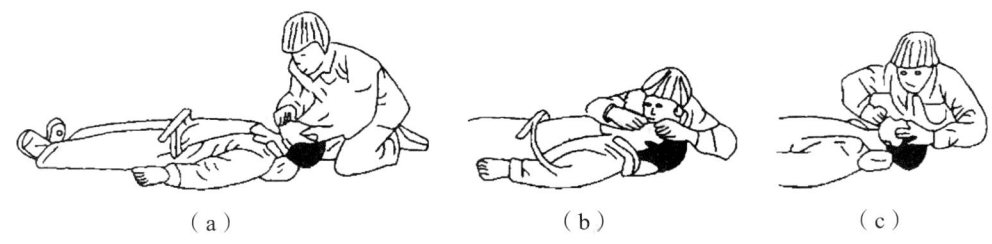

图 4-23　口对口人工呼吸法操作步骤

（3）胸外心脏挤压法。

胸外心脏挤压法是触电者心脏跳动停止后采用的急救方法。具体操作步骤如图 4-24 所示。

① 触电者仰卧在结实的平地或木板上，松开衣领和腰带，是其头部稍后仰（颈部可枕垫软物），抢救者跪跨在触电者腰部两侧。

② 抢救者将右手掌放在触电者胸骨处，中指指尖对准其颈部凹陷的下端，左手掌复压在右手背上（对儿童可用一只手），如图 4-24（b）所示。

③ 抢救者借身体重量向下用力挤压，压下 3～4 cm，突然松开，如图 4-24（d）所示。挤压和放松动作要有节奏，每秒钟进行一次，每分钟宜挤压 60 次左右，不可中断，直至触电者苏醒为止。要求挤压定位要准确，用力要适当，防止用力过猛给触电者造成内伤和用力过小挤压无效。对儿童用力要适当小些。

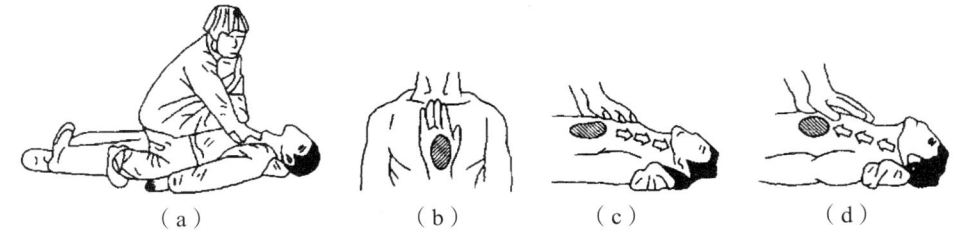

图 4-24　胸外心脏挤压法操作步骤

（4）触电者呼吸和心跳都停止时，允许同时采用口对口人工呼吸法和胸外心脏挤压法。单人救护时，可先吹气 2～3 次，再挤压 10～15 次，交替进行。双人救护时，每 5 s 吹气一次，每秒钟挤压一次，两人同时进行操作。

抢救既要迅速又要有耐心，即使在送往医院途中也不能停止急救。此外不能给触电者打强心针、泼冷水或压木板等。

【研讨】

（1）三相四线制电路中，已知线电压为 $U_L = 380$ V，不对称星形连接的负载分别为 $Z_A = 3 + j5\ \Omega$，$Z_B = 2 + j4\ \Omega$，$Z_C = 3 + j4\ \Omega$。求相电流和中性线电流。

（2）某教学楼照明电路发生故障，第二层和第三层楼的所有电灯突然暗淡下来，只有第一层楼的电灯亮度未变，试问这是什么原因？同时发现第三层楼的电灯比第二层楼的还要暗些，这又是什么原因？你能说出此教学楼的照明电路是按何种方式连接的吗？这种连接方式符合照明电路安装原则吗？

（3）三相四线制照明电路中，设 A 相接 4 盏"220 V、25 W"的白炽灯，B 相接 3 盏"220 V、100 W"的白炽灯，C 相中没有负载，这时接通的白炽灯灯泡都能正常发光。如果不慎中线断开了，这两组灯泡还能否正常发光？会出现什么现象？试通过分析计算来说明。

（4）三相发电机做 Y 连接，如果有一相接反，例如 C 相，设相电压为 U，试问三个线电压为多少？画出电压相量图。

（5）三相相等的复阻抗 $Z = 40 + j30\ \Omega$，Y 形连接，其中点与电源中点通过阻抗 Z_N 相连接。已知对称电源的线电压为 380V，求负载的线电流、相电流、线电压、相电压和功率，并画出相量图。设：① $Z_N = 0$；② $Z_N = \infty$；③ $Z_N = 1 + j0.9\ \Omega$。

（6）对称三相负载做三角形连接，在火线上串入三个电流表来测量线电流的数值，在线电压 380 V 下，测得各电流表读数均为 26 A，若 AB 之间的负载发生断路时，三个电流表的读数各变为多少？当发生 A 火线断开故障时，各电流表的读数又是多少？

（7）已知三相负载三角形连接，每相负载阻抗 $Z = 16 + j24\ \Omega$，接在线电压为 380 V 的对称三相电源上。

① 求相电流和线电流；

② 设负载中一相断路，求此时的相电流和线电流；

（8）指出图 4-25 所示电路各表读数。已知 V_1 表的读数为 380 V。

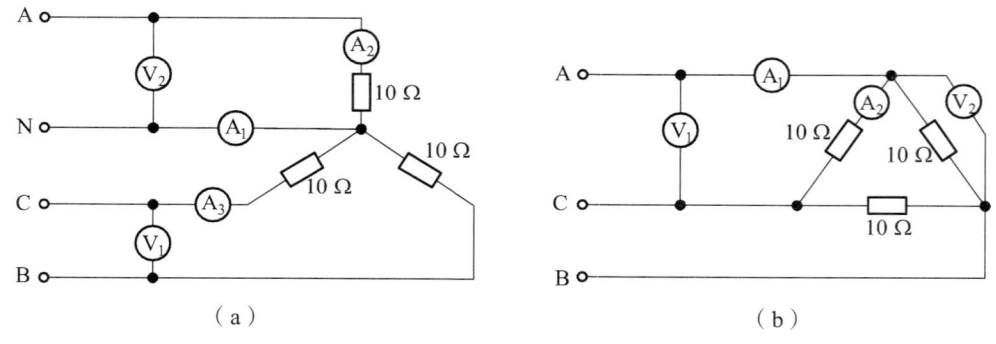

图 4-25　习题（8）的电路图

（9）已知三相对称负载连接成三角形，接在线电压为 220 V 的三相电源上，火线上通过的电流均为 17.3 A，三相功率为 4.5 kW。求各相负载的电阻和感抗。

（10）如图 4-26 所示电路中，对称负载三角形连接，已知电源线电压为 380 V，线电流为 17.3 A，三相总功率为 5 kW。试求：

① 每相负载的阻抗；

② 如果有一相负载断开，另外两相负载能否正常工作？图中各电流表的读数有何变化？

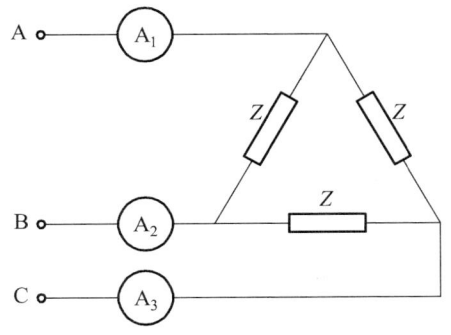

图 4-26 习题（10）的电路图

（11）图 4-27 所示为对称三相电路，线电压为 380 V，相电流 $I_{A'B'}=2$ A。求图中功率表的读数。

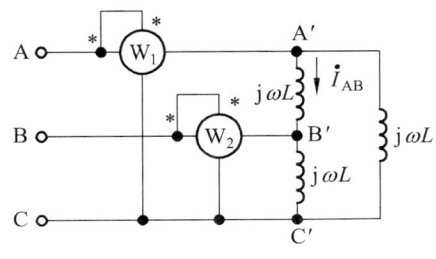

图 4-27 习题（11）的电路图

（12）手持电钻、手提电动砂轮机都采用 380 V 交流供电方式。使用时要穿绝缘胶鞋、戴绝缘手套工作。既然它整天与人接触，为什么不用安全低压 36 V 供电？

（13）楼宇照明电路是不对称三相负载的实例。说明在什么情况下三相灯负载的端电压对称？在什么情况下三相灯负载的端电压不对称？

【训练】

实训任务　配电箱接线

（一）任务要求

会单相电度表的安装与接线；会三相四线电度表的直接接法；会三相四线电度表接电流互感器的间接接法；掌握配电箱的工作原理；了解配电箱中各种仪表和器件的作用及安装原则；掌握配电箱的布线工艺和安装工艺。

（二）任务描述

根据所选元器件，使用小型配电箱完成单相电度表和三相电度表的装接。

（三）仪器与设备

万用表、单相电度表、三相四线电度表、交流电流表、电压表、电流互感器、380 V 15 A 闸刀、220 V 10 A 闸刀、三相空气开关、漏电保护器（220 V 20 A）、2.5 mm² 铝塑导线若干、插座、电工常用工具。

（四）任务内容

1. 漏电保护器的接线

电源进线必须接在漏电保护器的正上方，即外壳上标有"电源"或"进线"端；出线均接在下方，即标有"负载"或"出线"端。倘若把进线、出线接反了，将会导致保护器动作后烧毁线圈或影响保护器的接通、分断能力。如图 4-28（a）所示。

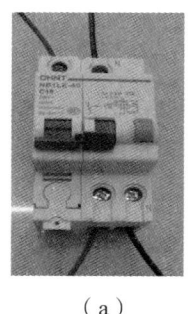 

（a）　　　　　　　　　　　（b）

图 4-28　漏电保护器的接线

漏电保护器的安装如图 4-28（b）所示，具体要求如下：

① 漏电保护器应安装在进户线截面较小的配电盘上或照明配电箱内，安装在电度表之后，熔断器之前。

② 所有照明线路导线（包括中性线在内），均必须通过漏电保护器，且中性线必须与地绝缘。

③ 应垂直安装，倾斜度不得超过 5°。

④ 安装漏电保护器后，不能拆除单相闸刀开关或熔断器等。这样一是维修设备时有一个明显的断开点；二是在刀闸或熔断器起着短路或过负荷保护作用。

2. 电子式电能表的接线

DDS633 型单相电子式电能表接线盒里共有四个接线桩，从左至右按 1、2、3、4 编号。直接接线方法是按编号 1、3 接进线（1 接相线，3 接零线），2、4 接出线（2 接相线，4 接零线），如图 4-29 所示。5、6 为脉冲信号输出端子，用户可根据需要接线。注意：在具体接线时，应以电能表接线盒盖内侧的线路图为准。

 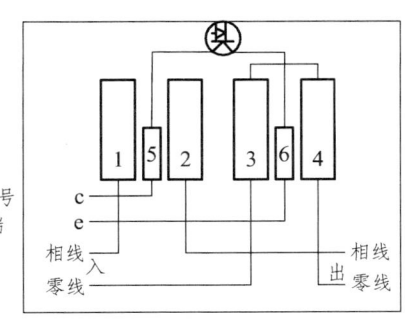

（a）外观　　　　　　　　　　（b）接线图

图 4-29　DDS633 型单相电子式电能表

电能表的安装如图 4-29 所示，具体要求如下：

① 电能表应安装在箱体内或涂有防潮漆的木制底盘、塑料底盘上。

② 为确保电能表的精度，安装时表的位置必须与地面保持垂直，其垂直方向的偏移不大于 1°。表箱的下沿离地高度应在 1.7～2 m，暗式表箱下沿离地 1.5 m 左右。

③ 单相电能表一般应装在配电盘的左边或上方，而开关应装在右边或下方。与上、下进线间的距离大约为 80 mm，与其他仪表左右距离大约为 60 mm。

④ 电能表的安装部位，一般应在走廊、门厅、屋檐下，切忌安装在厨房、厕所等潮湿或有腐蚀性气体的地方。现住宅多采用集表箱安装在走廊。

⑤ 电能表的进线出线应使用铜芯绝缘线，线芯截面不得小于 1.5 mm。接线要牢固，但不可焊接，裸露的线头部分，不可露出接线盒。

⑥ 由供电部门直接收取电费的电能表，一般由其指定部门验表，然后由验表部门在表头盒上封铅封或塑料封，安装完后，再由供电局直接在接线桩头盖上或计量柜门封上铅封或塑料封。未经允许，不得拆掉铅封。

3. 三相四线电度表的接线

（1）三相四线电度表的直接接线。

三相四线电度表的直接接线如图 4-30 所示。这种电度表共有 11 个接线桩，从左至右按 1、2、3、4、5、6、7、8、9、10、11 编号，其中 1、4、7 号桩是电源相线的进线桩，用来连接从总熔断器下桩引来的三根相线；3、6、9 号桩头是相线的出线桩，分别接总开关的三个进线桩；10、11 号是电源中性线的进线桩和出线桩；2、5、8 三个接线桩可空着，但连接片不可拆下。即 1 与 2、4 与 5、7 与 8 相连。

（2）三相四线电度表的间接接线。

三相四线电度表的间接接线如图 4-31 所示。这种三相电度表需配用三只同规格的电流互感器。接线时把从总熔断器盒下接线桩或电源开关下柱引来的三根相线，分别与三只电流互感器一次侧的"P_1"接线桩连接直接，同时用三根绝缘导线从这三个"P_1"接线桩引出，分别与电度表 2、5、8 三个接线桩连接。然后用三根绝缘导线，从三只电流互感器二次侧的"S_1"接线桩引出，与电度表 1、4、7 三个进线桩连接。再用三根绝缘导线一端连三只电流互感器二次侧的"S_2"接线桩；另一端连电度表 3、6、9 三个出线桩，三只电流互感器二次侧"S_2"接线柱用根导线连接与电度表外壳接地；最后用三根绝缘导线，把三只电流互感器一次侧的"P_2"接线桩分别与总开关三个进线桩连接起来，并把电源中性线与电度表 10 号进线桩连接，11 号接线桩是用来连接中性线的出线，接线时应先将电度表接线盒内的三块连片（2、5、8）都拆下。

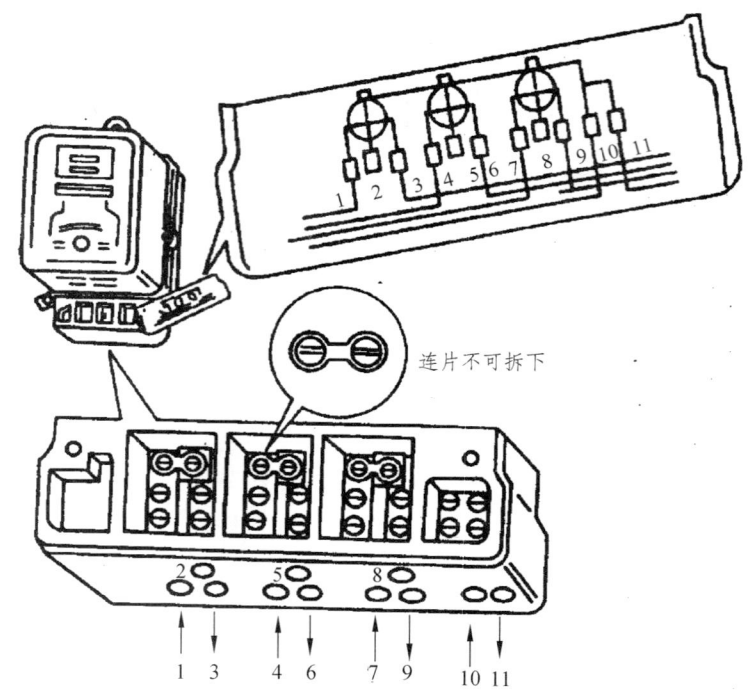

图 4-30　三相四线电度表的直接接线

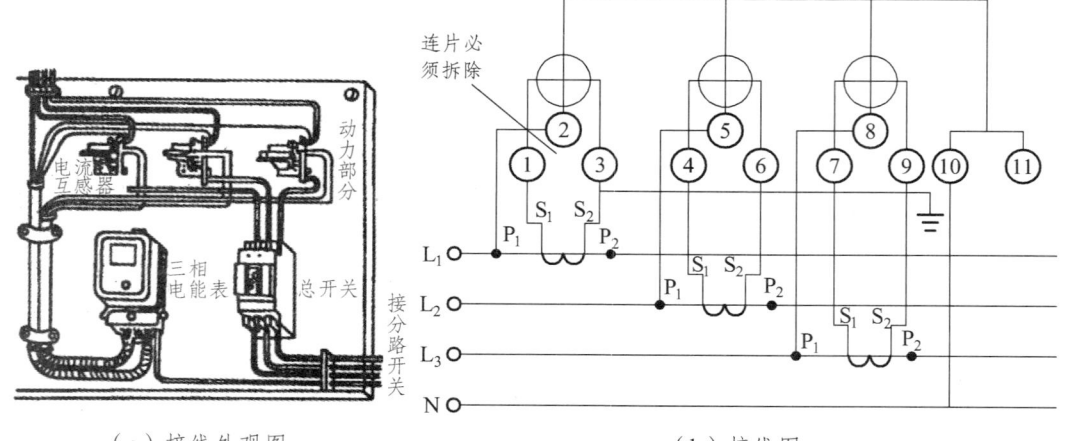

（a）接线外观图　　　　　　　　　　（b）接线图

图 4-31　三相四线电度表的间接接线图

三相四线电度表的间接连接配电板安装与接线如图 4-32 所示。

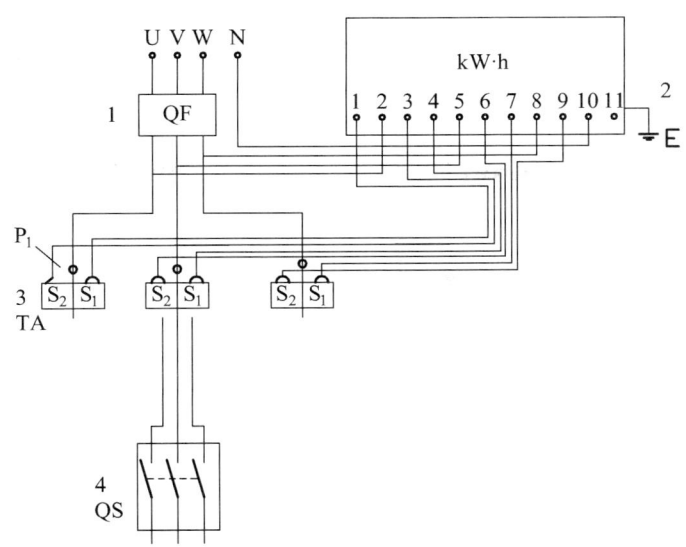

1—空气开关；2—三相四线有功电度表；3—电流互感器；4—380V15A 闸刀。

图 4-32　三相四线电度表的间接连接配电板安装与接线图

4. 电流互感器的接线

（1）电流互感器的作用。

① 将实际的一次电流转变为标准的 5 A；

② 为测量装置和继电保护的线圈提供电流；

③ 对一次设备和二次设备进行隔离。

（2）电流互感器的安装与接线。

① 一次线路连接 P_1、P_2，二次线路连接 S_1、S_2，如图 4-33 所示；

② 二次侧不允许安装熔断器，不允许开路运行；

③ 出线端接地。

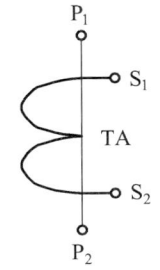

4-33　电流互感器

5. 配电箱的装接

小型配电箱的安装与接线如图 4-34 所示。

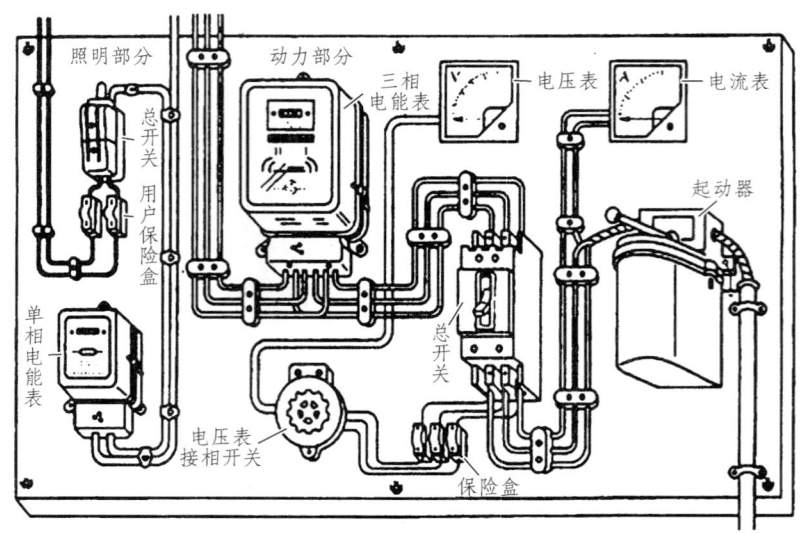

图 4-34 小型配电箱的安装与接线

要求学生按图 4-34 所示，选择元件，完成小型配电箱的装接。注意：

① 开关安装的位置既要考虑操作方便，又要安全、美观。

② 电阻性负载可选用胶盖闸刀开关或其他普通开关；电感性负载应选用负荷开关或自动空气开关。

③ 开关的载流量应大于被控制负载最大的分断负荷电流。

④ 电源进线必须与开关的静触头接线桩相接，出线与动触头接线桩相接。进出线规格要一致。

⑤ 采用负荷开关，内部已有熔断器；采用自动空气开关，内部装有短路、过载的保险器。

（五）任务评价

配电箱接线任务评价标准见表 4-6。

表 4-6 任务评价标准

项目内容	配分	评分标准	扣分	得分
元件安装	10	（1）元件布置不合理，每处扣 2 分； （2）元件排列不整齐，每处扣 2 分		
线路板安装	50	（1）元件安装不牢固，每处扣 1 分； （2）导线选配不当，每处扣 1 分； （3）布线不合理，每处扣 2 分； （4）线槽不横平竖直、走线不整齐，每处扣 2 分； （5）导线露铜过长、线鼻子压绝缘层，每处扣 2 分； （6）电路连接应正确，错线、漏线每处扣 5 分		

续表

项目内容	配分	评分标准	扣分	得分
通电调试	20	未通过通电检测，每次扣 10 分		
元器件损坏与返工情况	10	损坏元件，每个扣 2 分		
安全文明操作	10	（1）每违反一次操作规程，扣 5 分； （2）工作场地不整洁，扣 5 分； （3）发生事故，扣 50 分		
额定工时	6 h	开始时间　　　　　结束时间		
考核方式	时限性	教师签字	总分	

项目五 单相变压器的原理及测试

【项目目标】

认识磁路性质及磁场基本概念,掌握单相变压器的测试及应用,了解三相变压器及其他特种变压器的应用等。

【项目描述】

通过相关知识的学习,按照安全文明生产标准和操作规范,完成单相变压器的应用测试及同名端判别。

【相关知识】

一、磁场的基本物理量和安培环路定律

(一)磁场的基本物理量

1. 磁通 Φ

设在磁感应强度为 B 的匀强磁场中,有一个面积为 S 且与磁场方向垂直的平面,磁感应强度 B 与面积 S 的乘积,叫作穿过这个平面的磁通量,简称磁通(Magnetic Flux)。它是一个标量,符号为"Φ",单位为 Wb(韦伯)。

通过某一平面的磁通量的大小,可以用通过这个平面的磁感线的条数多少来形象地说明。在同一磁场中,磁感应强度越大的地方,磁感线越密。因此,B 越大,S 越大,磁通量就越大,意味着穿过这个面的磁感线条数越多。它们之间满足 $\Phi = BS$,适用条件是 B 与 S 平面垂直,当 S 与 B 的垂面存在夹角 θ 时,$\Phi = BS\cos\theta$。

2. 磁感应强度 B

磁感应强度是表示磁场中某一点磁场强弱和方向的物理量。它的方向与产生它磁场的励磁电流的方向之间遵循右手螺旋定则。磁感应强度是矢量，常用符号 B 表示，国际通用单位为特斯拉（符号为 T）。其大小可用垂直通过单位截面的磁力线数量来确定。即

$$B = \frac{\Phi}{S} \tag{5-1}$$

3. 磁场强度 H

磁场中某点的磁感应强度 B 与同一点的磁导率 μ 的比值定义为该点的磁场强度 H，即

$$H = \frac{B}{\mu} \tag{5-2}$$

H 的单位是安/米（A/m）。

4. 磁导率 μ

磁导率 μ 是衡量物质导磁能力的物理量，磁导率 μ 的单位是亨利/米（H/m）。真空的磁导率用 μ_0 表示，且 $\mu_0 = 4\pi \times 10^{-7}$ H/m。

通常使用的是磁介质的相对磁导率，其定义为磁导率 μ 与真空磁导率 μ_0 之比，即

$$\mu_r = \frac{\mu}{\mu_0} \tag{5-3}$$

（二）安培定则

安培定则，也叫右手螺旋定则，是表示电流和电流激发磁场的磁感线方向间关系的定则。

通电直导线中的安培定则（安培定则一）：用右手握住通电直导线，让大拇指指向电流的方向，那么四指指向就是磁感线的环绕方向。如图 5-1（a）所示。

通电螺线管中的安培定则（安培定则二）：用右手握住通电螺线管，让四指指向电流的方向，那么大拇指所指的那一端是通电螺线管的 N 极。如图 5-1（b）所示。

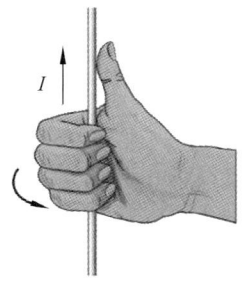
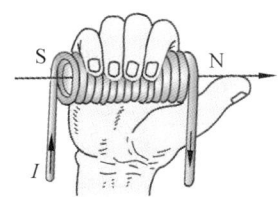

（a）通电直导线中的安培定则　　（b）通电螺管中的安培定则

图 5-1　安培定则

二、磁性材料的磁性能

磁性材料是制造电磁铁、变压器、电动机等各种电工设备的主要材料，磁性材料的磁性能对电磁器件的性能和工作状态有很大的影响。

磁性材料的磁性能主要体现为高导磁性、磁饱和性和磁滞性。

1. 高导磁性

铁磁材料具有很高的导磁性，这是由它们的内部结构所决定的。在外磁场的作用下，相对磁导率 μ 可以高达数百、数千甚至数万。这是因为在磁性材料的内部存在很多磁化小区，称为磁畴。没有外磁场时，磁畴处于无规律排列状态，磁场存在相互抵消，对外无磁性，如图 5-2（a）所示。当有一定的外磁场时，磁畴形成一个与外磁场方向一致的附加磁场，使磁性材料的磁感应强度大大增强，如图 5-2（b）所示，称为磁化。

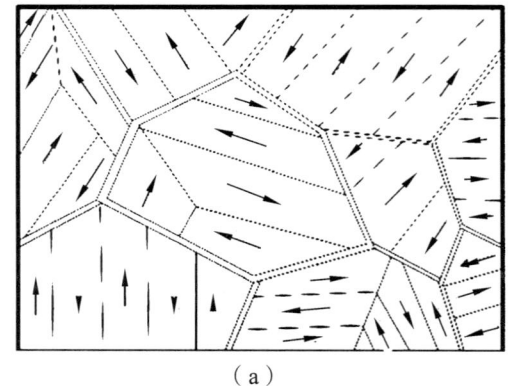
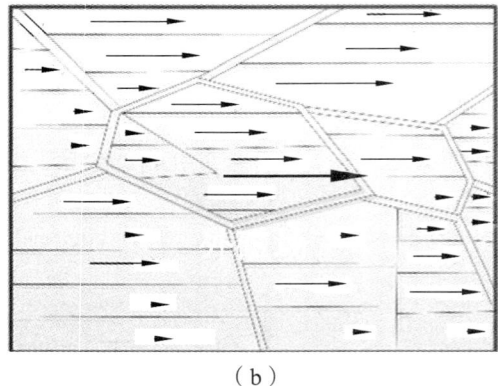

图 5-2 磁性材料的磁化

通电线圈中放入铁心后，磁场增强，此时的磁场是线圈产生的磁场和铁心被磁化后产生的附加磁场的叠加。电磁铁、变压器、电动机及各种电器线圈中都有铁心，在具有铁心的线圈中加入不大的励磁电流就会产生足够大的磁感应强度和磁通。

2. 磁饱和性

磁饱和是磁性材料的一种物理特性，指的是导磁材料由于物理结构的限制，所通过的磁通量无法无限增大，从而保持在一定数量的状态。物质的磁化性质一般由磁化曲线 $B = f(H)$ 表示，磁性材料的磁化曲线如图 5-3 所示。

铁磁材料的 B-H 曲线可通过实验测出。真空中 $B = \mu_0 H$，曲线为 5-3 中的②。在磁场强度 H 较小的情况下，铁磁材料中的磁感应强度 B 随 H 的增大而增大，其增长率不大，如图 5-3 曲线③中的 Oa 段；但随着 H 的继续增大 B 急剧增大，如③中的 ab 段所示；若 H 继续增大 B 的增长率反而变小，如图中 bc 段所示。在 d 以后 B 增加很少，这种现象称为磁饱和。

由于磁性材料的 B 与 H 的关系是非线性的，故由 $B = \mu H$ 的关系可知，磁导率 μ 的

数值将随磁场强度 H 的变化而改变，如图 5-3 中的①曲线。

从磁化曲线可以看出，磁性材料的 B 与 H 的关系是非线性的，$B = \mu H$ 中的 μ 不是一个常数，随着磁场强度 H 的变化而变化。

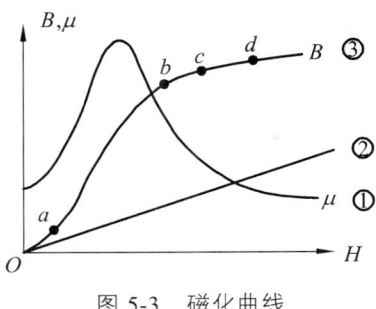

图 5-3　磁化曲线

3. 磁滞性

铁磁材料在反复磁化过程中具有磁滞现象。当外磁场 H 值做正负变化使铁磁材料反复磁化后得到近似对称于原点的闭合曲线，如图 5-4 所示。由图可见当 H 已减到零值时，B 并未回到零值而是 B_r 值，通常称 B_r 为剩余磁感应强度，简称剩磁。这种磁感应强度滞后于磁场强度变化的性质称为铁磁材料的磁滞性。如果要消去剩磁，需将铁磁材料磁化至 H 在相反方向达到图中的 H_C 值时才使 B 值降为零，H_C 值称为矫顽磁场强度简称为矫顽力。图 5-4 中的闭合曲线称为磁滞回线。图中箭头表示反复磁化的过程。

不同铁磁材料磁滞回线的形状不同，根据磁滞回线包围面积的不同。铁磁材料通常可分为软磁材料、硬磁材料和矩磁材料。

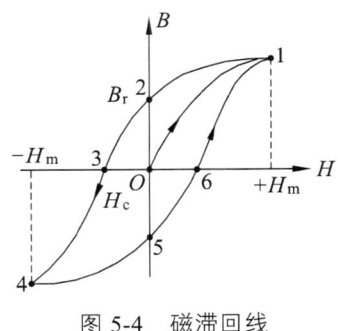

图 5-4　磁滞回线

三、磁路和磁路定律

1. 磁路

很多电工设备中需要较强的磁场或较大的磁通。由于铁磁材料的磁导率远比非铁磁材料的磁导率大，通常将铁磁材料做成闭合或近似闭合的环路即铁心。绕在铁心上的线圈通以较小的电流（励磁电流）便能得到较强的磁场，磁通的绝大部分通过铁心构成回路这种磁通的路径称为磁路。图 5-5 所示为环形磁路。

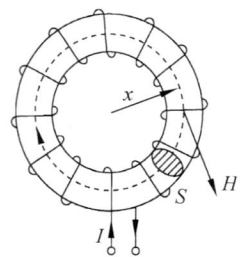

图 5-5　环形线圈磁路

2. 磁路定律

（1）安培环路定律。

对图 5-5 所示的环形线圈来说，由于是均匀磁场，由安培环路定律可知

$$HL = NI \tag{5-4}$$

式中 L 为磁路的平均长度，N 为线圈的匝数。

（2）磁路欧姆定律。

将式（5-1）、（5-2）代入式（5-4）得

$$NI = HL = \frac{\Phi}{S\mu}L$$

$$\Phi = \frac{IN}{\dfrac{L}{\mu S}} = \frac{F}{R_m} \tag{5-5}$$

式中 $F = IN$，称为磁动势，R_m 称为磁阻，式（5-5）称为磁路欧姆定律。

四、铁心线圈

（一）直流铁心线圈

直流电机、直流电磁铁以及其他直流电磁器件的线圈都是直流铁心线圈。由于直流铁心线圈的励磁电流是直流，其大小和方向都不随时间变化，所以它产生的磁通的大小和方向也不随时间变化，为恒定磁通。通常直流铁心线圈的铁心多用整块的铸铁、铸钢等制成，而且线圈的导线很细，匝数较多，因而直流电阻值较大。图 5-6 所示是直流铁心线圈。

1. 电磁关系

由欧姆定律 $I = \dfrac{U}{R}$ 可知，直流铁心线圈中的励磁电流 I 由外加电压 U 和励磁线圈的电阻 R 决定，与磁路无关。

由磁路欧姆定律 $\Phi = \dfrac{IN}{R_m}$ 可知，直流铁心线圈中的磁通 Φ 由线圈的磁动势 IN 和铁心

的磁阻 R_m 决定。

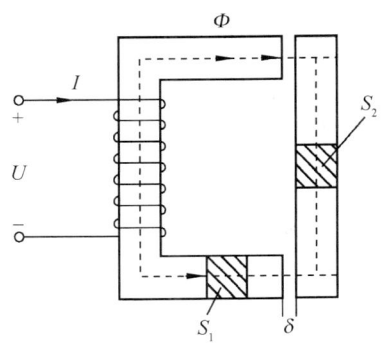

图 5-6　直流铁心线圈

2. 功率损耗

由公式 $\Delta P = I^2 R$ 可知，直流铁心线圈的功率损耗 ΔP 由线圈的电阻 R 和通过线圈的电流 I 决定。因磁通恒定，铁心中没有功率损耗。

（二）交流铁心线圈

交流铁心线圈由交流电励磁，其磁通的大小和方向随时间按正弦规律变化，因此它内部的电磁关系、电流、电压关系等与直流铁心线圈有很大的不同。

1. 电磁关系

图 5-7 所示为一交流铁心线圈，当线圈加上交流电压 u 后，线圈中就产生了电流 i 及磁动势 Ni，磁动势产生的磁通绝大部分通过铁心而闭合，这部分磁通称为主磁通 Φ；另外还有很少一部分磁通通过空气或其他非铁磁物质而闭合，这部分磁通称为漏磁通 Φ_σ，这两个磁通分别在线圈中感应出电动势 e 和 e_σ。

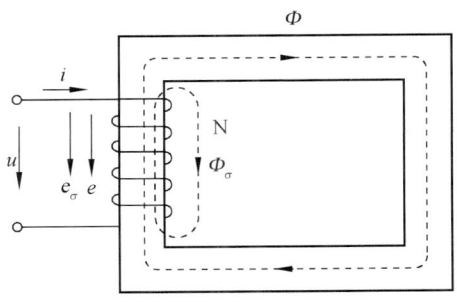

图 5-7　交流铁心线圈

设线圈电阻为 R，电流的参考方向与磁通、电压、电动势的参考方向都是关联参考方向，由基尔霍夫电压定律可得电压、电流与电动势之间的关系为

$$u - iR + e + e_\sigma = 0 \tag{5-6}$$

由于线圈电阻上的压降 iR 和漏磁通电动势 e_σ 都很小，与主磁通电动势 e 相比均可忽

略不计，故上式可写为

$$u \approx -e \tag{5-7}$$

设主磁通 $\Phi = \Phi_m \sin \omega t$，则有

$$e = -N\frac{d\Phi}{dt} = -\omega N\Phi_m \cos \omega t = 2\pi f N\Phi_m \sin(\omega t - 90°) \tag{5-8}$$

因此，有 $E_m = 2\pi f N\Phi_m$，是主磁通电动势的最大值，其有效值为

$$E = \frac{E_m}{\sqrt{2}} = \frac{2\pi f N\Phi_m}{\sqrt{2}} \approx 4.44 f N\Phi_m \tag{5-9}$$

故有

$$\Phi_m = \frac{E}{4.44 fN} \approx \frac{U}{4.44 fN} \tag{5-10}$$

可见交流线圈的磁通最大值由电源电压、频率及线圈匝数决定，而与磁路无关。

2. 功率损耗

在交流铁心线圈电路中，除了在线圈电阻上有功率损耗外，铁心中也会有功率损耗，线圈上损耗的功率 I^2R 称为铜损耗，用 ΔP_{Cu} 表示；铁心中的功率损耗称为铁损耗，用 ΔP_{Fe} 表示，铁损耗包含磁滞损耗和涡流损耗两部分。

（1）磁滞损耗 ΔP_h。

磁性材料在反复磁化和去磁过程中，由励磁电流形成的外磁场不断驱使铁心内部磁畴不断改变方向，磁畴转化方向时要克服一定的阻力，因此要消耗一定的能量，这就是磁滞损耗。

实验证明，磁滞损耗与磁滞回线所包围的面积成正比。为了减小磁滞损耗，应选磁滞回线面积小的磁性材料制造铁心，所以交流铁心均由软材料制成。

（2）涡流损耗 ΔP_e。

由铁心中的涡流引起的损耗称为涡流损耗，用 ΔP_e 表示。磁性材料不仅有导磁能力，同时也有导电能力，因而在交变磁通作用下铁心内将产生感应电动势和感应电流。感应电流在垂直于磁通的铁心平面内围绕磁感线呈旋涡状，故称为涡流。铁心具有一定的电阻，涡流的存在使得铁心发热，其功率损耗为涡流损耗。

综上所述，交流铁心线圈的功率损耗为

$$\Delta P = \Delta P_{Cu} + \Delta P_{Fe} = I^2R + \Delta P_h + \Delta P_e \tag{5-11}$$

五、单相变压器

变压器是利用电磁感应原理制作成的一种静止的电气设备，能将一种等级的交流电变换为同频率的另一种等级的交流电。

变压器在许多工程领域具有广泛的应用。例如，在电力系统中，电力变压器起着重要的升压或降压作用；在测量系统和自动控制系统中，使用的互感器，可以将大电流变

为小电流，高电压变为低电压；在实验室的调压变压器，可以任意调节电压；用于电弧焊接的电焊变压器，具有陡降的输出特性；用于电子扩音电路的变压器，可进行阻抗匹配；脉冲变压器可以传送脉冲波。

（一）变压器的基本结构

变压器主要是由铁心和绕组两大部分组成。常见的结构形式有两类：心式变压器和壳式变压器。心式变压器如图 5-8（a）所示，其特点是绕组包围铁心，用铁量较少，构造简单，绕组的安装和绝缘处理比较容易，因此多用于容量较大的变压器中。壳式变压器如图 5-8（b）所示，其特点是铁心包围绕组，这种变压器用铜量较少，多用于小容量的变压器。

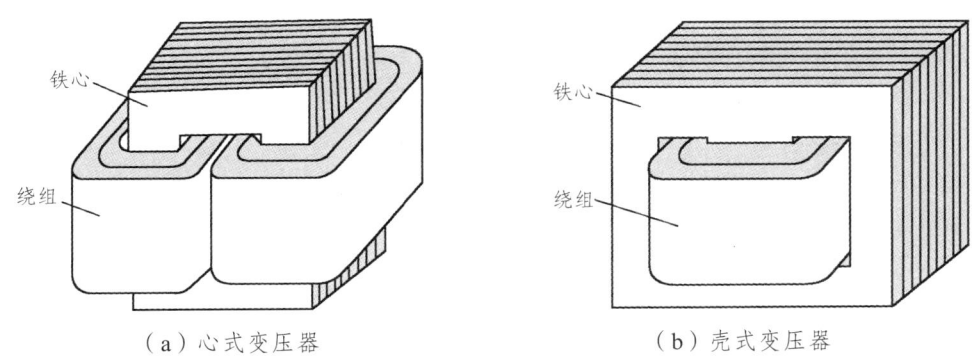

图 5-8　单相变压器的结构

铁心通常用硅钢片叠成。铁心是变压器的磁路部分，为了减少铁心中的磁滞损耗和涡流损耗，铁心通常用含硅量较高、厚度为 0.35 mm 的硅钢片交叠而成，为了隔绝硅钢片相互之间的电的联系，每一硅钢片的两面都涂有绝缘清漆。

绕组是变压器的电路部分，用绝缘铜导线或铝导线绕制，绕制时多采用圆柱形绕组。通常电压高的绕组称为高压绕组，电压低的绕组称为低压绕组，低压绕组一般靠近铁心放置，而高压绕组则置于外层。为了防止变压器内部短路，在绕组和绕组之间，绕组和铁心之间，以及每相绕组的各层之间，都必须绝缘良好。

除了铁心和绕组之外，变压器一般有外壳，用来保护绕组免受机械损伤，并起屏蔽作用。较大容量的变压器还具有冷却系统、保护装置及绝缘套管等。大容量变压器通常采用三相变压器。

（二）变压器的工作原理

1. 变压器的变压原理

下面以单相双绕组变压器为例分析其工作原理：在一个闭合的铁心上缠绕两个绕组，其匝数既可以相同，也可以不同，但一般是不同的。如图 5-9 所示，两个绕组之间只有磁的耦合，而没有电的联系。

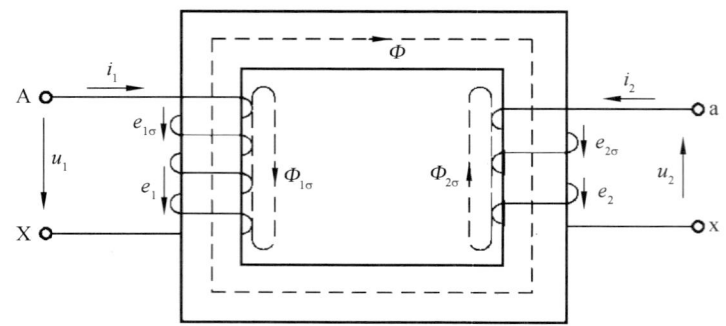

图 5-9 单相双绕组变压器原理图

与电源相连的绕组，通以交流电能，通常称为原边绕组（初级绕组、一次绕组），以 A、X 标注其出线端；与负载相连的绕组，送出交流电能，通常称为副边绕组（次级绕组、二次绕组），以 a、x 标注其出线端。原边的匝数、电压、电动势、电流分别以 N_1、u_1、e_1、i_1 来表示；副边的匝数、电压、电动势、电流分别以 N_2、u_2、e_2、i_2 来表示。

当原边绕组接通电源，便会在铁心中产生与电源电压同频率的交变磁通。忽略漏磁，该磁通便同时与原、副边绕组相交链，耦合系数 $k_c=1$，这样的变压器称为理想变压器。根据电磁感应定律，可写出电压、电动势的瞬时方程式分别为

$$u_1 = -e_1 = N_1 \frac{d\Phi}{dt} \tag{5-12}$$

$$u_2 = -e_2 = N_2 \frac{d\Phi}{dt} \tag{5-13}$$

于是可得电动势比：$\left|\frac{u_1}{u_2}\right| = \frac{e_1}{e_2} = \frac{N_1}{N_2} = k$，其中 k 称为变压器的变比，也称为匝数比。若磁通、电动势均按正弦规律变化，通常用有效值之间的比值来表示：

$$\frac{U_1}{U_2} = \frac{N_1}{N_2} = k \tag{5-14}$$

2. 变压器的变流原理

在变压器的一次绕组上加额定电压，二次绕组接负载，则在二次绕组感应电动势 e_2 的作用下，产生二次绕组电流 i_2。由 $U_1 \approx E_1 = 4.44 f N_1 \Phi_m$ 可得，当电源频率 f 及一次侧线圈匝数一定时，变压器主磁通的大小主要由外加电压 U_1 决定，与负载大小无关。因此负载时产生主磁通的一次、二次绕组合成的磁动势和空载时产生的磁动势相等，即

$$i_1 N_1 + i_2 N_2 = i_{10} N_1 \tag{5-15}$$

其中，空载电流 i_{10} 很小，可忽略不计，因此有

$$i_1 N_1 \approx -i_2 N_2$$

其相量形式为

$$\dot{I}_1 N_1 \approx -\dot{I}_2 N_2 \tag{5-16}$$

由式（5-16）可得变压器一二次电流有效值的关系为

$$\frac{I_1}{I_2} \approx \frac{N_2}{N_1} = \frac{1}{K} \tag{5-17}$$

可见，当变压器额定运行时，一次、二次电流之比近似于其匝数比的倒数。改变一、二次绕组的匝数可以改变一、二次绕组的电流比值，这就是变压器的变流原理。

3. 变压器的变阻抗原理

变压器不仅可以变换电压和电流，还可以变换阻抗。如图 5-10 所示，负载阻抗 $|Z_L|$ 接在变压器二次侧，从变压器的一次输入端看，图中虚线框内的变压器电路可用另一个虚线框内的等效阻抗 $|Z_L|'$ 代替。当忽略变压器的漏磁和损耗时，等效阻抗为

$$|Z_L|' = \frac{U_1}{I_1} = \frac{(N_1/N_2)U_2}{(N_2/N_1)I_2} = (N_1/N_2)^2 |Z_L| = K^2 |Z_L| \tag{5-18}$$

这就是变压器变换阻抗的功能，常用在电子技术中起阻抗匹配作用，以获得最大输出功率。例如，对音响设备而言，为了使扬声器获得最好的音响效果，要求音响设备的输出阻抗与扬声器的阻抗尽量相等。但实际上扬声器的阻抗往往比较小，而音响设备的输出阻抗却很大，为此通常在两者之间接入一个变压器来达到阻抗匹配的目的。

综上所述，变压器具有变换电压、变换电流和变换阻抗的功能。

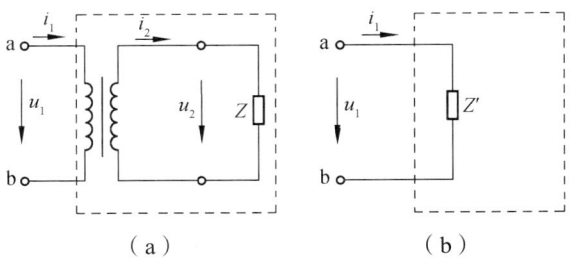

图 5-10 阻抗变换电路

（三）变压器的损耗和效率

1. 变压器的损耗

与交流线圈一样，变压器在运行时也有两种功率损耗，即铜损 ΔP_{Cu} 和铁损 ΔP_{Fe}。铜损为原、副边绕组通过电流时产生的损耗：

$$\Delta P_{Cu} = I_1^2 R_1 + I_2^2 R_2 \tag{5-19}$$

由上式可知，当负载电流发生变化时，铜损也随之变化。因此，铜损是可变损耗。铁损是铁心中涡流损耗与磁滞损耗之和，即

$$\Delta P_{Fe} = \Delta P_h + \Delta P_e \tag{5-20}$$

由于变压器的主磁通 Φ_m 基本不变，铁损也基本不变，所以铁损是不变损耗。

综上，变压器的损耗为一、二次绕组通电产生的铜损和铁心中产生的铁损之和，即

$$\Delta P = \Delta P_{Cu} + \Delta P_{Fe}$$

2. 变压器的效率

变压器的效率定义为输出功率与输入功率的比值，常用下式表示：

$$\eta = \frac{P_2}{P_1} = \frac{P_2}{P_2 + \Delta P} \times 100\% \quad (5\text{-}21)$$

通常变压器的损耗较小，效率较高。小型变压器效率约为 70%~85%，大型变压器效率可达 98%~99%。

【项目实施】

任务　单相变压器的测试及同名端判别

根据前面知识的学习，变压器的变比 K 是一个重要参数，而且变压器在使用中有时需要把绕组串联以提高电压，或者把绕组并联以增大电流，要求绕组的必须连接正确。所以测变比及测极性是必备技能。

（一）材料及工具准备

单相实验变压器、自耦调压器、单极开关、交流电压表、指针式万用表、干电池、导线若干。

（二）操作步骤

1. 测变比

变压器的变比 K 是原边电动势与副边电动势之比。

（1）按照图 5-11 接线，将变压器的低压线圈接电源，高压线圈开路。

单相变压器的同名端判别

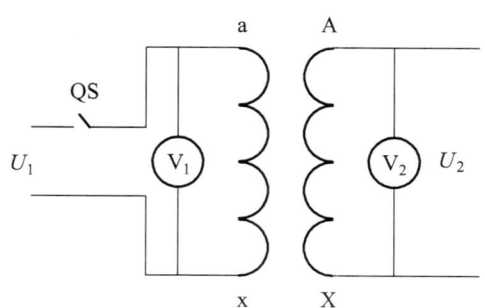

图 5-11　测变比实验接线图

（2）合上开关 QS，将低压线圈外施电压调至额定电压的 50%左右，测量低压线圈 U_{ax} 及高压线圈电压 U_{AX}。对应不同的输入电压，共测取三组数据，记入表 5-1 中。

表 5-1　单相变压器变比测定

序号	U_{ax} / V	U_{AX} / V	K
1			
2			
3			

2. 测极性（同名端）

变压器绕组的极性是指变压器原、副绕组在同一磁通的作用下所产生的感应电动势之间的相位关系。当一次绕组通入交流电时，若某一瞬间一次绕组的某一端点电位为正，则二次绕组产生的感应电动势也必然有一个端点输出为正电位。把这两个对应的端点称为同名端，通常用符号"·"表示。若两个端点电位始终相反，则称为异名端。

同名端对于变压器的串、并联使用非常重要，若接线错误，可能导致设备不能正常工作，甚至烧毁变压器，因此，测量同名端也是一项基本技能。同名端的测量方法很多，下面介绍一种常用的方法：瞬间电流法。

（1）校表、验表。检查万用表的外观是否破损，并水平放置。将万用表的红黑表笔插入正确的孔位，先进行机械调零，使指针"左对零"；再选择合适的欧姆挡位（$R \times 100$ 或 $R \times 1k$），进行欧姆调零，即将红黑表笔短接，使指针"右对零"。

（2）按照图 5-12 接线。变压器高压线圈的端点 A 接电池正极，X 端接电池负极，万用表选择直流毫安挡的最小量程（0.5 mA），将两支表笔接低压线圈的 ax 端。

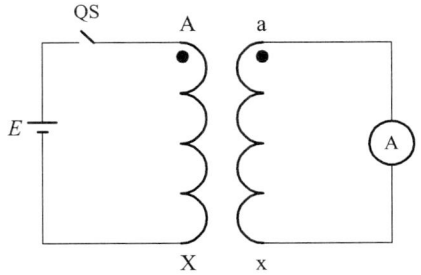

图 5-12　测同名端实验接线图

（3）接通开关，在通电瞬间，注意观察万用表指针偏转方向，如果指针正方向偏转（向右偏转），则表示变压器接电池正极端头和万用表红色表笔所接的端头为同极性；如果万用表的指针负方向偏转，则表示变压器接电池正极的端头和万用表黑色表笔所接的端头为同性。

（三）注意事项

（1）实验前要熟悉各实验仪器和仪表的使用方法。

（2）实验前要清楚实验的步骤。

（3）通电前，首先检查线路是否正确。

（4）用直流感应法测变压器的极性时，宜将高压线圈接电池，以减少电能的消耗，而将低压绕组接万用表表笔，以减少对万用表的冲击。

（5）若测量多个抽头的控制变压器，需首先区分原副边绕组，再判断同名端。

（6）遇异常情况时，应立即断开电源，待处理好故障后再继续实验。

（四）任务评价

单相变压器的测试及同名端判别任务评价标准见表5-2。

表5-2 任务评价标准

评价项目		配分	考核内容及评分标准	备注
职业素养（20分）	7S基本要求	10	（1）工具、仪表、材料、作品摆放不整齐，着装不整齐、规范，不穿戴相关防护用品等，每项扣2分； （2）考试迟到、考核过程中做与考试无关的事、不服从考场安排酌情扣10分以内；考核过程舞弊取消考试资格，成绩计0分； （3）考核完成后未清理、清扫考核现场扣5分	① 考生没有操作的项目，此小项记0分。 ② 出现明显失误造成工具、仪表或设备损坏等安全事故；严重违反考场纪律，造成恶劣影响的，本大项记0分。
	安全操作	10	（1）对耗材浪费，不爱惜工具，扣3分； （2）损坏工具、仪表扣本大项的20分； （3）考生发生严重违规操作或作弊，取消考生成绩	
实作结果及质量（65分）	检查、校验万用表	10	（1）万用表未水平摆放扣2分； （2）正、负表笔线连接极性插错扣2分； （3）挡位调错扣2分； （4）未机械调零扣2分； （5）未欧姆调零扣2分	
	测变比判断极性	55	（1）不能正确搭建电路的不得分； （2）不能正确使用交流电压表，扣10分； （3）数据读取错误扣5分； （4）数据填写或计算错误扣5分； （5）极性判断错误扣15分； （6）万用表挡位调错扣5分； （7）电池组通电时间超过2s一次扣3分	
清理现场（15分）	拆线	5	（1）未拆线扣5分； （2）导线未放回原抽屉扣2分	
	关闭万用表	5	（1）未关闭万用表此项不得分； （2）万用表未放置在安全位置扣2分	
	收拾工具、清理现场	5	（1）未收、少收工具，从总分中扣3分； （2）场地不清洁，从总分中扣5分	
工时		25 min	在规定的时间内完成操作，超时停止考核	
得分				

【知识拓展】

一、互感和耦合

1. 互感

当一线圈中的电流发生变化时，在临近的另一线圈中产生感应电动势，叫作互感现象。互感现象是一种常见的电磁感应现象，不仅发生于绕在同一铁心上的两个线圈之间，而且也可以发生于任何两个相互靠近的电路之间。

图 5-13 所示，A、B 两个线圈绕制在同一铁心上，它们之间没有直接电的联系。一个线圈中磁场的磁通穿过另一线圈的部分叫作互感磁通。由于一个线圈中的电流发生变化而在另一个线圈中产生感应电动势的现象叫作互感现象，故在互感现象中产生电动势叫作互感电动势。

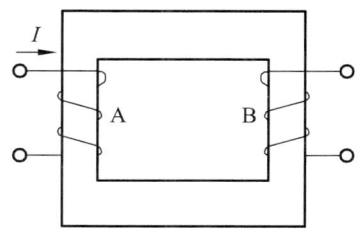

图 5-13 互感现象

若第一个线圈中的电流变化率为 $\dfrac{\Delta i_1}{\Delta t}$，则在第二个线圈中产生的互感电动势为：$e_{M2} = M\dfrac{\Delta i_1}{\Delta t}$；若第二个线圈中的电流变化率为 $\dfrac{\Delta i_2}{\Delta t}$，则在第一个线圈中产生的互感电动势为：$e_{M1} = M\dfrac{\Delta i_2}{\Delta t}$。$M$ 为两个线圈的互感系数，单位为亨（H）。

M 的大小与两个线圈各自的自感系数有关，还与两个线圈的相对位置有关。两个线圈互感系数的大小和它们的自感系数的关系为：$0 \leqslant M \leqslant \sqrt{L_1 L_2}$。

2. 同名端

在同一变化磁通作用下，几个线圈的感应电动势极性相同的端点叫作同名端，感应电动势极性相反的端点叫作异名端。同名端标记时，常用点号（●）或星号（＊）表示。

同名端的判别如下：

对无分支磁路，如图 5-14（a）所示，假设某一瞬间磁路中有一变化的磁通，在磁路中的每一个线圈中都会产生感应电动势，由安培定则可知，在同一磁路平面上，同时从前（或后）开始绕向铁心的线圈的端点（图中 B、C、E）感应电动势的极性相同，是同名端；同时从一前一后绕向铁心线圈的两个端点就是异名端，图中 A 和 C，A 和 E，B 和 D 等都是异名端。

对有分支磁路，如图 5-14（b）所示，线圈 1 和 2 同在 Ⅰ 回路上，线圈 2 和 3，1 和 3 同在 Ⅱ 回路上。对线圈 1 和 2，可以把回路 Ⅰ 的顺时针绕向作为参考方向，按参考方向，凡顺时针（或逆时针）绕向回路的端点就是同名端，图中 A 和 C 为同名端。用相同的方法可以判断线圈 2 和 3 之间，C 和 E 为同名端；1 和 3 之间，A 和 E 为同名端。

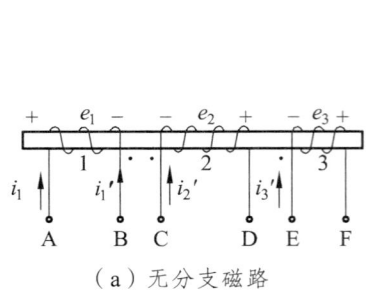

（a）无分支磁路

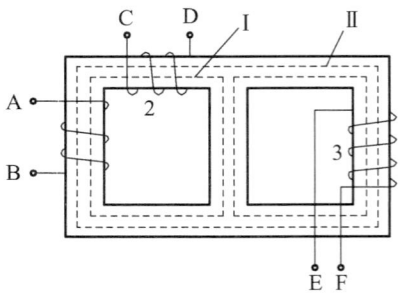

（b）有分支磁路

图 5-14 同名端示意图

二、三相变压器

交流电能的产生和输送几乎都采用三相制，要把某一数值的三相交流电压变换为同频率的三相电压，可用三台单相变压器来实现，但通常是使用一台三相变压器。

（一）三相变压器的磁路系统

三相变压器按铁心结构不同分为三相组式变压器和三相心式变压器两种。图 5-15 是三相组式变压器的基本结构，它由三台独立的结构完全相同的单相变压器按照一定的连接方式连接而成，各相的主磁通沿各自的磁路闭合，各相磁路之间彼此独立。

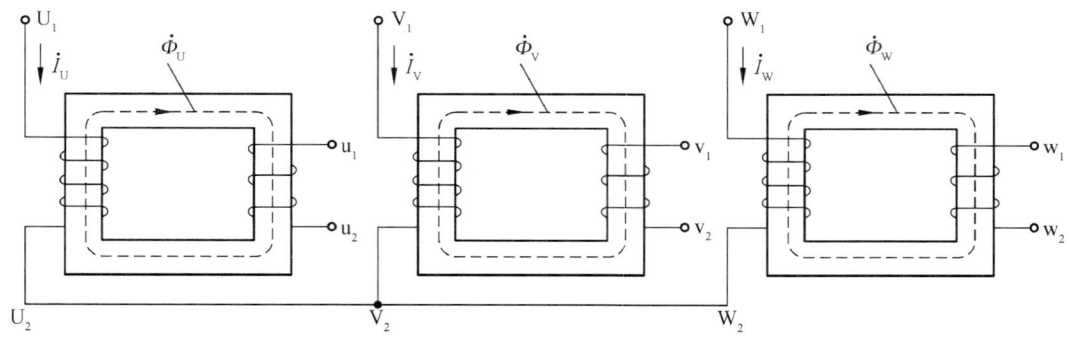

图 5-15 三相组式变压器及其磁路

三相组式变压器便于制造，但是所用材料较多，造价较高，占地面积大，仅用于运输条件受到限制的大型或超大型电力变压器。

三相心式变压器每一相都有一个铁心柱，三相磁路彼此相关，任意一相的主磁通都要借助其他两相的磁路作为自己的闭合磁路，如图 5-16 所示。当三相对称绕组接到三相

对称电源上，三相电流也对称，三相主磁通也对称，因此三相主磁通之和等于零，即

$$\dot{\Phi}_U + \dot{\Phi}_V + \dot{\Phi}_W = 0$$

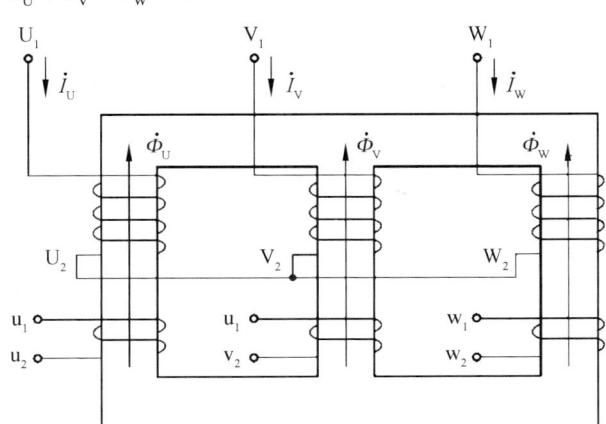

图 5-16 三相芯式变压器

这样中间铁心柱上没有磁通通过，可将其省略。为了便于制造和降低成本，同时也减小铁心的体积，将三个铁心柱置于一个平面内，便得到三相心式变压器的铁心结构，如图 5-17 所示。

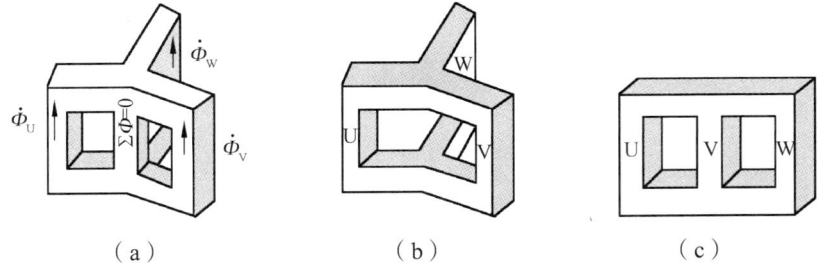

图 5-17 三相心式变压器的铁心结构

与三相组式变压器相比，三相心式变压器节省材料，效率高，成本低，安装占地面积较小，运行维护比较方便，因此三相心式变压器得到了广泛的应用。

（二）三相变压器绕组的接法

三相变压器的一次、二次绕组可以根据需要分别接成星形或者三角形。连接方式用 Y 或 y 表示星形连接，D 或 d 表示三角形连接，大写字母表示高压侧，小写字母表示低压侧。若星形连接中有中性线引出，则用 YN 或 yn 表示。

三相变压器绕组常见的连接方法有 Y，yn 连接或 Y，d 连接。如图 5-18 所示，输入端 U_1、V_1、W_1 接高压输电线，输出端 u_1、v_1、w_1、N 接低压配电柜。

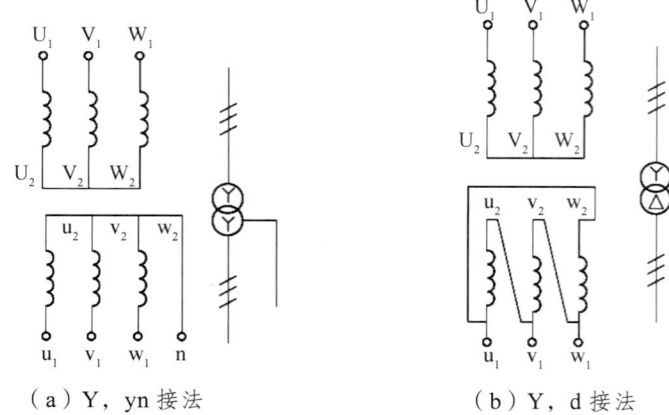

(a) Y, yn 接法　　　　　　　　(b) Y, d 接法

图 5-18　三相绕组的接法

三相变压器一次、二次线电压的比值，不仅与每相匝数比有关，而且与连接方式有关。设一次、二次线电压分别为 U_{L1}、U_{L2}，相电压分别为 U_{P1}、U_{P2}，匝数分别为 N_1、N_2，则采用 Y, yn 连接时，有

$$\frac{U_{L1}}{U_{L2}} = \frac{\sqrt{3}U_{P1}}{\sqrt{3}U_{P2}} = \frac{N_1}{N_2} = K \tag{5-22}$$

采用 Y, d 连接时，有

$$\frac{U_{L1}}{U_{L2}} = \frac{\sqrt{3}U_{P1}}{U_{P2}} = \sqrt{3}\frac{N_1}{N_2} = \sqrt{3}K \tag{5-23}$$

（三）三相变压器的铭牌及参数

在每台电力变压器的油箱上都有一块铭牌，标志其型号和主要参数，作为正确选用和使用变压器的参考依据，如图 5-19 所示。

		三相电力变压器				
型　号　S9—500/10		开关位置		电压/V		电流/V
产品代号　IFATO.710.022				高压	低压	高压	低压
标准代号　GB 1094.1—5—1996		I	+5%	10 500			
额定容量　500 kV·A		II	额定	10 000	400	28.27	721.7
3 相 50 Hz		III	-5%	9 500			
额定效率　98.6%						
使用条件　户外式		连接组别　Yyn0			短路电压　4.4%	
冷却方式　ONAN		额定温升　80℃			器身重　1 115 kg	
油　重　311 kg		总重量　1 779 kg			出厂序号　200201061	
		××变压器厂			2002年1月	

图 5-19　三相电力变压器铭牌

1. 型号

型号可以表示变压器的结构特点、额定容量和高压侧的电压等级等基本信息。变压器的型号标志如图 5-20 所示。

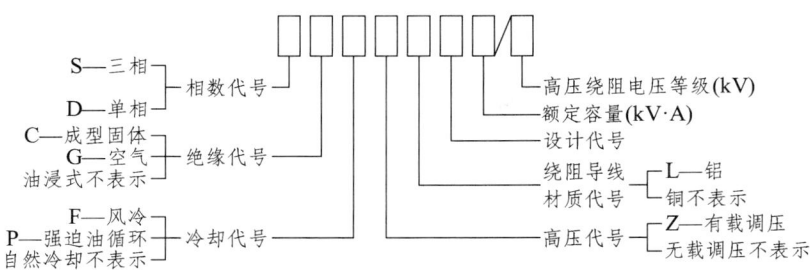

图 5-20 变压器的型号标志

例如型号为 S9—500/10，表示三相油浸自冷式铜绕组变压器，其中，9 表示设计序号，500 表示额定容量为 500 kV·A，10 表示高压侧等级为 10 kV。

2. 额定电压 U_{1N} 和 U_{2N}

高压侧（一次绕组）额定电压 U_{1N} 是指加在一次绕组上正常工作的线电压值。如图 5-19 所示，高压侧标出的三个电压值，可以根据高压侧供电电压的实际情况，在额定值的 ±5% 范围内加以选择，当供电电压偏高时，可调至 10 500 V，偏低时可调至 9 500 V，以保证低压侧的额定电压为 400 V 左右。

低压侧（二次绕组）额定电压 U_{2N} 是指变压器在空载时，高压侧加上额定电压后，二次绕组两端的线电压值。

3. 额定电流 I_{1N} 和 I_{2N}

额定电流 I_{1N} 和 I_{2N} 是根据变压器容许发热的条件而规定的满载线电流值。I_{1N} 为流过一次绕组的线电流值，I_{2N} 为流过二次绕组的线电流值。

4. 额定容量 S_N

额定容量 S_N 是指变压器在额定工作状态下，二次绕组的视在功率，其单位为 kV·A。单相变压器的额定容量为

$$S_N = \frac{U_{2N} I_{2N}}{1\,000} \tag{5-24}$$

三相变压器的额定容量为

$$S_N = \frac{\sqrt{3} U_{2N} I_{2N}}{1\,000} \tag{5-25}$$

三、其他变压器

（一）自耦变压器

普通变压器一般指双绕组变压器，其一、二次绕组在电路上是互相分开的。自耦变压器的一次绕组与二次绕组共用一个绕组，二次绕组是从一次绕组中抽头而来，如图 5-21 所示。所以自耦变压器的一次绕组与二次绕组之间不仅有磁的耦合，还有电路的联系。

（a）外形　　　　　　　　　　（b）原理图

图 5-21　自耦变压器的外形及原理图

自耦变压器的一、二次电压、电流间的关系与普通变压器完全相同，即

$$\frac{U_1}{U_2} = \frac{I_2}{I_1} \approx K$$

实验室中常用的调压器就是一种通过改变副绕组匝数来改变输出电压的自耦变压器，输出电压在 0～250 V 可调，其外形如图 5-21（a）所示。除了单相调压器外还有三相调压器。

自耦调压器的优点是结构简单、节省材料，但安全性稍差。在实验室中使用时应注意：在使用自耦调压器之前，必须把手柄转到零位，使输出电压为零，然后再慢慢顺时针转动手柄使输出电压逐步上升。而且按照电气安全操作规程的规定，自耦变压器不能作为安全变压器使用，因为线路万一接错，将会发生触电事故。因此，规定安全变压器一定要采用一次绕组和二次绕组互相分开的双绕组变压器。

（二）仪用互感器

作为电工测量和保护控制使用的变压器称为仪用互感器。主要用来测量常规电流表和电压表无法直接测量的大电流和高电压，通常有电流互感器和电压互感器两种。

1. 电流互感器

测量高压线路里的电流或测量大电流时，通常采用电流互感器。电流互感器一次绕组的匝数很少，只有一匝或几匝，它串联在被测电路中，流过被测电流，由于电流互感器的负载是仪器仪表的电流线圈，这些线圈的阻抗都很小，所以电流互感器相当于一台小型升压短路运行的变压器，其接线如图 5-22 所示。

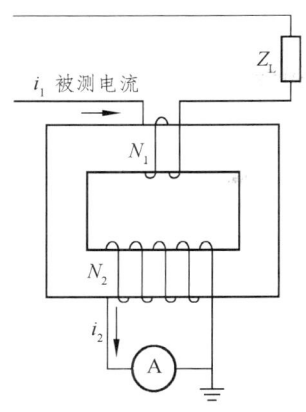

图 5-22　电流互感器接线原理图

电流互感器利用一次绕组与二次绕组不同的匝数关系，可将线路上的大电流成正比地变为小电流来测量。根据变压器的变流原理：$I_1/I_2 = K^{-1}$，为了统一电流表表头规格，通常电流互感器副绕组的额定电流规定为 5 A 或 1 A。电流表的读数 I_2 乘上 K^{-1} 即为被测的大电流 I_1。

2. 电压互感器

电压互感器相当于一台小型的降压变压器。它的一次绕组匝数很多，二次绕组匝数较少。工作时，一次绕组并联在需要测量电压的电路上，二次绕组接在电压表或功率表的电压线圈上。其外形及接线原理图如图 5-23 所示。电压互感器有两种误差：一为电压变比误差，二为相位角误差。按电压变比相对误差的大小，电压互感器的精度可分为 0.2、0.5、1.0 和 3.0 四个等级。

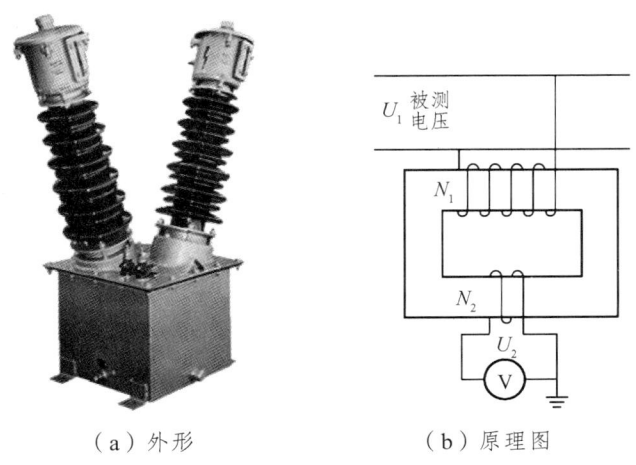

（a）外形　　　　　　　（b）原理图

图 5-23　电压互感器的外形及接线原理图

（三）电焊变压器

交流电焊机又称电焊变压器。它是一种具有特殊外特性的降压变压器，由于结构简单、成本低廉、制造容易、使用和维护方便，因而得到了广泛的应用。其原理示意图如图 5-24（a）所示。

它的工作原理与普通变压器相同，但它的性能与普通变压器差别很大。电焊变压器的特点是：焊接前，二次绕组要有足够的引弧电压（60~75 V），焊接时，随焊接电流的增大，二次电压又能迅速下降，即使二次侧短路（如焊条碰到工件时，二次电压为零），二次侧电流也不会太大。电焊变压器的输出电压 u_2 与输出电流 i_2 之间的关系如图 5-24（b）所示。

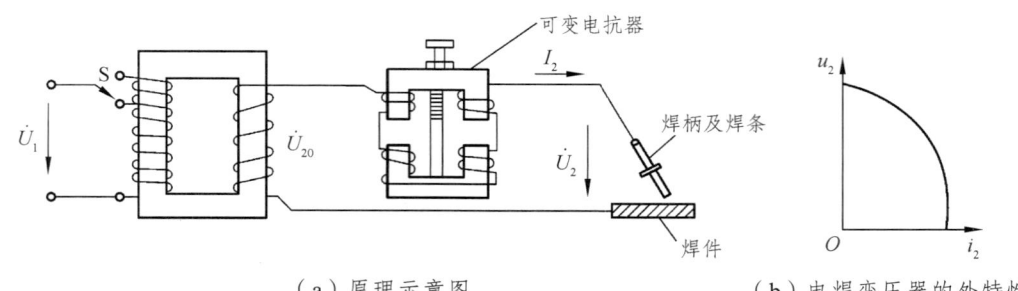

（a）原理示意图　　　　　　　　　　（b）电焊变压器的外特性

图 5-24　电焊变压器的原理示意图及外特性

电焊变压器的一、二次绕组分装在两个铁芯上，二次绕组与一个可变电抗器串联，电抗器的铁芯不但有一定的空气隙，而且转动螺杆还可以改变空气隙的长短来获得不同大小的焊接电流。当气隙增加时，电流增大，外特性曲线右移，反之，当气隙减小时，电流将减小，外特性曲线左移。

【研讨】

（1）变压器的作用是什么？

（2）变压器的铁芯材料由什么制成？

（3）变压器中有哪些损耗，它们产生的原因是什么？什么是变压器的效率？

（4）自耦变压器有何特点？

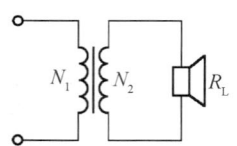

图 5-25　扬声器示意图

（5）某单相变压器的一次侧电压 U_1 为 220 V，二次侧电压 U_2 为 5 V，二次侧匝数 N_2 为 25 匝，求此变压器的变比和一次绕组的匝数。

（6）如图 5-25 所示，扬声器的电阻 $R_L=8\ \Omega$，为了在输出变压器的一次侧得到 256 Ω 的等效电阻，求输出变压器的变比。

（7）一台容量 $S_N=20$ kV·A 的照明变压器，它的电压为 6 600/220 V，请问它能够供应 220 V、40 W 的白炽灯多少盏？

项目六 直流电动机的测试及电力拖动

【项目目标】

认识直流电机的基本结构及工作原理,掌握其电枢绕组的测试及他励直流电动机的使用,了解直流电动机的起动、调速及制动方法等。

【项目描述】

通过相关知识的学习,按照安全文明生产标准和操作规范,完成他励直流电动机电枢绕组的测试、起动和调速使用等。

直流电机简介

【相关知识】

一、直流电机的认知

直流电机是一种实现直流电能与机械能之间相互转换的旋转电机,包括直流电动机和直流发电机两大类。其中将机械能转换成直流电能的电机称为直流发电机,如图6-1(a)所示;将直流电能转换成机械能的电机称为直流电动机,如图6-1(b)所示。

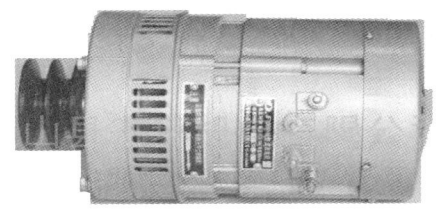

(a)直流发电机　　　　　　(b)直流电动机

图6-1　直流电机

直流电动机因其优良的起动和调速性能,被广泛应用于交通运输、工矿、冶金传动、建筑等行业中，如电力机车、城市电车、地铁列车、电动自行车、大型轧钢机、矿井卷扬机、大型起重机、龙门刨床、大型精密机床、造纸和印刷机械、船舶机械等生产机械中均应用了直流电动机。与交流电动机相比，直流电动机具有起动转矩大、调速性能好、过载能力强等诸多优点。但其结构相对复杂、生产成本高，且运行维护比较困难，因此，在一些领域逐步被交流调速系统所替代。

（一）直流电机的基本结构

直流电动机和直流发电机的结构基本相同，主要包括定子和转子两大部分，如图6-2所示。

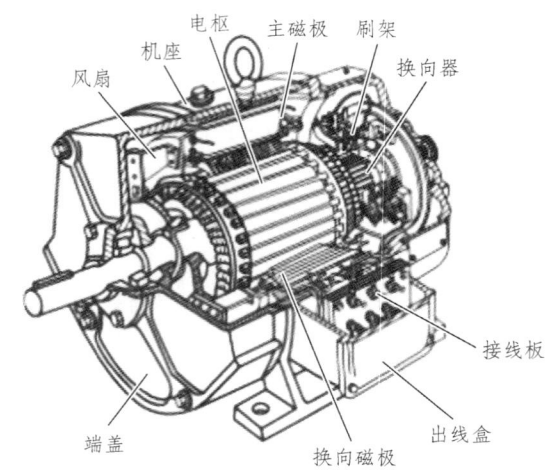

（a）小型直流电机的结构

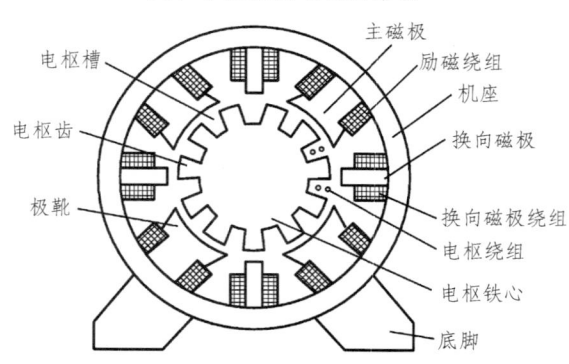

（b）励磁直流电机的剖面图

图6-2 直流电机的结构

1. 定子部分

定子部分由主磁极、换向极、机座、电刷装置、端盖等组成，其主要功能是产生磁场，并起机械支撑作用。

（1）主磁极。主磁极的作用是产生一个恒定且具有一定空间分布形状的气隙磁通。

永磁电机的主磁极是由不同极性的永久磁体组成；励磁电机的主磁极由励磁铁心和励磁绕组所组成，如图 6-2（b）所示。主磁极铁心是用 1.0~1.5 mm 厚的低碳钢板冲成一定形状，用铆钉把冲片铆紧，然后再固定在机座上。主磁极上的线圈是用来产生主磁通的，称为励磁绕组。当给励磁绕组通入直流电时，各主磁极均产生一定极性的磁场，且相邻两主磁极的极性是 N、S 交替出现。

（2）换向极。换向极又称附加极，其作用是改善换向。换向极装在相邻两主极之间，它也是由铁心和绕组构成。

（3）机座。机座一是作为电机磁路系统中的一部分，二是用来固定主磁极、换向极及端盖等，起机械支撑作用。因此要求机座有好的导磁性能及足够的机械强度与刚度。机座通常用铸钢或厚钢板做成。

（4）电刷装置。电刷装置的作用是通过电刷和换向器表面的滑动接触，把转动的电枢绕组与外电路连接起来，起到整流或逆变的作用，即将电枢绕组中的交变电流变成外部电路的直流或把外部的直流电变成电枢绕组内部的交流电。电刷装置一般由电刷、刷握、刷杆、刷杆座和汇流条组成，其结构如图 6-3 所示。电刷是用石墨制成的导电块，放在刷握内，用弹簧以一定的压力将它压在换向器的表面上。刷握用螺钉夹紧在刷杆上，刷杆装在一个可以转动的刷杆座上，成为一个整体部件。刷杆与刷杆座之间是绝缘的，以避免正、负电刷短路。

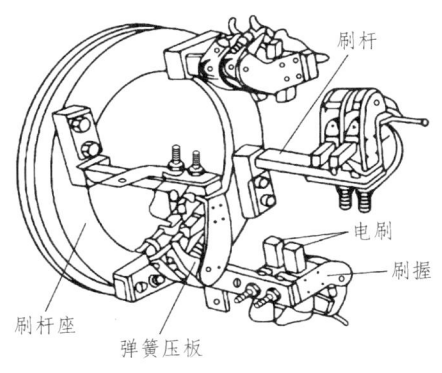

图 6-3　电刷装置结构

（5）端盖。端盖固定在机座上，其上放置轴承以支撑直流电动机的转轴，使直流电动机的转子能够旋转。

2. 转子部分

转子部分由电枢铁心、电枢绕组、换向器、转轴、轴承和风扇等组成，其主要作用是产生感应电动势和电磁转矩，从而实现能量的转换。

（1）电枢铁心。电枢铁心是主磁路的一部分，同时对放置在其上的电枢绕组起支撑作用。为减小电动机运行时铁心中产生的磁滞损耗和涡流损耗，电枢铁心通常用 0.35 或 0.5 mm 厚的绝缘硅钢片冲压成型并叠压而成。电枢铁心冲片上冲有放置电枢绕组的电枢槽、轴孔和通风孔。图 6-4 所示为小型直流电动机的电枢冲片形状和电枢铁心装配图。

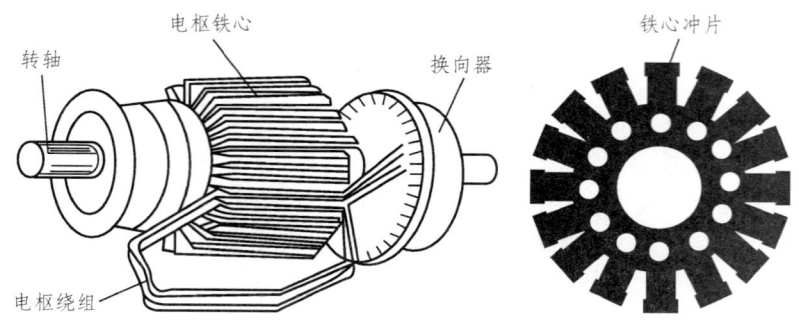

图 6-4 直流电机的电枢铁心装配图和电枢铁心冲片形状

(2) 电枢绕组。电枢绕组安放在电枢铁心槽内,随着转子旋转,在电枢绕组中产生感应电势;当电枢绕组中通过电流时,能与磁场作用产生电磁转矩,使转子向一定的方向旋转。在电动机中,电枢绕组是由绝缘铜线按一定的规律绕制而成。它是直流电机的主要电路部分,也是通过电流和产生感应电动势实现机电能量转换的关键性部件。

(3) 换向器。换向器又称为整流子,对于发电机,换向器的作用是把电枢绕组中的交变电动势转变为直流电动势向外部输出直流电压;对于电动机,它是把外界供给的直流电流转变为电枢绕组中的交变电流以使电机旋转。换向器是由换向片组合而成,是直流电机的关键部件,也是最薄弱的部分,如图 6-5 所示。换向器采用导电性能好、硬度大、耐磨性能好的紫铜或铜合金制成,相邻的两换向片间以 0.6~1.2 mm 的云母片作为绝缘。换向器固定在转轴的一端,换向片靠近电枢绕组一端的部分与绕组引出线相焊接。

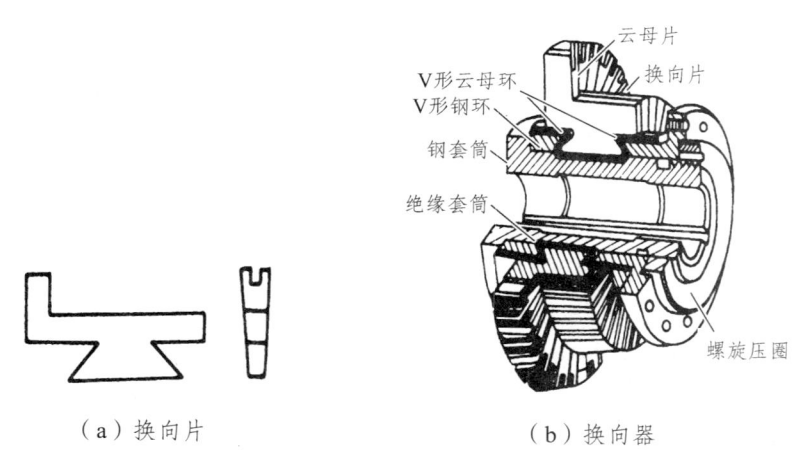

(a) 换向片　　　　　(b) 换向器

图 6-5 换向器结构

(4) 转轴及轴承。转轴安装电枢铁心,并输出转矩、带动负载的运动部件。而轴承是固定转轴,并于电机端盖相连,使电机的转动部分与静止部分形成一体的关键部件。

(5) 风扇。风扇用于电机运行过程中的快速散热,防止电机由于过热而被烧坏。

（二）直流电机的工作原理

1. 直流发电机的工作原理

直流发电机是将机械能转化为直流电能输出的一种电磁装置。其工作模型如图 6-6 所示。图中 N、S 是一对在空间固定不动的磁极（可以是永久磁铁，也可以是电磁铁），abcd 是安装在电枢铁心上的一个电枢绕组，线圈两端分别接到两个相互绝缘的半圆形铜环（称为换向片）上，换向片分别与固定不动的电刷 AB 滑动接触，这样，旋转着的线圈可以通过换向片、电刷与外电路接通。当原动机带着转子逆时针方向旋转时，根据电磁感应原理，线圈的两个有效边 ab 和 cd 将切割磁力线产生感应电动势，其方向可按右手定则确定。

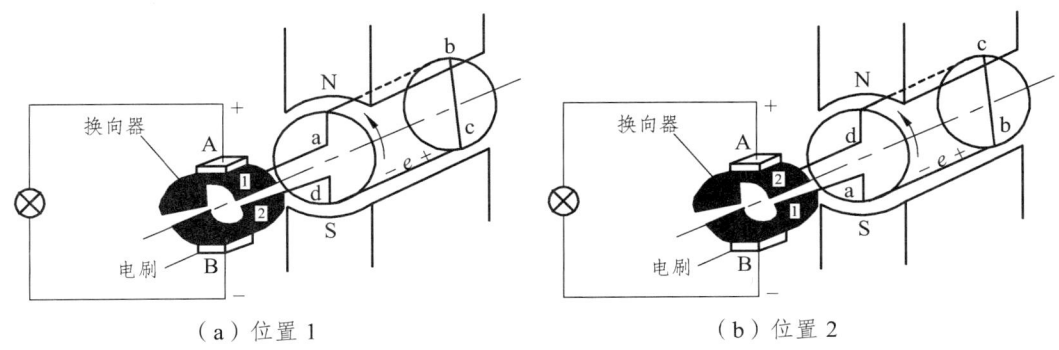

（a）位置 1　　　　　　　　　（b）位置 2

图 6-6　直流发电机的工作原理模型

如图 6-6（a）所示，导体 ab 中的电动势方向由 b 指向 a，导体 cd 中的电动势则由 d 指向 c，从整个线圈来看，电动势的方向由 d 指向 a，此时，电刷 A 输出正极性电压，电刷 B 输出负极性电压。若接通负载，电流将形成一个流向为 d→c→b→a→A→负载→B→d 的闭合通路。

若转子转过 90°时，两个线圈的有效边位于磁场物理中性面上，导体的运动方向与磁力线平行，不切割磁力线，因此感应电动势为零。

若转子转过 180°时，如图 6-6（b）所示。根据右手定则可判断，此时，导体 ab 中的电动势方向由 a 指向 b，导体 cd 中的电动势则由 c 指向 d，从整个线圈来看，电动势的方向由 a 指向 d，但是，电刷 A 仍然输出正极性电压，电刷 B 输出负极性电压。若接通负载，电流将形成一个流向为 a→b→c→d→A→负载→B→a 的闭合通路。

由以上分析可知：线圈内部产生的感应电动势方向是变化的，因此电枢绕组内部是交变电流。而从外部来看，由于换向器的存在，使电刷 A 始终保持了正极性电压，而电刷 B 则保持负极性电压，因此，电刷两端获得了直流电动势输出。这就是直流发电机的工作原理。

由右手定则可知，决定感应电动势的方向有两个因素：一是转子导体的运动方向；二是电机的磁场方向。因此，改变原动机的拖动方向或改变磁极方向都可以改变直流发电机的输出电动势方向。

2. 直流电动机的工作原理

直流电动机是将直流电能转化为机械能输出的一种电磁装置。其工作模型如图 6-7 所示。电刷 A、B 接到直流电源上，根据电磁力定律，通电导体在磁场中会受到力的作用，其方向由左手定则确定。

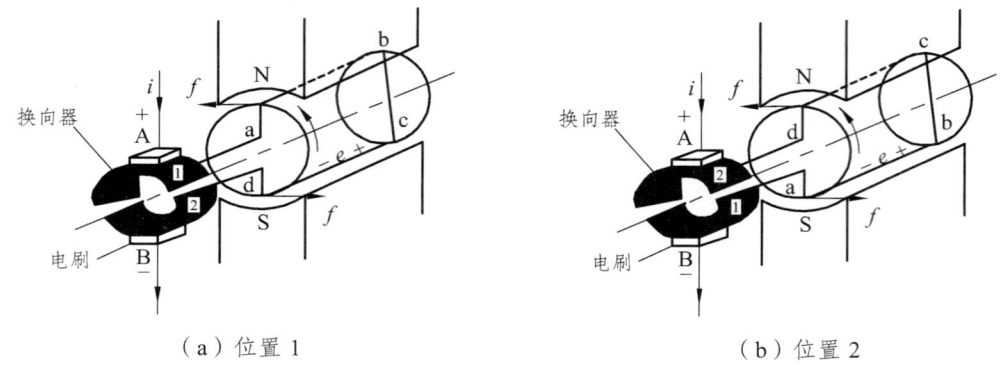

（a）位置 1　　　　　　　　　　　　（b）位置 2

图 6-7　直流电动机的工作原理模型

如图 6-7（a）所示，假定电流从电刷 A 流入线圈，则电流方向为 A→a→b→c→d→B。根据左手定则，此时，ab 边受到的电磁力向左，cd 边受到的电磁力向右，在这一对电磁力矩的作用下，转子将逆时针转动起来。

当转子转过 90°时，线圈中虽无电流和力矩，但在惯性的作用下，电机将继续旋转。

当转子转过 180°时，如图 6-7（b）所示。此时线圈电流方向为 A→d→c→b→a→B。根据左手定则，此时，ab 边受到的电磁力向右，cd 边受到的电磁力向左，在这一对电磁力矩的作用下，转子将保持逆时针转动。

由以上分析可知：当直流电动机接入直流电源时，借助于电刷和换向器，使直流电动机电枢绕组中流过方向交变的电流，从而使转子产生恒定方向的电磁转矩，保证了直流电动机朝一定的方向连续旋转。这就是直流电动机的工作原理。

由左手定则可知，电磁力的方向取决于磁场方向和电枢绕组中电流的方向。因此，改变电源极性或改变磁极方向都可以改变电磁转矩的方向，即改变直流电动机的运行方向，这也是直流电动机实现反转的原理。应注意，二者只能改变其一，否则，直流电动机的转向不变。

3. 直流电机的可逆运行原理

通过以上分析，直流发电机和直流电动机的工作原理模型及结构完全相同，但工作原理又不同。

对直流发电机，当其接通负载以后，电枢绕组的导体中将会有电流流过，根据电磁力定律，载流导体在磁场中将受到电磁力的作用，由左手定则可知，电磁转矩与转速方向相反，即此时电磁力将阻碍发电机旋转，是制动转矩。因此，原动机必须用足够大的拖动转矩来克服电磁转矩的制动作用，以维持发电机的稳定运行。此时发电机从原动机吸取机械能，转换成电能向负载输出。

对直流电动机，当电动机旋转起来后，电枢绕组导体将切割磁力线，产生感应电动势，根据右手定则，可以判断其方向与电流方向相反。这意味着，此时电枢电动势是一个反电动势，它将阻碍电流流入电动机。因此，直流电动机要正常工作，就必须施加直流电源以克服反电动势的阻碍作用。此时电动机从直流电源吸取电能，转换成机械能输出。

综上所述，无论是直流发电机还是直流电动机，由于电磁关系的相互作用，电枢电动势和电磁转矩总是同时存在。因此，一台直流电机，既可作为发电机运行，又可作为电动机运行，他们的结构相同，只是运行的外部条件不同而已，这就是直流电机的可逆运行原理。

（三）直流电机的励磁方式

励磁方式是指直流电机主磁场的产生方法。一般可分为两大类：一类是永磁式直流电机，它的定子磁极由永久磁铁组成；另一类为励磁式直流电机，它的定子磁极由励磁铁心和励磁线圈组成。根据励磁绕组与电枢绕组接线方式的不同，励磁式直流电机可分为他励、并励、串励和复励直流电机。

由图 6-8 可知，他励直流电机的励磁绕组与电枢绕组相互独立，分别由单独的电源供电。并励直流电机的励磁绕组与电枢绕组并联，由同一电源供电。串励直流电机的励磁绕组与电枢绕组串联，由同一电源供电。而复励直流电机的励磁绕组与电枢绕组一部分串联，另一部分并联。不同励磁方式的直流电机运行特点各不相同，它是选用直流电机的重要依据。

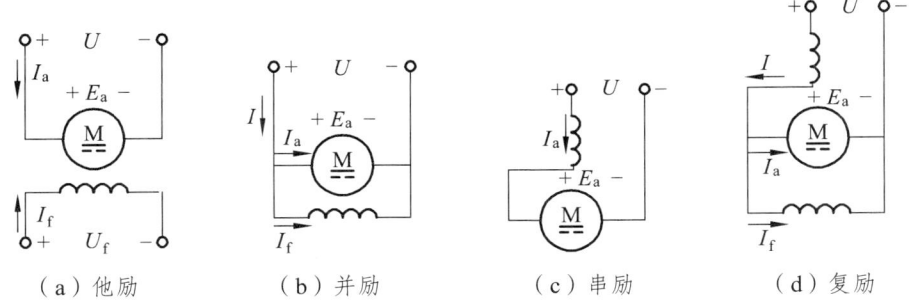

（a）他励　　（b）并励　　（c）串励　　（d）复励

图 6-8　直流电机的励磁方式

（四）直流电机的铭牌参数

铭牌贴在机座外壳，标明电机主要额定数据及产品相关数据，供使用者选用时参考。铭牌数据主要包括电机型号、额定功率、额定电压、额定电流、额定转速、励磁方式和励磁电流等，此外还包括电动机出厂编号、出厂日期等数据。如图 6-9 所示。

直流发动机			
型号	Z4-112/2-1	励磁方式	并励
额定功率	5.5 kW	励磁电压	180 V
额定电压	440 V	励磁电流	0.4 A
额定电流	15 A	额定效率	81.2%
额定转速	3 000 r/min	绝缘等级	B级
定额	连续	出厂日期	××××年××月
××××电机厂			

图 6-9 直流电机的铭牌

1. 型号

产品型号一般采用电动机全名称汉语拼音的首字母和若干阿拉伯数字组成，它表明了电动机的类型、规格和结构等。根据电机的型号，可以从相关技术手册查出该电机的有关技术参数。图 6-9 中电机铭牌的型号含义如图 6-10 所示。

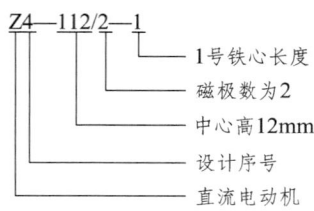

图 6-10 电流电机型号含义

2. 额定值

铭牌上所标称的参数均为额定运行条件下的值。

（1）额定电压 U_N（V）。指电机额定运行时，电枢绕组两端所输入或输出的电压值。

（2）额定电流 I_N（A）。指电机额定运行时，流入或流出电枢绕组的电流值。

（3）额定功率 P_N（kW）。指电机额定运行时，所输出的功率。对直流发电机，是指电刷两端输出的电功率，且 $P_N=U_N I_N$；对直流电动机，是指电机轴上所输出的机械功率，且 $P_N=U_N I_N \eta_N$。

（4）额定效率 η_N。指电动机额定运行时，能够将电能转化为机械能的能力。

（5）额定转速 n_N（r/min）。指电动机额定运行时，转子的运行速度。

（6）额定励磁电压 U_{IN}（V）。指电动机额定运行时，励磁绕组所加的电压。

（7）额定励磁电流 I_{IN}（A）。指电动机额定运行时，励磁绕组的工作电流。

电机在实际运行时，由于负载或环境因数的变化，往往不能保持在额定状态下运行。如果流过电机的电流小于额定电流，称为欠载运行；超过额定电流，称为过载运行。长期过载或欠载运行都不好，长期过载有可能因过热而烧坏电机；长期欠载，则电机没有得到充分利用，效率降低，不经济。电机在接近额定状态下运行，才是最经济合理的。

例 6-1 一台直流电动机，其额定数据为：P_N=13 kW，U_N=220 V，n_N=1 500 r/min，

η_N=90%,试求该电机的额定输入功率 P_{1N}、额定电流 I_N 和额定输出转矩 T_N（$P_N = T_N\Omega$,其中 $\Omega = 2\pi n/60$,表示电机的角速度）。

解： 由公式 $P_N = P_{1N} \cdot \eta_N$ 可得

$$P_{1N} = \frac{P_N}{\eta_N} = \frac{13}{0.9} \approx 14.44 \text{（kW）}$$

由 $P_N = U_N I_N \eta_N$ 可得

$$I_N = \frac{P_N}{U_N \eta_N} = \frac{13 \times 1\,000}{220 \times 0.9} \approx 65.66 \text{（A）}$$

由公式 $P_N = T_N \Omega$ 可得

$$T_N = \frac{P_N}{\Omega} = \frac{P_N \times 60}{2\pi n} = \frac{1\,000 \times 60 \times P_N}{2\pi n} = 9\,550 \frac{P_N}{n} = \frac{9\,550 \times 13}{1\,500} = 82.77 \text{（N·m）}$$

二、他励直流电动机的电力拖动

（一）他励直流电动机的机械特性

1. 机械特性的表达式

直流电机的控制

机械特性就是指在稳定运行条件下，电动机的转速 n 与电磁转矩 T 之间的关系，即 $n = f(T)$。它是电动机的主要特性之一，是分析电机起动、调速、制动等问题的重要工具。下面以他励直流电动机为例讨论机械特性。

图 6-11 所示是他励直流电动机的电路原理。图中 U 为电源电压，E_a 是电枢绕组的反电动势，I_a 是电枢电流，R_a 是电枢电阻，R_s 是电枢回路串联电阻，I_f 是励磁电流，Φ 是励磁磁通，R_f 是励磁绕组电阻，R_{sf} 是励磁回路串联电阻。按图中各个量的参考方向，可以列出电枢回路的电压平衡方程式。

$$U = E_a + I_a(R_a + R_s) = E_a + I_a R \tag{6-1}$$

$$E_a = C_e \Phi n \tag{6-2}$$

又因为电磁转矩 $T = C_T \Phi I_a$，将电磁转矩表达式及式（6-1）带入式（6-2）中，可得他励直流电动机的机械特性方程：

$$n = \frac{U}{C_e \Phi} - \frac{R}{C_e C_T \Phi^2} T = n_0 - \beta T = n_0 - \Delta n \tag{6-3}$$

其中，C_e 为电动势常数，C_T 为电磁转矩常数，$R=R_a+R_s$ 表示电枢回路总电阻，$n_0 = \frac{U}{C_e \Phi}$ 为理想空载转速，$\beta = \frac{R}{C_e C_T \Phi^2}$ 为机械特性的斜率，Δn 为转速降。由式（6-3）可知，当 U、R、Φ 为常数时，他励直流电动机的机械特性是一条斜率为 β 的向下倾斜的直线，如图 6-12 所示。

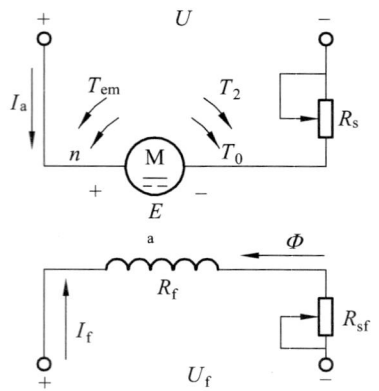

图 6-11 他励直流电动机的电路原理

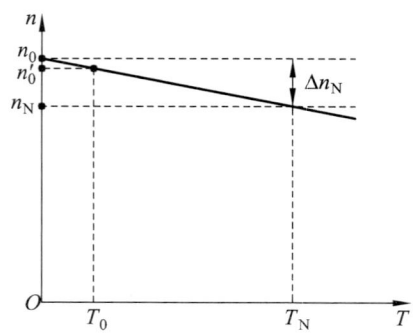

图 6-12 他励直流电动机的机械特性曲线

需要注意的是，电动机的实际空载转速 n_0' 比理想空载转速略低。这是因为电动机固有机械摩擦等原因，存在一定的空载转矩 T_0，因此空载运行时，电磁转矩不可能为零，它必须克服空载转矩，即 $T=T_0$。

转速降 Δn 是理想空载转速与实际转速之差，转矩一定时，它与机械特性的斜率 β 成正比。β 越大，机械特性曲线越陡，Δn 越大；β 越小，机械特性曲线越平，Δn 越小。通常称 β 大的机械特性为软特性，代表着转速受负载变化影响较大，而 β 小的机械特性为硬特性，代表其转速受负载变化影响较小。在实际应用中，有时候需要机械硬特性，如机床的切削，只有特性硬速度才能保持为恒速，切削才能平滑不留痕；有时候需要机械软特性，如电钻，如果特性太硬，遇到硬物时不能很快降速则容易折断钻头。

2. 固有机械特性和人为机械特性

在实际应用中，电枢回路电阻 R、电源电压 U 和励磁磁通 Φ 都可以根据实际需要进行调节，参数变化则其对应的机械特性将发生变化。其中，把电动机处于额定运行，且电枢回路不外串电阻时的机械特性，称为固有机械特性；把调节 U、R、Φ 等参数后得到的机械特性称为人为机械特性。因此，可以通过改变参数来改变直流电机的起动、调速性能，从而满足生产需求。

（1）固有机械特性。

把 $U=U_N$，$\Phi=\Phi_N$，$R=R_a$ 时的机械特性称为固有机械特性。根据式（6-3）可知，此时特性方程为

$$n=\frac{U_N}{C_e\Phi_N}-\frac{R_a}{C_eC_T\Phi_N^2}T \tag{6-4}$$

由于电枢绕组的电阻 R_a 阻值很小，因此机械特性的斜率 β 很小，对应的转速降 Δn 很小，所以，固有机械特性为硬特性，如图 6-13 中 R_a 对应的直线。

（2）人为机械特性。

改变他励直流电动机的人为机械特性有电枢回路串电阻、降低电枢电压、减小励磁磁通三种基本形式。

① 电枢回路串电阻时的人为机械特性。

保持 $U=U_N$、$\Phi=\Phi_N$ 不变，在电枢回路中串入电阻 R_s，根据式（6-3）可知，此时机械特性方程为

$$n=\frac{U_N}{C_e\Phi_N}-\frac{R_a+R_s}{C_eC_T\Phi_N^2}T \tag{6-5}$$

电枢回路串入不同的电阻 R_s 将得到不同的人为机械特性。与固有机械特性相比，电枢回路串电阻时的机械特性的理想空载转速 n_0 不变，但由于电枢回路串入电阻，斜率变大，机械特性变软。图 6-13 是一组不同 R_s 时的人为机械特性曲线，由图可知，改变电阻 R_s 的大小，可使电动机的转速发生变化。因此电枢回路串电阻的方法可以用于调速。

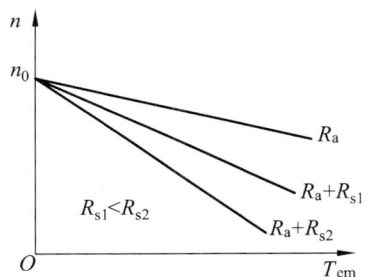

图 6-13　电枢回路串电阻时的机械特性

② 降低电枢电压时的人为机械特性。

保持 $R=R_a$、$\Phi=\Phi_N$ 不变，只改变电枢电压 U，根据式（6-3）可知，此时机械特性方程为

$$n=\frac{U}{C_e\Phi_N}-\frac{R_a}{C_eC_T\Phi_N^2}T \tag{6-6}$$

电动机工作时，由于受到绝缘强度的限制，电源电压只能从额定电压 U_N 向下调节。与固有机械特性相比，改变电枢电压的人为机械特性的特点是：理想空载转速 n_0 随着电压 U 下降时，成正比例减小，但特性曲线斜率 β 不变。图 6-14 所示为一组不同电压时的人为机械特性曲线，它们是一组平行直线。因此，降低电枢电压也可用于调速，且 U 越低，转速越低。

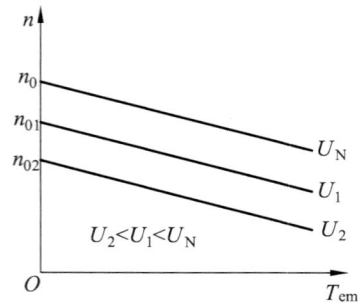

图 6-14 降低电枢电压时的机械特性

③ 减小励磁磁通时的人为机械特性。

保持 $U=U_N$，$R=R_a$ 不变，只改变励磁磁通，根据式（6-3）可知，此时机械特性方程式为

$$n = \frac{U_N}{C_e\Phi} - \frac{R_a}{C_e C_T \Phi^2}T \tag{6-7}$$

由于电动机额定运行时，磁路已经开始饱和，此时若继续增大励磁电流，磁通也不会再增加。因此，磁通只可从 Φ_N 往下调节，也就是只能调节励磁回路串接的可变电阻 R_{sf} 使其增大，从而减小励磁电流 I_f，以减小磁通 Φ。

与固有机械特性相比，减小磁通的人为机械特性的特点是：理想空载转速与磁通成反比，即减弱磁通 Φ，n_0 升高；斜率 β 与磁通二次方成反比，减弱磁通斜率增大。图 6-14 所示为一组减弱磁通的人为机械特性曲线。若用于调速，Φ 越小，则转速越高。

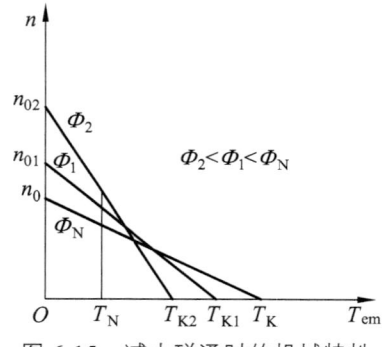

图 6-15 减小磁通时的机械特性

（二）生产机械的负载转矩特性

对电力拖动系统而言，要获得良好的起动、调速及制动性能，不仅要研究电动机本身的机械特性，同时，对生产机械的负载特性也必须十分清楚，这样才能使电力拖动系统运行良好。

生产机械的负载特性一般用负载转矩特性 $n = f(T_L)$ 表示。各种生产机械的特性大致可分为三类，即恒转矩负载、恒功率负载、泵与风机类负载。

1. 恒转矩负载特性

所谓恒转矩负载，就是负载转矩的大小为一恒定值，即为常数，与转速的大小无关，这种特性称为恒转矩负载特性，它包括反抗性恒转矩负载和位能性恒转矩负载两种。

（1）反抗性恒转矩负载。

反抗性恒转矩负载的特点是：负载转矩的大小不变，而负载转矩的方向始终与电动机运动的方向相反，即总是阻碍电动机运转。当电动机的旋转方向改变时，负载转矩的方向也随之改变，永远是阻力矩，其特性曲线总在第一或第三象限，如图 6-16 所示。常见的轧钢机、机床的平移机构和皮带运输机等都属于这类特性的生产机械。

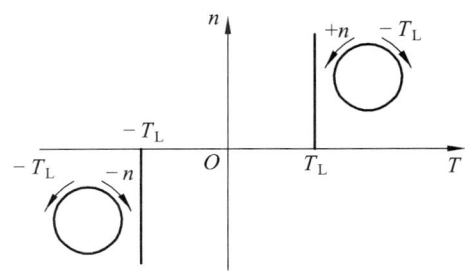

图 6-16 反抗性恒转矩负载特性

（2）位能性恒转矩负载。

位能性恒转矩负载的特点是：负载转矩由重力作用产生，不论生产机械运动的方向是否发生改变，负载转矩的大小和方向始终不变。这种负载转矩特性曲线始终在第一或第四象限，如图 6-17 所示。例如，起重设备在提升重物或下放重物时，虽然转速方向改变，但由物体重力产生的负载转矩的方向是不变的。

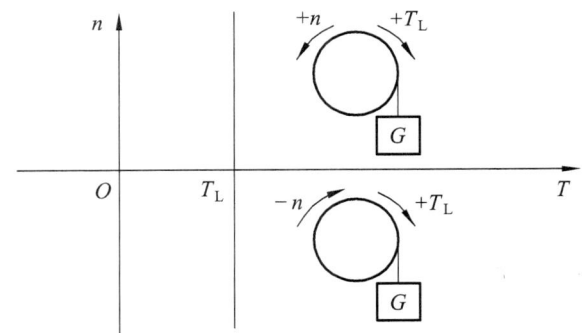

图 6-17 位能性恒转矩负载特性

2. 恒功率负载

恒功率负载的特点是：当转速变化时，负载从电动机吸收的功率为恒定值。即 $P_L = T_L \Omega =$ 常数，又因为 $\Omega = 2\pi n/60$，可见，负载转矩与转速成反比，因此恒功率负载特性为一条双曲线，如图 6-18 所示。例如，机床的切削加工，在粗加工时，因切削量大，切削阻力大，负载转矩大，用低速切削；而精加工时，切削量小，切削阻力小，负载转矩小，用较高的速度切削。

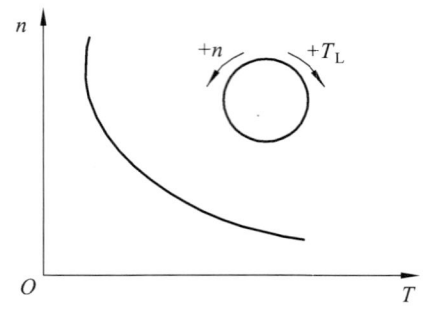

图 6-18 恒功率负载特性

3. 泵与风机类负载

泵与风机类负载的特点是负载转矩的大小与转速的平方成正比，即 $T_L = Kn^2$，式中：K 为比例常数。这类负载的特性曲线如图 6-19 所示。日常生活中的鼓风机、水泵、液压泵和油泵等都属于这种类型的负载。

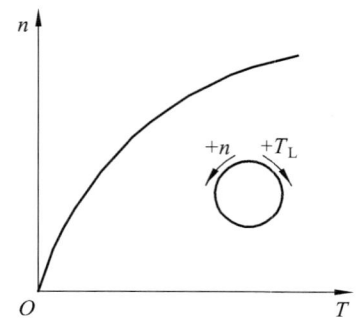

图 6-19 泵与风机类负载特性

以上三类是典型的负载特性，而实际生产机械的负载特性常为几种类型负载的综合。例如，起重设备提升重物时，电动机除受到位能性负载转矩外，还要克服系统机械摩擦所造成的反抗性负载转矩，所以电动机轴上的负载转矩应是上述两种负载转矩之和。

（三）电力拖动系统的稳定运行

在电力拖动系统中，当电动机的电枢电压不变，且输出的电磁转矩与负载转矩相等时，转速不变，则称该系统处于平衡运行状态。

所谓稳定运行，是指处于平衡运行状态的电力拖动系统在某种外界因素的扰动下，离开原来的平衡状态，在新的条件下达到新的平衡状态，当外界扰动消失后，仍能恢复到原来的平衡状态。若外界扰动消失后，系统的转速无限制地上升或一直下降至零，则该系统是不稳定的。

在实际生产中，只有稳定的系统才是适用的。一个电力拖动系统能否稳定运行是由电动机的机械特性和生产机械的负载特性共同决定的，电力拖动系统稳定运行的充分必要条件是：

（1）必要条件：电动机的机械特性与负载转矩特性必须有交点，即存在 $T = T_L$，其中 T 为电机的电磁转矩，T_L 为负载转矩。

（2）充分条件：在交点处，满足 $\dfrac{dT}{dn} < \dfrac{dT_L}{dn}$。或者说，在交点的转速以上存在 $T < T_L$，而在交点的转速以下存在 $T > T_L$。

由于大部分负载转矩都随转速升高而增大或保持恒定，因此，只要电动机具有下斜的机械特性，就能够满足稳定运行的基本条件，如图6-20所示。

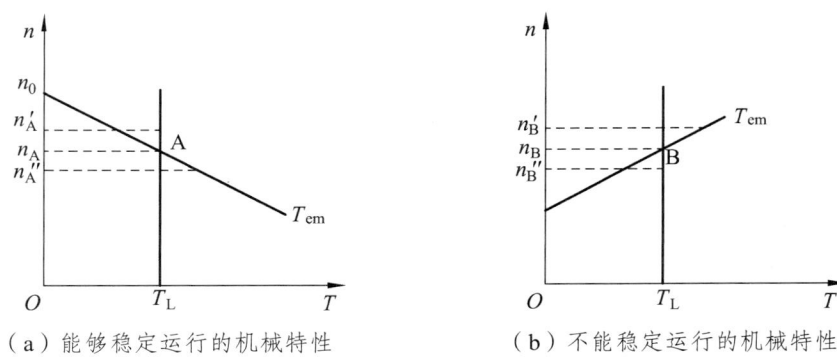

（a）能够稳定运行的机械特性　　　　（b）不能稳定运行的机械特性

图 6-20　电力拖动系统的稳定运行

（四）他励直流电动机的起动

电动机工作时，总是从静止状态开始转动，转速从零开始逐渐上升，最后达到稳定运行状态，这就是电动机的起动过程。起动时，电枢电流、电磁转矩、转速都随时间变化，这是一个过渡过程。开始起动的一瞬间，转速等于零，此时的电枢电流称为起动电流，用 I_{st} 表示；对应的电磁转矩称为起动转矩，用 T_{st} 表示。生产机械对直流电动机的起动有如下要求：

① 起动转矩 T_{st} 足够大，电动机才能顺利起动，并缩短起动时间。
② 起运电流 I_{st} 不可太大，以保护电机。
③ 起动设备操作方便，运行可靠，成本低廉。

将额定电压直接加在直流电动机的电枢绕组上，称为直接起动或全压起动。起动瞬间，电动机转速 $n = 0$，电枢绕组感应电动势 $E_a = C_e \Phi n = 0$，由电动势平衡方程 $U = E_a + I_a R_a$ 可知，直接起动时，起动电流和起动转矩为

$$I_{st} = \frac{U_N}{R_a} \tag{6-8}$$

$$T_{st} = C_T \Phi_N I_{st} \tag{6-9}$$

直接起动时，由于反电动势为零，且电枢电阻 R_a 很小，因此，起动电流将非常大，通常可达到 $10\,I_N \sim 20\,I_N$，这样大的起动电流不仅会影响电机本身的安全，造成换向恶化，出现强烈的火花，甚至烧坏换向器或电枢绕组。同时，还会引起电网电压的波动，影响同一电网的其他设备的运行。而过大的冲击转矩则可能损坏传动机构。

因此，除了一些容量很小的电动机外，一般直流电动机不允许直接起动。为了限制起动电流，他励直流电动机通常采用降低电枢电压起动或电枢回路串电阻起动。

1. 降低电枢电压起动

当直流电源电压可调时，可以采用降压起动。起动时，以较低的电源电压起动电动机，I_{st} 随电压的降低而正比减小，随着电动机转速的上升，反电动势 E_a 逐渐增大，再逐渐提高电源电压至额定值，使起动电流和起动转矩保持在一定的数值上，从而保证电动机快速起动，最后达到稳定运行状态。

为了获得足够的起动转矩，保证 $T_{st} > T_L$，起动时电流通常限制在 $1.5 I_N \sim 2 I_N$，因此，起动电压应为：$U_{st} = I_{st} R_a = (1.5 \sim 2) I_N R_a$。

降压起动需要专用电源，设备投资较大，但它起动平稳，起动过程中能量损耗小，因而得到了广泛的应用。随着电力电子技术的发展，目前多用晶闸管整流装置自动控制起动电压。

2. 电枢回路串电阻起动

电枢回路串电阻起动时，电源电压为额定值且恒定不变，在电枢回路中串接起动电阻，以达到限制起动电流的目的。起动时，将多级起动电阻全部接入电枢回路，随着转速升高，再逐级切除。图 6-21 所示是两级串电阻起动的机械特性。起动时，电机从 a 点沿曲线③加速上升，到达 b 点，此时，切除第一级起动电阻 R_{s2}，由于转速不能突变，电机转到 c 点沿曲线②加速上升，到达 d 点，再切除第二级起动电阻 R_{s1}，最后从 e 点沿固有机械特性到达 A 点稳定运行。

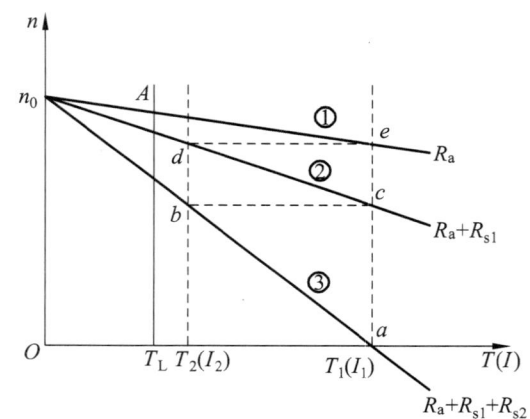

图 6-21 他励直流电动机两级串电阻起动机械特性

（五）他励直流电动机的调速

调速，即人为地改变电动机的速度以满足生产工艺的要求。例如机床切削金属时，根据工件的材料和精度的要求不同，工作速度也就不同。

根据他励直流电动机的人为机械特性可知：直流电动机有电枢回路串电阻调速、降低电枢电压调速、弱磁调速三种基本类型。

1. 电枢回路串电阻调速

他励直流电动机电枢串接电阻调速的机械特性如图 6-22 所示。从图可以看出，串入的电阻越大，曲线的斜率越大，机械特性越软。

初始时，设电动机稳定运行在固有机械特性的 A 点，当电枢回路接入电阻 R_{s1}，因转速不能突变，工作点将从 A 点跳至人为机械特性的 A' 点，此时，电枢电流减小，电磁转矩减小，$T < T_L$，电动机开始减速，随着 n 减小，电枢反电动势也减小，电枢电流 I_a 回升，电磁转矩 T 增大，工作点将沿直线 $A'B$ 达到 B 点并进入新的稳定运行状态。

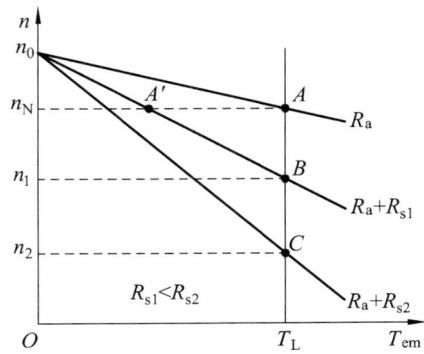

图 6-22 他励直流电动机电枢回路串电阻调速的机械特性

电枢回路串电阻调速的主要特点是：

① 串入电阻后转速只能降低，由于机械特性变软，静差率变大，特别是低速运行时，负载稍有变动，电动机转速波动大，因此调速范围受到限制。

② 串电阻只能分段调节，调速平滑性不高。

③ 由于电阻消耗能量较大，不够经济，效率低。

这种调速方法适用于对调速性能要求不高的生产机械或小容量直流电动机的调速，例如起重设备、电车等。

2. 降低电枢电压调速

降低电枢电压调速的机械特性如图 6-23 所示。由于电机工作不允许超过额定电压，因此只能在额定电压以下进行调节，且机械特性为一组平行线，电压越低，其理想空载转速越低。

初始时，电动机稳定运行在 A 点，突然将电枢电压从 U_N 降至 U_1，因机械惯性，转速不能突变，电动机将由 A 点过渡到 A' 点，此时 $T < T_L$，电动机立即减速，随 $n \downarrow \to E_a \downarrow \to I_a \uparrow \to T \uparrow$，当 $T = T_L$，电动机在 B 点达到新的稳定运行。需要注意的是，在降压幅度较大时，例如从 U_N 突降到 U_2，电动机将由 A 点过渡到 U_2 线的延长线上，工作在第二象限，此时成为回馈制动。当电动机减速至 n_{02} 时，电枢电动势 $E_a = U$，电动机重新进入电动状态，继续减速直至 C 点并稳定运行。

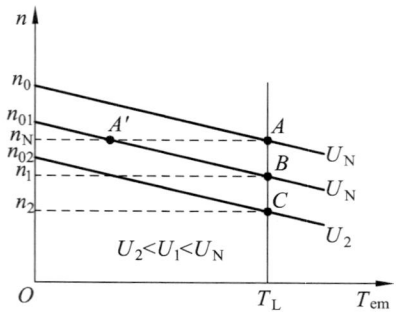

图 6-23 他励直流电动机降低电枢电压调速的机械特性

降低电枢电压调速的主要特点是:
① 调节电压时机械特性斜率不变,硬度较高,负载变化时,速度稳定性好。
② 电源电压能平滑调节,故调速平滑性好,可达到无级调速。
③ 调速过程能耗小,效率高,调速范围广。

降压调速因其良好的性能,被广泛用于自动控制系统中,如轧钢机、龙门刨床等。

3. 弱磁调速

弱磁调速的机械特性如图 6-24 所示。由于电动机额定运行时,磁路已经开始饱和,若继续增大励磁电流,磁通也不会再增加。因此,磁通只可从 Φ_N 往下调节。

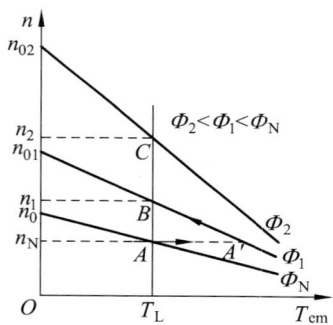

图 6-24 他励直流电动机减弱磁通调速的机械特性

初始时,设电动机在 A 点稳定运行,当突然将磁通从 Φ_N 降至 Φ_1 时,转速来不及变化,则电动机运行由 A 点过渡到 A'点,此时由于 $T > T_L$,电动机立即加速,随 $n\uparrow \to E_a\uparrow \to I_a\downarrow \to T\downarrow$,直到 B 点,此时 $T = T_L$,电动机以新的较高的工作速度稳定运行。

可以看出,弱磁调速与前面两种调速不同,它是在额定转速以上调节,而电枢回路串电阻调速和降压调速都是在额定转速以下进行调节。

弱磁调速的主要特点是:
① 弱磁调速机械特性较软,受电动机换向条件和机械强度的限制,转速调高幅度不大,因此调速范围小。
② 调速平滑,可以实现无级调速。
③ 在功率较小的励磁回路中调节,能量损耗小,经济性好。

为了扩大调速范围，常常把降压和弱磁两种调速方法结合起来，在额定转速以下采用降压调速，在额定转速以上采用弱磁调速。

（六）他励直流电动机的制动

根据电磁转矩 T 和转速 n 方向之间的关系，可以把电动机分为两种运行状态。当电动机的电磁转矩方向与旋转方向相同，称为电动运行状态；当电动机的电磁转矩方向与旋转方向相反，称为制动运行状态。

在实际生产中，为了提高生产效率和产品质量，保证设备、人身安全，要求电动机能迅速、准确地停车或迅速反向；有些设备要求限制电动机的转速在一定的数值以内，例如起重机下放重物、电车下坡等。在制动过程中，要求电动机制动迅速、平滑、可靠、能量损耗小。常用的电气制动有能耗制动、反接制动和回馈制动三种，下面分别进行介绍。

1. 能耗制动

能耗制动是把正处于电动运行状态的他励直流电动机的电枢电压从电网上切除，并接到一个外加的制动电阻上构成闭合回路。其制动原理如图 6-25 所示。

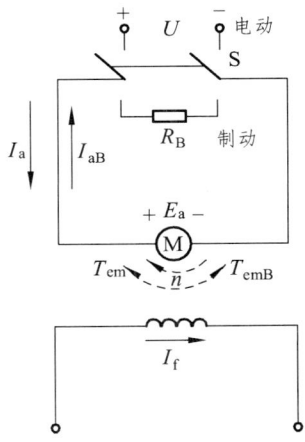

图 6-25　他励直流电动机能耗制动原理图

制动开始时，由于惯性作用，转速及电枢电动势仍保持与原电动状态时的方向和大小，但电枢电压 $U=0$，根据式（6-1），此时电枢电流为

$$I_a = \frac{U - E_a}{R_a + R_B} = -\frac{E_a}{R_a + R_B} \tag{6-10}$$

即电枢电流为负值，其方向与电动状态时的电枢电流相反，称为制动电流，由此产生的电磁转矩也与转速方向相反，称为制动转矩。在制动过程中，电动机把拖动系统的动能转变为电能并消耗在电枢回路的电阻上，故称为能耗制动。

2. 反接制动

反接制动有电枢电压反接制动和倒拉反接制动两种方式。

（1）电压反接制动。

电压反接制动是将电枢电压反接在电源上，同时在电枢回路串接制动电阻。其制动原理如图 6-26 所示。

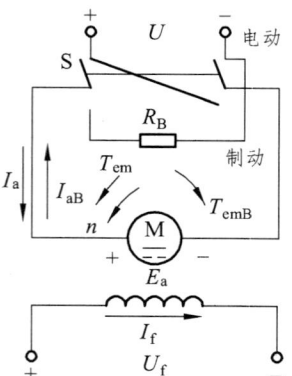

图 6-26　他励直流电动机电枢电压反接制动原理图

电源反接瞬间，转速 n 因惯性不能突变，电枢电动势 E_a 也不变，但电枢电压 U 反向，根据式（6-1），此时电枢电流为

$$I_a = \frac{-U_N - E_a}{R_a + R_B} = -\frac{U_N + E_a}{R_a + R_B} \tag{6-11}$$

此时，电枢电流 I_a 为负值，表明制动时电枢电流反向，因此电磁转矩也反向，电动机进入制动状态。在电磁转矩 T 与负载转矩 T_L 共同作用下，电动机转速迅速下降。

（2）倒拉反接制动。

这种制动方法只适用于位能性恒转矩负载，一般发生在提升重物转为下放重物的情况下。其制动原理如图 6-27 所示。

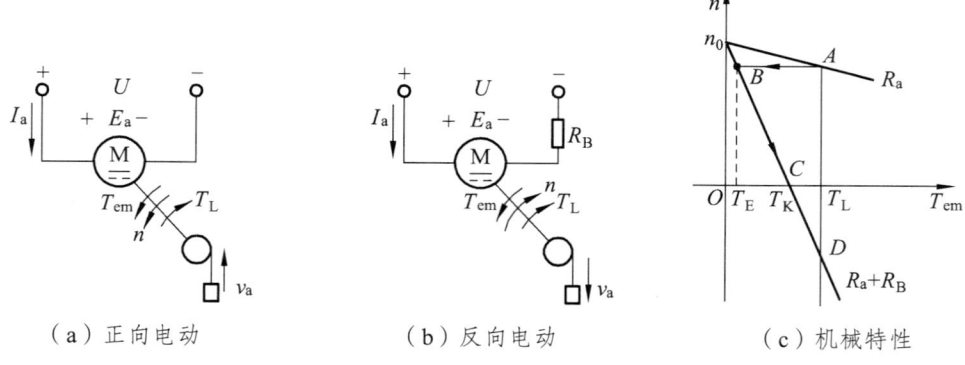

（a）正向电动　　　　（b）反向电动　　　　（c）机械特性

图 6-27　他励直流电动机倒拉反接制动原理图

电动机提升重物时，运行在固有机械特性的 A 点（电动状态）。下放重物时，在电枢

电路串接一个较大的制动电阻 R_B，由于转速不能突变，此时工作点从 A 点跳至对应的人为机械特性 B 点上，由于 $T<T_L$，电机沿曲线减速至 C 点。此时，转速 $n=0$，但仍有 $T<T_L$，在负载重物的作用下，电动机将被倒拉而反转起来，重物加速下放。使 E_a 增大，I_a 与 T 也相应增大，到达 D 点时 $T=T_L$，电动机将以 D 点的速度匀速下放重物。

倒拉运行时，由于 n 反向（负值），E_a 也反向（负值），根据式（6-1），此时电枢电流为

$$I_a = \frac{U_N - E_a}{R_a + R_B} \tag{6-12}$$

此时，电枢电流是正值，因此电磁转矩保持原方向，但与转速方向相反，电动机进入制动状态。此运行状态是由于位能负载拖动电动机反转而形成的，所以称为倒拉反接制动。

3. 回馈制动

电动状态下运行的电动机，在某种条件下（如电力机车下坡时）会出现运行转速 n 高于理想空载转速 n_0 的情况，此时 $E_a>U$，电枢电流反向，电磁转矩的方向也随之改变，由驱动转矩变成制动转矩。从能量传递方向看，此时电机处于发电运行状态，将机车下坡时失去的位能变换成电能回馈给电网，因此这种运行状态称为回馈制动状态。

【项目实施】

任务　他励直流电动机的电枢电阻测试及使用

（一）材料及工具准备

DDSZ-1 型电机及电气技术实验装置 1 套、直流电动机 1 台、插接导线若干。

（二）任务内容和步骤

1. 认识实验台

认识 DDSZ-1 型电机及电气技术实验装置各面板及使用方法，讲解电机实验的基本要求，安全操作和注意事项。

2. 用伏安法测电枢的直流电阻

（1）按图 6-28 接线，电阻 R 用 EM-03 上 1 800 Ω 并调至最大。电流表选用 EM-06 直流、毫安、安培表，量程选用 5 A 挡。

（2）接电枢电源，并调至 220 V。调节 R，使电流表为 0.2 A，测电机电枢两端电压 U 和电流 I。将电机分别旋转三分之一和三分之二周，同样测取 U、I 三组数据，填于表 6-1 中。

（3）增大 R 使电流分别达到 0.15 A 和 0.1 A，用同样的方法测取六组数据填于表 6-1 中。

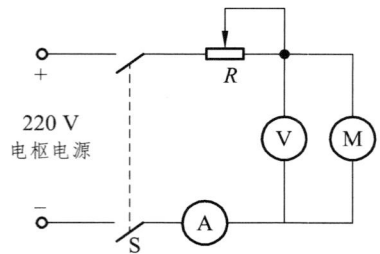

图 6-28 测电枢绕组直流电阻接线图

表 6-1 伏安法测电枢冷态电阻

室温_____°C

序号	U/V	I/A	R（平均）/Ω		R_a/Ω	R_{aref}/Ω
1		0.2	$R_{a11}=$	$R_{a1}=$		
			$R_{a12}=$			
			$R_{a13}=$			
2		0.15	$R_{a21}=$	$R_{a2}=$		
			$R_{a22}=$			
			$R_{a23}=$			
3		0.1	$R_{a31}=$	$R_{a3}=$		
			$R_{a32}=$			
			$R_{a33}=$			

取三次测量的平均值作为实际冷态电阻值。表中：

$$R_{a1}=\frac{1}{3}(R_{a11}+R_{a12}+R_{a13}),$$

$$R_{a2}=\frac{1}{3}(R_{a21}+R_{a22}+R_{a23}),$$

$$R_{a3}=\frac{1}{3}(R_{a31}+R_{a32}+R_{a33}),$$

$$R_a=\frac{1}{3}(R_{a1}+R_{a2}+R_{a3})$$

（4）计算基准工作温度时的电枢电阻。

由实验直接测得的电枢绕组电阻值，为实际冷态电阻值，冷态温度为室温。可按下式换算到基准工作温度时的电枢绕组电阻值：

$$R_{aref}=R_a\frac{235+\theta_{ref}}{235+\theta_a} \tag{6-13}$$

式中，R_a 为实际冷态电阻值，R_{aref} 为换算到基准工作温度时的电枢绕组电阻值，θ_a 为实际冷态电阻对应的温度，θ_{ref} 为基准工作温度。

3. 他励直流电动机的起动

（1）按图 6-29 接线，并将励磁电阻 R_{f1} 调到最小位置。

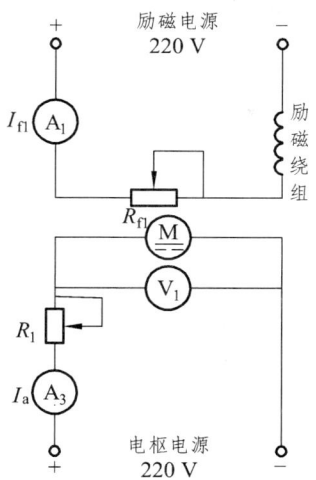

图 6-29　他励直流电动机接线图

（2）分别开启实验台的总开关、励磁电源开关。

（3）调节 R_{f1} 使 I_{f1} 等于校正值（100 mA）并保持不变，再接通电枢电源开关，使 M 起动。

4. 他励直流电动机的转速调节

分别改变串入电动机 M 电枢回路的调节电阻 R_1 和励磁回路的调节电阻 R_{f1}，观察转速变化情况，并记录于表 6-2 中。

5. 他励直流电动机的反接

将 R_1 调到最大值，先切断电枢电源开关，然后再切断励磁电源开关，使他励直流电动机停止。

（1）在断电情况下，将电枢电源的两端接线对调后，再按他励直流电动机的起动步骤起动，观察电动机的转向，并记录于表 6-2 中。

（2）在断电情况下，将励磁绕组的两端接线对调后，再按他励直流电动机的起动步骤起动，观察电动机的转向，并记录于表 6-2 中。

表 6-2　他励直流电动机的调速与反接

序号	操作内容	转速或转向的变化情况
1	减小电枢回路的调节电阻 R_1	
2	增大励磁回路的调节电阻 R_{f1}	
3	电枢电源的两端接线对调	
4	励磁绕组的两端接线对调	

（三）注意事项

（1）电机起动前，须认真检查电路连接是否正确，确认无误后方可通电。

（2）他励直流电动机起动时，要按照"先总电源、再励磁电源、最后电枢电源"的顺序进行通电；停止时，要按照"先电枢电源、再励磁电源、最后总电源"的顺序进行断电。

（3）测量时应注意仪表的量程、极性及接法。

（4）操作过程必须注意实验设备及人员安全。

（四）任务评价

直流电动机的测试及使用任务评价标准见表 6-3。

表 6-3 任务评价标准

评价项目		配分	考核内容及评分标准	备注
职业素养 （20分）	7S 基本要求	10	（1）工具、仪表、材料、作品摆放不整齐，着装不整齐、规范，不穿戴相关防护用品等，每项扣 2 分； （2）考试迟到、考核过程中做与考试无关的事、不服从考场安排酌情扣 10 分以内；考核过程舞弊取消考试资格，成绩计 0 分； （3）考核完成后未清理、清扫考核现场扣 5 分	① 考生没有操作的项目，此小项记 0 分。 ② 出现明显失误造成工具、仪表或设备损坏等安全事故；严重违反考场纪律，造成恶劣影响的，本大项记 0 分
	安全操作	10	（1）对耗材浪费，不爱惜工具，扣 3 分； （2）损坏工具、仪表扣本大项的 20 分； （3）考生发生严重违规操作或作弊，取消考生成绩	
实作结果及质量 （70分）	仪器、仪表的使用	15	（1）正确使用万用表、转速表、实验台等设备； （2）仪表选择错误 1 次扣 5 分； （3）仪表使用不正确 1 次扣 5 分； （4）损坏仪表此项目不得分	
	观察和记录直流电动机等设备的技术数据	25	（1）记录结果正确，若严重数据错误，本项不得分； （2）数据错误一处扣 2 分； （3）数据填写不正确一处扣 2 分； （4）数据计算不正确扣 5 分	
	直流电动机的接线、起动	15	（1）电路绘制正确、简洁，接线速度快，通电运行一次成功； （2）接线错误扣 10 分； （3）通电不能起动，1 次扣 5 分	
	直流电动机的反转与调速	15	（1）不能正确改变接线使电动机反转，扣 5 分； （2）不能正确使用调节电阻改变转速，扣 5 分； （3）记录数据错误 1 处扣 3 分	

续表

评价项目		配分	考核内容及评分标准	备注
清理现场 （10 分）	收拾工具、 清理现场	10	（1）未收、少收工具从总分中扣 3 分； （2）场地不清洁从总分中扣 5 分	
工时	40 min		在规定的时间内完成操作，超时停止考核	
得分				

【知识拓展】

一、直流电动机的使用

1. 直流电动机的起动准备

直流电动机在安装后投入运行前或长期搁置而重新投入运行前，需做下列起动准备工作。

（1）用压缩空气吹净附着在电机内部的灰尘，对于新电动机应去掉在风窗处的包装纸。检查轴承润滑脂是否洁净、适量，润滑脂占轴承室的 2/3 为宜。

（2）用柔软、干燥而无绒毛的布擦拭换向器表面，并检视其是否光洁，如有油污，则可蘸少许汽油擦拭干净。

（3）检查电刷压力是否正常均匀，电刷间压力差不超过 10%，刷握的固定是否可靠，电刷在刷握内是否太紧或太松，电刷与换向器的接触是否良好。

（4）检查刷杆座上是否标有电刷位置的记号。

（5）用手转动电枢，检查是否阻塞或在转动时是否有撞击或摩擦声音。

（6）检查接地装置是否良好。

（7）用 500 V 兆欧表测量绕组对机壳的绝缘电阻，如小于 1 MΩ 则必须进行干燥处理。

（8）电动机引出线与励磁电阻、起动器等连接是否正确，接触是否良好。

2. 直流电动机的起动

（1）检查线路情况，起动器的弹簧是否灵活，接触是否良好。

（2）在恒压电源供电时，需用起动器起动。闭合电源开关，在电动机负载下，转动起动器，在每个触点上停留约 2 s 时间，直至最后一点，转动臂被电磁铁吸住为止。

（3）电动机用单独的可调电源供电时，先将励磁绕组通电，并将电源电压降低至最小，然后闭合电枢回路，逐渐升高电压，达额定值或所需转速。

（4）电动机与生产机械的联轴器分别连接，输入小于 10% 的额定电枢电压，确定电机与生产机械转速方向是否一致，一致时表示接线正确。

（5）电动机换向器端装有测速发电机时，电动机起动后，应检查测速发电机输出特性，该极性与控制屏极性应一致。

（6）电动机起动完毕后，应观察换向器上有无火花，火花等级是否超标。

3. 直流电动机的调速

（1）恒功率弱磁向上调速，可调节励磁电阻，直至转速达到所需要的值，但不得超过技术条件所允许的最高转速。

（2）恒转矩负载可以采用降压或电枢串电阻向下调速。

4. 直流电动机的停机

（1）如为变速电动机，应先将转速降到最低值。

（2）去掉电动机负载后，先切断电枢电源开关，再切断励磁电源，励磁绕组不允许在停车后长期通额定电流。

二、直流电动机的维护

电动机在使用过程中，应定期进行检查，特别注意下列事项：

（1）电动机周围应保持干燥，其内外部均不应放置其他物件。电动机的清洁工作每月不得少于一次，清洁时可用压缩空气吹净内部的灰尘，特别是换向器、线圈连接线和引线部分。

（2）换向器的保养。

① 换向器应是呈正圆柱形光洁的表面，不应有机械损伤和烧焦的痕迹。

② 换向器在负载下经长期无火花运转后，在表面产生一层褐色有光泽的坚硬薄膜，这是正常现象，它能保护换向器的磨损，这层薄膜必须加以保护，不能用砂布摩擦。

③ 若换向器表面出现粗糙、烧焦等现象时可用 0 号砂布在旋转着的换向器表面进行细致研磨。若换向器表面出现过于粗糙不平、不圆或有部分凹进现象时应将换向器进行车削，车削速度不大于 1.5 m/s，车削深度及每转进刀量均不大于 0.1 mm，车削时换向器不应有轴向位移。

④ 换向器表面磨损很多时，或经车削后，发现云母片有凸出现象，应用铣刀将云母片铣成 1~1.5 mm 凹槽。

⑤ 换向器车削或云母片下刻时，须防止铜屑、灰尘侵入电枢内部。因而要将电枢线圈端部及接头片覆盖。加工完毕后用压缩空气做清洁处理。

（3）电刷的使用。

① 电刷与换向器的工作面应有良好的接触，电刷压力正常。电刷在刷握内应能滑动自如。电刷磨损或损坏时，应以牌号及尺寸与原来相同的电刷替换，并且用 0 号砂布进行研磨，砂布向电刷，背面紧贴换向器，研磨时随换向器做来回移动。

② 电刷研磨后用压缩空气做清洁处理，再使电动机做空载运转，然后以轻负载运转 1 h，使电刷在换向器上得到良好的接触面。

（4）轴承的保养。

① 轴承在运转时温度太高，或发出有害杂音时，说明可能损坏或有外物侵入，应拆下轴承清洗检查，当发现钢珠或滑圈有裂纹损坏或轴承经清洗后使用情况仍未改变时，必须更换新轴承。轴承工作 2 000～2 500 h 后应更换新的润滑脂，但每年不得少于一次。

② 轴承在运转时须防止灰尘及潮气侵入，并严禁对轴承内圈或外圈的任何冲击。

（5）绝缘电阻。

① 应当经常检查电动机的绝缘电阻，如果绝缘电阻小于 1 MΩ 时，应仔细清除绝缘表面的污物和灰尘，并用汽油、甲苯或四氯化碳清洗，待其干燥后再当涂绝缘漆。

② 必要时可采用热空气干燥法，用通风机将热空气送入电动机进行干燥，开始绝缘电阻降低，然后升高，最后趋于稳定。

（6）通风系统。

应经常检查定子温升，判断通风系统是否正常，风量是否足够，如果温升超过允许值，应立即停车检查通风系统。

三、直流电动机的常见故障及检修方法

直流电动机的常见故障及检修方法见表 6-4。

表 6-4　直流电动机的常见故障及检修方法

故障现象	故障原因	检修方法
电动机不能起动	电网停电	用万用表或电笔检查，待来电后使用
	熔断器熔断	更换熔断器
	电源线在电动机接线端上接错线	按图纸重新接线
	负载太大，起动不了	减小机械负载
	起动电压太低	通常应在 50 V 时起动
	电刷位置不对	重新校正电刷中性线位置
	定子与转子间有异物卡住	清除异物
	轴承严重损坏，卡死	更换轴承
	主磁极或换向极固定螺钉未拧紧，致使卡住电枢	拆开电动机重新紧固
	电刷提起后未放下	将电刷安放在刷握中
	换向器表面污垢太多	清除污垢
直流电动机过热	电动机过载	减小机械负载或解决引起过载的机械故障
	电枢绕组短路	用前面所述的方法找到故障点，并处理
	新做的绕组中有部分线圈接反	按正确的图纸重新接线
	换向极接反	拆开电动机，用前面所述的方法找到故障点，重新接线

续表

故障现象	故障原因	检修方法
直流电动机过热	换向片有短路	用前面所述的方法找到故障点,并处理
	定子与转子铁心相擦	拆开电动机,检查定子磁极固定螺钉是否松动及下垫片是否比原来多,重新紧固或调整
	电动机的气隙有大有小	调整定子绕组极下的垫片,使气隙均匀
	风道堵塞	清理风道
	风扇装反	重装风扇
	电动机长时间低压、低速运行	应适当提高电压,以接近额定转速为佳
	电动机轴承损坏	更换同型号的轴承
	联轴器安装不当或皮带太紧	重新调整
直流电动机电刷下有火花	电刷与换向器接触不良	重新研磨电刷
	电刷上的弹簧太松或太紧	适当调整弹簧压力,准确地说,应保持在 1.5~2.5 N/cm,通常凭手感来调整
	刷握松动	紧固刷握螺钉,刷握要与换向器垂直
	电刷与刷握尺寸相配	若电刷在刷握中过紧,可用 00#砂纸砂去少许,使电刷能在刷握中自由滑动;若过松则更换与刷握相配的新电刷
	电刷太短,上面的弹簧已压不住电刷	当刷磨损 2/3 时或电刷低于刷握时,应及时更换同型号的电刷
	电刷表面有油污粘住电刷粉	用棉纱蘸酒精擦净
	电刷偏离中性线位置	按前述方法重新调整刷架,使电刷处于中性线位置
	换向片有灼痕,表面高低不平	轻微时,用 00#细砂纸按前面所述的方法砂换向器,若严重则须上车床车去一层,并按前述方法处理
	换向器片间云母未刻净或云母凸出	用刻刀按要求下刻云母
	电动机长期过载	应将机械负载减小到额定值以下
	换向极接错	按前面所述的方法检查处理,尽量局部修复,否则重绕
	换向极线圈短路	按前面所述的方法查找、修复或做短接处理
	电枢绕组有线圈断路	按前面所述的方法查找、修复
	电枢绕组有短路	按前面所述的方法查找、修复
	换向器片间短路	换向器云母槽中有烧黑现象,按前面所述的方法修复
直流电动机电刷下有火花	电枢绕组与换向片脱焊	按正确的接线重接
	重绕的电枢绕组有线圈接反	电源电压应降到额定电压值以内
	电源电压过高	调整电压值

续表

故障现象	故障原因	检修方法
电动机漏电	电刷粉末太多	用吹风机清除电刷粉末或用棉花蘸酒精擦除
	电线头碰壳	各种电线接头都要接牢或做好绝缘
	电动机长期不用又受潮	进行干燥处理
	使用年份久或长期过热，电动机绝缘老化	应拆除绝缘老化的绕组或更换新电动机
电动机振动大	电枢转轴变形	重新校正或更换整个电枢
	地脚螺栓松动	紧固地脚螺栓
	风叶装错或变形	重新安装或校正
	联轴器未装好	重新校正联轴器
电动机接线柱发热	电源线或绕组引出线未接牢	应重新接牢
电动机响声很大	风叶变形碰壳	校正风叶
	轴承缺油或损坏	拆开电动机，将轴承清洗加油，或更换同型号的轴承
	电动机定子与转子相磨擦	轴承损坏则更换轴承，或调整定子磁极下的垫片

【研讨】

（1）直流电动机有哪些优缺点？应用于哪些场合？

（2）直流电动机的基本结构由哪些部件所组成？

（3）简述直流电动机的换向器的作用。

（4）直流电动机的励磁方式有哪几类？

（5）一台直流发电机，$P_N=10$ kW，$U_N=110$ V，$n_N=1\,450$ r/min，$\eta_N=90\%$，求该电机的额定电流 I_N。

（6）一台直流电动机，$P_N=20$ kW，$U_N=220$ V，$n_N=1\,450$ r/min，$\eta_N=90\%$，求该电机额定输入功率 P_{1N}、额定电流 I_{1N} 和额定输出转矩 T_N。

（7）简述直流电机的可逆原理。

（8）起动直流电动机前，电枢回路调节电阻 R_{1a} 和励磁回路调节电阻 R_{1f} 的阻值应分别调到什么位置？

（9）直流电动机在轻载或额定负载时，增大电枢回路调节电阻 R_{1a} 的阻值，电动机的转速如何变化？增大励磁回路的调节电阻 R_{1f} 的阻值，转速又如何变化？

（10）用哪些方法可以改变直流电动机的转向？

（11）直流电动机停机时，应该先切断电枢电源，还是先断开励磁电源？

项目七 三相异步电动机的认识及拆装

【项目目标】

认识三相异步电动机的基本结构,掌握其接线与应用,了解其装配方法。

【项目描述】

通过相关基础知识的学习,完成三相异步电动机绕组的判别与正确接线,并对三相异步电动机进行拆装,熟悉其基本结构和装配方法。

交流电机简介

【相关知识】

一、三相异步电动机的认知

电机的种类与规格很多,按产生或使用电能种类的不同,可分为直流电机和交流电机两大类。交流电机又分为异步电机和同步电机两种,同步电机主要作为发电机使用,异步电机主要作为电动机使用。异步电动机又有单相和三相之分,而三相异步电动机又分笼型和绕线式。

单相异步电动机采用单相交流电源,其功率一般较小,主要用于家庭、办公场所的电风扇、空调、电冰箱、洗衣机等电器设备中。

三相异步电动机是交流电机的一种,又称感应电动机。它采用三相交流电源供电,因其结构简单、容易制造、价格低廉、维修方便、运行可靠、坚固耐用、运行效率较高等一系列优点,被广泛应用于现代工业生产机械拖动系统中。据相关资料统计,目前电网中的电能 2/3 以上是由电动机消耗的,而且工业越发达,现代化程度越高,其比例也越大。而在整个电动机的耗能中,三相异步电动机又居首位。

(一)三相异步电动机的基本结构

三相异步电动机的结构主要由定子、转子两大部分组成。定子即电机中固定不动的部分，转子即电机的旋转部分。另外，在定、转子之间还必须有一定的间隙（又称气隙），以保证转子的自由转动。三异步电动机的气隙较其他类型的电动机气隙要小，一般为 0.2~2 mm。

三相异步电动机按转子结构不同又分为鼠笼式异步电动机（见图 7-1）和绕线式异步电动机（见图 7-2）。按外形不同，有开启式、防护式、封闭式等多种形式，以适应不同的工作需要。根据防护型式不同，又分为防爆式、潜水泵式等，以适应特殊场合需要。

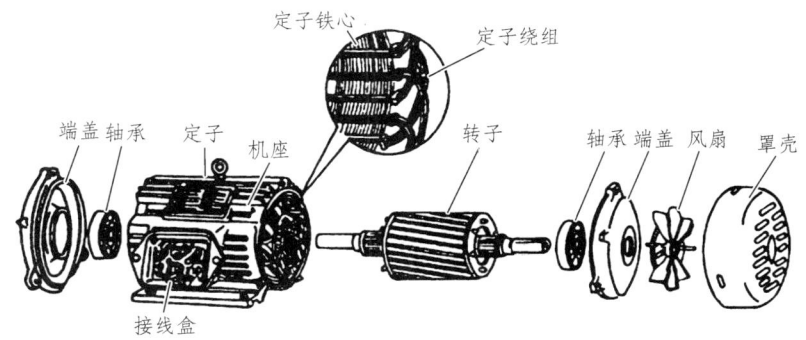

图 7-1 鼠笼式异步电动机的结构组成

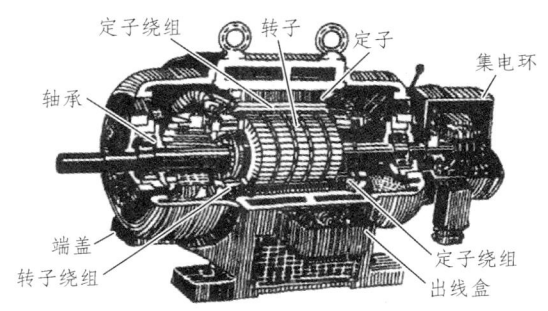

图 7-2 绕线式异步电动机的结构组成

1. 定子部分

定子部分由定子铁心、定子绕组、机座及端盖、轴承等部件组成。

（1）定子铁心。

定子铁心是电动机磁路的一部分。为了减小涡流和磁滞损耗，通常用 0.35 mm 或 0.5 mm 厚的硅钢片冲片并叠压成圆柱形，如图 7-3 所示。硅钢片表面的氧化层作为片间绝缘（大型电动机要求涂绝缘漆）。定子铁心的内圆上有分布均匀的线槽，用以嵌放定子绕组。当定子铁心轴向长度较长时在轴向每隔 3~6 cm 留有通风沟，用以定子绕组散热。

（2）定子绕组。

定子绕组一般用高强度的绝缘漆包线绕制而成，它是电动机最重要的电路部分，其作用是利用通入的三相交流电产生旋转磁场。三相定子绕组 U_1U_2、V_1V_2、W_1W_2 按空间角度互差 120°的电角度均匀地嵌入定子槽内，槽口用槽楔塞紧。槽内绕组匝间、绕组与铁心之间都要有良好的绝缘，如图 7-4 所示。

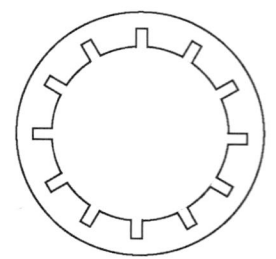
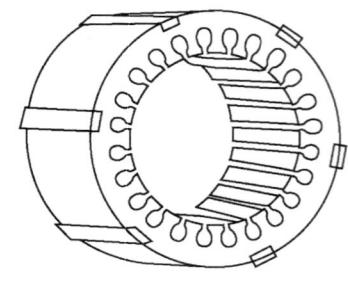

图 7-3 定子铁心

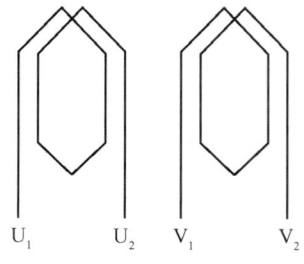
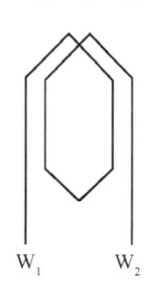
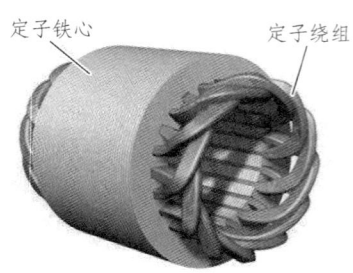

图 7-4 定子绕组

U_1、V_1、W_1 称为三相绕组的首端，U_2、V_2、W_2 为末端。这六个端线再引到机座外侧的接线盒内。三相异步电动机根据电源电压和绕组额定电压的不同，可以采用星形（Y形）或三角形（△形）两种接法。如图 7-5 所示。

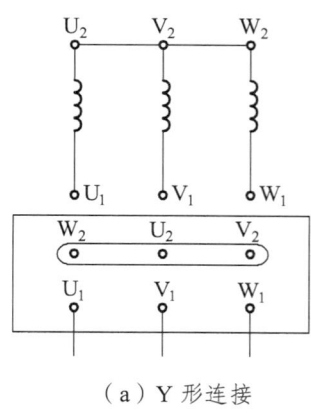
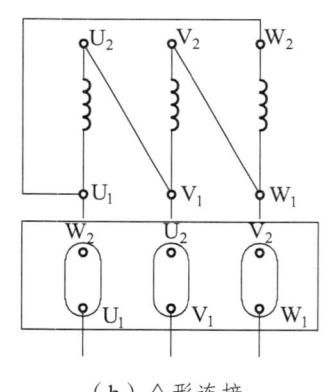

（a）Y 形连接　　　　　　　　　　（b）△形连接

图 7-5　三相异步电动机的 Y 形连接与△形连接

（3）机座。

机座用来支承定子铁心和固定端盖，同时充当电机的磁路部分，并进行对外散热。中、小型电动机机座一般用铸铁浇成，大型电动机多采用钢板焊接而成。

（4）轴承与端盖。

轴承是电动机定、转子衔接的部位，将转子转轴固定在轴承中，是一个支撑轴的零件，它可以引导转轴的旋转，减小摩擦阻力。轴承有滚动轴承和滑动轴承两类。端盖的作用是借助于滚动轴承将转子和机座连成一个整体。

2. 转子部分

转子是电动机中的旋转部分，一般由转子铁心、转子绕组、转轴、风扇等组成。三相交流异步电动机按照转子绕组形式的不同，一般可分为笼型异步电动机和绕线型异步电动机。

（1）转子铁心。

转子铁心也是电动机磁路的一部分。同样是由 0.35 mm 或 0.5 mm 厚的硅钢片叠压成圆柱体，并紧固在转轴上。转子铁心的外圆面有均匀分布的线槽或导孔，用以嵌放转子绕组。

（2）转子绕组。

转子绕组用于切割定子绕组产生的旋转磁场，从而产生感应电动势和电流，并在电磁力的作用下受力而使转子转动。转子绕组根据结构不同，有鼠笼式和绕线式两种。

① 鼠笼式转子。在转子铁心的每个槽内各放置一根导体，并在铁心两端安放两个端环，称为短路环，把所有导体伸出槽外的部分与端环连接起来，形成一个闭合的回路。若去掉铁心则绕组部分就像一个鼠笼，如图7-6所示。这也是鼠笼式异步电动机名称的由来。鼠笼式转子绕组既可以嵌放裸露的铜条，也可以用铝液浇铸。

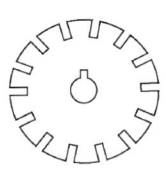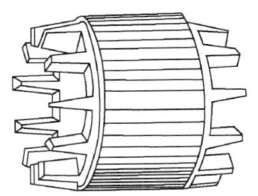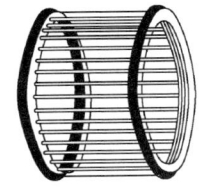

图 7-6 鼠笼式转子

② 绕线式转子。绕线式转子绕组是与定子绕组相似的对称三相绕组。一般接成 Y 形。每相出线端分别连接到与转轴相连的滑环上，环与环、环与转轴之间相互绝缘，依靠滑环与电刷的滑动接触与外电路相连接，如图7-7所示。绕线式转子的特点是可以通过滑环和电刷在转子绕组回路接入附加电阻，以改善电动机的起动性能或调节电动机的转速。

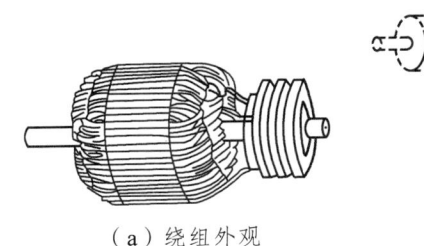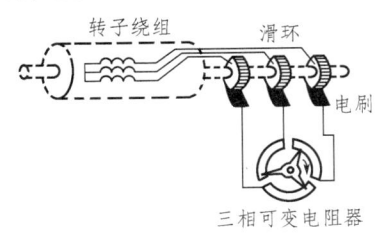

（a）绕组外观　　　　（b）绕组接线图

图 7-7 绕线式转子

两种转子相比较，笼型转子结构简单，造价低廉，并且运行可靠，因而应用十分广泛。绕线型转子结构较复杂，造价也高，但是它的起动性能较好，并能利用变阻器阻值的变化，使电动机能在一定范围内调速；在起动频繁、需要较大起动转矩的生产机械（如起重机）中常常被采用。

（3）转轴与风扇。

转轴用碳钢制成，两端轴颈与轴承相配合。出轴端铣有键槽，用以固定皮带轮或联轴器。转轴是输出转矩、带动负载的部件。风扇用于冷却电机，使电动机快速散热。

3. 气隙

所谓气隙就是定子与转子之间的空隙。中小型异步电动机的气隙一般为 0.2～1.5 mm。气隙的大小对电动机性能影响较大，气隙大，磁阻也大，产生同样大小的磁通，所需的励磁电流 I_m 也越大，电动机的功率因数也就越低。但气隙过小，将给装配造成困难，运行时定子、转子容易发生摩擦，使电动机运行不可靠。

（二）三相异步电动机的工作原理

三相异步电动机的定子绕组是一个空间位置均匀分布的三相绕组，如果在定子绕组通入三相对称的交流电流，就会在电动机内部建立起一个恒速旋转的磁场，称为旋转磁场。它是异步电动机工作的基本条件，也是转子能够转动并实现能量转换的基础。因此，下面我们先介绍旋转磁场的产生，然后再讨论异步电动机的工作原理。

1. 旋转磁场的产生、旋转方向、旋转速度

（1）旋转磁场的产生。

如图 7-8 所示，三相定子绕组 U_1U_2、V_1V_2、W_1W_2 互差 120°，并接成 Y 形。将三相定子绕组的首端 U_1、V_1、W_1 接在三相对称交流电源 $i_U=I_m\sin\omega t$、$i_V=I_m\sin(\omega t-120°)$、$i_W=I_m\sin(\omega t+120°)$ 上，则有三相对称电流通过三相绕组。根据安培定则，电流通过每个线圈都要产生磁场，而通过定子绕组的三相交流电流的大小及方向均随时间而变化，那么三相绕组所产生的合成磁场是怎样的呢？

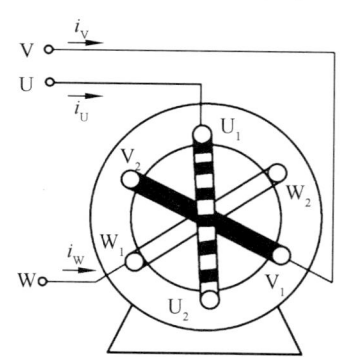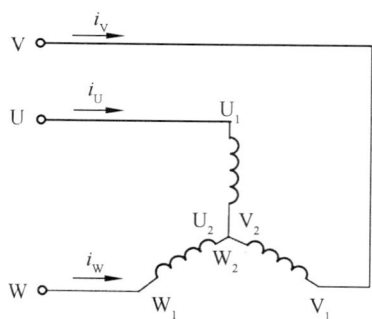

图 7-8 三相定子绕组电源接线

由于合成磁场可以由每个线圈在同一时刻各自产生的磁场进行叠加而得到。下面分别取 $\omega t=0$、$\pi/2$、π、$3\pi/2$、2π 五个时刻对合成磁场进行定性分析，如图 7-9 所示。假设电流取正值时，是由绕组始端流进（符号 ⊕），由尾端流出（符号 ⊙）；电流取负值时，绕组中电流方向与此相反。

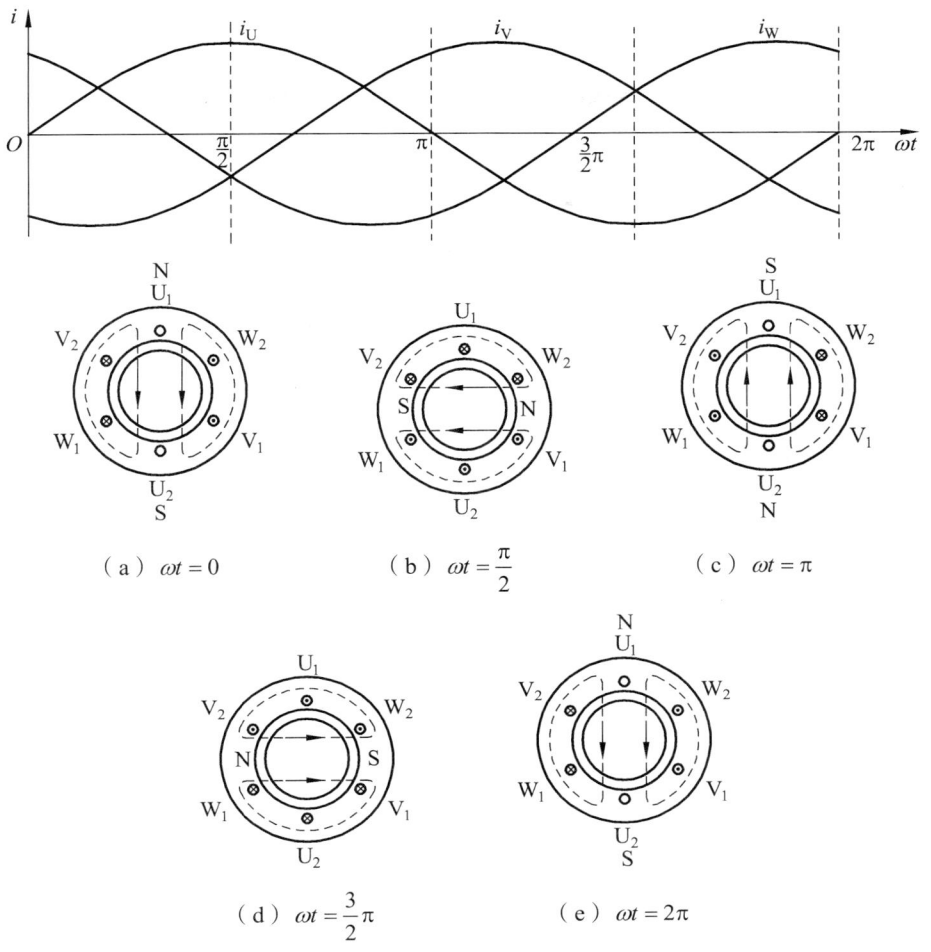

图 7-9 三相交流电产生旋转磁场示意图

当 $\omega t=0$，U 相电流 $i_U=0$，V 相电流 i_V 为负值，即电流由 V_2 端流进，由 V_1 端流出；W 相电流 i_W 为正，即电流从 W_1 端流进，从 W_2 端流出。根据右手螺旋定则电生磁，可以判定出此时电流产生的合成磁场如图 7-9（a）所示。此时好像有一个永磁体的 N 极在上端，S 极在下端。

当 $\omega t=\pi/2$，U 相电流 i_U 为正，即电流从 U_1 流入，从 U_2 流出，V 相电流 i_V 为负值，即电流由 V_2 端流进，由 V_1 端流出；W 相电流 i_W 为负，即电流从 W_1 端流出，从 W_2 端流入。根据右手螺旋定则电生磁，可以判定出此时电流产生的合成磁场如图 7-9（b）所示。此时好像有一个永磁体的 N 极在右端，S 极在左端。可见随着时间变化，合成磁场也顺时针旋转了 90°。

同理可知，当 $\omega t=\pi$、$3\pi/2$、2π 时，三相定子绕组产生的合成磁场依次按照图 7-9（c）、（d）、（e）变化，相当于合成磁场随着三相交流电变化了一周。由于三相交流电随着时间周而复始地周期性变化，则合成磁场也会按同样的规律周期性变化。观察合成磁场的变化规律可知：给三相定子绕组通三相对称交流电，在电机内部会产生一个沿定子内圆周期性变化的旋转磁场。

（2）旋转磁场的方向。

由图 7-9 中各个瞬间磁场变化的规律可以看出，当通入三相绕组中电流的相序为 $i_U \to i_V \to i_W$，则旋转磁场在空间中沿绕组始端 U→V→W 方向旋转，在图中即按顺时针方向旋转。如果把通入三相绕组中的电流相序任意调换其中两相，例如，调换 V、W 两相，此时通入三相绕组电流的相序为 $i_U \to i_W \to i_V$，则旋转磁场按逆时针方向旋转。由此可见，旋转磁场的方向是由通入定子绕组的三相交流电流的相序决定的，即把通入三相绕组中的电流相序任意调换其中的两相，就可以改变旋转磁场的方向。

（3）旋转磁场的磁极对数及转速。

旋转磁场的速度也称为"同步转速"，用 n_1 表示，其单位是"r/min"，它的大小由交流电源的频率及电机的磁极对数（p）决定。

图 7-9 所举的例子是 6 个铁心槽中放置 3 组线圈产生一对磁极（$p=1$）的电动机，电流变化一个周期，旋转磁场转过 360°机械角度（即一圈），若电源电流的频率为 f_1（Hz），则一对磁极的旋转磁场速度应为 $n_1=60f_1$（r/min）。我国电网供电电流的频率为 $f_1=50$ Hz（即工频，每秒完成 50 个周期的变化），则一对磁极的旋转磁场的转速就是 50×60 r/min =3 000 r/min。

在实际生产中，定子铁心往往不止 6 槽，而对应的定子绕组的排列方式也不相同，因此产生的磁极对数也不同。如图 7-10 所示，定子铁心为 12 槽，每相有 2 套绕组串联占 4 槽，按照前面分析产生一对磁极的方法，仍然选取几个特殊的时刻，根据图 7-9 中各相电流的正、负时刻，画出各个绕组中电流的流向，即可判定出各时刻产生的磁场情况。由图可知，此时产生了 4 个磁极（$p=2$）的旋转磁场，且电流变化一周，磁场在空间中只转过 180°机械角度（即 1/2 转）。由此类推，当电动机具有 p 对磁极时，交流电每变化一周，磁场就在空间转过 $1/p$ 转。故旋转磁场的转速（同步转速）n_1 为

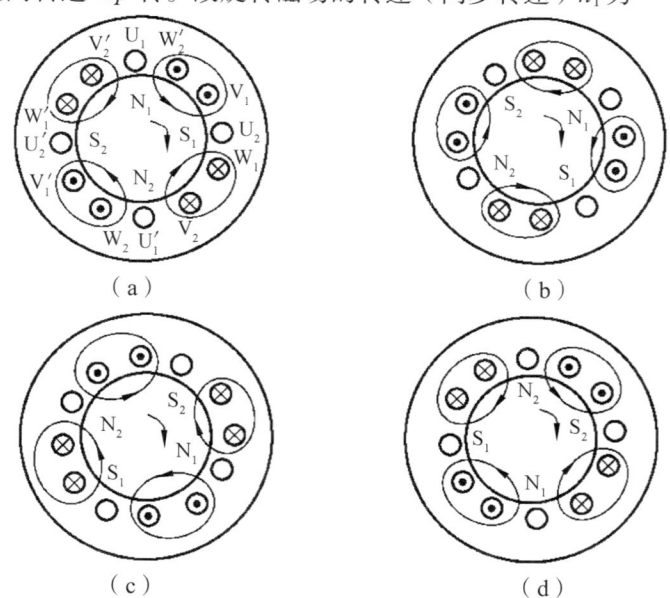

图 7-10　三相交流异步电动机产生 4 个磁极（$p=2$）旋转磁场

$$n_1 = \frac{60f_1}{p} \tag{7-1}$$

式中 f_1——交流电源的频率，Hz；

p——电动机的磁极对数。

2. 三相异步电动机的工作原理及转差率

（1）工作原理。

根据以上分析，如果在定子绕组中通入三相对称交流电流，则在定子内部将产生一个转速为 n_1 的旋转磁场。此时转子导体与旋转磁场之间存在着相对运动，切割磁力线而产生感应电动势。如图 7-11 所示，若同步转速方向为顺时针，则转子上部导体的相对切割速度向左，下部导体相对切割速度向右，转子绕组产生的感应电动势的方向可根据右手定则确定。由于转子绕组是闭合的，于是在感应电动势的作用下，转子导体内将产生如图所示的电流。载流的转子导体在旋转磁场作用下，将进一步产生电磁力 F，且力 F 的方向可由左手定则确定。该力对转轴形成了电磁转矩 T_{em}，使转子按旋转磁场方向转动起来。由于异步电动机的定子和转子之间能量的传递是靠电磁感应完成的，故异步电动机又称感应电动机。

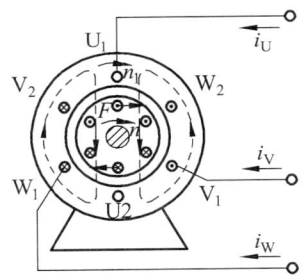

图 7-11 三相异步电动机的转动原理

综上，三相异步电动机的转动原理可归纳为：

① 电生磁：三相绕组通入三相对称交流电产生圆形旋转磁场。

② 磁生电：旋转磁场切割转子导体产生感应电动势和电流。

③ 电磁力：载流的转子导体在磁场作用下受电磁力作用，形成电磁转矩驱动电动机旋转。

（2）电动机的转速 n 与转差率 s。

转子的旋转速度一般称为电动机的转速，用 n 表示。那么转子的转速 n 与旋转磁场的转速 n_1 有什么关系呢？根据前面的介绍，转子的转动是由于转子与旋转磁场有相对运动，当异步电动机处于电动状态时，转子转速 n 总是滞后且追随旋转磁场的转速 n_1。因为一旦转子的转速和旋转磁场的转速相同，二者便无相对运动，转子也不能产生感应电动势和感应电流，也就没有电磁转矩了。只有二者转速有差异时，才能产生电磁转矩，驱使转子转动。可见，转子转速 n 总是略小于旋转磁场的转速 n_1。这也是异步电动机名称的由来。

由上可知：n_1 与 n 有差异是异步电动机运行的必要条件。通常把同步转速 n_1 与转子转速 n 的差称为转差，转差与同步转速 n_1 的比值称为转差率，用 s 表示，即

$$s = \frac{n_1 - n}{n_1} \tag{7-2}$$

转差率 s 是决定异步电动机运行状态的一个重要物理量。当异步电动机处于电动运行状态时，电磁转矩 T 和转速 n 同向。当电动机起动瞬间，转子尚未转动时，$n=0$，此时 $s=1$；当电动机空载运行时，$n \approx n_1$，此时 $s=0$。可知异步电动机处于电动运行时，转差率的变化范围总在 0 和 1 之间，即 $0<s<1$。一般情况下，电动机额定运行时，s_N 在 0.01～0.06，因此，通常认为电动机的额定转速接近于同步转速。当异步电机处于发电机运行状态时，$s<0$；当异步电机处于电磁制动状态时，$s>1$。

（三）三相异步电动机的铭牌

每台电动机的机座上都有一块铭牌，铭牌上面标注了这台电动机的型号、接线方式和额定运行条件下的主要技术参数等，它是我们合理选择和正确使用电动机的主要依据。如图 7-12 所示。

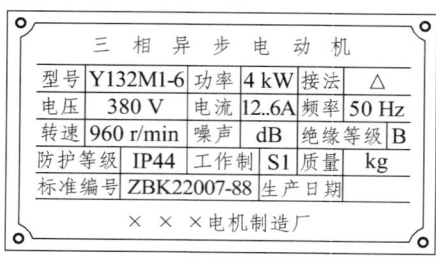

图 7-12 电动机的铭牌

1. 型号

产品型号一般采用电动机全称汉语拼音的首字母和阿拉伯数字组成，它表明了电动机的类型、规格和结构等。如图 7-13 所示。

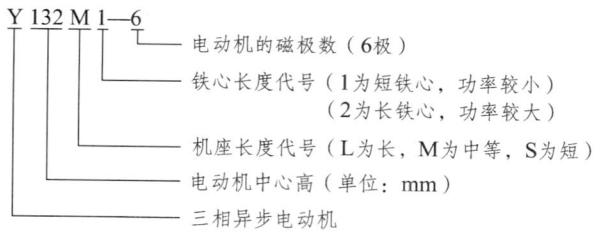

图 7-13 三相异步电动机型号的含义

其中，Y 为产品名称代号，表示异步电动机，YR 代表绕线式异步电动机，YB 代表防爆型异步电动机等。中心高越大，电动机容量越大，在同一中心高下，机座长则铁心长，容量大。中心高 80～315 mm 为小型电动机；315～630 mm 为中型电动机；630 mm 以上为大型电动机。

2. 额定值

铭牌上所标称的参数均为额定运行条件下的值。

（1）额定电压 U_N（V）：电动机额定运行时，加在定子绕组上的线电压。有的铭牌上给出两个电压值，这是对应于定子绕组三角形和星形两种不同的连接方式。如铭牌标为 220/380 V 时，表示当电源电压为 220 V 时，电动机定子绕组用三角形连接；而电源电压为 380 V 时，电动机定子绕组用星形连接。两种方式都能保证每相定子绕组在额定电压下运行。为了使电动机正常运行，一般规定电源电压波动不应超过额定值的 5%。

（2）额定电流 I_N（A）：电动机额定运行时，流入定子绕组的线电流。

（3）额定功率 P_N（kW）：指电动机额定运行时，电动机转轴上输出的机械功率。单位为 kW。对于三相异步电动机，$P_N = \sqrt{3}U_N I_N \cos\varphi_N \eta_N$，其中 $\cos\varphi_N$ 为电动机的额定功率因数，η_N 为电动机的额定效率。

（4）额定转速 n_N（r/min）：电动机额定运行时的转速，一般略低于电机的同步转速。

（5）额定频率 f_N（Hz）：加在电动机定子绕组的交流电源的频率。我国电网 f_N=50 Hz。

3. 接线方式

接线方式指三相定子绕组的与电源的接线方式，有星形连接和三角形连接两种基本形式。连接方式不一样，其工作电压不同。

4. 绝缘等级

绝缘等级指电动机内部采用绝缘材料允许的最高温度等级，它决定了电动机工作时允许的温升。电机运行时的最高温度不得超过其规定，否则，将加速绕组绝缘老化，缩短电机寿命。绝缘材料按耐热性能一般分为七个等级，各等级所对应温度的关系见表 7-1。

表 7-1 绝缘材料的耐热等级和极限温度

绝缘等级	Y	A	E	B	F	H	C
极限温度/°C	90	105	120	130	155	180	>180

5. 防护等级

防护等级是电动机外壳防止外部固体异物和水进入电机内部的能力。用国际防护等级 "IP+特定数字代码" 表示，其后面的第一个数字代表防尘等级，共分 0～6 七个等级；第二个数字代表防水等级，共分 0～8 九个等级，数字越大，表示防护能力越强。

6. 工作制

工作制是根据运行时间和工作方式不同，分为额定连续工作制 S1、短时工作制 S2、断续工作制 S3 三种。

（四）三相异步电动机的功率分析

1. 功率及损耗

三相异步电动机在实现能量的转化时总是存在损耗，电机的运行效率 η 是一个很重要的参数，即电机轴上输出的机械功率 P_2 总是小于其从电网吸收的输入功率 P_1，他们之间的关系满足 $\eta=P_2/P_1$。

例 7-1 有一台三相异步电动机的额定工作电压 U_1=380 V，额定电流 I_1=22.3 A，额定输出功率 P_2=11 kW，电动机的功率因数 $\lambda=\cos\varphi_1=0.85$，求电机的额定输入功率 P_1 及运行效率 η。

解：根据三相交流电路功率计算公式得

$$P_1 = \sqrt{3}U_1I_1\cos\varphi_1 = \sqrt{3}\times380\times22.3\times0.85 \text{ (W)} \approx 12.48 \text{ (kW)}$$

$$\eta = \frac{P_2}{P_1}\times100\% = \frac{11}{12.48}\times100\% \approx 88\%$$

由例题可知，这台电机在运行过程中，存在功率损耗 $\sum P = P_1 - P_2 \approx 1.48 \text{ kW}$。那么异步电动机的功率损耗包括哪些呢？

（1）电流在定子绕组上的铜损耗 P_{Cu1} 及转子绕组上的铜损耗 P_{Cu2}。

（2）交变磁通在定子铁芯中产生的磁滞损耗及涡流损耗，统称铁损 P_{Fe}。

（3）电机在运行过程中的机械损耗 P_{mec}（主要为机械摩擦、风阻）及其他附加损耗 P_{ad}。

根据以上分析，得出异步电动机的功率流程图如图 7-14 所示。

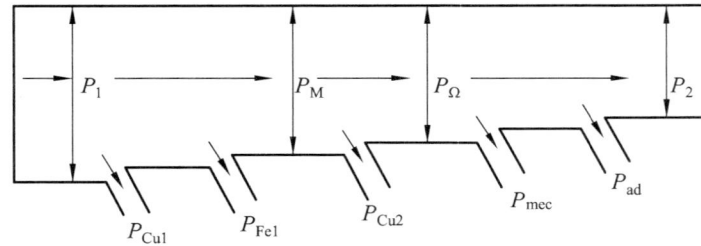

图 7-14 异步电动机的功率流程图

其中，P_M 代表定子绕组传递到转子侧的电磁功率，P_Ω 代表转子得到的总机械功率。则电动机的功率平衡方程式为

$$\left.\begin{aligned}P_M &= P_1 - P_{Cu1} - P_{Fe} \\ P_\Omega &= P_M - P_{Cu2} = P_2 + P_{mec} + P_{ad} \\ P_2 &= P_1 - P_{Cu1} - P_{Fe} - P_{Cu2} - P_{mec} - P_{ad} = P_1 - \sum P\end{aligned}\right\} \quad (7\text{-}3)$$

了解异步电动机的功率平衡方程能够摸清电机运行过程中的各种损耗，对电动机的合理运行和使用有较大帮助。

2. 功率与转矩的关系

由力学知识可知,旋转体的机械功率 P 等于作用在旋转体上的转矩 T 和它的机械角速度 Ω 的乘积,即 $P = T\Omega$,其中 $\Omega = 2\pi n/60$。因此,电动机的输出转矩 T_2 的大小为

$$T_2 = \frac{P_2}{\Omega} = \frac{P_2 \times 60}{2\pi n} = \frac{1\,000 \times 60 \times P_2}{2\pi n} \approx 9\,550 \frac{P_2}{n} \qquad (7\text{-}4)$$

式中,P_2 为电动机的输出功率(kW),n 为电动机的转速(r/min)。

例 7-2　有两台型号为 Y160M-4 及 Y180L-8 的三相异步电动机,其额定功率都是 P_2=10 kW,其中前者额定转速为 1 460 r/min,后者额定转速为 730 r/min,求它们的额定输出转矩。

解:根据公式(7-4),Y160M-4 型电机:

$$T_2 = 9\,550 \frac{P_2}{n} = 9\,550 \times \frac{10}{1\,460} \approx 65.41 \;(\text{N·m})$$

Y180L-8 型电机:

$$T_2 = 9\,550 \frac{P_2}{n} = 9\,550 \times \frac{10}{730} \approx 130.82 \;(\text{N·m})$$

根据例题可知,输出功率相同的异步电动机若极数多,则转速低,输出转矩就大;极数少,则转速高,输出转矩就小。在选用异步电动机时,必须注意这个规律。

二、三相异步电动机的运行

(一)三相异步电动机的起动

起动是指电动机接通电源后,电机由静止加速到稳定运行状态的过程。在实际生产中,要求起动性能主要有:起动电流尽量小,以减小对电网的冲击;起动转矩足够大,以加速起动过程,缩短起动时间。

交流电机的控制

电机在起动瞬间,由于转子尚未加速,此时 $n=0$,$s=1$,旋转磁场以最大的相对速度切割转子导体,转子感应电动势及电流最大,致使定子起动电流 I_{st} 也很大,其值约为额定电流的 4~7 倍。尽管起动电流很大,但此时功率因数很低,所以起动转矩 T_{st} 较小。

而过大的起动电流会引起电网电压明显降低,可能会影响接在同一电网中的其他用电设备的正常运行。例如使其他电动机的转矩减小,转速降低,或使日光灯变暗甚至熄灭等。如果是频繁起动,不仅使电动机温度升高,还会产生过大的电磁冲击,影响电动机的寿命。电动机起动转矩小,则起动时间较长,既影响生产效率又会使电动机温度升高,不能满载起动,甚至不能起动。

由于异步电动机存在起动电流很大,而起动转矩却较小的问题,因此,必须采取一些措施来限制起动瞬间的工作电流,并应尽可能地提高起动转矩,以加快起动过程。对

于容量和结构不同的异步电动机，要根据负载大小和性质的不同，采取不同的起动方式。下面分别对笼型异步电动机和绕线转子异步电动机常用的几种起动方法进行讨论。

1. 直接起动

直接起动，又称全压起动，是将三相定子绕组直接接到额定电压的电网上来起动电动机的一种起动方法。图 7-15 所示是用刀开关 QS 直接起动的电路。直接起动的优点是设备简单，操作方便，起动转矩大，起动时间短。因此，只要电网的容量允许，应尽量采用直接起动，一般容量在 10 kW 以下的三相异步电动机都可以采用直接起动。

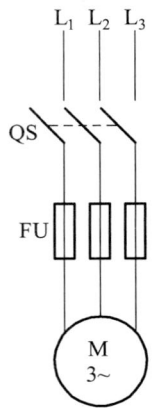

图 7-15 直接起动电路

直接起动的缺点是起动电流大，对电动机及电网有一定的冲击。在实际生产中，电动机能否直接起动有一定的规定：如电动机和照明共用同一电网，电动机起动时产生的电网压降不超过额定电压的 20%；如电动机由专用变压器独立供电但电动机起动频繁，则电动机的功率不超过变压器容量的 20%；如电动机由专用变压器独立供电且电动机不经常起动，则电动机的功率不超过变压器容量的 30%。满足以上情况，可允许直接起动。

2. 三相笼型异步电动机降压起动

如果电动机容量较大或起动频繁，为了限制起动电流，通常采用降压起动。降压起动是在起动时降低加在定子绕组上的电压，待电动机转速升高到一定值时，再使电压恢复到额定值，转入正常运行。

降压起动时，由于电压降低，电动机每极磁通量减小，故转子电动势、电流以及定子电流均减小，避免了对电网冲击而引起的电压显著下降。但由于电磁转矩与定子相电压的平方成正比，因此，降压起动时的起动转矩将大大减小，所以这种方法一般只适用于电动机空载或轻载起动。

对于三相笼型异步电动机，常用的降压起动方法有三种：定子串电抗降压起动、Y-△降压起动、自耦变压器降压起动。

（1）定子串电抗器降压起动。

三相异步电动机起动时在定子回路中串入电抗器（电阻），这样可以降低定子电压，限制起动电流，在转速接近额定值后，将电抗器切除，使电动机在额定电压下开始正常运行,如图 7-16 所示。但由于外接起动电阻上有较大的功率损耗,所以这种方法经济性较差,一般不用。

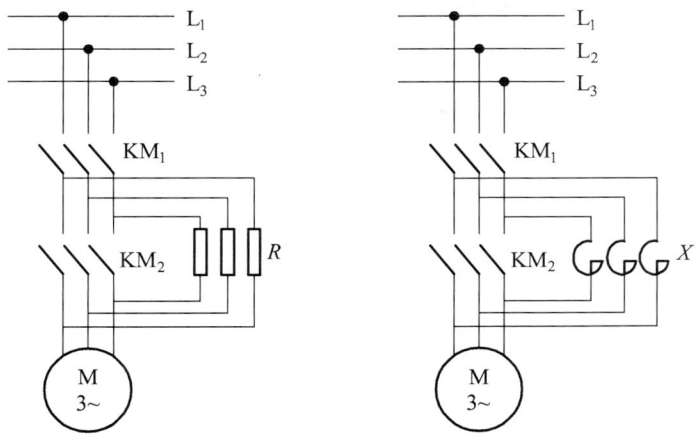

图 7-16　定子串电抗(电阻)降压起动

(2) Y-△降压起动。

起动时定子绕组接成 Y 形,运行时定子绕组则接成△形,其接线图如图 7-17 所示。这种方法只适用于正常运行时定子绕组为△形的笼型异步电动机起动。Y-△降压起动的特点是:起动时,定子绕组承受的电压只有三角形连接时的 $1/\sqrt{3}$,起动电流为直接起动时的 1/3,对应的起动转矩也降低很多。但 Y-△降压起动方法简单,价格便宜,因此在轻载起动条件下,应优先采用。

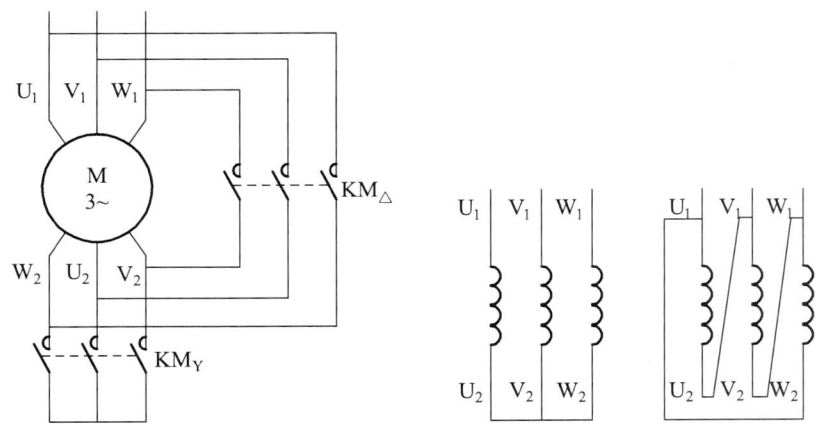

图 7-17　星三角降压起动

(3) 自耦变压器降压起动。

自耦变压器降压起动是通过自耦变压器把电压降低后,再加到电动机的定子绕组上,以达到减小起动电流的目的。起动时,电源电压接到自耦变压器的原边,副边接电动机的定子绕组,起动结束后,切除自耦变压器,电源电压直接接到电动机的定子绕组上进入全压运行。三相笼型异步电动机采用自耦变压器降压起动的接线如图 7-18 所示。这种方法对定子绕组采用 Y 形或△形接法的电动机都可以使用,缺点是设备体积大,投资较大。

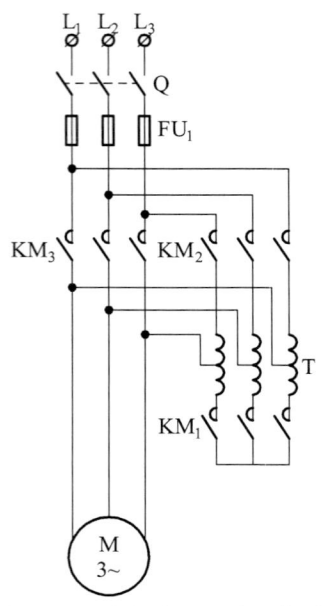

图 7-18 自耦变压器降压起动

3. 三相绕线式异步电动机降压起动

对于笼型异步电动机，无论采用哪一种降压起动方法来减小起动电流，电动机的起动转矩都随着减小，因此笼型异步电动机只能用于空载或轻载起动。而某些重载下起动的生产机械（如起重机、带运输机等），不仅要限制起动电流，而且还要求有足够大的起动转矩，这种情况通常采用起动性能较好的绕线式异步电动机。绕线式异步电动机起动有转子串电阻和转子串频敏变阻器两种方法。

（1）转子串电阻起动。

起动时，在转子电路串接起动电阻器，借以提高起动转矩，同时因转子电阻增大也限制了起动电流；起动结束，切除转子所串电阻。为了在整个起动过程中得到比较大的起动转矩，需分几级切除起动电阻。起动接线图和特性曲线如图 7-19 所示。

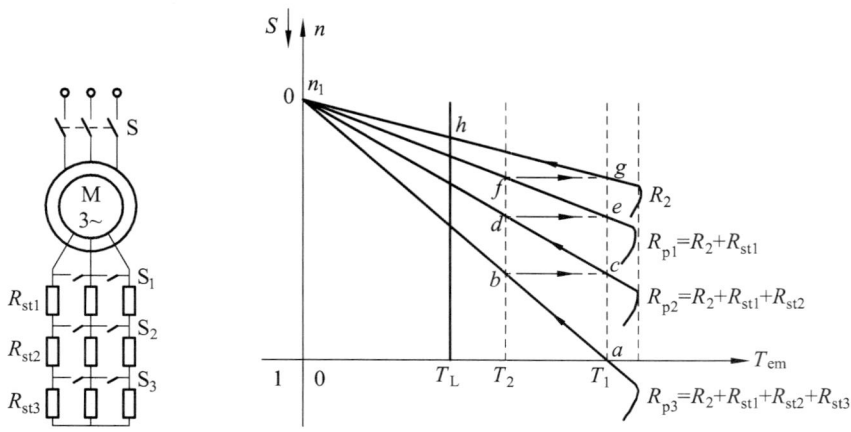

图 7-19 绕线式异步电动机起动接线图和特性曲线

起动过程，先将开关 S_1、S_2、S_3 全部断开，此时转子串入全部起动电阻，电机按照机械特性曲线 R_{p3} 从 $a\to b$ 加速运行；随着转速的升高，电机依次沿特性曲线 R_{p2}、R_{p3}、R_2 从 $b\to c\to d\to e\to f\to g\to h$ 加速起动，并在此过程依次闭合开关 S_3、S_2、S_1，依次切除起动电阻 R_{st3}、R_{st2}、R_{st1}，最后，电机转速上升到稳定运行点 h，完成启动过程。

上述起动过程中，转子三相绕组所接起动电阻相等，并依次平衡切除，故称为三级起动。这种起动方法在整个起动过程中产生的转矩都比较大，因此适合于容量较大的设备，重载起动的情况，广泛应用于桥式起重机、卷扬机、龙门吊车等重载设备。转子串电阻起动的缺点是所需起动设备较多，起动时有一部分能量消耗在起动电阻上。另外，转子三相绕组所接起动电阻并非越大越好，其选择值要适当。

（2）转子串频敏变阻器起动。

频敏变阻器是一个三相铁心线圈，其铁心不用硅钢片而用厚钢板叠成，三相绕组接成星形。工作时，铁心中产生涡流损耗和磁滞损耗，铁心损耗相当于一个等值电阻，其线圈又是一个电抗，而电阻和电抗都随频率变化而变化，故称频敏变阻器。绕线式异步电动机转子串频敏变阻器起动如图 7-20 所示。

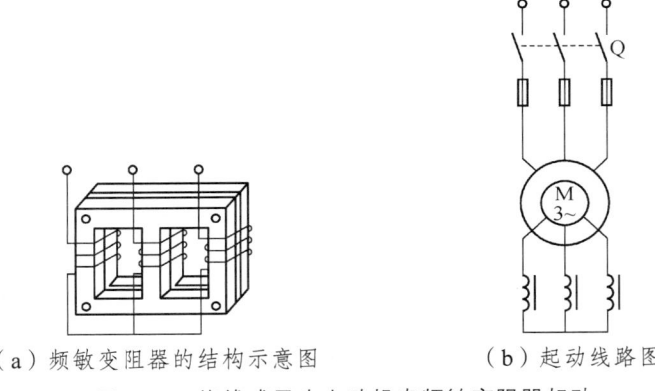

（a）频敏变阻器的结构示意图　　　　（b）起动线路图

图 7-20　绕线式异步电动机串频敏变阻器起动

其工作原理如下：

电动机起动时，转子串入频敏变阻器。起动瞬间，$n=0$，$s=1$，转子电流频率 $f_2=sf_1=f_1$（最大），频敏变阻器铁心的涡流损耗与频率的平方成正比，铁损耗最大，相当于转子回路中串入一个较大的电阻 R_m。

起动过程中，随着 n 上升，s 减小，$f_2=sf_1$ 逐渐减小，铁损耗逐渐减小，R_m 也随之减小，相当于逐级切除转子回路串入的电阻。起动结束后，切除频敏变阻器，转子回路直接短路。

频敏变阻器起动结构简单，运行可靠，但与转子串电阻起动相比，在同样的起动电流下，起动转矩要小些。

（二）三相异步电动机的调速

调速是指在负载不变的情况下，人为地改变电动机的转速，以满足工业生产中的各种生产机械的需求，从而提高生产效率和保证产品加工质量。

根据式（7-1）、（7-2）可知，异步电动机的转速：

$$n = n_1(1-s) = \frac{60f_1}{p}(1-s) \tag{7-5}$$

可以看出，异步电动机的速度与电机的磁极对数 p、电源频率 f_1、转差率 s 三个参数有关，因此异步电动机的调速可分为以下三大类：

（1）变极调速——改变定子绕组的磁极对数 p；

（2）变频调速——改变供电电源的频率 f_1；

（3）变转差率调速——改变电动机的转差率 s，其方法有改变电源电压调速、绕线式电动机转子串电阻调速和串级调速。

1. 变极调速

在电源频率不变的条件下，改变电动机的极对数，电动机的同步转速就会发生变化，从而改变电动机的转速。若极对数减少一半，同步转速就提高一倍，电动机转速也几乎升高一倍。

通常用改变定子绕组的接法来改变极对数，这种电动机称多速电动机。其转子均采用笼型转子，其转子感应的极对数能自动与定子相适应。这种电动机在制造时，从定子绕组中抽出一些线头，以便于使用时调换。下面以一相绕组来说明变极原理。先将两个半相绕组 U_1U_1' 与 U_2U_2' 采用顺向串联，如图 7-21（a）所示，此时产生两对磁极。若将 U 相绕组中的一半相绕组 U_2U_2' 反向，如图 7-21（b）所示，将产生一对磁极。

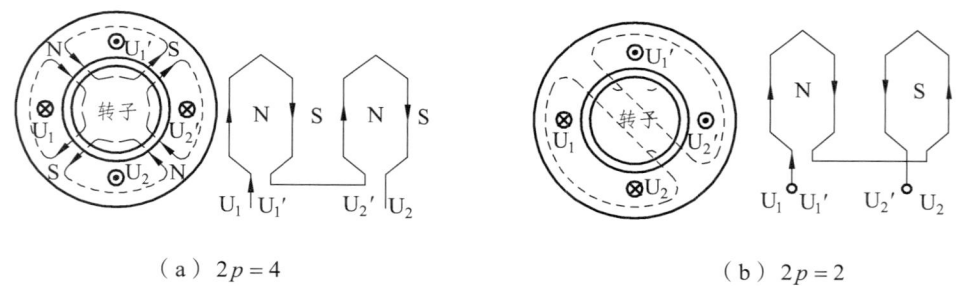

（a）$2p = 4$ （b）$2p = 2$

图 7-21 三相四极电动机定子 U 相绕组变极接线

目前，在我国多极电动机定子绕组联绕方式最多有 3 种，常用的有两种：一种是从星形改成双星形，写作 Y/YY，如图 7-22 所示；另一种是从三角形改成双星形，写作 △/YY，如图 7-23 所示。这两种接法可使电动机极数减少一半。在改接绕组时，为了使电动机转向不变，应把绕组的相序改接一下。

变极调速主要用于各种机床及其他设备上。它所需设备简单、体积小、质量轻，但电动机绕组引出头较多，调速级数少，级差大，不能实现无级调速。

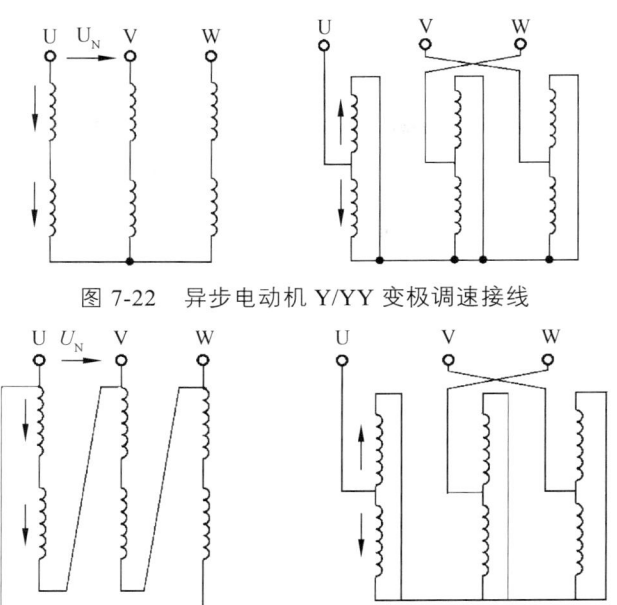

图 7-22 异步电动机 Y/YY 变极调速接线

图 7-23 异步电动机 △/YY 变极调速接线

2. 变频调速

由异步电动机的转速公式可知，转速 n 与电源频率 f_1 成正比，因此只要连续改变电源频率，就可以连续平滑地调节异步电动机的转速。变频调速的优点是调速范围大，平滑性好，变频时 U 按不同规律变化可实现恒转矩调速或恒功率调速以适应不同负载的要求。随着电力电子技术的迅猛发展，变频调速得到了广泛的应用。

（1）恒转矩变频调速。

恒转矩变频调速即在调速过程中，保持电动机的输出转矩不变。根据数学分析，若要保持调速前后的输出转矩不变，只需要保持 U_1/f_1 为常数即可，即必须保持电源电压和频率成正比调节。这是目前使用最广的一种变频调速控制方式。

（2）恒功率变频调速。

恒功率变频调速即在调速过程中，保持电动机的输出功率不变。根据数学分析，若要保持调速前后的输出功率不变，只需要保持 U_1^2/f_1 为常数即可。这种调速方法常用在交通运输中的电力机车、无轨电车等机械系统中，能够在电动机低转速时，保持输出转矩大，提供足够大的牵引力使机车、车辆加速，在电动机转速高时，可适当减小输出转矩。

（3）变频装置简介。

变频器是能够同时改变电压和频率的供电装置。变频装置可分为间接变频和直接变频两类。间接变频装置是先将工频交流电通过整流器变成直流，然后再经过逆变器将直流变成可控频率的交流，通常称为交-直-交变频。直接变频装置则将工频交流一次变换成可控频率的交流，没有中间直流环节，也称为交-交变频。目前应用较多的是交-直-交变频装置。

3. 变转差率调速

变转差率调速包括改变定子电压调速，转子电路串电阻调速和串级调速等。这些调速方法的共同特点是在调速过程中都产生大量的转差功率。前两种调速方法都是把转差功率消耗在转子电路里，很不经济，而串级调速则能将转差功率加以吸收或大部分反馈给电网，提高了经济性能。

（1）改变定子电压调速。

对于转子电阻大、机械特性曲线较软的笼型异步电动机而言，如加在定子绕组上的电压发生改变，则负载 T_L 对应于不同的电源电压 U_1、U_2、U_3，可获得不同的工作点 a_1、a_2、a_3，如图 7-24 所示，显然电动机的调速范围很宽。缺点是低压时机械特性太软，转速变化大，可采用带速度负反馈的闭环控制系统来解决该问题。

改变电源电压调速，这种方法主要应用于笼型异步电动机，靠改变转差率 s 调速。过去都采用定子绕组串电抗器来实现，目前已广泛采用晶闸管交流调压线路来实现。

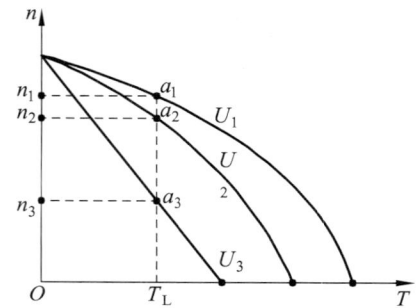

图 7-24　笼型异步电动机调压调速特性曲线

（2）转子串电阻调速。

绕线式异步电动机转子串电阻的机械特性曲线如图 7-25 所示。转子串电阻时最大转矩不变，临界转差率加大。所串电阻越大，运行段特性斜率越大。若带恒转矩负载，原来运行在固有特性曲线 1 的 a 点上，在转子串电阻 R_1 后，就运行在曲线 2 的 b 点上，转速由 n_a 变为 n_b，依此类推，达到调速的目的。转子串电阻调速的优点是方法简单，主要用于中、小容量的绕线式异步电动机。

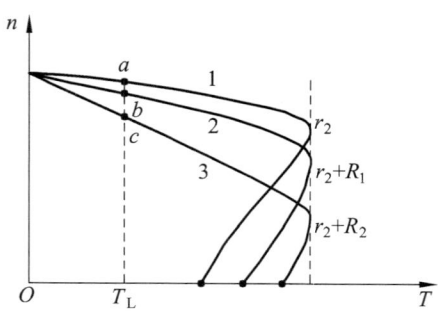

图 7-25　转子串电阻调速机械特性曲线

（三）三相异步电动机的制动

当电动机断电后，由于存在机械惯性，要经过一段时间才能自由停车。为了提高生产效率及安全性，必须对电动机进行制动，以使电动机能够迅速、准确地停车。三相异步电动机的制动方法有机械制动和电气制动两大类。

机械制动通常利用电磁抱闸制动器来实现。电动机起动时，电磁抱闸线圈同时通电，电磁铁吸合，使抱闸松开；电动机断电时，抱闸线圈同时断电，电磁铁释放，在弹簧作用下，抱闸把电动机转子紧紧抱住，实现制动。电梯、起重机常用这种方法制动。

电动机能够电动运行，是因为电磁转矩 T_{em} 与转速 n 方向相同。而电气制动则是采用一定的方法使电动机产生一个与转动方向相反的电磁转矩，使电动机迅速停车。常用的电气制动方法有以下几种：

1. 反接制动

反接制动分为电源反接和倒拉反接制动两种。

（1）电源反接制动。

由三相异步电动机的工作原理可知，任意改变电动机两相定子绕组与电源的连接的相序，旋转磁场立即反向，从而使转子绕组产生的感应电动势、电流和电磁转矩都改变方向。因机械惯性，转子转动方向不变，电磁转矩与转子的转向相反，电动机进入制动状态，这种方法称为电源反接制动。如图 7-26 所示。

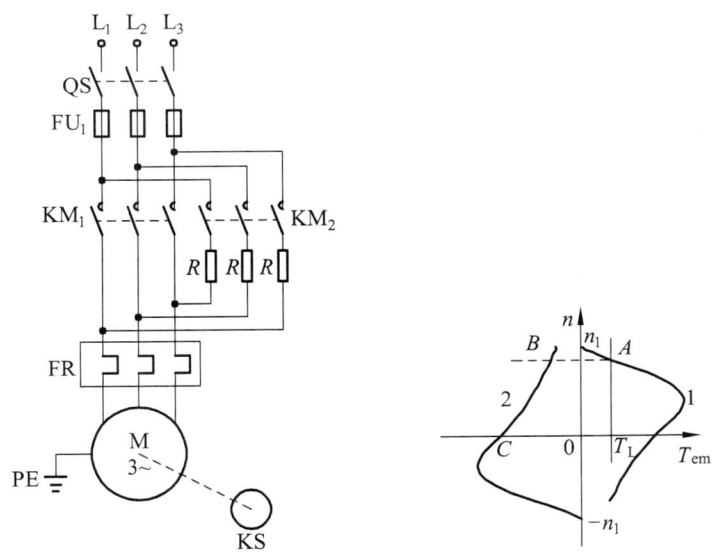

图 7-26 电源反接制动原理图与机械特性曲线

制动前，电动机工作在曲线 1 的 A 点，电源反接制动时，$n_1<0$，$n>0$，相应的转差率 $s=\dfrac{-n_1-n}{-n_1}=\dfrac{n_1+n}{n_1}>1$，且电磁转矩 $T<0$，机械特性如曲线 2 所示。因机械惯性，转速瞬时不变，工作点由 A 点移至 B 点，并逐渐减速，到达 C 点时 $n=0$，此时切断电源并停车，

如果是位能性负载需使用抱闸，否则电动机会反向起动旋转。一般为了限制制动电流和增大制动转矩，笼型异步电动机可在定子回路串入制动电阻。

反接制动的优点是制动电路比较简单，制动转矩较大，停车迅速，但制动瞬间电流较大，电能消耗也较大，机械冲击强烈，易损坏传动部件，因此，这种制动一般用于制动要求迅速且不频繁的场合。

（2）倒拉反接制动。

当绕线式异步电动机拖动位能性负载时，在其转子回路串入很大的电阻。其机械特性如图 7-27 所示。当异步电动机提升重物时，其工作点为曲线 1 上的 a 点。如果在转子回路串入很大的电阻，机械特性变为斜率很大的曲线 2，因机械惯性，工作点由 a 点移到 b 点，因此时电磁转矩小于负载转矩，转速下降。当电动机减速至 $n=0$ 时，电磁转矩仍小于负载转矩，在位能负载的作用下，使电动机反转，直至电磁转矩等于负载转矩，电动机才稳定运行于 c 点。此时，电动机稳速下放重物。与电源反接制动一样，其转差率 $s=\dfrac{n_1-(-n)}{n_1}=\dfrac{n_1+n}{n_1}>1$，这种由于重物倒拉引起的制动，称为倒拉反接制动，常用于起重机低速下放重物。

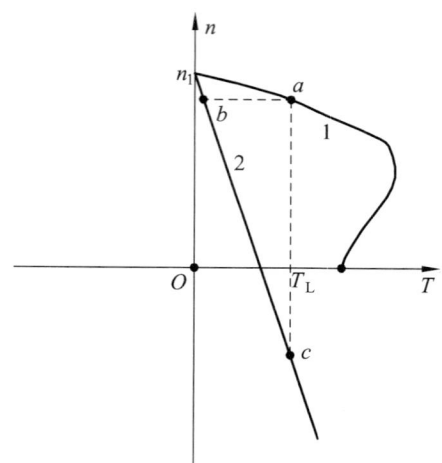

图 7-27 倒拉反接制动的机械特性

2. 能耗制动

能耗制动就是在电动机脱离三相电源之后，在定子绕组上加一个直流电压，此时，定子绕组将产生一个恒定的磁场，转子因惯性继续旋转而切割该恒定的磁场，并产生感应电动势和感应电流，最终形成制动转矩。如图 7-28 所示。

3. 回馈制动

回馈制动又称再生制动，是异步电动机因某种外因，使电动机的转速 n 超过了旋转磁场的转速 n_1，此时转差率 $s<0$，转子导体与旋转磁场的相对切割方向反向，从而形成制动转矩。此时，电机相当于一台与电网并联的发电机，将外部机械能转变成电能反馈至电网。

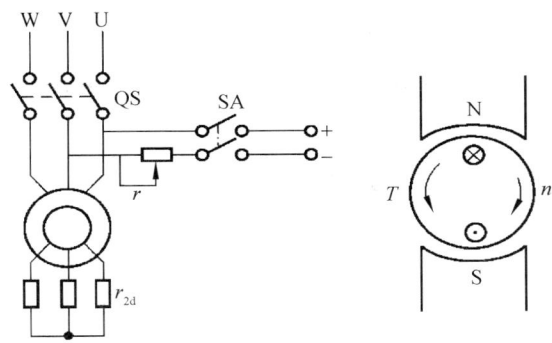

图 7-28 异步电动机能耗制动原理图

如图 7-29 所示，当起重机下放重物时，因重力的作用，电动机的转速 n 超过旋转磁场的转速 n_1，转子中感应电动势、电流和电磁转矩的方向都发生了变化，电动机转入发电运行状态，将重物的位能转换为电能，再送回到电网，所以称为回馈制动或再生制动。

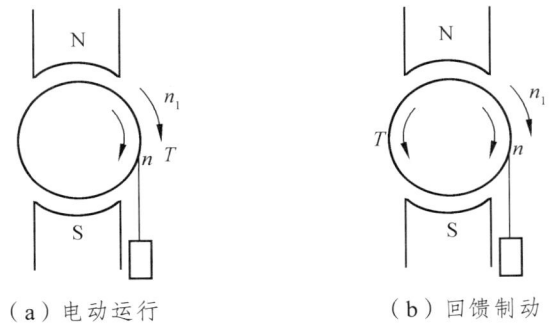

（a）电动运行　　　　　　（b）回馈制动

图 7-29 位能性负载回馈制动

【项目实施】

任务一　三相异步电动机的绕组判别与接线

三相异步电动机的绕组测试

通过前面的知识介绍，三相异步电动机有星形连接和三角形连接两种基本接线方式，如图 7-30 所示。当三相异步电动机定子绕组各相引出线的标志完整保留时，电动机便可以按其铭牌所规定的接线方式正确使用。但是，当六根引出线的标志已脱落且无法通过肉眼判断三相绕组的首尾端时，则不能随便接线，否则有可能导致短路并烧毁电机。这时必须先判断哪些引出线是属于同一相的，并分清每相绕组的首尾端，这样才能确保接线无误，使电动机安全运行。

下面用万用表判别定子绕组首尾端并进行正确接线。对某相绕组而言，通常把电流流入的一端称为首端，电流流出的一端称为尾端。

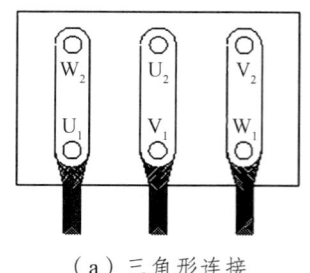 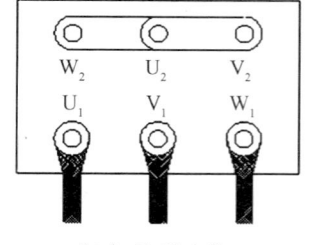

(a)三角形连接　　　　　　　　　(b)星形连接

图 7-30　异步电动机接线盒

(一)材料及工具准备

三相异步电动机一台，连接软导线若干，导码管若干，机械万用表一台，中号十字螺丝刀 1 把，1.5 V 电池 1 节，绝缘胶布 1 卷，鳄鱼夹若干。

(二)操作步骤

1. 校表、验表

检查万用表的外观是否破损，并水平放置。将万用表的红黑表笔插入正确的孔位，先进行机械调零，使指针"左对零"；再选择合适的欧姆挡位（$R\times100$ 或 $R\times 1\text{k}$），并进行欧姆调零，将红黑表笔短接，使指针"右对零"。

2. 打开接线盒

用螺丝刀拧开电动机的接线盒盖，并将卸下的螺丝放置在盖内，避免丢失。

3. 分相

用电阻测量法判别电动机定子每相绕组的两个线头。万用表选择电阻挡，将其中一支表笔接电动机的任意一根线头，另一支表笔依次接剩余出线，若所测电阻值趋近于零，则此时表笔所接的两个线头为同相绕组。用同样的方法找出其他两相绕组的两个线头，并用导码管做好标记。

4. 判断首尾端

用直流电流法判断电动机各相绕组的首尾端。万用表选择直流毫安挡的最小量程（0.5 mA），将两支表笔分别接任意一相绕组的两端，用干电池接另外一相绕组，如图 7-31 所示。

电池电路接通瞬间，根据电磁感应原理，另一相绕组将产生瞬时感应电流而使指针偏转，根据指针摆动的方向可判断绕组的首尾端。闭合瞬间，若指针向右摆动（正偏），则接电池正极的线头与万用表负极（黑笔）所接的线头同为首端或尾端；若指针向左摆动（反偏），则接电池正极的线头与万用表的正极（红笔）所接的线头同为首端或尾端。判断完成后，做好标记。

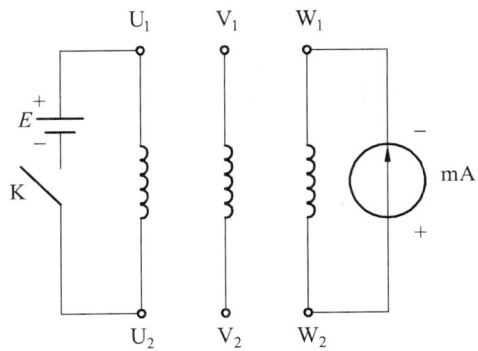

图 7-31 直流电流法测电机首尾端

保持万用表表笔接线不变,将电池改接到第三相绕组的两个线头上重复以上试验,确定第三相绕组的首尾端,由此可确定三相绕组各自的首尾。需要说明的是:绕组的首端和尾端并不是绝对的,规定一根进线为首端,则其对应的另一端即为尾端。

5. 校验

万用表选择直流毫安挡的最小量程。将判别出的三个首端和三个尾端分别连接在一起,分别与万用表的两支表笔相连,如图 7-32 所示。快速转动电动机转轴,如指针基本不动,则判别结果正确;如指针明显左右摆动,则判别结果错误,需重新判别。

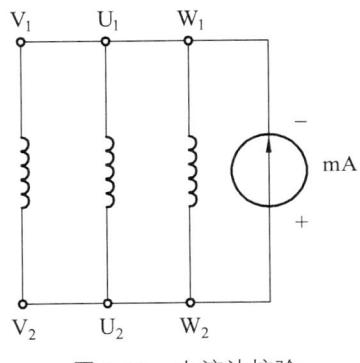

图 7-32 电流法校验

6. 接线

按照电机铭牌要求进线正确地接线。

7. 整理

将万用表转换开关旋至"OFF"挡位或交流电压的最高量程挡上;将电动机上所做的标记全部拆除,装回接线盒盖,恢复原状;将电动机、万用表及干电池等工具放置在安全位置,并摆放整齐;打扫工位,清理现场。

(三) 任务评价

三相异步电动机的绕组判别与接线任务评价标准见表 7-2。

表 7-2 任务评价标准

评价项目		配分	考核内容及评分标准	备注
职业素养（20分）	7S基本要求	10	（1）工具、仪表、材料、作品摆放不整齐，着装不整齐、规范，不穿戴相关防护用品等，每项扣2分； （2）考试迟到、考核过程中做与考试无关的事、不服从考场安排酌情扣10分以内；考核过程舞弊取消考试资格，成绩计0分； （3）考核完成后未清理、清扫考核现场扣5分	①考生没有操作的项目，此小项记0分。 ②出现明显失误造成工具、仪表或设备损坏等安全事故；严重违反考场纪律，造成恶劣影响的，本大项记0分
	安全操作	10	（1）对耗材浪费，不爱惜工具，扣3分； （2）损坏工具、仪表扣本大项的20分； （3）考生发生严重违规操作或作弊，取消考生成绩	
实作结果及质量（65分）	检查、校验万用表	10	（1）万用表未水平摆放扣2分； （2）正、负表笔线连接极性插错扣2分； （3）挡位调错扣2分； （4）未机械调零扣2分； （5）未欧姆调零扣2分	
	拆开接线盒盖	5	（1）未验电扣2分； （2）未卸固定螺丝扣1分； （3）未打开接线盒盖扣2分	
	绕组分相	15	（1）未分绕组此项不得分； （2）找错一相绕组扣5分，未做标记扣2分； （3）万用表测量后挡位未归位扣3分	
	判断首尾端	20	（1）未调整万用表挡位此项不得分； （2）挡位调错扣3分； （3）未找首尾端此项不得分； （4）电池组通电时间超过2s一次扣3分； （5）首尾端找错一相扣5分； （6）首尾端未做标记扣2分	
	校验	5	（1）未校验此项不得分； （2）挡位调错扣3分； （3）接线错误此项不得分	
	接线	10	（1）未按铭牌要求接线此项不得分； （2）接线错误扣5分； （3）螺母未上紧一个扣1分，垫片、弹簧垫少装一个扣1分； （4）未装接线盒盖扣2分； （5）未对角上接线盒螺丝扣1分	

续表

评价项目		配分	考核内容及评分标准	备注
清理现场 （15 分）	拆线	5	（1）未拆下抽头线扣 2 分； （2）未装回接线盒扣 2 分； （3）螺丝少装一个扣 1 分	
	关闭万用表	5	（1）未关闭万用表此项不得分； （2）万用表未放置在完全位置扣 2 分	
	收拾工具、 清理现场	5	（1）未收、少收工具，从总分中扣 3 分； （2）场地不清洁，从总分中扣 5 分	
工时		20 min	在规定的时间内完成操作，超时停止考核	
得分				

任务二　三相异步电动机的拆装

电动机在使用过程中因检查、维护等原因，需要进行拆卸和装配。只有掌握正确的拆卸装配技术，使零部件完好无损，紧固部分牢固可靠，转子转动轻便灵活无扫膛现象，并使电机润滑良好，才能保证电动机的修理质量。

（一）材料及工具准备

三相笼型异步电动机、万用表、钳形电流表、兆欧表、扁铲、垫木、汽油、润滑脂、毛刷、棉纱、油盘、锤子、铜棒、拉钩、活动扳手、螺丝刀、钢套筒等常用电工工具，如图 7-33 所示。

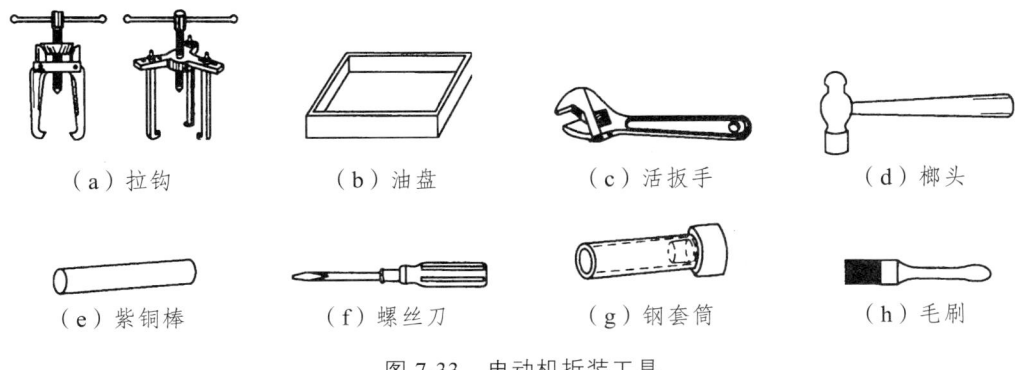

（a）拉钩　　（b）油盘　　（c）活扳手　　（d）榔头

（e）紫铜棒　　（f）螺丝刀　　（g）钢套筒　　（h）毛刷

图 7-33　电动机拆装工具

（二）拆卸步骤

1. 拆卸前的准备

为了确保维修质量，在拆卸前应在电动机接线头、端盖等处做好标记和记录，以便装配后使电动机能恢复到原状态。不正确的拆卸，可能损坏零件或绕组，甚至扩大故障，造成不必要的损失。

（1）检查拆卸电动机的专用工具是否齐全。

（2）必须断开电源，拆除电动机与外部电源的连接线，并做好电源线在接线盒的相序标记，以免安装电动机时搞错相序。

（3）做好相应的标记和必要的数据记录：在电动机机座与端盖的接缝处做好标记；在电动机的出轴方向及引出线于机座上的出口方向做好标记；在皮带轮或联轴器的轴伸端做好定位标记，测量并记录联轴器或皮带轮与轴台间的距离。如图7-34所示。

图7-34　拆卸前的标记

2. 拆卸带轮或联轴器

首先在带轮或联轴器的轴伸端上做好尺寸标记，再将带轮或联轴器上的定位螺钉松脱取下。装上拉具的丝杠顶端时要对准电动机轴端的中心，使其受力均匀。转动丝杠，把带轮或联轴器慢慢拉出，如拉不出，不要硬卸，可在定位螺钉内注入煤油，过一段时间再拉，如图7-35所示。注意，此过程中不能用锤子直接敲出带轮或联轴器，否则可能使带轮或联轴器破裂、转轴变形或端盖受损等。

图7-35　用拉钩拆带轮或联抽器

3. 拆卸风罩和风叶

首先把外风罩螺钉松脱，取下风罩；然后把转轴尾部风叶上的定位螺钉松脱取下，用金属棒或锤子在风叶四周均匀地轻敲，风叶就可松脱下来。如图7-36所示。小型异步电动机的风叶一般不用卸下，可随转子一起抽出，但在后端盖内的轴承需要加油或更换时，就必须拆卸。对于采用塑料风叶的电动机，可用热水浸泡塑料风叶，待其膨胀后再拆卸。

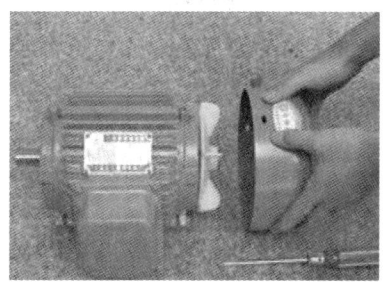

图 7-36　拆卸风罩和风叶

4. 拆卸端盖和轴承盖

（1）拆卸端盖螺钉。操作时注意选择合适的扳手，逐步松开端盖对角紧固螺栓，用紫铜棒均匀敲打端盖有脐的部分，使其松脱。如图 7-37 所示。

图 7-37　拆卸端盖螺钉

（2）拆卸后端盖。对于小型电动机，可先把轴伸出端的轴承外盖卸下，再松开后端盖的固定螺栓（如风叶装在轴伸出端的，则需先把后端盖外面的轴承外盖取下），然后用木锤敲打轴伸出端，这样可把转子连同后端盖一起取下。抽出转子时，应小心谨慎、动作缓慢，不可歪斜，以免碰擦定子绕组。如图 7-38 所示。

图 7-38　拆卸后端盖

（3）拆卸前端盖。木锤沿前端盖四周移动，轻轻敲打，卸下前端盖。如图 7-39 所示。

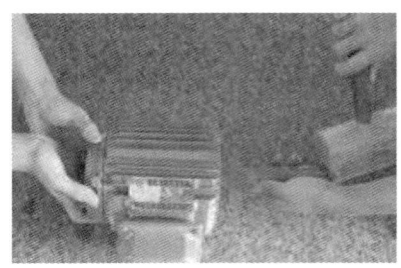
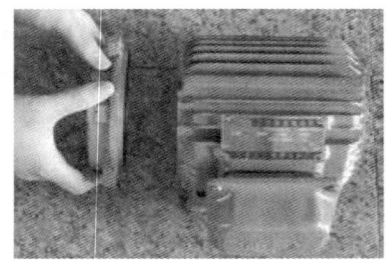

图 7-39　拆卸前端盖

5. 抽出转子

抽出转子时，要用手护住转抽，并用锤子沿后端盖四周移动，轻轻敲打，待松脱后取下后端盖，不要损伤转子。如图 7-40 所示。

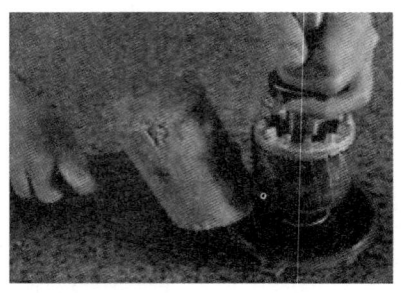

图 7-40　抽出转子

6. 拆卸轴承

拆卸轴承应根据轴承的规格及型号，选用适宜的拉具，拉具的脚爪应扣在轴承的内圈上，切勿放在外圈上，以免拉坏轴承。拉具的丝杠顶点要对准转子轴端中心，动作要慢，用力要均匀，然后慢慢拉出。如图 7-41 所示。

图 7-41　拆卸轴承

（三）装配步骤

电动机装配的步骤大体上和拆卸的步骤相反，主要包括：

（1）装配前的准备。

装配前要做好电动机内部的清理工作。对定、转子进行清扫、检查。用皮老虎或压缩空气吹净灰尘垢物，用毛刷再做清扫。检查绕组的外观，看其有无破损及绝缘是否老化。对轴承进行清洗和检查，加润滑油要适量，不能过多，以免造成电动机运行时发热。

（2）先装内轴承盖，再装轴承。轴承装配一般采用冷套法，轴承压装到位后，再在轴承盖及轴承中加润滑脂，并注意用量。

（3）装外轴承盖，用螺栓将内、外轴承盖固紧。

（4）将转配好的转子与轴承盖装入定子内，注意千万不能碰伤定子、转子绕组。

（5）将前后端盖装上，注意找准螺孔基准，逐步拧紧前后端盖的螺栓，使端盖止口对准机座止口。紧固螺栓时，要按对角线上下左右逐步拧紧，并用水转动转子，以保证电动机能够自由转动。

（6）最后装上风扇、风扇罩及皮带轮等。

（7）为保证电动机转配后能够正常运转，必须对电动机进行一些必要的检查和测试。如检查转子转动是否轻便灵活，若转子转动比较沉重，可用纯铜棒轻敲端盖，同时调整端盖紧固螺栓的松紧程度，使之转动灵活。另外，可用万用表、绝缘电阻表等工具测量电机的绕组及绝缘性能。

（四）任务评价

三相异步电动机的拆装任务评价标准见表7-3。

表7-3 任务评价标准

评价项目		配分	考核内容及评分标准	备注
职业素养（20分）	7S基本要求	10	（1）工具、仪表、材料、作品摆放不整齐，着装不整齐、规范，不穿戴相关防护用品等，每项扣2分； （2）考试迟到、考核过程中做与考试无关的事、不服从考场安排酌情扣10分以内；考核过程舞弊取消考试资格，成绩计0分； （3）考核完成后未清理、清扫考核现场，扣5分	①考生没有操作的项目，此小项记0分。 ②出现明显失误造成工具、仪表或设备损坏等安全事故；严重违反考场纪律，造成恶劣影响的，本大项记0分
	安全操作	10	（1）对耗材浪费，不爱惜工具，扣3分； （2）损坏工具、仪表，扣本大项的20分； （3）考生发生严重违规操作或作弊，取消考生成绩	
实作结果及质量（70分）	拆卸电动机	40	（1）未按步骤拆卸，扣20分； （2）损坏零部件，每个扣10分； （3）拆卸不正确，扣10分	
	装配电动机	30	（1）未完成装配，扣20分； （2）装配步骤不正确，扣10分； （3）损坏零部件，每个扣10分	
清理现场（10分）	收拾工具、清理现场	10	（1）未收、少收工具，从总分中扣3分； （2）场地不清洁，从总分中扣5分	
工时		240 min	因本项目步骤多，要求较高，可适当延长考核时间，最长延长30 min，每延长10 min扣10分。超时30 min后停止考核	
得分				

【知识拓展】

一、单相异步电动机简介

单相异步电动机是利用单相交流电源供电的一种小容量交流电动机，功率在几十瓦到几百瓦之间。单相异步电动机具有结构简单、成本低廉、维修方便等特点，被广泛应用于如冰箱、空调、电扇、洗衣机、电吹风、电钻等家用电器及医疗器械中。但与同容量的三相异步电动机相比，单相异步电动机的体积较大、运行性能较差、效率较低。

（一）单相异步电动机的结构

单相异步电动机在结构上与三相笼形异步电动机类似，也由定子和转子两大部分组成。定子部分主要由定子铁心、定子绕组、机座、端盖等组成。转子部分主要由转子铁心、转子绕组、转轴等组成。

单相异步电动机按工作场合和用途不同，有不同的结构形式。典型外观与三相异步电动机类似。也有一些比较特殊的，比如普通家用台扇是内转子，外定子的基本机构；而家用吊扇则属于外转子、内定子结构，如图 7-42 所示。但它们在工作原理上是相同的。

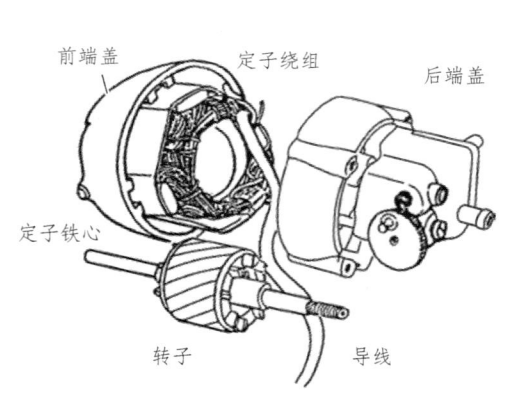
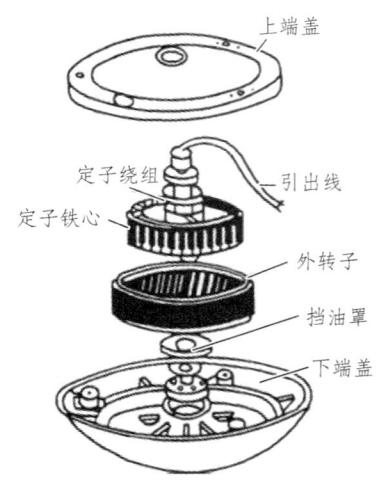

（a）电容运行台扇电动机结构　　　　（b）电容运行吊扇电动机结构

图 7-42　单相异步电动机结构

（二）单相异步电动机的工作原理

1. 单相绕组的脉动磁场

单相异步电动机的定子绕组为单相，转子一般为鼠笼式。在单相异步电动机的定子绕组通入单相交流电，电动机内将产生一个大小及方向随时间沿定子绕组轴线方向变化的磁场，称为脉动磁场。如图 7-43 所示。

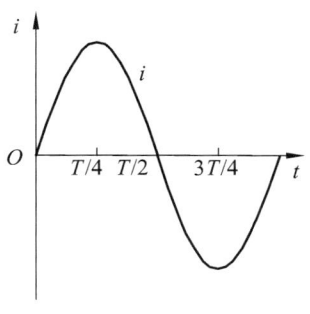
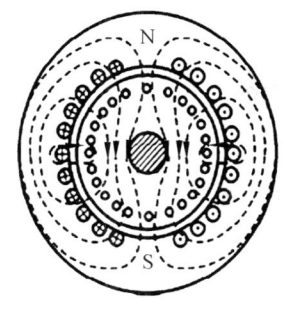
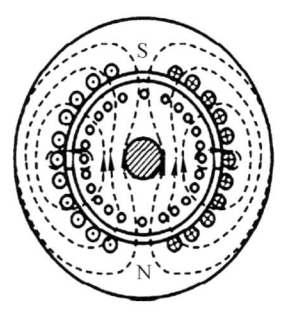

（a）单相交流电流波形　　（b）电流正半周产生的磁场　　（c）电流负半周产生的磁场

图 7-43　单相脉动磁场的产生

由于单绕组通入单相交流电产生的是脉动磁场，在起动时转子导体与磁场没有相对运动，无法产生电磁力，因此，单相异步电动机不能自行起动。如果用外力拨动一下电动机的转子，则转子导体将会切割定子绕组产生的脉动磁场而产生感应电动势和电流，最终会受到电磁力的作用而转动起来。

2. 两相绕组的旋转磁场

为了解决单相异步电动机不能自行起动的问题，可在电动机的定子绕组中加装一个起动绕组，并使二者在空间位置上相差 90°，然后通入相位相差 90°的正弦交流电，那么就能产生一个像三相异步电动机那样的旋转磁场，实现自行起动，如图 7-44 所示。转动后的单相异步电动机，断开起动绕组后仍可继续工作。

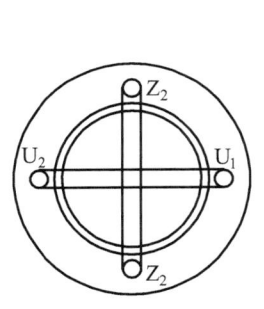
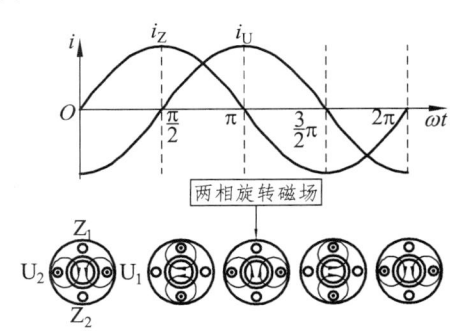

（a）两相定子绕组　　　　（b）电流波形及两相旋转磁场

图 7-44　两相绕组旋转磁场的产生

（三）单相异步电动机的种类

由以上分析可知，要解决单相异步电动机的起动问题，实质就是要解决气隙中旋转磁场的产生问题。

根据结构和起动方式不同，单相异步电动机一般可分为单相电阻起动异步电动机、单相电容起动异步电动机、单相电容运行异步电动机、单相电容起动与运行异步电动机（单相双电容异步电动机）和单相罩极式异步电动机五个基本类型。

1. 单相电阻起动异步电动机

单相电阻起动异步电动机的定子上嵌放两个绕组，如图 7-45 所示。两个绕组接在同一单相电源上，副绕组（辅助绕组）中串一个离心开关。开关作用是当转速上升到 80% 的同步转速时断开副绕组，使电动机运行在只有主绕组工作的情况下。为了使起动时产生起动转矩，通常可取两种方法：

（1）副绕组中串入适当电阻；

（2）副绕组采用的导线比主绕组截面细，匝数比主绕组少。

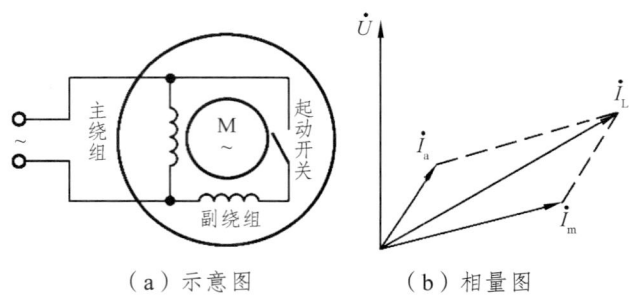

（a）示意图　　　　（b）相量图

图 7-45　单相电阻起动异步电动机

这样两相绕组阻抗就不同，促使通入两相绕组的电流相位不同，达到起动目的。由于电阻分相起动时，电流的相位移较小，小于 90°电角度，起动时，电动机的气隙中将建立一个椭圆形旋转磁场，因此电阻分相式异步电动机起动转矩较小。

单相电阻起动异步电动机的转向由气隙旋转磁场的方向决定，若要改变电动机的转向，只要把主绕组或副绕组中任何一个绕组电源接线对调，就能改变气隙磁场，达到改变转向目的。

2. 单相电容起动异步电动机

单相电容分相起动异步电动机的电路，如图 7-46 所示。在副绕组中串联一个电容器和一个开关，如果电容器容量选择适当，则可以在起动时使副绕组的电流在时间和相位上超前主绕组电流 90°电角度，这样在起动时就可以得到一个接近圆形的旋转磁场，从而有较大起动转矩。电动机起动后转速达到 75%～85%同步转速时副绕组通过开关自动断开，主绕组进入单独稳定运行。

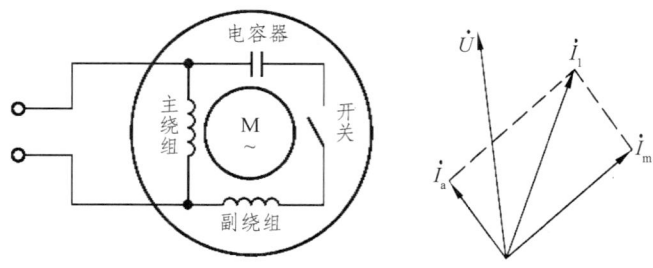

图 7-46　单相电容起动异步电动机

3. 单相电容运行异步电动机

与单相电容起动式电动机相比较，其起动绕组中不串起动开关 S，如图 7-47 所示。其起动绕组和起动电容器在电动机起动后也参与运行，因此，称为电容运转式电动机。其优点是运行时输出功率大、功率因数高、过载能力强、噪声小、振动小，广泛应用于各种小功率的家用电器中。其缺点是起动性能不如电容起动式电动机好。

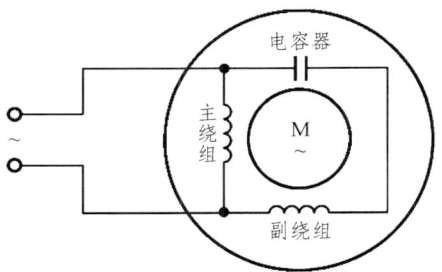

图 7-47　单相电容运行异步电动机

4. 单相电容起动与运行异步电动机

为了使电动机的起动和运行性能都比较好，可以在起动绕组中串联两个相互并联的电容器，其中 C_1 与起动开关 S 串联。电动机起动时，两个电容器都参与工作；起动结束，由 S 断开起动电容器，只有 C_2 参与运行，这样电动机的起动与运行性能都能得到保障。如图 7-48 所示。

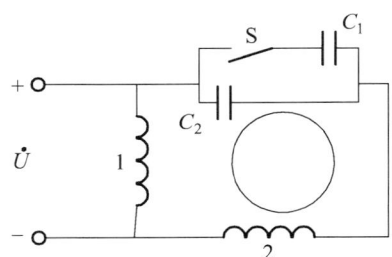

图 7-48　单相电容起动与运行异步电动机

5. 单相罩极式异步电动机

单相罩极式异步电动机的结构有凸极式和隐极式两种，其中以凸极式结构最为常见，如图 7-49 所示。凸极式异步电动机定子做成凸极铁心，然后在凸极铁心上安装集中绕组，组成磁极，在每个磁极 1/3～1/4 处开一个小槽，槽中嵌放短路环，将小部分铁心罩住。转子均采用笼型结构。

当定子绕组通入单相交流电流时，所产生的脉动磁场可分为两部分，一部分磁通 $\varPhi_1$ 不穿过短路环，另一部分 $\varPhi_2$ 穿过短路环，由于短路环在变化的磁场中产生感应电流，使 $\varPhi_2$ 滞后于 $\varPhi_1$，这种相位差相当于磁场未罩的部分向被罩的部分连续移动，磁场的中心线始终是由磁极的未罩部分移向被罩部分。这种移动磁场实际上是椭圆度很大的旋转磁场，使电动机产生起动转矩自行起动并运行。

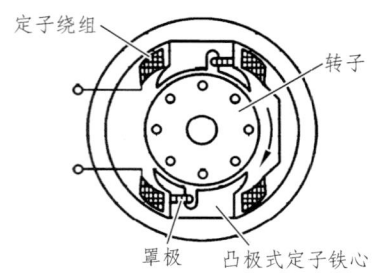

图 7-49 单相凸极式电动机基本结构

单相罩极式电动机结构简单、价格低、维护方便，但起动转矩小，一般用在小功率电气设备中，如电风扇、鼓风机等。

二、三相异步电动机的选用原则、安装原则及故障维修

（一）三相异步电动机的选用原则

电动机品种繁多，性能各异，合理选择电动机关系到生产机械运行的经济性、安全性和可靠性。选择时要全面考虑电动机的类型、容量、转速、负载性质及使用环境等诸多因素。同时，对于电动机使用相配套的控制电器和保护电器的选择也同样重要。

（1）容量的选择。电动机容量大小一般以功率衡量，其选择一般是由负载的功率决定的，选用时，应充分考虑负载的性质及工作方式等因素。

（2）转速的选择。异步电动机的转速接近于同步转速，而同步转速是由磁极对数 p 决定的，极数多，则转速低，且电动机尺寸也大，价格贵。电动机转速选择应尽可能接近于生产机械的转速，以简化传动装置。

（3）类型的选择。电动机的种类选择应根据生产机械性质、安装位置、工作环境及运行方式等因素，从技术和经济两方面进行综合考虑后确定。对于无特殊调速要求的，应首选结构简单、性能优良、价格便宜、维修方便的鼠笼式异步电动机；对要求起动转矩大，起动频繁，又有一定调速要求的，应选用绕线式异步电动机；对有特殊要求的设备，比如根据使用环境不同，选择绝缘等级、防尘、防水、耐腐蚀等性能不同的电动机。

（二）三相异步电动机的安装原则

电动机的安装不仅影响其运行性能，同时对于后期的检查、维修也十分重要。若安装不当，则可能缩短电动机的寿命，并引起故障，同时，还可能损坏周围的设备，甚至危及操作人员的生命安全。因此，必须慎重考虑安装场所。

电动机的安装应遵循如下原则：

（1）安装地点要便于对电动机的使用、检查、维护。

（2）一般场所安装电动机，要注意防尘、防潮、防水等。灰尘过多会附在电动机的

线圈上，使电动机绝缘性能降低、散热效果变差；环境潮湿则可能引起漏电。不得已的情况下要抬高基础，安装换气扇排潮。

（3）通风条件要良好。环境温度过高会降低电动机的效率，甚至使电动机过热烧毁。

（4）有大量尘埃、爆炸性或腐蚀性气体以及水中作业等场所，应该选择具有合适防护型式的电动机。

（5）电动机安装要有可靠的接地保护，以防止因绝缘破坏而漏电。在电源中性点直接接地系统中，采用保护接中性线；在电源中性点不接地系统中，应采用保护接地。在电动机密集地区应将中性线重复接地。

（三）三相异步电动机运行中的监视

电动机在运行中应进行监视和维护，这样才能及时了解电动机的工作状态，及时发现异常现象，以保障运行安全。

（1）电机起动后，应注意观察，若有异常情况，应立即停机。待查明故障并排除后，才能重新合闸起动。

（2）检查电动机通风和环境情况。应保持电动机及罩壳的干净卫生，保证冷却风扇的正常运行。

（3）应随时注意电动机的温升，防止温度过高烧坏电机。若存在短时间内的急剧温升，应立即停机检查。

（4）关注电动机运行时有无异常噪声、异常振动，轴承有无异常的声响，等。若发现问题，应立即停机检查。

（5）检查电动机是否发出异常气味，轴承部位是否挥发油脂气味。若发现问题，应立即停机检查。

（四）三相异步电动机的定期维修

定期维修是消除隐患、防止故障发生的重要措施。电动机维修分月维修和年维修，俗称小修和大修。前者不拆开电动机，后者需把电动机全部拆开进行维修。

1. 定期小修项目

定期小修是对电动机的一般清理和检查，对电动机和附属设备不做大的拆卸，大约每半年或更短的时间进行一次。小修内容主要包括：

（1）清擦电动机外壳，除掉运行中积累的污垢。

（2）测量电动机绝缘电阻，测后注意重新接好线，拧紧接线螺钉。

（3）检查电动机端盖、地脚螺钉是否紧固。

（4）检查电动机接地线是否可靠。

（5）检查电动机与负载机械间的传动装置是否良好。

（6）拆下轴承盖，检查润滑介质是否变脏、干涸，及时加油或换油。处理完毕后注意上好端盖及紧固螺钉。

（7）检查电动机的附属起动和保护设备是否完好。

2. 定期大修项目

电动机最好每年要大修一次，大修的目的在于对电动机进行一次全面、彻底的检查、维护，发现问题并及时处理。大修时需要拆开电动机进行以下项目的检查修理。

（1）检查电动机各部件有无机械损伤，若有则应做相应修复或更换。

（2）对拆开的电动机和起动设备进行清理，清除所有油泥、污垢。清理中注意观察绕组绝缘状况。若绝缘为暗褐色，说明绝缘已经老化，对这种绝缘状态要特别注意，不要碰撞使它脱落。若发现有脱落现象就要进行局部绝缘修复和刷漆。

（3）拆下轴承，浸在汽油或柴油中彻底清洗。把轴承架与钢珠间残留的油脂及污垢洗掉后，用干净的汽油清洗一遍。清洗后的轴承应转动灵活，不松动。若轴承表面粗糙，说明油脂不合格；若轴承表面变色，则它已经退火。根据检查结果，对油脂或轴承进行更换，并消除故障原因。

（4）检查定子绕组是否存在故障。使用兆欧表测绕组绝缘电阻可判断绕组绝缘是否受潮或是否有短路。若有则应进行相应处理。

（5）检查定、转子铁心有无磨损和变形，若观察到有磨损处或发亮点，说明可能存在定子、转子铁心相擦。应使用锉刀或刮刀把亮点刮低。若有变形应做相应修复。

（6）在进行以上各项修理、检查后，对电动机进行重新装配。

（7）转配完毕的电动机，应进行相关电气检查，符合要求后，方可使用。

（五）三相异步电动机的常见故障及处理方法

三相异步电动机在日常巡检中，如发现任何异常现象，相关技术人员应及时进行相应的处理，并做好记录，同时向有关领导报告。表7-4是三相异步电动机常见故障及其处理办法。

表7-4 三相异步电动机常见故障及其处理方法

序号	故障现象	故障原因	处理方法
1	电动机不能起动	电源未接通	检查电源电压、开关、线路、触头、电动机引出线头，查出后修复
		熔断器熔丝烧断	先检查熔丝烧断原因并排除故障，再按电动机容量，重新安装熔丝
		控制线路接线错误	根据原理图、接线图检查线路是否符合图纸要求，查出错误纠正
		定子或转子绕组断路	用万用表、兆欧表或串灯法检查绕组，如属断路，应找出断开点，重新连接
		定子绕组相间短路或接地	检查电动机三相电流是否平衡，用兆欧表检查绕组有无接地，找出故障点并修复

续表

序号	故障现象	故障原因	处理方法
1	电动机不能起动	负载过重或机械部分被卡住	重新计算负载，选择容量合适的电动机或减轻负载，检查机械传动机构有无卡住现象，并排除故障
		热继电器规格不符或调得太小，或过电流继电器调得太小	选择整定电流范围适当的热继电器，并根据电动机的额定电流，重新调整
		电动机△形连接误接成Y形连接，使电动机重载下不能起动	根据电动机上铭牌重新接线
		定子绕组接线错误	重新判断绕组头尾端，正确接线
2	电动机起动时熔丝被熔断	单相起动	检查电源线，电动机引出线、熔断器、开关、触头，找出断线或假接故障并排除
		熔丝截面面积过小	重新计算，更换熔丝
		一相绕组对地短路	拆修电动机绕组
		负载过大或机械卡住	将负载调至额定值，并排除机械故障
		电源到电动机之间连接线短路	检查短路点后进行修复
		绕线式电动机所接的起动电阻太小或被短路	消除短路故障或增大起动电阻
3	通电后电动机嗡嗡响不能起动	电源电压过低	检查电源电压质量，与供电部门联系解决
		电源缺相	检查电源电压，熔断器、接触器、开关、某相断线或假接，进行修复
		电动机引出线头尾接错或绕组内部接反	在定子绕组中通入直流电，检查绕组极性，判断绕组头尾是否正确、重新接线
		△形连接绕组，误接成Y形连接	将Y形连接改回△形连接
		定子转子绕组短路	找出断路点进行修复，检查绕线转子电刷与集电环接触状态，检查起动电阻有无断路或电阻过大
		负载过大或机械被卡住	减轻负载，排除机械故障或更换电动机
		装配太紧或润滑脂硬	重新装配，更换油脂
		改极重绕时，楔槽配合选择不当	选择合理绕组形式和节距，适当车小转子直径；重新计算绕组参数
4	电动机外壳带电	电源线与地线接错，且电动机接地不好	纠正接线错误，机壳应可靠地与保护地线连接
		绕组受潮，绝缘老化	对绕组进行干燥处理，绝缘老化的绕组应更换
		引出线与接线盒相碰接地	包扎或更换引出线
		线圈端部顶端接地	找出接地点，进行包扎绝缘和涂漆，并在端盖内壁垫绝缘纸

续表

序号	故障现象	故障原因	处理方法
5	电动机空载或负载时电流表指针来回摆动	笼型转子断条或开焊	检查断条或开焊处并进行修理
		笼型转子电动机有一相电刷接触不良	调整电刷压力，改善电刷与集电环接触面
		笼型转子电动机集电环短路装置接触不良	检修或更换短路装置
		绕线式转子一相断路	找出断路处，排除故障
6	电动机起动困难，加额定负载时转速低于额定值	电源电压过低	用电压表或万用表检查电源电压，且调整电压
		△形连接绕组误接成Y形连接	将Y形连接改回△形连接
		绕组头尾接错	重新判断绕组头尾正确接线
		笼型转子断条或开焊	找出断条或开焊处，进行修理
		负载过重或机械部分转动不灵活	减轻负载或更换电动机，改进机械传动机构
		笼型转子电动机起动变阻器接触不良	检修起动变阻器的接触电阻
		定、转子绕组部分绕组接错或接反	改善电刷与集电环的接触面积，调整电刷压力
		电刷与集电环接触不良	纠正接线错误
		绕线式转子一相断路	找出断路处，排除故障
		重绕时匝数过多	按正确绕组匝数重绕
7	电动机运行时振动过大	基础强度不够或地脚螺钉松动	将基础加固或加弹簧垫，紧固螺丝
		传动带轮、靠轮、齿轮安装不合适，配合键磨损	重新安装、找正、更换配合键
		轴承磨损，间隙过大	检查轴承间隙，更换轴承
		气隙不均匀	重新调整气隙
		转子不平衡	清扫转子紧固螺钉，校正动平衡
		铁心变形或松动	校铁心，重新装配
		转轴弯曲	校正转轴找直
		扇叶变形，不平衡	校正扇叶，找动平衡
		笼型转子断条，开焊	进行补焊或更换笼条
		绕线转子绕组短路	找出短路处，排除故障
		定子绕组短路、断路、接地连接错误等	找出故障处，排除故障

续表

序号	故障现象	故障原因	处理方法
8	电动机运行时有杂音	电源电压过高或不平衡	调整电压或与供电部门联系解决
		定、转子铁心松动	检查振动原因,重新压铁心,进行处理
		轴承间隙过大	检查或更换轴承
		轴承缺少润滑脂	清洗轴承,增加润滑脂
		定、转子相擦	正确装配,调整气隙
		风扇碰风扇罩或风道堵塞	修理风扇罩,清理通风道
		转子擦绝缘纸或槽楔	剪修绝缘纸或检修槽
		各相绕组电阻不平衡,局部有短路	找出短路处,进行局部修理或更换线圈
		定子绕组接错	重新判断头尾,正确接线
		改极重绕时,槽楔配合不当	校验定,转子槽楔配合
		重绕时每相匝数不等	重新绕线,改正匝数
		电动机单相运行	检查电源电压、熔断器、接触器、电动机接线
9	电动机轴承发热	润滑脂过多或过少	清洗后,增加润滑脂,充满轴承室容积的 1/2~2/3
		油质不好,含有杂质	检查油内有无杂质,更换符合要求的润滑脂
		轴承磨损,有杂质	更换轴承,对含有杂质的轴承要清洗,换油
		油封过紧	修理或更换油封
		轴承与轴的配合过紧或过松	检查轴的尺寸公差,过松时用树脂黏合,过紧时进行车加工
		电动机与传动机构连接偏心或传动带过紧	校正转动机构中心线,并调整传动带的张力
		轴承内盖偏心,与轴相擦	修理轴承内盖,使与轴的间隙适合
		电动机两端盖与轴承盖安装不平	安装时,使端盖和轴承盖止口平整装入,然后再旋紧螺钉
		轴承与端盖配合过紧或过松	过松时要镶套,过紧时要进行车加工
		主轴弯曲	矫直弯轴
10	电动机过热或冒烟	电源电压过高或过低	检查电源电压,与供电部门联系解决
		电动机过载运行	检查负载情况,减轻负载或增加电动机容量
		电动机单相运行	检查电源、熔丝、接触器,排除故障
		频繁起动和制动及正反转	正确操作,减少起动次数和正反向转换次数,或更换合适的电动机
		风扇损坏,风道阻塞	修理或更换风扇,清除风道异物
		环境温度过高	采取降温措施

续表

序号	故障现象	故障原因	处理方法
10	电动机过热或冒烟	定子绕组匝间或相间短路，绕组接地	找出故障点，进行修复处理
		绕组接线错误	△形连接电动机误接成Y形连接，或Y形连接电动机误接成△形连接，纠正接线错误
		大修时曾烧铁心，铁耗增加	做铁心检查试验，检修铁心，排除故障
		定转子铁心相擦	正确装配，调整间隙
		笼型转子断条或绕线转子绕组接地松开	找出断条或松脱处，重新补焊或扭紧固定螺钉
		进风温度过高	检查冷却水装置及环境温度是否正常
		重绕后绕组浸渍不良	要采用二次浸漆工艺或真空浸漆措施
11	绝缘电阻低	绕组绝缘受潮	进行加热烘干处理
		绕组沾满灰尘、油垢	清理灰尘，油垢，并进行干燥、浸渍处理
		绕组绝缘老化	可清理干燥、涂漆处理或更换绝缘
		电动机接线板损坏，引出线绝缘老化破裂	重包引线绝缘，修理或更换接线板
12	电动机空载电流不平衡，并相差很大	绕组头尾接错	重新判断绕组头尾，改正接线
		电源电压不平衡	检查电源电压，找出原因并排除
		绕组有匝间短路，某线圈组接反	检查绕组极性，找出短路点，改正接线和排除故障
		重绕时，三相线圈匝数不一样	重新绕制线圈
13	电动机三相空载电流增大	电源电压过高	检查电源电压，与供电部门联系解决
		Y形连接电动机误接成△形连接	将绕组改为Y形连接
		气隙不均匀或增大	调整气隙
		电动机装配不当	检查装配情况，重新装配
		大修时，铁心过热灼损	检修铁心或重新设计和绕制绕组进行补偿
		重绕时，线圈匝数不够	增加绕组匝数

【研讨】

（1）三相异步电动机主要由哪些部分组成？请简述各部分的作用。

（2）简述三相异步电动机的工作原理。

（3）分别画出三相异步电动机定子绕组的Y形和△形接法的接线图。

（4）一台三相异步电动机，在工频下其旋转磁场转速 n_0=1 500 r/min，这台电动机为几对磁极电动机？试分别求出 $n=0$ 时和 $n=1\,450$ r/min 时该电动机的转差率。

（5）一台三相异步电动机，其额定功率 $P_N=55$ kW，电网频率为 50 Hz，额定电压 $U_N=380$ V，额定效率 $\eta_N=0.8$，额定功率因数 $\cos\varphi_N=0.9$，额定转速 $n_N=590$ r/min，试求：同步转速 n_1、极对数 p、额定电流 I_N、额定转差率 s_N，电机的输入功率 P_1。

（6）三相异步电动机直接起动存在什么问题，有什么危害？

（7）三相异步电动机的常用的降压起动方法有哪几种？

（8）三相异步电动机的调速方法都有哪些？

（9）三相异步电动机的制动方式有哪几种？

（10）什么是回馈制动？

（11）什么是脉动磁场？

（12）单相异步电动机有哪些基本类型？

项目八 三相异步电动机的继电器-接触器控制

【项目目标】

认识并掌握常用低压电器的结构、符号及使用,掌握三相异步电动机简单控制电路的安装调试方法。

【项目描述】

通过相关知识的学习,按照安全文明生产标准和操作规范,完成三相异步电动机简单控制电路的安装与调试。

【相关知识】

低压元器件

一、低压电器概述

电器是用于接通或断开电路,或对电路及电气设备进行保护、控制和调节作用的电工器件。电器按照电压等级的不同,分为高压电器和低压电器。高压电器一般用在供配电系统中,如高压断路器、高压隔离开关、高压负荷开关、高压熔断器等。

低压电器是相对于高压电器而言,指的是工作在交流额定电压 1 200 V 以下,直流额定电压 1 500 V 以下的电路中的电器。一般用在低压控制系统中,实现对电路的通断、保护、控制或调节作用。常用的低压电器有刀开关、熔断器、按钮、接触器、继电器等。

低压电器按用途可分为配电电器和控制电器。配电电器主要用于供配电系统中实现对电能的输送、分配和保护,如刀开关、低压断路器、熔断器等。控制电器主要用于自动控制系统中对设备进行控制、检测和调节,如接触器、继电器、主令电器、电磁阀等。

按动作方式不同可分为手动电器和自动电器。手动电器:用手操作驱动触点动作的电器,如刀开关、按钮、转换开关等。自动电器:通过外部信号的变化完成触点的动作,如接触器、继电器等。

按有无触头可分为有触点电器和无触点电器。有触点电器有按钮、接触器、电磁铁等。无触点电器有接近开关、光电开关、熔断器等。

低压电器的主要参数有额定电压、额定电流、通断能力、电气寿命、机械寿命等。

额定电压是在规定的条件下，保证电器长期正常工作时的电压值。通常指电器主触点的额定电压。有电磁机构的控制电器还规定了其线圈的额定电压。选用时，一般不允许超过电器的额定电压。

额定电流是在规定的条件下，保证电器长期正常工作时的电流值。它与规定使用的电压等级、电网频率、工作状态、工作制、使用类别等条件有关，同一电器在不同的使用条件下，有不同的额定电流等级。选用时，一般不允许超过电器的额定电流。

通断能力是在规定的条件下，电器能可靠接通和分断的最大电流。通断能力与电器的额定电压、负载性质、灭弧方式等有很大关系。

电气寿命是在规定的负载条件下，不需要维修或更换零件时的最大电气循环操作次数。

机械寿命是在无负载时，电器能承受的最大手动循环操作次数。

此外，电器的技术参数还包括电器的操作频率、绝缘性能、防腐防潮等级、极限允许温升等。

低压电器在选用时，要注意以下两点：

（1）了解备选电器的主要技术性能，如额定电压、额定电流、通断能力和使用寿命等。同时要了解该电器正常工作的基本环境条件，如环境温度、湿度、振动和粉尘等。

（2）了解控制对象的额定电压、额定电流、起动电流、额定功率、操作特性及工作方式等。同时，明确控制对象的工作环境及防腐、绝缘等级要求等。

低压电器是电气控制系统的基本组成单元，了解其电气符号、基本结构及工作原理，对于分析和理解电路，安装与调试电路都具有重要的作用。因此，本节将重点介绍几种常用的低压电器，为阅读和理解电气控制线路打好基础。

（一）刀开关

开关是最普通、使用最广泛的低压电器。其作用是分合电路、通断电流。常用的有刀开关、隔离开关、负荷开关、转换开关（组合开关）、低压断路器（自动空气开关）等。

1. 刀开关的结构和用途

刀开关在低压电路中，用于不频繁地手动接通、断开电路和作为电源隔离开关使用。普通刀开关主要由手柄、动触刀、静插座和绝缘底座组成，如图8-1所示。刀开关的刀片应垂直安装，手柄要向上为合闸状态，向下为分闸状态，不得倒装或平装，避免由于重力自动下落，引起误动合闸。接线时，应将电源线接在上端，负载线接在下端。

2. 开启式负荷开关

开启式负荷开关又称胶盖瓷底开关，主要用作电气照明电路和电热电路的控制开关。负荷开关内部装设了保险丝，可以实现短路保护；外部有胶盖，使分断电路时产生的电弧不致飞出，同时防止极间飞弧造成相间短路，实物外形和结构如图 8-2 所示。其安装注意事项和普通刀开关相同，电源进线应接在静插座一边的进线端，用电设备应接在动触刀一边的出线端，当刀开关断开时，闸刀和保险丝均不带电，以保证更换保险丝时的安全。

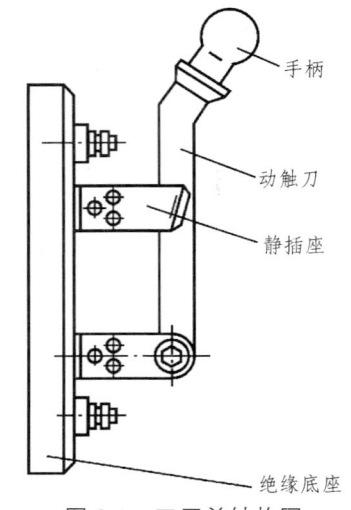

图 8-1　刀开关结构图

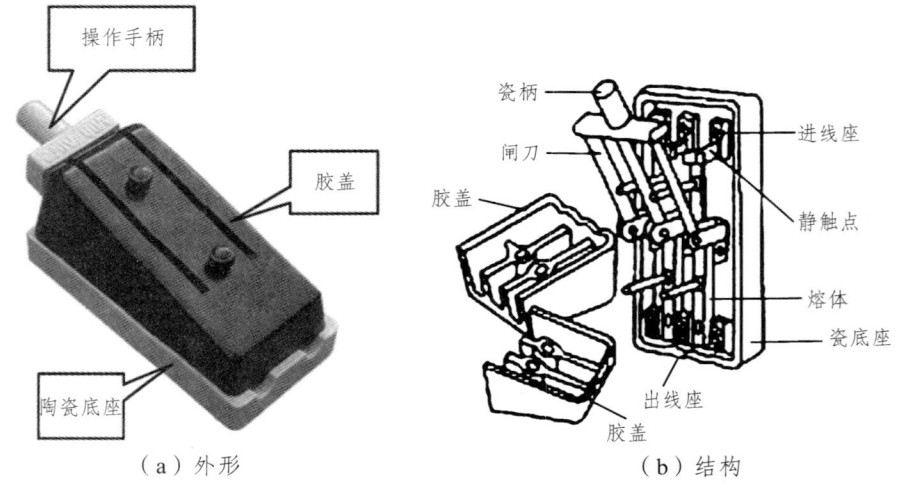

图 8-2　HK 系列开启式负荷开关外形和结构

3. 封闭式负荷开关

封闭式负荷开关又称铁壳开关，主要由三相动触刀、熔断器、灭弧装置、操作机构和金属外壳构成。三相动触刀固定在一根绝缘的方轴上，通过操作手柄操纵。其外形和结构如图 8-3 所示。铁壳开关常用在农村和工矿的电力照明、电力排灌等配电设备中。

操作机构采用储能合闸方式，在操作机构中装有速动弹簧，使开关迅速通断电路，其通断速度与操作手柄的操作速度无关，有利于迅速断开电路，熄灭电弧。操作机构装有机械互锁，保证盖子打开时手柄不能合闸，当手柄处于闭合位置时，盖子不能打开，以保证操作安全。

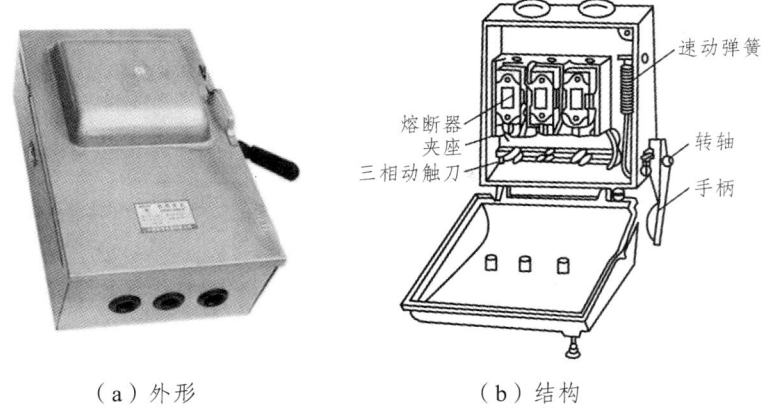

（a）外形　　　　　　　　（b）结构

图 8-3　HH 铁壳开关外形和结构

4. 电气符号

刀开关按极数不同，一般可分为单级、双极、三级，其图形符号及文字符号如图 8-4 所示。

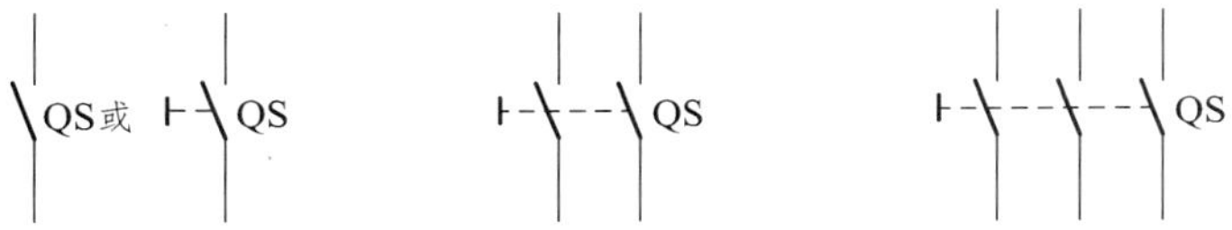

（a）单极　　　　　（b）双极　　　　　（c）三极

图 8-4　刀开关的电气符号

5. 刀开关的主要技术参数

刀开关的主要技术参数有通断能力、动稳定电流、热稳定电流等。

（1）通断能力是指在规定条件下，能在额定电压下接通和分断的电流值。

（2）动稳定电流是指电路发生短路故障时，刀开关并不因短路电流产生的电动力作用而发生变形、损坏或触刀自动弹出之类的现象，这一短路电流（峰值）即称为刀开关的动稳定电流。

（3）热稳定电流是指电路发生短路故障时，刀开关在一定时间内（通常为 1s）通过某一短路电流，并不会因温度急剧升高而发生熔焊现象，这一最大短路电流称为刀开关的热稳定电流。

6. 刀开关的选择与常见故障

（1）刀开关选择的注意点。

① 根据使用场合，选择刀开关的类型、极数及操作方式。

② 刀开关额定电压应大于或等于线路电压。

③ 刀开关额定电流应大于或等于线路的额定电流。对于电动机负载，开启式刀开关额定电流可取电动机额定电流的 2~3 倍；封闭式刀开关额定电流可取电动机额定电流

的 1.5 倍。

（2）刀开关的常见故障及其处理方法。

刀开关的常见故障及其处理方法如表 8-1 所示。

表 8-1　刀开关的常见故障及其处理方法

故障现象	产生原因	修理方法
合闸后一相或两相没电	插座弹性消失或开口过大	更换插座
	熔丝熔断或接触不良	更换熔丝
	插座、触刀氧化或有污垢	清洁插座或触刀
	电源进线或出线头氧化	检查进出线头
触刀和插座过热或烧坏	开关容量太小	更换较大容量的开关
	分、合闸时动作太慢造成电弧过大，烧坏触点	改进操作方法
	夹座表面烧毛	用细锉刀修整
	触刀与插座压力不足	调整插座压力
	负载过大	减轻负载或调换较大容量的开关
封闭式负荷开关的操作手柄带电	外壳接地线接触不良	检查接地线
	电源线绝缘损坏碰壳	更换导线

（二）低压断路器

低压断路器又称自动空气开关（俗称空开），用于低压配电电路中不频繁的通断控制和保护。在电路发生短路、过载或欠电压等故障时能自动分断故障电路，是一种兼具控制及保护功能的开关电器。由于空开具备保护功能，且动作后不需要更换元件，安装方便等优点，因此它基本取代了普通刀开关，在家庭照明、动力配电系统中被广泛使用。

低压断路器的种类很多，按照结构形式、使用场合及功能的不同，有塑料外壳式断路器（DZ 型）、框架式断路器（DW 型）、漏电保护型低压断路器、智能型低压断路器等几类，每一类又包括很多不同的系列。例如，塑料外壳式断路器有 DZ5、DZ10、DZ15 等系列；框架式断路器有 DW10、DW15、DW16 等系列；漏电保护低压断路器也称漏电保护开关，常见的有 DZ47、DZL18、DZL20 等系列。图 8-5 为几种常见的低压断路器的外形。

1. 低压断路器的结构和工作原理

低压断路器的内部结构如图 8-6 所示，主要由触点系统、灭弧系统、各种脱扣器（包括自由脱扣机构、过电流脱扣器、失压脱扣器、热脱扣器、分励脱扣器和自由脱扣器）和操作机构等组成。

  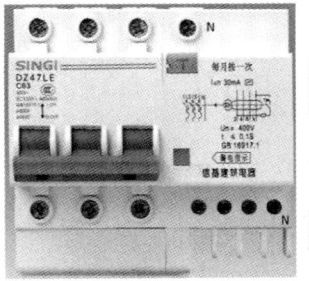 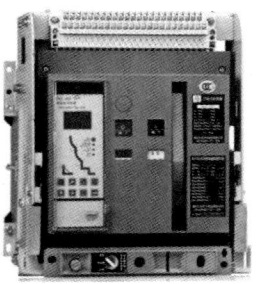

（a）塑壳式断路器　　（b）框架式断路器　　（c）漏电保护开关　　（d）智能型低压断路器

图 8-5　几种常见的低压断路器

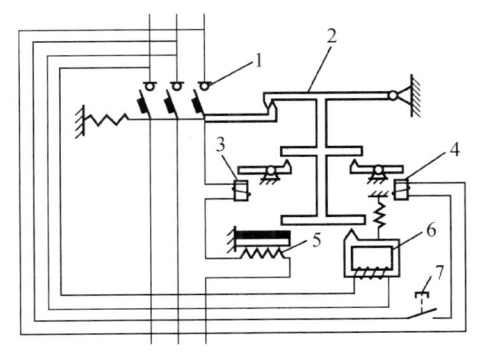

1—主触点；2—自由脱扣机构；3—过电流脱扣器；4—分励脱扣器；5—热脱扣器；6—欠电压脱扣器；7—按钮。

图 8-6　低压断路器的结构示意图

断路器开关可由手动或电动操作机构合闸，触点闭合后，自由脱扣机构将触点锁扣在合闸位置上。电路正常工作时，电磁脱扣器线圈所产生的电磁力不能将衔铁吸合，主触点保持闭合。

当电路工作电流大于整定电流时，过电流脱扣器所产生的电磁力使挂钩脱扣，动触点在弹簧的拉力下迅速断开，实现断路器的跳闸功能。过电流脱扣器用于线路的短路和过电流保护。

当线路发生严重过载时，热元件发热使双金属片受热弯曲，推动热脱扣器动作使断路器分闸。热脱扣器用于线路的过载保护。

当电路失压或断电时，失压脱扣器的吸合力小于弹簧的反作用力，弹簧使动铁心向上运动使挂钩脱扣，实现断路器的跳闸功能。失压脱扣器用于线路的欠压或失压保护。

当需要远距离控制时，在远方按下按钮，分励脱扣器通电流产生电磁力，使其脱扣跳闸。分励脱扣器用于远程控制。

不同的断路器具有不同的保护功能，主要有短路、过载、欠压、失压、漏电保护等。使用时应根据需要，合理选用。

2. 低压断路器的电气符号

低压断路器的图形符号及文字符号如图 8-7 所示。

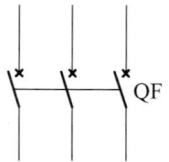

图 8-7 低压断路器的电气符号

3. 低压断路器的选择及常见故障

（1）低压断路器的选用原则。

① 根据使用场合和保护要求来选择断路器类型。如照明电路、电动机控制一般选用塑壳式；额定电流比较大或有选择性保护要求时选用框架式；配电线路一般选用漏电保护型断路器。

② 断路器额定电压、额定电流应不小于线路的正常工作电压、工作电流。

③ 断路器极限通断能力不小于线路可能出现的最大短路电流。

④ 欠电压脱扣器额定电压等于线路额定电压。

⑤ 过电流脱扣器额定电流不小于线路的最大负载电流。

（2）低压断路器的常见故障及处理方法。

低压断路器的常见故障及处理方法如表 8-2 所示。

表 8-2 低压断路器常见故障及其处理方法

故障现象	产生原因	处理方法
手动操作断路器不能闭合	电源电压太低	检查线路并调高电源电压
	热脱扣的双金属片尚未冷却复原	待双金属片冷却后再合闸
	欠电压脱扣器无电压或线圈损坏	检查线路，施加电压或调换线圈
	储能弹簧变形，导致闭合力减小	调换储能弹簧
	反作用弹簧力过大	重新调整弹簧反力
电动操作断路器不能闭合	电源电压不符	调换电源
	电源容量不够	增大操作电源容量
	电磁铁拉杆行程不够	调整或调换拉杆
	电动机操作定位开关变位	调整定位开关
电动机起动时断路器立即分断	过电流脱扣器瞬时整定值太小	调整瞬间整定值
	脱扣器某些零件损坏	调换脱扣器或损坏的零部件
	脱扣器反力弹簧断裂或落下	调换弹簧或重新装好弹簧
分励脱扣器不能使断路器分断	线圈短路	调换线圈
	电源电压太低	检修线路调整电源电压
欠电压脱扣器噪声大	反作用弹簧力太大	调整反作用弹簧
	铁心工作面有油污	清除铁心油污
	短路环断裂	调换铁心

续表

故障现象	产生原因	处理方法
欠电压脱扣器不能使断路器分断	反力弹簧弹力变小	调整弹簧
	储能弹簧断裂或弹簧力变小	调换或调整储能弹簧
	机构生锈卡死	清除锈污

（三）熔断器

熔断器是一种结构简单、体积小巧、价格便宜、使用方便的保护电器，一般由熔体和安装熔体的绝缘管或绝缘座组成。熔断器一般串接在电路中，当电路正常工作时，熔断器相当于一根导线；当电路发生短路或严重过载时，熔体由于过热将熔断，从而切断电路，以保护用电设备。熔断器广泛用于低压照明配电线路的过载和短路保护。

1. 熔断器的类型

熔断器的种类很多，按结构形式及应用场合不同，一般分为瓷插式、螺旋式、有填料密封管式、无填料密封管式、自复式、快速熔断器等。常见熔断器的外形如图 8-8 所示。各种熔断器的特点和应用场合如表 8-3 所示。

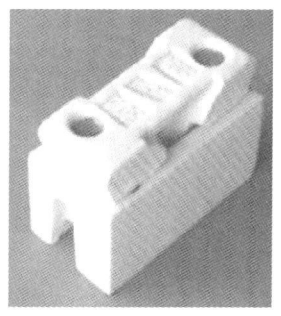
（a）瓷插式

（b）螺旋式

（c）无填料封闭管式

（d）有填料封闭管式

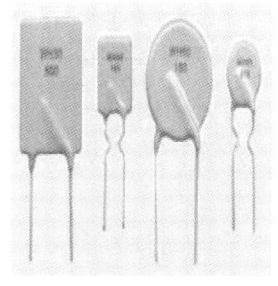
（e）自复式

（f）快速熔断器

图 8-8 常见熔断器的外形

表 8-3 常用熔断器的特点和应用场合

名称	类别	特点、用途
瓷插式	RC1A	价格便宜，更换方便。广泛用于照明和小容量电动机短路保护
螺旋式	RL	熔丝周围的石英砂可熄灭电弧，熔断管上端红点随熔丝熔断而自动脱落。体积小，多用于机床电气设备中
无填料封闭管式	RM	在熔体中人为引入窄截面熔片，提高断流能力。用于低压电力网络和成套配电装置中的短路保护
有填料封闭管式	RT	分断能力强，使用安全，特性稳定，有明显指示器。广泛用于短路电流较大的电力网或配电装置中
自复式	RZ	在故障短路电流产生的高温下，其中的局部液态金属钠迅速气化而蒸发，阻值剧增，即瞬间呈现高阻状态，从而限制了短路电流。当故障消失后，温度下降，金属钠蒸气冷却并凝结，自动恢复至原来的导电状态，无须更换熔体
快速熔断器	RLS	用于小容量硅整流元件的短路保护和某些过载保护
	RS	用于大容量硅整流元件的保护
	RS	用于晶闸管元件短路保护和某些适当过载保护

2. 熔断器的型号和电气符号

（1）型号。

熔断器的型号标志组成及其含义如图 8-9 所示。

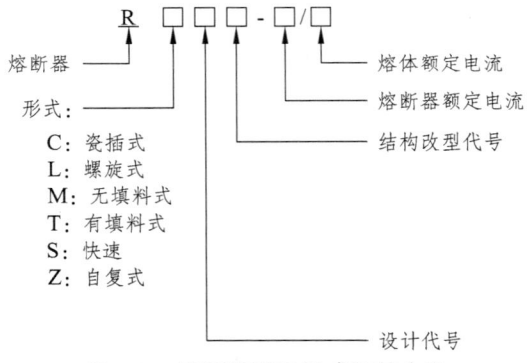

图 8-9 熔断器型号组成及其含义

（2）电气符号。

熔断器的图形符号和文字符号如图 8-10 所示。

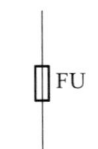

图 8-10 熔断器的电气符号

3. 熔断器的主要参数

（1）额定电压，指熔断器长时间正常工作所能承受的电压。其值一般应等于或大于熔断器所接电路的工作电压，否则熔断器在长期工作中可能造成绝缘击穿或熔体熔断后电弧不能熄灭。

（2）熔断器额定电流，指保证熔断器能长期正常工作的电流。它由熔断器各部分长期工作所允许的温升决定。

（3）熔体额定电流，指熔体长期正常工作而不会熔断的电流。熔体的额定电流应小于等于熔断器的额定电流。

（4）极限分断能力，指熔断器在额定电压下所能分断的最大短路电流。它取决于熔断器的灭弧能力。

4. 熔断器的选择与常见故障

（1）熔断器的选择。

熔断器的选择主要由熔体的额定电流决定，基本原则如下：

① 对于照明线路或电阻性负载，熔断器作过载和短路保护用，熔体的额定电流应大于或等于负载的额定电流，即 $I_{RN} \geq I_N$，式中，I_{RN} 为熔体的额定电流，I_N 为负载的额定电流。

② 对于单台电动机的短路保护，熔体电流可按下式选取：

$$I_{RN} \geq (1.5 \sim 2.5) I_N$$

其中，I_N 为电动机额定电流。如果电动机需要频繁起动，式中系数可适当加大，具体应根据实际情况而定。

③ 对于多台电动机的短路保护，应保证出现尖峰电流时，熔断器不熔断。熔体电流可按下式选择：

$$I_{RN} \geq (1.5 \sim 2.5) I_{Nmax} + \Sigma I_N$$

其中，I_{Nmax} 为容量最大的一台电动机的额定电流，ΣI_N 为其余各台电动机额定电流之和。

④ 快速熔断器熔体额定电流的选择。在小容量变流装置中（晶闸管整流元件的额定电流小于 200 A），熔体额定电流则应按下式计算：

$$I_{RN} = 1.57 I_{SCR}$$

式中，I_{SCR} 为晶闸管整流元件的额定电流。

（2）熔断器的常见故障及处理方法。

熔断器的常见故障及处理方法如表 8-4 所示。

表 8-4　熔断器的常见故障及处理方法

故障现象	产生原因	处理方法
电动机起动瞬间熔体即熔断	熔体规格选择太小	调换适当的熔体
	负载侧短路或接地	检查短路或接地故障
	熔体安装时损伤	调换熔体
熔丝未熔断但电路不通	熔体两端或接线端接触不良	清扫并旋紧接线端
	熔断器的螺帽盖未旋紧	旋紧螺帽盖

（四）按钮

按钮属于主令电器，主要用在控制回路，发出指令以接通和分断控制电路的电器。常用的主令电器有：控制按钮、行程开关、接近开关、万能转换开关、主令控制器等。

按钮是一种短时接通和断开小电流电路的手动电器，常用于控制电路中，发出起动或停止等指令，以控制接触器、继电器等电器的线圈电流的接通或断开，再由它们去控制主电路。其外形如图8-11所示。

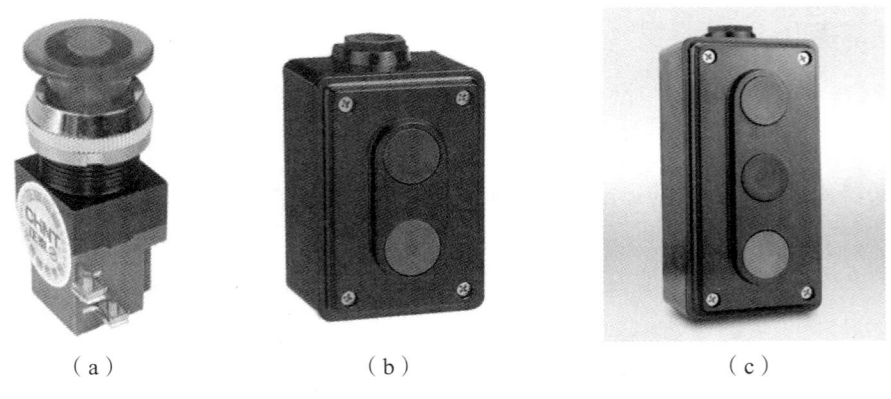

图8-11 常用按钮的外形

1. 按钮的结构和工作原理

控制按钮由按钮帽、复位弹簧、桥式触点和外壳等组成，通常做成复合式，即既有动断触点又有动合触点。按下按钮时，动断触点先断开，动合触点后接通；释放后，在复位弹簧的作用下，触点自动复位。通常，在无特殊说明的情况下，有触点电器的触点动作顺序均为"先断后合"。其结构如图8-12所示。

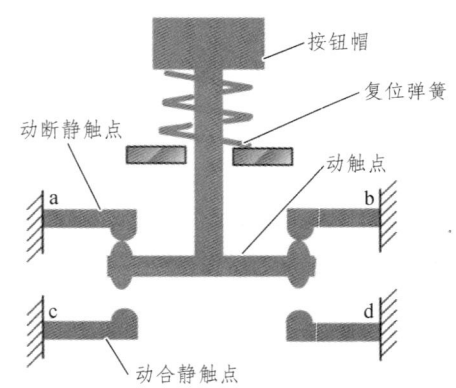

图8-12 按钮结构示意图

2. 按钮的型号和电气符号

（1）型号。

按钮型号标志组成及其含义如图8-13所示。

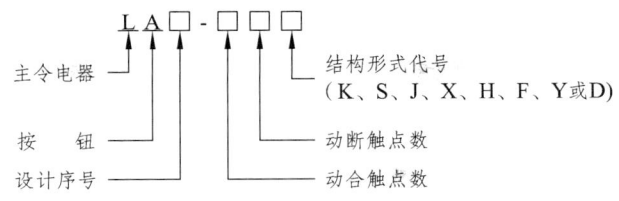

图 8-13 按钮型号的组成及其含义

其中,结构形式代号的含义为:K 为开启式,S 为防水式,J 为紧急式,X 为旋钮式,H 为保护式,F 为防腐式,Y 为钥匙式,D 为带灯按钮。

(2)电气符号。

按钮的图形符号及文字符号如图 8-14 所示。

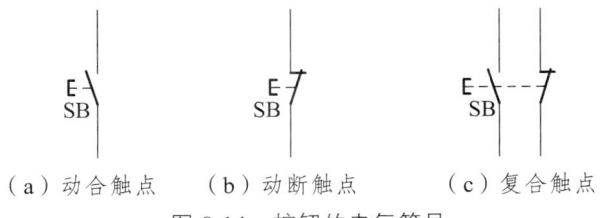

(a)动合触点　　(b)动断触点　　(c)复合触点

图 8-14 按钮的电气符号

3. 按钮的选择与常见故障

(1)按钮的选择。

① 根据使用场合,选择控制按钮的种类,如开启式、防水式、防腐式等。

② 根据用途,选用合适的形式,如钥匙式、紧急式、带灯式等。

③ 根据控制功能,确定不同的按钮数,如单钮、双钮、三钮、多钮等。

④ 根据工作状态指示和工作情况的要求,选择按钮的颜色。通常将按钮帽做成红、绿、黑、黄、蓝、白、灰等颜色。按国家相关标准,红色一般作"停止"或"急停"控制;绿色一般作"启动"控制;黑色一般作"点动"控制;蓝色一般作"复位"控制。

(2)按钮的常见故障及处理方法。

按钮的常见故障及处理方法如表 8-5 所示。

表 8-5 按钮的常见故障及处理方法

故障现象	产生原因	处理方法
按下启动按钮时有触电感觉	按钮的防护金属外壳与连接导线接触	检查按钮内连接导线
	按钮帽的缝隙间充满铁屑,使其与导电部分形成通路	清理按钮及触点
按下启动按钮,不能接通电路,控制失灵	接线头脱落	检查启动按钮连接线
	触点磨损松动,接触不良	检修触点或调换按钮
	动触点弹簧失效,使触点接触不良	重绕弹簧或调换按钮
按下停止按钮,不能断开电路	接线错误	更改接线
	尘埃或机油、乳化液等流入按钮形成短路	清扫按钮并相应采取密封措施
	绝缘击穿短路	调换按钮

（五）行程开关

在生产过程中，一些生产机械运动部件的行程或位置要受到限制，如有些生产机械的工作台要求在一定行程内自动往返运动，以便实现对工件的连续加工，提高生产效率，其控制示意图如 8-15 所示。实现这种控制需要用到行程开关，行程开关 SQ_1 安装在左端，控制右向运行；SQ_2 安装右端控制左向运行。SQ_3 和 SQ_4 分别为左右极限位置保护。

图 8-15　行程开关控制示意图

行程开关又称限位开关或位置开关。它是主令电器的一种，其原理是将机械运动部件的位移信号转换为触点动作的电信号，通过控制电路发出接通、断开的转换命令，从而实现机械运行的自动控制。行程开关主要用于控制生产机械的运动方向和限位保护。

行程开关按结构可分为直动式、滚轮式、微动式等；按复位方式有自动复位和非自动复位两种。按钮式和单轮旋转式行程开关为自动复位式；双轮旋转式行程开关为非自动复位式，它没有复位弹簧，在挡铁离开后不能自动复位，必须由挡铁从反方向碰撞后，开关才能复位。图 8-16 是几种常见的行程开关实物。

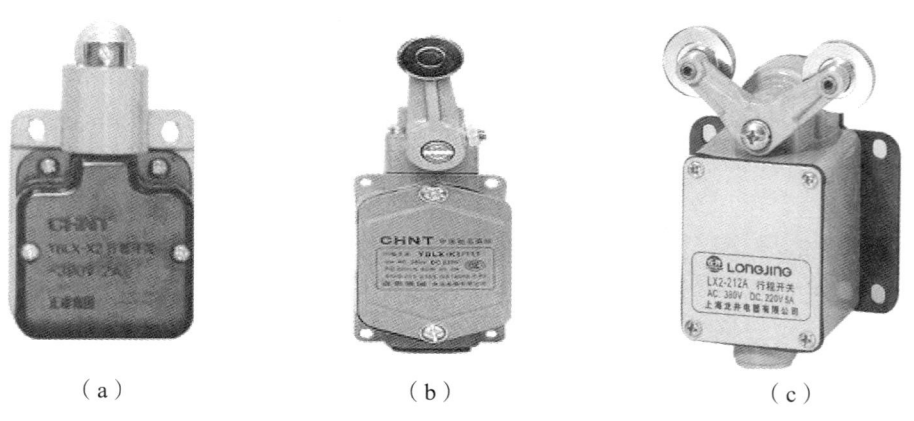

（a）　　　　　　　（b）　　　　　　　（c）

图 8-16　几种常见的行程开关

1. 行程开关的工作原理

行程开关的工作原理与按钮类似，不同的是按钮靠手按压使触点动作，而行程开关是靠运动部件上的挡铁碰压行程开关的推杆或滚轮而动作。图 8-17 是直动式行程开关的外形和结构示意。

2. 行程开关的型号和电气符号

（1）型号。

行程开关的型号标志组成及其含义如图 8-18 所示。

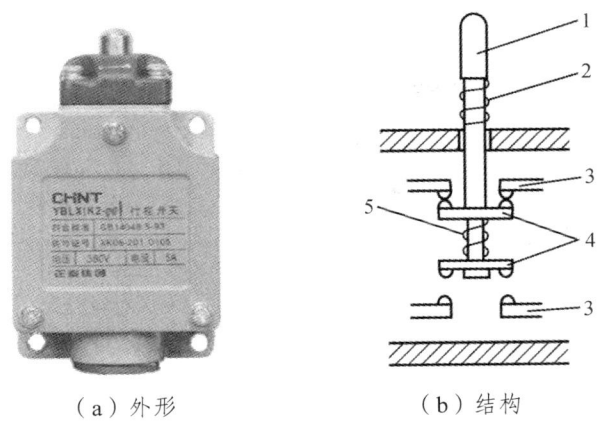

（a）外形　　　　（b）结构

1—推杆；2—复位弹簧；3—静触点；4—动触点；5—触点弹簧。

图 8-17　直动式行程开关外形与结构

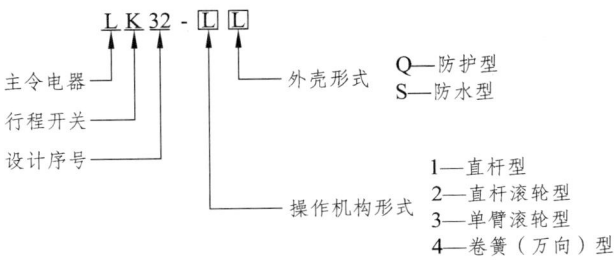

图 8-18　行程开关型号的组成及其含义

（2）电气符号。

行程开关的图形符号及文字符号如图 8-19 所示。

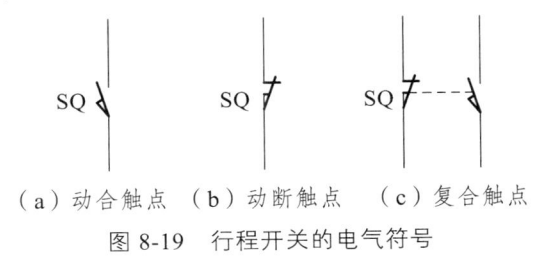

（a）动合触点　（b）动断触点　（c）复合触点

图 8-19　行程开关的电气符号

（六）交流接触器

交流接触器是一种用来接通或断开大电流电路的控制电器。它可以频繁地接通或分断主电路，实现对电动机、电热设备、电容器组、风机等电力负载的远距离自动控制。另外，交流接触器还具有欠压和失压释放保护功能。

交流接触器具有控制容量大、过载能力强、寿命长、安全可靠、维护简单等一系列优点，因此，它被广泛应用于电气控制系统中。交流接触器按结构及工作原理不同可分为电磁式、真空式、油浸式等。目前，使用最广泛的是电磁式交流接触器。图 8-20 是常见的电磁式交流接触器的实物。

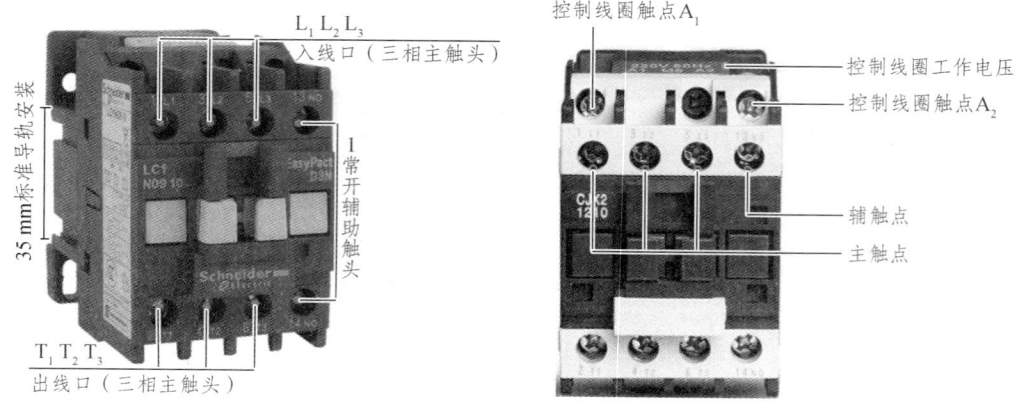

图 8-20 常见电磁式交流接触器的外形

1. 交流接触器的结构和工作原理

交流接触器主要由电磁系统、触点系统、灭弧装置和其他部件等组成，其结构拆分如图 8-21 所示。

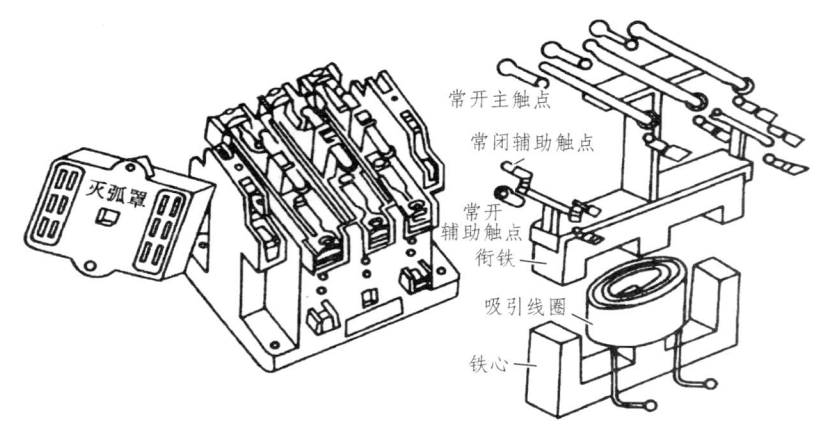

图 8-21 交流接触器的结构拆分图

（1）电磁机构。电磁机构由线圈、动铁心（衔铁）和静铁心组成，其作用是将电磁能转换成机械能，产生电磁吸力带动触点动作。

（2）触点系统。触点系统包括主触点和辅助触点。主触点用于通断主电路，通常为三对常开触点。辅助触点用于控制电路，一般有常开、常闭各两对。

（3）灭弧装置。触点在分断大电流的瞬间，会产生很强的电弧，在高温电弧下触点极易灼伤，并使电流切断延迟。因此，为了保护电磁机构及电路安全，交流接触器一般都有灭弧系统。对于小容量的接触器，常采用双断口触点灭弧、电动力灭弧、相间弧板隔弧及陶土灭弧罩灭弧。对于大容量的接触器，采用纵缝灭弧罩及栅片灭弧。高压接触器多采用真空灭弧。

（4）其他部件。其他部件包括反作用弹簧、缓冲弹簧、触点压力弹簧、短路环、传动机构及外壳等。交流接触器在运行过程中，线圈中通入的交流电在铁心中产生交变磁通，因而铁心与衔铁间的吸力是变化的。这会使衔铁产生振动，发出噪声。为消除这一现象，在交流接触器的铁心两端各开一个槽，槽内嵌装短路铜环，如图 8-22 所示。工作时，线圈电流产生磁通 Φ_1，在 Φ_1 的作用下，短路环中感应产生磁通 Φ_2，两个磁通相互作用，从而保证了衔铁的可靠吸合，并消除了振动及噪声。

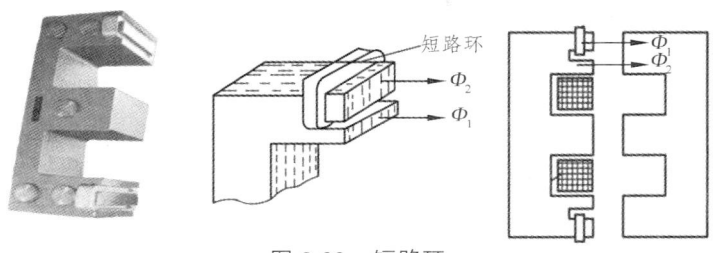

图 8-22　短路环

电磁式交流接触器的工作原理是：线圈通电后，在铁心中产生电磁力，并克服弹簧反作用力使衔铁吸合，从而带动触点机构动作，使得常闭触点断开，常开触点闭合；线圈失电或电压显著降低时，电磁力小于弹簧反作用力，使衔铁释放，触点机构复位。其工作原理示意图如 8-23 所示。

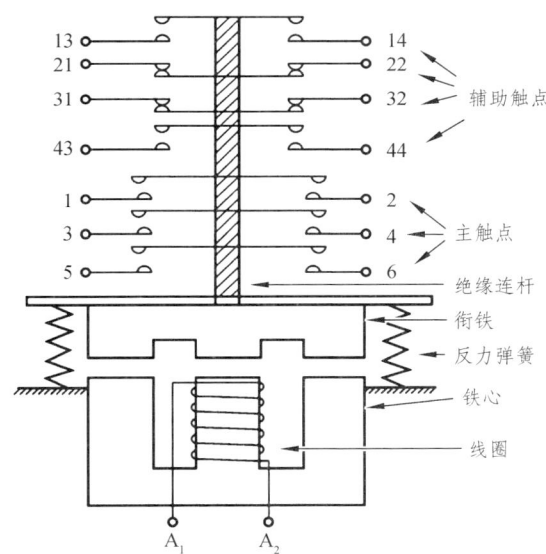

图 8-23　电磁式交流接触器工作原理示意图

2. 交流接触器的型号和电气符号

（1）型号。

交流接触器的型号标志组成及含义如图 8-24 所示。

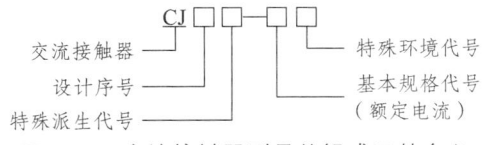

图 8-24　交流接触器型号的组成及其含义

（2）电气符号。

交流接触器的图形符号及文字符号如图 8-25 所示。

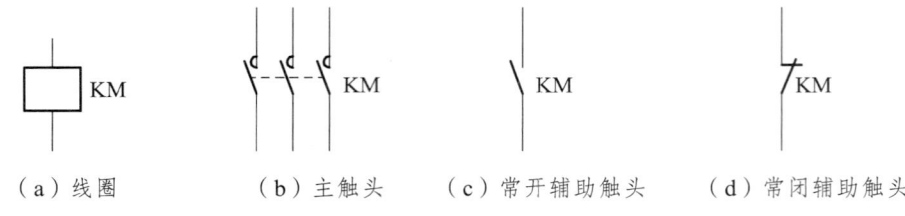

图 8-25 交流接触器的电气符号

3. 交流接触器的主要参数

（1）额定电压。交流接触器的额定电压有两种，一是指主触点的额定电压，主要有 220 V、380 V、660 V、1 140 V 等；二是指线圈的额定电压，主要有 36 V、127 V、220 V、380 V 等。

（2）额定电流。额定电流指主触点的额定工作电流。它是在一定的条件下（额定电压、使用类别和操作频率等）规定的，常用的额定电流等级有 10 A、20 A、40 A 等。

（3）通断能力。通断能力可分为最大接通电流和最大分断电流。最大接通电流是指触点闭合时不会造成触点熔焊时的最大电流值；最大分断电流是指触点断开时能可靠灭弧的最大电流。

（4）动作值。动作值是指接触器的吸合电压和释放电压。规定接触器的吸合电压大于线圈额定电压的 85%时应可靠吸合；释放电压不高于线圈额定电压的 70%。

（5）额定操作频率。接触器的额定操作频率是指每小时允许的操作次数，一般为 300 次/小时、600 次/小时、1 200 次/小时。

（6）机械寿命和电气寿命。机械寿命是指接触器所能承受的无载操作次数。电气寿命是在规定的正常工作条件下，能承受的有载操作次数。

4. 交流接触器的选用与常见故障

（1）交流接触器的选择原则。

① 根据负载性质选择接触器的结构形式及使用类别，且触点数应满足主电路和控制电路的要求。

② 主触点的额定工作电压、额定工作电流应大于或等于负载电路的额定电压和额定电流。

③ 线圈的额定电压应与控制电路电压相一致。当控制线路简单，使用电器较少时，为节省变压器，可直接选用 380 V 或 220 V 的交流线圈；当线路复杂，使用电器超过 5 个时，从人身和设备安全角度考虑，线圈电压要选低一些，可用 36 V 或 110 V 交流线圈。

（2）交流接触器的检测。

① 检查交流接触器的外观是否完整无缺，各接线端和螺钉是否完好。

② 主触头的检测。将万用表调到蜂鸣挡，并将两支表笔分别接在交流接触器一对主

触头的进出端，没有蜂鸣声；按下触头后，有蜂鸣声则说明交流接触器的主触点能够正常工作，否则表示存在故障或损坏。

③ 辅助触头的检测。将万用表调到蜂鸣档，用万用表的两支表笔分别接到交流接触器的一对辅助触点的两端。对动合触点，没有蜂鸣声，按下触头，有蜂鸣声；对动断触点，有蜂鸣声，按下触头，没有蜂鸣声。说明交流接触器的这对辅助触点可以正常工作，否则表示有损坏。

④ 线圈的检测。将万用表调到 1k 电阻挡，用万用表的两支表笔分别接到交流接触器线圈的两端，测量到某一规定的数值，说明线圈是好的，否则有损坏。

（3）交流接触器的常见故障及处理方法。

交流接触器的常见故障及其处理方法如表 8-6 所示。

表 8-6　交流接触器的常见故障及处理方法

故障现象	产生原因	处理方法
接触器不吸合或吸不牢	电源电压过低	调高电源电压
	线圈断路	调换线圈
	线圈技术参数与使用条件不符	调换线圈
	铁心机械卡阻	排除卡阻物
线圈断电，接触器不释放或释放缓慢	触点熔焊	排除熔焊故障，修理或更换触点
	铁心表面有油污	清理铁心极面
	触点弹簧压力过小或复位弹簧损坏	调整触点弹簧力或更换复位弹簧
	机械卡阻	排除卡阻物
触点熔焊	操作频率过高或过负载使用	调换合适的接触器或减小负载
	负载侧短路	排除短路故障更换触点
	触点弹簧压力过小	调整触点弹簧压力
	触点表面有电弧灼伤	清理触点表面
	机械卡阻	排除卡阻物
铁心噪声过大	电源电压过低	检查线路并提高电源电压
	短路环断裂	调换铁心或短路环
	铁心机械卡阻	排除卡阻物
	铁心极面有油垢或磨损不平	用汽油清洗极面或更换铁心
	触点弹簧压力过大	调整触点弹簧压力
线圈过热或烧毁	线圈匝间短路	更换线圈并找出故障原因
	操作频率过高	调换合适的接触器
	线圈参数与实际使用条件不符	调换线圈或接触器
	铁心机械卡阻	排除卡阻物

(七) 常用继电器

继电器是一种根据外界输入信号（电信号或非电信号）的变化来接通或断开小电流电路的自动控制器件，主要用在控制回路中，用于线路的控制和保护，以及信号的传递和转换。

继电器的输入信号有电压、电流、温度、速度、时间、压力等。继电器主要由感测机构、中间机构、执行机构三部分组成。感测机构把感测到的参量传递给中间机构，并和整定值相比较，当满足预定要求时，执行机构便动作，从而接通或断开电路。

继电器的种类很多，按输入信号可分为：电压继电器、电流继电器、时间继电器、温度继电器、速度继电器、压力继电器等；按工作原理分为：电磁式继电器、电动式继电器、电子式继电器等。本节将介绍几种常用的继电器。

1. 电磁式继电器

电磁式继电器主要有电压继电器（包括过电压继电器、欠电压继电器）、电流继电器（包括过电流继电器、欠电流继电器）和中间继电器等。其结构及工作原理与接触器基本相同，主要用于控制电路的小电流切换，没有灭弧装置，也无主触点和辅助触点之分。图 8-26 为几种常用的电磁式继电器的实物图。

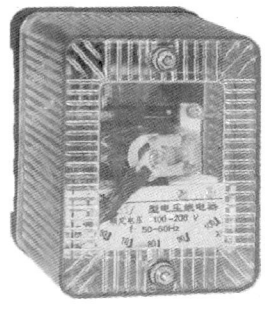 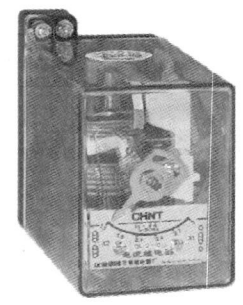 

（a）电压继电器　　　（b）电流继电器　　　（c）中间继电器

图 8-26　几种电磁式继电器实物

电磁式继电器主要由电磁机构和触点系统组成，其典型结构如图 8-27 所示。工作时，线圈通电，电磁铁动作带动触点系统动作，从而控制电路改变。线圈失电或欠压时，触点复位。可通过反作用调节螺钉，改变继电器的动作值大小，从而改变电路动作的整定值。

电磁式继电器的图形和文字符合如图 8-28 所示。

（1）电压继电器（KV）。

电压继电器是根据电压大小的变化而动作的继电器。它的线圈匝数多，导线细，阻抗大。工作时其线圈应并联在被测电路中，以感测负载两端电压的变化。根据动作电压值的不同，可分为过电压继电器和欠电压继电器。

过电压继电器：线圈电压高于整定值时动作。当电路正常工作时，衔铁是释放的；当电路发生过电压故障时，衔铁立即吸合，实现保护。

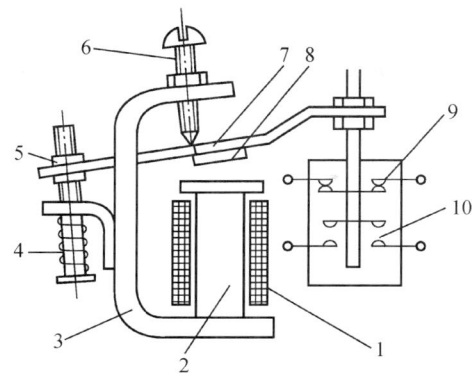

1—线圈；2—铁心；3—磁轭；4—弹簧；5—调节螺母；6—反作用调节螺钉；7—衔铁；
8—非磁性垫片；9—动断触点；10—动合触点。

图 8-27　电磁式继电器结构示意图

（a）过电流继电器线圈　（b）欠电流继电器线圈　（c）过电压继电器线圈　（d）欠电压继电器线圈

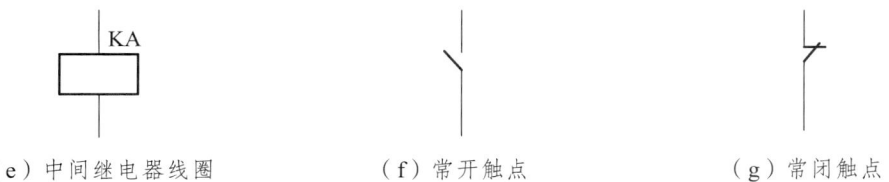

（e）中间继电器线圈　　　　　　（f）常开触点　　　　　　（g）常闭触点

图 8-28　电磁式继电器的电气符号

欠电压继电器：也称零电压继电器，线圈电压低于整定值时动作。当电路正常工作时，衔铁是吸合的；当电路电压过低现象时，衔铁立即释放，实现保护。

（2）电流继电器（KI）。

电流继电器是根据电流大小的变化而动作的继电器。它的线圈匝数少，导线粗，阻抗小。工作时其线圈应串联在被测电路中，以感测负载电流的变化。根据动作电流值的不同，可分为过电流继电器和欠电流继电器。

过电流继电器：线圈电流高于整定值时动作。当电路正常工作时，衔铁是释放的；当电路发生过载或短路故障时，衔铁立即吸合，实现保护。

欠电流继电器：线圈电流低于整定值时动作。当电路正常工作时，衔铁是吸合的；当电路电流过低现象时，衔铁立即释放，实现保护。

（3）中间继电器（KA）。

中间继电器通常用来传递信号和同时控制多个电路，也可用于直接控制小容量电动机或其他电气执行元件。中间继电器在结构上是一种动作值与释放值不能调节的电压继电器，但触点数多，触点容量比电压继电器大。中间继电器与交流接触器的主要区别是触点数目多,但触点容量小,只允许通过小电流。

2. 热继电器

热继电器是一种利用电流热效应原理工作的保护电器,主要用作电动机的过载保护和断相保护,防止电机由于过热而烧毁。常用热继电器的实物如图 8-29 所示。

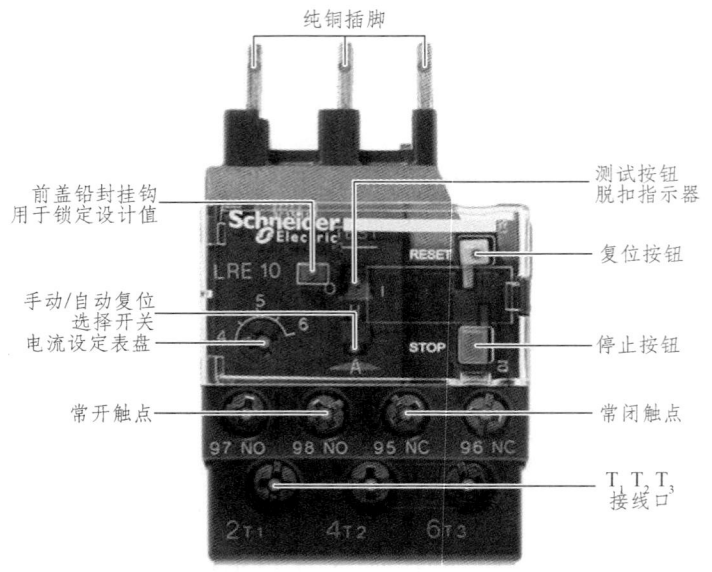

图 8-29 热继电器实物外形图

(1)热继电器的结构和工作原理。

热继电器主要由双金属片、热元件、复位按钮、传动杆、拉簧、调节旋钮、复位螺丝、触点和接线端子等组成。其结构示意图如图 8-30 所示。其中,双金属片由两种热膨胀系数不同的金属辗压而成,当双金属片受热时,会出现弯曲变形。工作时,将热元件串接于电动机的定子回路中,而辅助触点串接于电动机的控制电路中。

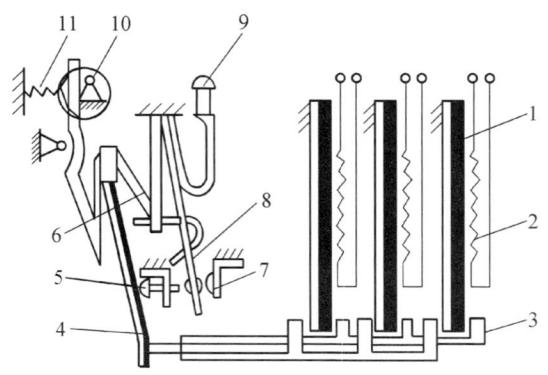

1—双金属片;2—热元件电阻丝;3—导板;4—补偿双金属片;5—螺钉;6—推杆;
7—静触点;8—动触点;9—复位按钮;10—调节凸轮;11—弹簧。

图 8-30 热继电器的结构示意图

当电动机正常运行时，其工作电流通过热元件产生的热量不足以使双金属片变形到位，热继电器不动作。当电动机发生过电流且超过整定值时，双金属片发热膨胀而发生弯曲，经过一定时间后，使触点动作，并通过辅助触头控制电路切断电动机的工作电源，以实现过载保护。热继电器动作后一般不能自动复位，要等双金属片冷却后按下复位按钮复位。热继电器的动作电流可以借助旋转凸轮在不同位置来实现调节。由于热元件具有热惯性，因此，热继电器不能做短路保护。

（2）热继电器的型号和电气符号。

① 型号。热继电器的型号标志组成及其含义如图8-31所示。

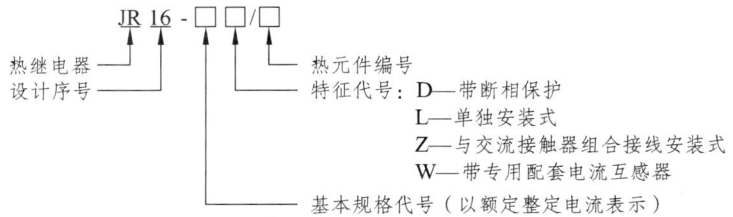

图8-31 热继电器的型号组成及其含义

② 电气符号。热继电器的图形符号及文字符号如图8-32所示。

图8-32 热继电器的电气符号

（3）热继电器的主要参数。

① 额定电流。指热继电器中可以安装的热元件的最大整定电流值。

② 额定电压。指热继电器中热元件能够长期正常工作的最大电压值。

③ 整定电流。热元件能够长期工作而不致引起热继电器动作的最大电流值。

（4）热继电器的选择与常见故障。

热继电器主要用于电动机的过载保护，使用中应考虑电动机的工作环境、起动情况、负载性质等因素，主要考虑以下几个方面来选择。

① 热继电器的额定电压、电流一般略大于电动机的额定电压、电流。

② 热元件的整定电流一般等于电动机的额定电流。对于过载能力差的电动机，热元件的整定电流可取电动机额定电流的0.95~1.05倍；对于起动频繁、需要拖动冲击性负载的电动机，热元件的整定电流可取电动机额定电流的1.15~1.5倍。

热继电器的常见故障及处理方法如表8-7所示。

表 8-7　热继电器的常见故障及处理方法

故障现象	产生原因	处理方法
热继电器误动作或动作太快	整定电流偏小	调大整定电流
	操作频率过高	调换热继电器或限定操作频率
	连接导线太细	选用标准导线
热继电器不动作	整定电流偏大	调小整定电流
	热元件烧断或脱焊	更换热元件或热继电器
	导板脱出	重新放置导板并试验动作灵活性
热元件烧断	负载侧电流过大	排除故障，调换热继电器
	反复	限定操作频率或调换合适的热继电器
	短时工作	
	操作频率过高	
主电路不通	热元件烧毁	更换热元件或热继电器
	接线螺钉未压紧	旋紧接线螺钉
控制电路不通	热继电器常闭触点接触不良或弹性消失	检修常闭触点
	手动复位的热继电器动作后，未手动复位	手动复位

3. 时间继电器

时间继电器是一种利用电磁原理或机械动作原理实现触点延时接通或断开的自动控制器件。时间继电器用于控制电路的延时动作，即当时间继电器的线圈得电后，其延时触点需要经过一定的时间后，才能动作。

时间继电器的种类很多，按动作原理可分为电磁式、空气阻尼式、电动式和电子式等；按延时方式可分为通电延时型和断电延时型时间继电器。图 8-33 为几种常见的时间继电器。

（a）空气阻尼式时间继电器

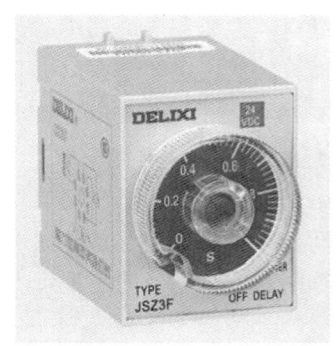
（b）电子式时间继电器

图 8-33　常见时间继电器的实物图

时间继电器的型号标志组成及其含义如图 8-34 所示。

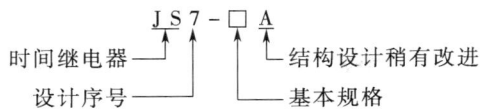

图 8-34 时间继电器型号的组成及其含义

时间继电器的图形符号及文字符号如图 8-35 所示。

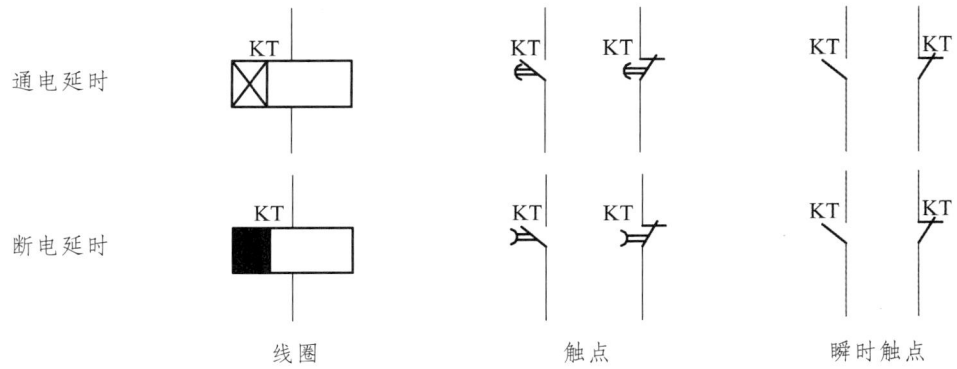

图 8-35 时间继电器的电气符号

4. 速度继电器

速度继电器是用来反映转速与转向变化的继电器，它可以按照被控电动机转速的大小使控制电路接通或断开。速度继电器通常与接触器配合，实现对电动机的反接制动。速度继电器实物如图 8-36 所示。

图 8-36 速度继电器实物图

（1）速度继电器的结构和工作原理。

从结构上看，速度继电器主要由转子、转轴、定子和触点等部分组成。转子是一个圆柱形永久磁铁，定子是一个笼形空心圆环，并装有笼形绕组。其内部结构拆分图如图 8-37 所示。

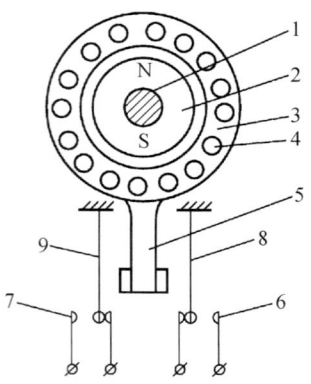

1—轴；2—转子；3—定子；4—绕组；5—摆杆；6、7—静触点；8、9—簧片。

图 8-37　速度继电器的结构原理图

工作时，速度继电器的转轴和电动机的轴通过连轴器相连，当电动机转动时，速度继电器的转子随之转动，定子内的绕组便切割磁力线，产生感应电流，此电流与转子磁场作用产生转矩，使定子随转子方向开始转动。电动机转速达到某一值时，产生的转矩能使定子转到一定角度从而使摆杆推动动断触点动作；当电动机转速低于某一值或停转时，定子产生的转矩会减小或消失，触点在簧片的作用下复位。

速度继电器有两组触点，每组各有一对动合触点和动断触点，可分别控制电动机正、反转的反接制动。通常当速度继电器转轴的转速达到 120 r/min 时，触点动作；当转速低于 100 r/min 时，触点复位。

（2）速度继电器的型号和电气符号。

① 型号。速度继电器的型号标志组成及其含义如图 8-38 所示。

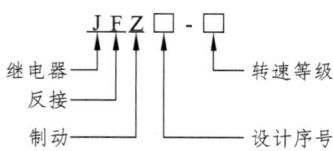

图 8-38　速度继电器型号的组成及其含义

② 电气符号。速度继电器的图形符号及文字符号如图 8-39 所示。

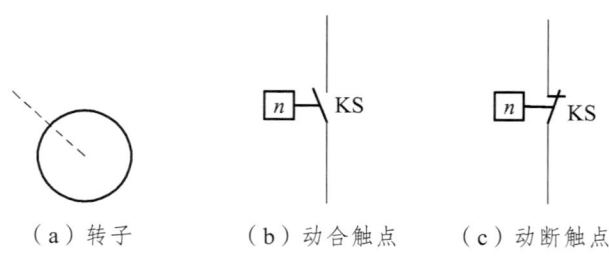

（a）转子　　（b）动合触点　　（c）动断触点

图 8-39　速度继电器的电气符号

二、电气控制线路的识读

电气控制系统图是由许多电器元件和导线按照一定要求连接而成的。其作用是为了表达生产机械电气控制系统的结构组成、工作原理,同时也为了便于电气线路的安装、接线、运行、维护。电气控制系统图主要包括电气原理图、电器元件布置图、电气安装接线图。

(一) 电气原理图

电气原理图是用国家统一规定的图形符号和文字符号,表示各个电器元件的接线关系及电气控制线路的工作原理的一种电气图。图 8-40 为 CW6132 型普通车床的电气原理图。

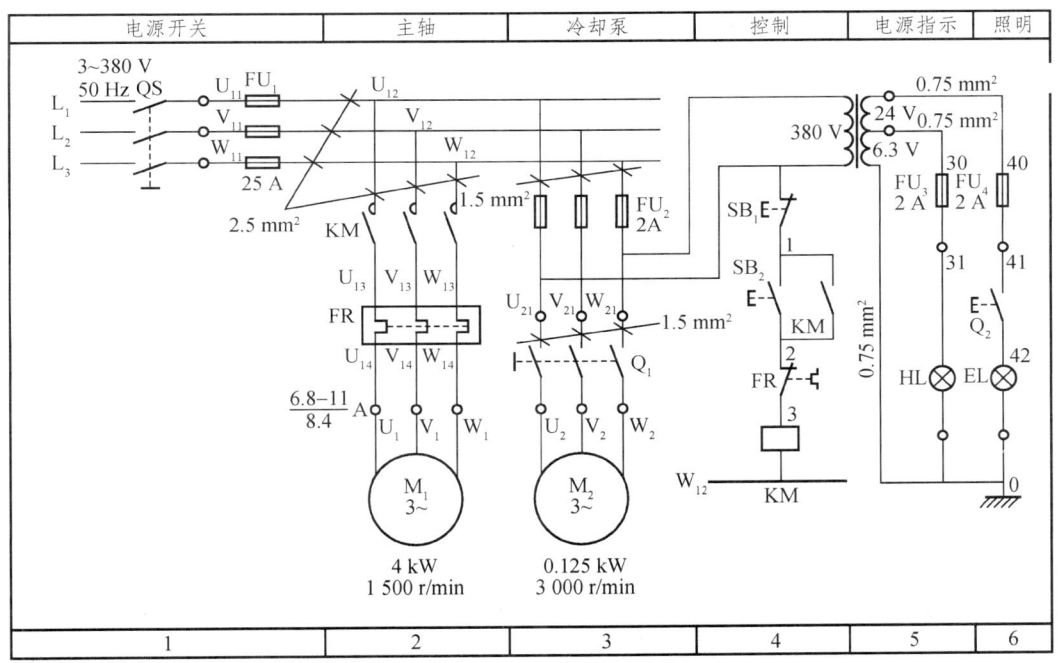

图 8-40 CW6132 型普通车床的电气原理图

1. 绘制电气原理图的基本原则

(1) 电气原理图中的所有元器件都应采用国家统一规定的图形符号和文字符号表示。

(2) 电路原理图一般分主电路和辅助电路两大部分。主电路是从电源到电动机的大电流通路,是电路的动力输出部分。辅助电路包括控制电路、指示电路、照明电路等部分。辅助电路中通过的电流较小,是电路的运行控制输入及照明、信号指示部分。

(3) 电气原理图中,各电器的触点状态都按电路未通电或电器未受外力作用时的常态位置画出。即常开触点断开,常闭触点闭合。分析电路的工作原理,应从触点的常态位置出发。

（4）电气原理图中，同一电器的各部件不按实际位置画在一起，而是按其在线路中所起作用分别画在不同回路中，但其动作是相互关联的。因此，同一元件的各部分必须标注相同的文字符号。当使用多个相同类型的电器时，要在文字符号的后面标注不同的数字序号，以示区分，如 KM_1、KM_2 等。

（5）绘制电气原理图时，动力部分的主电路一般在左边，控制电路在右边。各电器元件应按动作顺序从上到下、从左至右依次排列，并尽可能减少线条和避免线条交叉。对有电联系的交叉导线连接点，要用小黑圆点表示；无电联系的交叉导线则不画小黑圆点。

（6）为了方便阅读和分析，在电气原理图的上方，将图分成若干图区，并在下方从左到右用数字编号，各图区的名称代表了下方对应电路的主要功能，这样便于理解和分析电路的工作原理。

（7）电气原理图中的各支路采用等电位原则进行编号，即对电路中各个接点用字母或数字表示。

（8）在电气原理图的下方附图表示接触器和继电器线圈与触点的从属关系。在接触器和继电器线圈的下方给出相应的文字符号，文字符号的下方要标注其触点位置的索引代号，对未使用的触点用"×"表示，如图8-41所示。

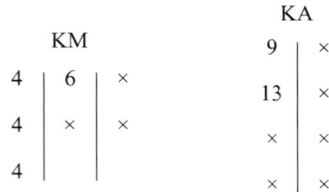

图8-41　线圈与触点从属关系图

对于接触器，左栏表示主触点所在的图区号，中栏表示辅助动合触点所在的图区号，右栏表示辅助动断触点所在的图区号。对于继电器，左栏表示动合触点所在的图区号，右栏表示动断触点所在的图区号。

2. 线号的标注原则和方法

以图8-40为例，说明线号的标注方法。

（1）主电路在电源开关的出线端按相序依次编号为 U_{11}、V_{11}、W_{11}。然后按从上至下、从左至右的顺序，每经过一个电器元件后，编号依次递增，如 U_{12}、V_{12}、W_{12}；U_{13}、V_{13}、W_{13} 等。单台三相交流电动机的三根引出线按相序依次编号为 U、V、W。对于多台电动机引出线的编号，为了不致引起误解和混淆，可在字母后用不同的数字加以区别，如 U_1、V_1、W_1；U_2、V_2、W_2 等。

（2）辅助电路编号按等电位原则，从上到下、从左至右用数字依次编号，每经过一个电器元件后，编号依次递增。

3. 电气原理图中技术数据的标注

电气原理图中，各元器件的相关数据和型号，常在电器元件的电气符号的下方或侧面标注出来。如图 8-40 所示中热继电器 FR 下方标有 6.8～11 A，该数据为热继电器的动作电流值范围，而 8.4 A 为该继电器的整定电流值。

（二）电器元件布置图

电器元件布置图是根据电器元件在控制板上的实际安装位置，采用简化的外形符号（如正方形、矩形、圆形等）而绘制的一种简图。它不表达各电器的具体结构、作用、接线情况以及工作原理，主要用于电器元件的布置和安装。图中各电器的文字符号必须与电气原理图和接线图的标注一致。图 8-42 是 CW6132 型普通车床的电器元件布置图。

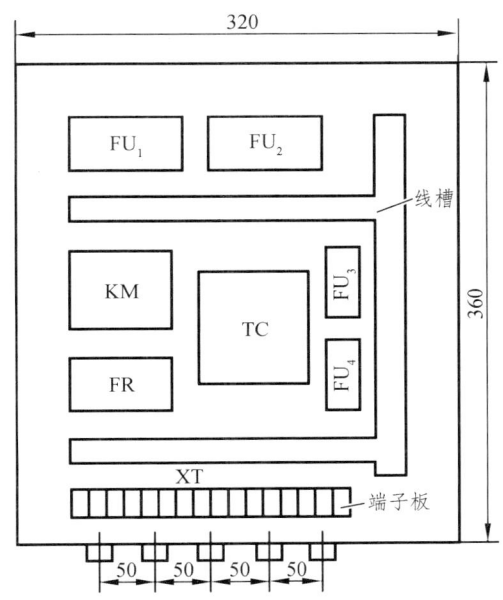

图 8-42　CW6132 型普通车床的电器元件布置图

一般的情况下，电器元件布置图是与电器安装接线图组合在一起使用的，既起到电器安装接线图的作用，又能清晰表示出所使用电器的实际安装位置。

绘制电器元件布置图的原则：

（1）体积大和较重的电器元件应安装在电器安装板的下方，而发热元件应安装在电器安装板的上面。

（2）强电、弱电应分开，弱电应屏蔽，防止外界干扰。

（3）需要经常维护、检修、调整的电器元件安装位置不宜过高或过低。

（4）电器元件的布置应考虑整齐、美观、对称。外形尺寸与结构类似的电器安装在一起，以方便安装和配线。

（5）电器元件布置不宜过密，应留有一定间距，以方便散热和布线。如用走线槽，应加大各排电器间距，以方便布线和维修。

（三）电气安装接线图

电气安装接线图是用来表明各电器元件之间的连接关系的一种电气图，主要用于电器的安装接线、线路检查、维修和故障处理。图 8-43 是 CW6132 型普通车床的电器箱外连部分的电气安装接线图。

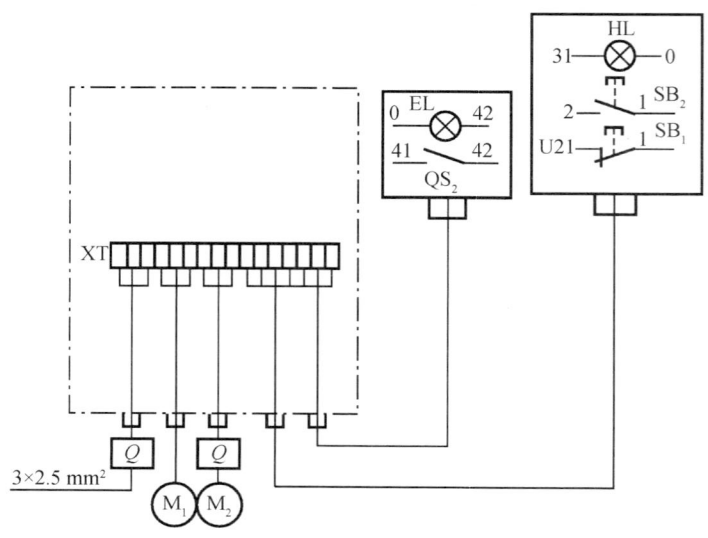

图 8-43　CW6132 型普通车床电气安装接线图

绘制电气接线图的一般原则是：

（1）接线图中的各个器件采用简化外形表示，简化外形旁应标注项目代号，并应与电气原理图中的标注一致。同一器件中所有的带电部件均画在一起，并用点划线框起来，即采用集中表示法。

（2）接线图中一般表示出各器件的相对位置、项目代号、端子号、导线号、导线型号、导线截面等内容。

（3）各电气元件上凡是需接线的部件端子都应绘出，并予以编号，各接线端子的编号必须与电气原理图上的导线编号相一致。

（4）盘内的各电器元件可以直接相连，但盘内与外部器件连接时，必须通过端子排进行连接，走向相同的相邻导线可以绘成一股线。

需要注意的是：接线图一般不表示导线安装的实际路径，施工时接线员可根据控制柜或盘面的实际情况选择最佳的走线方式。另外，为了方便识读，有时接线图也可以由实物模型按照线路走向和线号连接组成。如图 8-44 所示是三相异步电动机 Y-△降压起动控制的一种电气接线图。

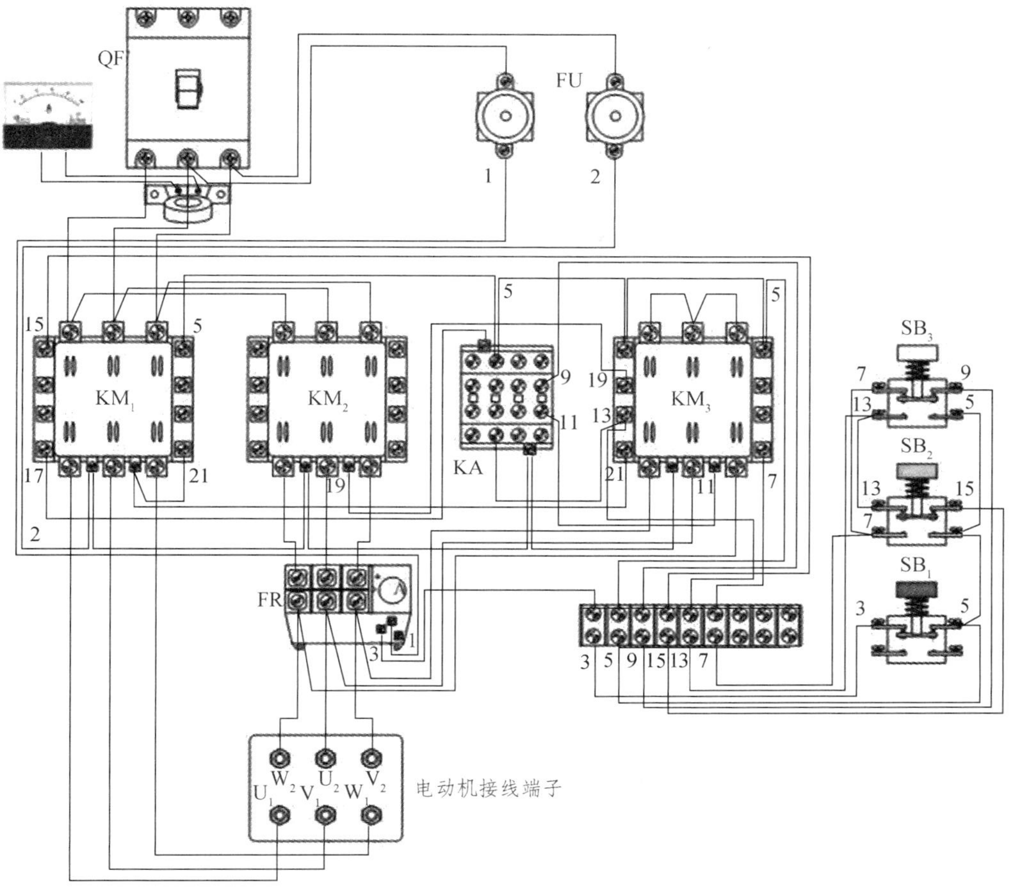

图 8-44　电气安装接线图

【项目实施】

任务一　三相异步电动机的点动控制

点动控制电路：按下按钮，电动机转动；松开按钮，电动机停转。它能实现电动机的短时起停控制，常用于机床对刀的手动调整，电动葫芦及地面操作的小型行车控制等。

（一）电路原理

三相异步电动机点动控制线路的原理图如 8-45 所示。

电气控制线路分析

原理图包括主电路和控制电路两部分。其中，主电路由断路器 QF、熔断器 FU_1、交流接触器 KM_1 的主触点、热继电器 FR_1 的热元件和电动机 M 组成；控制电路由熔断器 FU_2、热继电器 FR_1 的常闭触点、起动按钮 SB_1、交流接触器 KM_1 的线圈及辅助触点、指示灯 HL_1 和 HL_2 组成。

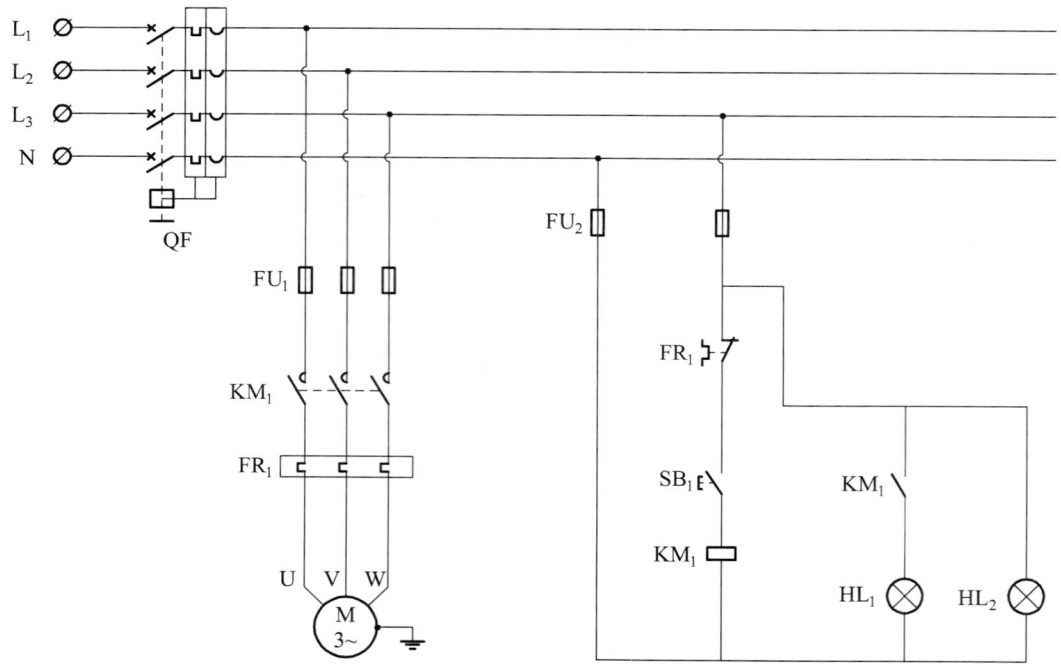

图 8-45 点动控制电路原理图

主电路中断路器 QF 为电源开关,起电源隔离和通断的作用;熔断器 FU_1 对主电路进行短路保护;FR_1 对电机进行过载保护;主电路由接触器 KM_1 的主触点进行通断控制。熔断器 FU_2 对控制电路进行短路保护;指示灯 HL_1 和 HL_2 分别为运行指示灯和电源指示灯。

线路的工作过程如下:

起动:合上断路器 QF→按下起动按钮 SB_1→接触器 KM_1 线圈通电→KM_1 主触点和常开辅助触点闭合→电动机 M 得电运行,运行指示灯 HL_1 亮。

停机:松开按钮 SB_1→KM_1 线圈失电→KM_1 主触点和辅助动合触点断开→电动机 M 断电停转,运行指示灯熄灭。

(二)电路的安装与调试

1. 所需元件和工具

控制板一块,交流接触器、熔断器、热继电器、电源隔离开关、按钮、指示灯、接线端子排、三相异步电动机、万用表及电工常用工具一套、导线、号码管等。材料清单如表 8-8 所示。

表 8-8 材料清单

序号	名称	型号与规格	单位	数量	备注
1	三相异步电动机	Y-112M-4,4 kW、380 V、△接法	台	1	
2	断路器	DZ47-63 D20	只	1	
3	组合三联按钮	LAY37	只	1	

续表

序号	名称	型号与规格	单位	数量	备注
4	交流接触器	CJT1-10 380V	只	1	
5	热继电器	JR36-20（0.4-63A）	只	1	
6	熔断器	RT18-32（10A×3、6A×2）	套	5	
7	接线端子排	TD-1520	条	2	
8	网孔板	600×500	块	1	
9	试车专用线		根	10	
10	塑料铜芯线	BV 1 mm^2	米	5	
11	塑料铜芯线	BV 0.75 mm^2	米	10	
12	线槽板		米	若干	
13	螺丝		只	若干	
14	万用表		块	1	
15	编码套管		米	5	
16	指示灯	220 V	只	2	

2. 接线训练步骤

（1）画出电路图，分析工作原理，并按规定标注线号。

（2）列出元件明细表，并进行检测，将元件的型号、规格、质量检查结果及有关测量值记入点动控制线路元件明细表中。检查内容有：电源开关的接触情况；拆下接触器的灭弧罩，检查相间隔板；检查各主触点表面情况；按压其触点架观察动触点（包括电磁机构的衔铁、复位弹簧）的动作是否灵活；检查接触器电磁线圈的电压与电源电压是否相符，用万用表测量电磁线圈的通断，并记下直流电阻值；测量电动机每相绕组的直流电阻值，并做记录。检查中发现异常应检修或更换元件。

（3）画出元件安装布置图及接线图。绘制安装接线图时，将电器元件的符号画在规定的位置，对照原理图的线号标出各端子的编号。控制按钮盒和电动机 M 在安装板外，通过接线端子排 XT 与安装底板上的电器连接。在配电板上布置元件，控制板上各元件的安装位置应整齐、均称、间距合理、便于接线和检修。

（4）按照接线图规定的位置定位打孔，将电器元件固定牢靠。注意熔断器 FU_1 中间一相和 KM 主触点中间相的接线端子成一直线，以保证主电路走线美观；断路器、按钮盒的受电端子应安装在控制板的外侧，以方便接线和操作。

（5）按电路图的编号在各元件和连接线两端做好编号标志。按图接线，一般先接主电路，再接控制电路。板前明线接线时注意：控制板上的走线应横平竖直，变换走向应垂直，避免交叉；转角处要弯成慢直角，控制板至电动机的连接导线要穿软管保护，电动机外壳要安装接地线。走线时应注意：走线通道应尽可能少，同一通道中的沉底导线应按主控电路分类集中，贴紧敷面单层平行密排；同一平面的导线应高低一致或前后一致，不能交叉，当必须交叉时，该根导线应在接线端子引出时合理水平跨越；导线与接线端子连接时，应不压绝缘层，不反圈，不露铜过长，要拧紧接线柱上的压紧螺钉；一个电器元件接线端子上的连接导线不得超过两根，每节接线端子排上的连接导线一般只允许连接一根。

（6）检查线路无误后，通电试车。观察电动机运行是否符合设计要求。若发生故障，应立即切断电源并检查。

（三）任务评价

三机异步电动机的点动控制任务评价标准见表8-9。

表8-9 任务评价标准

评价内容		配分	考核点
职业素养与操作规范（20分）	工作前准备	10	（1）清点系统文件、器件、仪表、电工工具、电动机等，并测试器件好坏； （2）穿戴好劳动防护用品
	7S规范	10	（1）操作过程中及作业完成后，保持工具、仪表、元器件、设备等摆放整齐； （2）操作过程中无不文明行为、具有良好的职业操守，独立完成考核内容、（3）合理解决突发事件； （4）具有安全用电意识，操作符合规范要求； （5）作业完成后清理、清扫工作现场
作品（80分）	技术文档（答题纸）	10	（1）原理图绘制正确； （2）元器件选择合理； （3）电气接线图绘制正确、合理； （4）调试步骤阐述正确
	元器件布置安装及工艺要求	30	（1）不按原理图安装，扣10分； （2）元件安装不牢固，每只扣2分； （3）安装元件时漏装螺钉，每只扣0.5分； （4）接点松动、接点露铜过长、压绝缘层、反圈等，每处扣0.5分； （5）损伤导线绝缘或线芯，每根扣0.5分； （6）元件安装不整齐、不匀称、不合理，每只扣3分； （7）损坏元件，扣10分； （8）套管、标号符合工艺要求； （9）安装结束，盖好线槽盖板
	线路检查	10	（1）正确使用万用表； （2）正确检查主电路； （3）正确检查控制电路

评价内容		配分	考核点
作品（80分）	功能	30	（1）按正确的流程完成系统调试和功能演示； （2）线路通电正常工作，各项功能完好； （3）第一次试车不成功，扣10分； （4）第二次试车不成功，扣20分； （5）第三次试车不成功，扣30分
	工时		120 min，在规定的时间内完成操作，超时停止考核
	得分		

任务二 三相异步电动机的连续运行控制

（一）电路原理

在实际生产中往往要求电动机能够长时间连续转动，即所谓长动控制。如图 8-46 所示，主电路由断路器 QF、熔断器 FU_1、接触器 KM_1 的主触点、热继电器 FR_1 的热元件和电动机 M 组成；控制电路由熔断器 FU_2、停止按钮 SB_1、起动按钮 SB_2、接触器 KM_1 的常开辅助触点和线圈、热继电器 FR_1 的常闭触点、指示灯 HL_1 和 HL_2 组成。

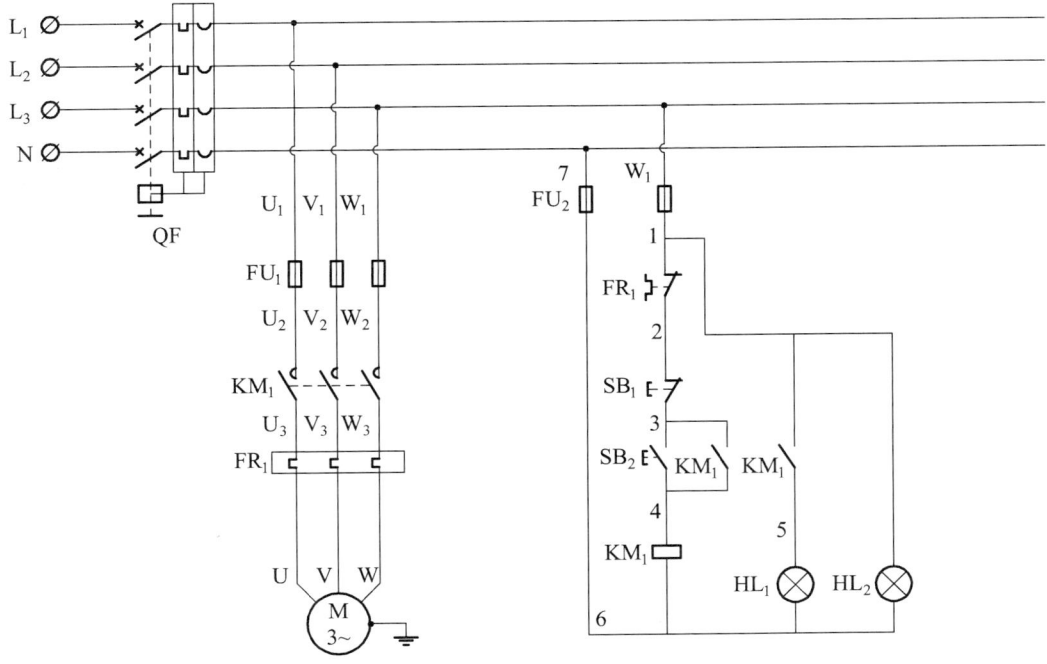

图 8-46 连续运行控制电路原理图

其工作过程如下：

起动：合上断路器 QF→按下起动按钮 SB_2→接触器 KM_1 线圈通电→KM_1 主触点和常开辅助触点闭合（自锁）→电动机 M 得电连续运行，且运行指示灯 HL_1 亮；

停机：按下停止按钮 SB1→KM$_1$ 线圈断电→KM$_1$ 主触点和辅助常开触点断开（自锁解除）→电动机 M 断电停转，运行指示灯熄灭。

在电动机连续运行的控制电路中，当起动按钮 SB$_2$ 松开后，接触器 KM$_1$ 的线圈通过其辅助常开触点的闭合仍继续保持通电，从而保证了电动机的连续运行。这种依靠接触器自身辅助常开触点的闭合而使其线圈保持通电的控制方式，称为自锁。因此，把起到自锁作用的辅助常开触点称为自锁触点。

为了保证电路及设备运行安全，电路中通常设有以下保护环节：

① 短路保护。短路时熔断器 FU 的熔体熔断从而切断电路起保护作用。

② 过载保护。电动机长期过载时，热继电器 FR 的热元件发热，使其常闭触点断开从而切断控制电路，使 KM 主触点断开，起到保护电动机的作用。

③ 欠压、失压保护。当电源电压由于某种原因而严重欠压或失压时，接触器 KM 线圈断电，触点复位，电动机停止转动。

（二）电路的安装与调试

1. 所需元件和工具

控制板一块、交流接触器、熔断器、热继电器、电源隔离开关、按钮、指示灯、接线端子排、三相异步电动机、万用表及电工常用工具一套、导线、号码管等。材料清单如表 8-10 所示。

表 8-10　材料清单

序号	名称	型号与规格	单位	数量	备注
1	三相异步电动机	Y-112M-4、4 kW、380 V、△接法	台	1	
2	断路器	DZ47-63 D20	只	1	
3	组合三联按钮	LAY37	只	2	
4	交流接触器	CJT1-10 380 V	只	1	
5	热继电器	JR36-20（0.4-63A）	只	1	
6	熔断器	RT18-32（10A×3、6A×2）	套	5	
7	接线端子排	TD-1520	条	2	
8	网孔板	600×500	块	1	
9	试车专用线		根	10	
10	塑料铜芯线	BV 1 mm^2	米	5	
11	塑料铜芯线	BV 0.75 mm^2	米	10	
12	线槽板		米	若干	
13	螺丝		只	若干	
14	万用表		块	1	
15	编码套管		米	5	
16	指示灯	220 V	只	2	

2. 接线训练步骤

（1）画出电路图，分析工作原理，并按规定标注线号。

（2）列出元件明细表，并进行检测，将元件的型号、规格、质量检查结果及有关测量值记入连续运行控制电路元件明细表中。检查内容有：电源开关的接触情况；拆下接触器的灭弧罩，检查相间隔板；检查各主触点表面情况；按压其触点架观察动触点（包括电磁机构的衔铁、复位弹簧）的动作是否灵活；电磁线圈的电压值和电源电压是否相符，用万用表测量电磁线圈的通断，并记下直流电阻值；测量电动机每相绕组的直流电阻值，并做记录，记录停止按钮和起动按钮的颜色。检查中发现异常应检修或更换元件。

（3）在配电板上布置元件，并画出元件安装布置图及接线图。绘制安装接线图时，将电器元件的符号画在规定的位置，对照原理图的线号标出各端子的编号。

（4）按照接线图规定的位置定位打孔将电器元件固定牢靠。注意熔断器 FU_1 中间一相和 KM 主触点中间一极的接线端子成一直线，以保证主电路走线美观规整。

（5）按电路图的编号在各元件和连接线两端做好编号标志，并按图接线，一般先接主电路，再接控制回路。接线时注意：热继电器的热元件要串联在主电路中，其常闭触点接入控制电路，不可接错。接触器的自锁触点用常开触点，且与起动按钮并联。

（6）检查线路无误后通电试车。试车时先合 QF，再按起动按钮 SB_2；停车时，先按停止按钮 SB_1，再断开 QF。若发生故障，应立即切断电源并检查。

（三）任务评价

三机异步电动机的连续运行控制任务评价标准见表 8-11。

表 8-11 任务评价标准

评价内容		配分	考核点
职业素养与操作规范（20分）	工作前准备	10	（1）清点系统文件、器件、仪表、电工工具、电动机等，并测试器件好坏； （2）穿戴好劳动防护用品
	7S 规范	10	（1）操作过程中及作业完成后，保持工具、仪表、元器件、设备等摆放整齐； （2）操作过程中无不文明行为、具有良好的职业操守，独立完成考核内容、合理解决突发事件； （3）具有安全用电意识，操作符合规范要求； （4）作业完成后清理、清扫工作现场
作品（80分）	技术文档（答题纸）	10	（1）原理图绘制正确； （2）元器件选择合理； （3）电气接线图绘制正确、合理； （4）调试步骤阐述正确

续表

评价内容		配分	考核点
作品（80分）	元器件布置安装及工艺要求	30	（1）不按原理图安装，扣10分； （2）元件安装不牢固，每只扣2分； （3）安装元件时漏装螺钉，每只扣0.5分； （4）接点松动、接点露铜过长、压绝缘层、反圈等，每处扣0.5分； （5）损伤导线绝缘或线芯，每根扣0.5分； （6）元件安装不整齐、不匀称、不合理，每只扣3分； （7）损坏元件，扣10分； （8）套管、标号符合工艺要求； （9）安装结束，盖好线槽盖板
	线路检查	10	（1）正确使用万用表； （2）正确检查主电路； （3）正确检查控制电路
	功能	30	（1）按正确的流程完成系统调试和功能演示； （2）线路通电正常工作，各项功能完好； （3）第一次试车不成功，扣10分； （4）第二次试车不成功，扣20分； （5）第三次试车不成功，扣30分
工时			120 min，在规定的时间内完成操作，超时停止考核
得分			

任务三　三相异步电动机的点长动运行控制

（一）电路原理

在生产实践中，机床对刀往往需要手动调整，然后才能进行连续切削加工，这就要求电动机既能实现点动又能实现长动，即点长动控制。其控制方式主要有以下几种，如图8-47所示。

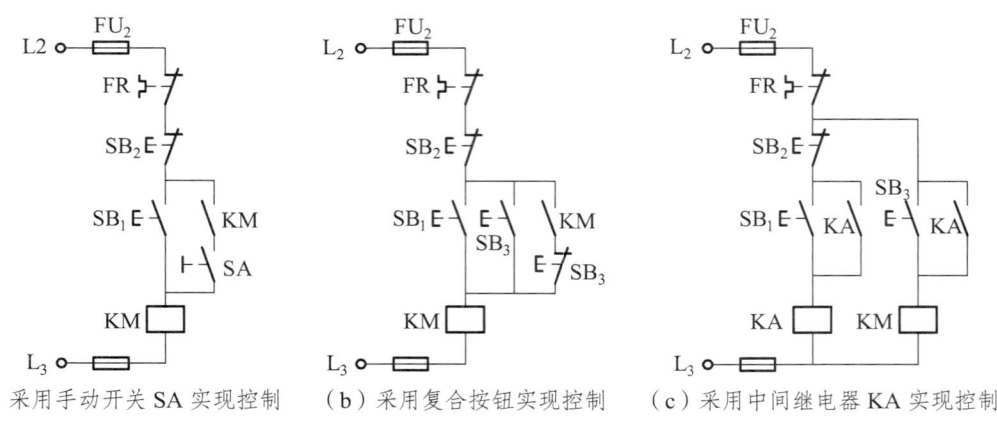

（a）采用手动开关SA实现控制　（b）采用复合按钮实现控制　（c）采用中间继电器KA实现控制

图8-47　几种点长动控制电路

图 8-47（a）采用手动开关 SA 实现控制。点动控制时，先把 SA 打开，断开自锁电路→按动 SB_1→KM 线圈通电→电动机 M 点动；长动控制时，把 SA 合上→按动 SB_1→KM 线圈通电→自锁触点起作用→电动机 M 实现长动。

图 8-47（b）采用复合按钮实现控制。点动控制时，按下复合按钮 SB_3，断开自锁回路→KM 线圈通电→电动机 M 点动；长动控制时，按下起动按钮 SB_1→KM 线圈通电→自锁触点起作用→电动机 M 长动运行。此电路在点动控制时，若接触 KM 的释放时间大于复合按钮的复位时间，则 SB_3 松开时，其常闭触点已复位但接触器 KM 的自锁触点尚未断开，会使自锁电路继续通电，此时线路不能实现正常的点动控制。

图 8-47（c）采用中间继电器 KA 实现控制。点动控制时，按下起动按钮 SB_3→KM 线圈通电→电动机 M 点动；长动控制时，按下起动按钮 SB_1→中间继电器 KA 线圈通电并自锁→KM 线圈通电→M 实现长动。此线路多用了一个中间继电器，但提高了工作可靠性。

本项目任务采用的点长动控制电路原理图如图 8-48 所示。在复合按钮基本控制电路基础上，增加了电源指示、运行指示和测试灯。

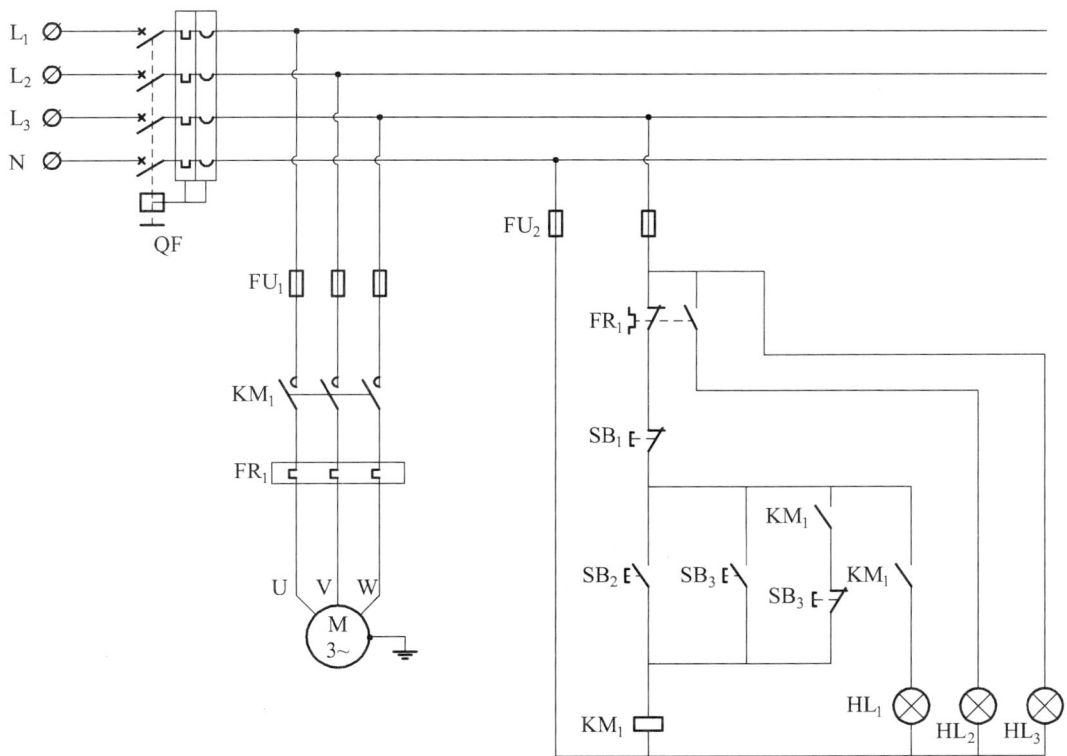

图 8-48　点长动控制原理图

（二）电路的安装与调试

本项目的安装所需工具和元器件与连续运行控制一致，安装与调试步骤也基本相同，此处不再赘述。需要提醒的是：注意复合按钮的接线，由于按钮盒的三个按钮同时用到，出线较多，要正确编号并分配好接线端子。另外，要注意热继电器的常开常闭触点的选用，不能接错。

（三）任务评价

三相异步电动机的点长动运行控制任务评价标准见表 8-12。

表 8-12　任务评价标准

评价内容		配分	考核点
职业素养与操作规范（20分）	工作前准备	10	（1）清点系统文件、器件、仪表、电工工具、电动机等，并测试器件好坏； （2）穿戴好劳动防护用品
	7S 规范	10	（1）操作过程中及作业完成后，保持工具、仪表、元器件、设备等摆放整齐； （2）操作过程中无不文明行为、具有良好的职业操守，独立完成考核内容、合理解决突发事件； （3）具有安全用电意识，操作符合规范要求； （4）作业完成后清理、清扫工作现场
作品（80分）	技术文档（答题纸）	10	（1）原理图绘制正确； （2）元器件选择合理； （3）电气接线图绘制正确、合理； （4）调试步骤阐述正确
	元器件布置安装及工艺要求	30	（1）不按原理图安装，扣 10 分； （2）元件安装不牢固，每只扣 2 分； （3）安装元件时漏装螺钉，每只扣 0.5 分； （4）接点松动、接点露铜过长、压绝缘层、反圈等，每处扣 0.5 分； （5）损伤导线绝缘或线芯，每根扣 0.5 分； （6）元件安装不整齐、不匀称、不合理，每只扣 3 分； （7）损坏元件，扣 10 分； （8）套管、标号符合工艺要求； （9）安装结束，盖好线槽盖板
	线路检查	10	（1）正确使用万用表； （2）正确检查主电路； （3）正确检查控制电路
	功能	30	（1）按正确的流程完成系统调试和功能演示； （2）线路通电正常工作，各项功能完好； （3）第一次试车不成功，扣 10 分； （4）第二次试车不成功，扣 20 分； （5）第三次试车不成功，扣 30 分
工时			120 min，在规定的时间内完成操作，超时停止考核
得分			

任务四　三相异步电动机的正反转控制

（一）电路原理

在实际应用中，往往要求生产机械改变运动方向，如工作台前进、后退；电梯上升、下降等，这就要求电动机能实现正反转。对于三相异步电动机来说，可通过两个接触器改变电动机定子绕组的三相电源相序来实现。电动机正反转控制线路如图 8-49 所示，主电路线路连接时，通过 KM_1 和 KM_2 交换了电源两相相序，使电动机产生的电磁转矩反向，从而实现了正反转。接触器 KM_1 控制电动机 M 正转；接触器 KM_2 控制电动机 M 反转。

实操接线与检测

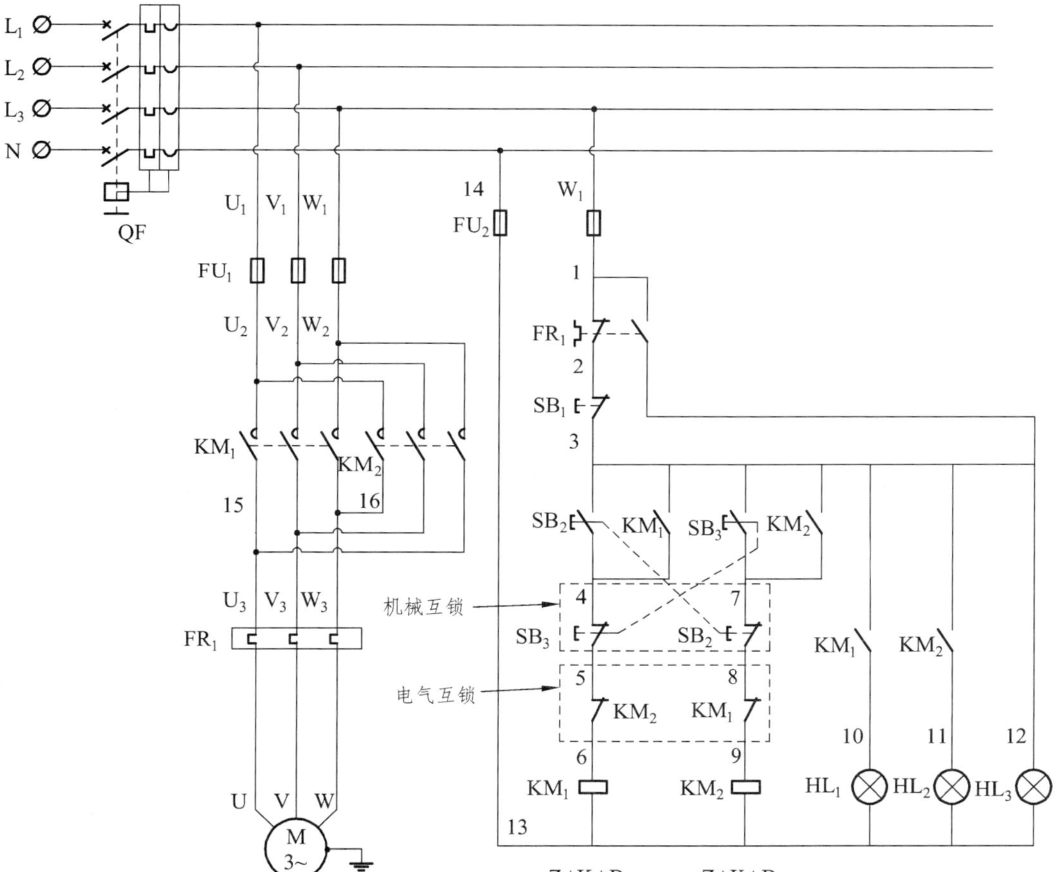

图 8-49　双重联锁的正反转控制原理图

其工作过程如下：

正转控制：合上 QF→按下正向起动按钮 SB_2→接触器 KM_1 通电→KM_1 主触点闭合、

辅助常开触点闭合（自锁）、辅助常闭触点断开（互锁）→切断反转，电动机 M 正转，且正转指示灯 HL_1 亮。

反转控制：合上 QF→按下反向起动按钮 SB_3→接触器 KM_2 通电→KM_2 主触点闭合、辅助常开触点闭合（自锁）、辅助常闭触点断开（互锁）→切断正转，电动机 M 反转，且反转指示灯 HL_2 亮。

停机：按停止按钮 SB_1→KM_1 或 KM_2 断电→M 停转，相应指示灯熄灭。

该控制电路引入了两种互锁：机械互锁和电气互锁。所谓互锁，指的是两条回路的接触器、继电器或按钮利用其常闭触点串入对方的控制回路中，当其中一条回路工作时，其对应的互锁回路将被断开，从而起到保护作用，把这种电路称为互锁或联锁电路。而机械互锁是利用复合按钮的常闭触点实现，电气互锁是利用接触器或继电器的辅助常闭触点实现，起互锁作用的触点称为互锁触点。

从正反转控制的原理图可知，没有互锁一样可以实现正反转。但若取消互锁电路，电路运行时，必须按照"正→停→反"或者"反→停→正"的顺序进行操作，否则，可能导致正反向接触器同时得电，造成短路。即必须按下停止按钮后，才能正向或反向起动。这对需要频繁改变电动机运行方向的设备来说是很不方便的。

因此，为了保障安全，提高生产效率，实现直接正、反、停任意操作。在实际生产应用中，一般同时采用电气互锁和机械互锁，即双重互锁控制。

（二）电路的安装与调试

1. 所需元件和工具

控制板一块，交流接触器、熔断器、热继电器、电源隔离开关、按钮、指示灯、接线端子排、三相异步电动机、万用表及电工常用工具一套、导线、号码管等。材料清单如表 8-13 所示。

表 8-13　材料清单

序号	名称	型号与规格	单位	数量	备注
1	三相异步电动机	Y-112M-4、4 kW、380 V、△接法	台	1	
2	断路器	DZ47-63 D20	只	1	
3	组合三联按钮	LAY37	只	1	
4	交流接触器	CJT1-10 380 V	只	2	
5	热继电器	JR36-20（0.4~63 A）	只	1	
6	熔断器	RT18-32（10A×3、6A×2）	套	5	
7	接线端子排	TD-1520	条	1	
8	网孔板	600×500	块	1	
9	试车专用线		根	9	

续表

序号	名称	型号与规格	单位	数量	备注
10	塑料铜芯线	BV 1 mm²	米	5	
11	塑料铜芯线	BV 0.75 mm²	米	10	
12	线槽板		米	若干	
13	螺丝		只	若干	
14	万用表		块	1	
15	编码套管		米	5	
16	指示灯	220 V	只	3	

2. 接线训练步骤

（1）画出双重联锁正反转控制电路图，分析工作原理，并按规定标注线号。

（2）列出元件明细表并进行检测，将元件的型号、规格、质量检查结果及有关测量值记入双重联锁正反转控制线路元件明细表中。

（3）在配电板上布置元件，并画出元件安装布置图及接线图。绘制安装接线图时，将电器元件的符号画在规定的位置，对照原理图的线号标出各端子的编号。

（4）按照接线图规定的位置定位打孔将电器元件固定牢靠。注意熔断器 FU_1 中间一相和 KM 主触点中间一极的接线端子成一直线，以保证主电路走线美观规整。

（5）按电路图的编号在各元件和连接线两端做好编号标志，并按图接线。接线时注意：互锁触点和按钮盒内的接线不能接错，否则将出现短路事故。

（6）检查线路无误后，通电试车。观察电动机正反转及停车是否正常。操作过程中电动机正、反转的切换不宜过快和过于频繁。

（三）任务评价

三相异步电动机的正反转控制任务评价标准见表 8-14。

表 8-14 任务评价标准

评价内容		配分	考核点
职业素养与操作规范（20分）	工作前准备	10	（1）清点系统文件、器件、仪表、电工工具、电动机等，并测试器件好坏； （2）穿戴好劳动防护用品
	7S 规范	10	（1）操作过程中及作业完成后，保持工具、仪表、元器件、设备等摆放整齐； （2）操作过程中无不文明行为、具有良好的职业操守，独立完成考核内容、合理解决突发事件； （3）具有安全用电意识，操作符合规范要求； （4）作业完成后清理、清扫工作现场

续表

评价内容		配分	考核点
作品（80分）	技术文档（答题纸）	10	（1）原理图绘制正确； （2）元器件选择合理； （3）电气接线图绘制正确、合理； （1）调试步骤阐述正确
	元器件布置安装及工艺要求	30	（1）不按原理图安装，扣10分； （2）元件安装不牢固，每只扣2分； （3）安装元件时漏装螺钉，每只扣0.5分； （4）接点松动、接点露铜过长、压绝缘层、反圈等，每处扣0.5分； （5）损伤导线绝缘或线芯，每根扣0.5分； （6）元件安装不整齐、不匀称、不合理，每只扣3分； （7）损坏元件，扣10分； （8）套管、标号符合工艺要求； （9）安装结束，盖好线槽盖板
	线路检查	10	（1）正确使用万用表； （2）正确检查主电路； （3）正确检查控制电路
	功能	30	（1）按正确的流程完成系统调试和功能演示； （2）线路通电正常工作，各项功能完好； （3）第一次试车不成功，扣10分； （4）第二次试车不成功，扣20分； （5）第三次试车不成功，扣30分
工时			120 min，在规定的时间内完成操作，超时停止考核
得分			

【知识拓展】

一、三相异步电动机的控制

（一）三相异步电动机的自动往返控制

在机床电气设备中，有时需要工作台自动往复循环工作，例如龙门刨床的工作台前进、后退。电动机的正反转是实现工作台自动往复循环的基本环节。控制线路利用行程开关（位置开关）实现行程控制。图8-50是机床工作台自动往返运行示意图。

自动往返控制电路原理图如8-51所示。

其工作过程如下：

合上电源开关 QS→按下起动按钮 SB₂→接触器 KM₁ 通电→电动机 M 正转→工作台向右运行→前进到一定位置，撞块压动限位开关 SQ₁→SQ₁ 常闭触点断开→KM₁ 断电→电动机 M 停止正转，工作台停止向右运行。同时，SQ₁ 常开触点闭合→KM₂ 通电→电动机 M 改变电源相序而反转，工作台向左运行→后退到一定位置，撞块压动限位开关 SQ₂→SQ₂ 常闭触点断开→KM₂ 断电→M 停止向左运行。同时，SQ₂ 常开触点闭合→KM₁ 通电→电动机 M 又正转，工作台又开始右行，如此往复循环工作，直至按下停止按钮 SB₁→KM₁ 或 KM₂ 断电→电动机停止转动。

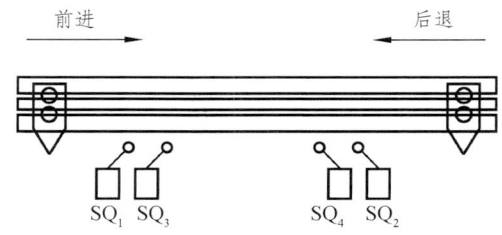

图 8-50　机床工作台自动往返运行示意图

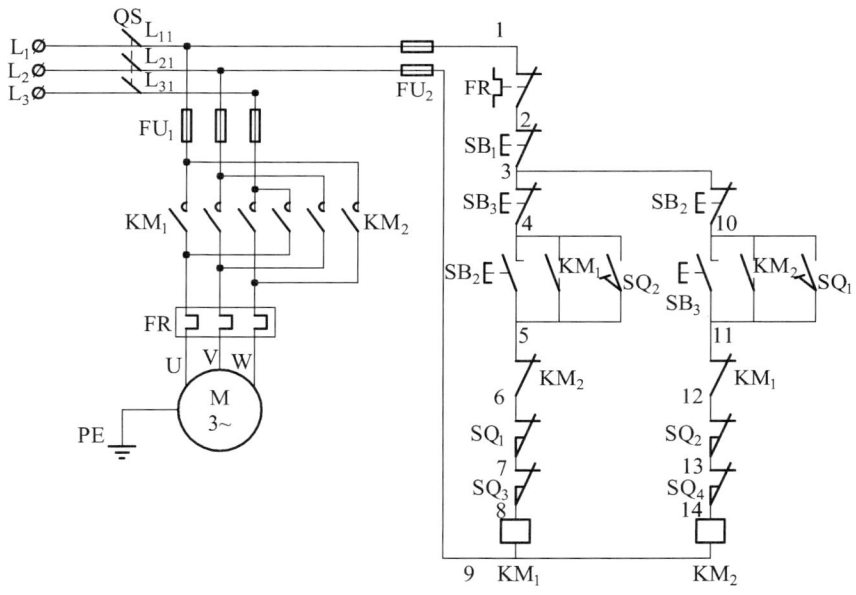

图 8-51　自动往返控制电路原理图

另外，SQ₃、SQ₄ 分别为正、反向极限位置保护开关，防止行程开关 SQ₁、SQ₂ 失灵时造成工作台从机床上冲出的事故。

（二）三相异步电动机的顺序控制

在实际生产中，往往有多台电动机需要按一定顺序动作，才能保证整个生产机械连续加工。例如，X62W 型万能铣床上要求主轴电动机起动后，进给电机才能起动；平面磨床中，要求砂轮电动机起动后，冷却泵电动机才能起动等。这种只有当一台电动机起动后，另一台电动机才允许起动的控制方式，称为电动机的顺序控制。

1. 利用按钮与接触器的互锁机制实现顺序控制

图 8-52（a）为利用按钮与接触器的互锁机制实现两台电动机顺序起动控制的原理图。

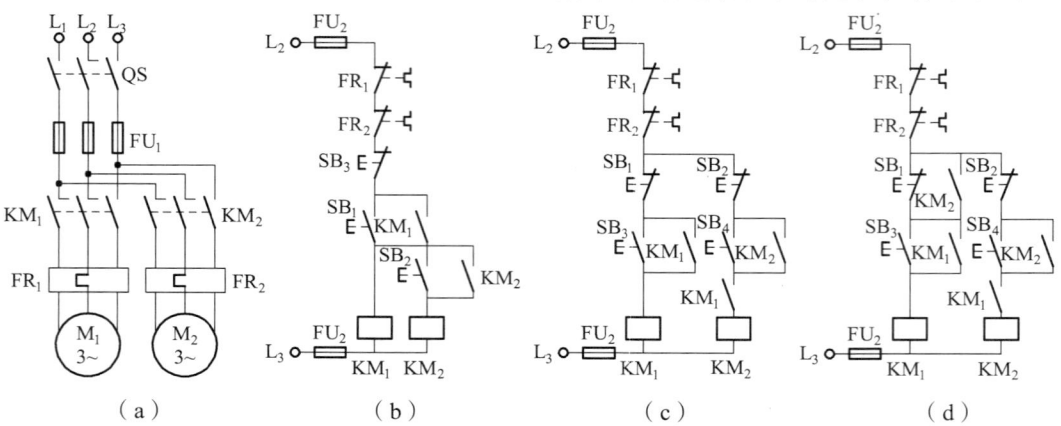

图 8-52　两台电动机顺序起动的控制线路

图 8-52（b）是利用 KM_1 的辅助常开触点起自锁和顺序控制的双重作用。实现了 M_1 先起动，M_2 后起动，且两台电机同时停车的功能。

图 8-52（c）是单独用 KM_1 的一个辅助常开触点串接在 KM_2 回路中以实现顺序控制。其功能是 M_1 先起动，M_2 后起动，停车时 M_1 若停车，M_2 则同时停车，M_2 可单独停车。

图 8-52（d）的功能是 M_1 先起动，M_2 后起动，停车时 M_2 先停车，M_1 才能停车。

2. 利用时间继电器实现顺序控制

图 8-53 是利用时间继电器的延时闭合常开触点来实现顺序起动的控制线路。电动机 M_1 起动后，延时一段时间，电动机 M_2 自动起动。

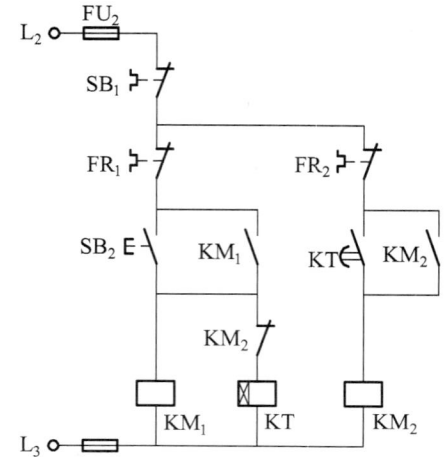

图 8-53　采用时间继电器的顺序起动控制线路

3. 利用主电路实现顺序控制

利用主电路实现顺序起动的电路如图 8-54 所示。图中电动机 M_1、M_2 分别由接触器 KM_1 和 KM_2 控制，但电动机 M_2 的主电路接在接触器 KM_1 主触头的下方，这样就保证了起动时必须先起动 M_1，之后才能起动 M_2，从而实现顺序起动功能。

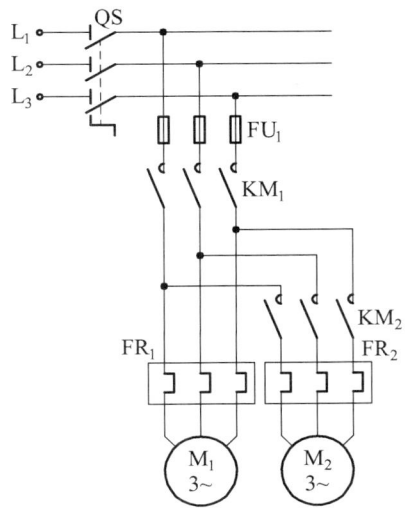

图 8-54 利用主电路接线的顺序起动控制线路

（三）三相异步电动机的 Y-△降压起动控制

图 8-55 是利用时间继电器实现星形-三角形降压起动控制。起动时将电动机定子绕接成星形连接，此时，加在电动机每相绕组上的电压为额定电压的 $1/\sqrt{3}$，从而减小了起动电流。待起动后，按预先设定的时间把电动机切换成三角形连接，使电动机在额定电压下全压运行。

起动过程如下：

合上刀开关 QS→按下起动按钮 SB_2→接触器 KM 通电→KM 主触点和自锁触点闭合→接触器 KM_Y 通电→KM_Y 主触点闭合→M 组成星形连接，降压起动；同时，时间继电器 KT 通电延时→延时时间到，KT 延时常闭触点断开，KT 延时常开触点闭合→KM_Y 断电、$KM_△$ 得电→M 组成三角形连接，并全压正常运行。

（四）三相异步电动机的反接制动控制

三相异步电动机的电源反接制动是通过改变电源相序，使定子产生的旋转磁场的方向与转子的运动方向相反，从而产生制动力矩的一种电气制动方法。其控制原理图如 8-56 所示。

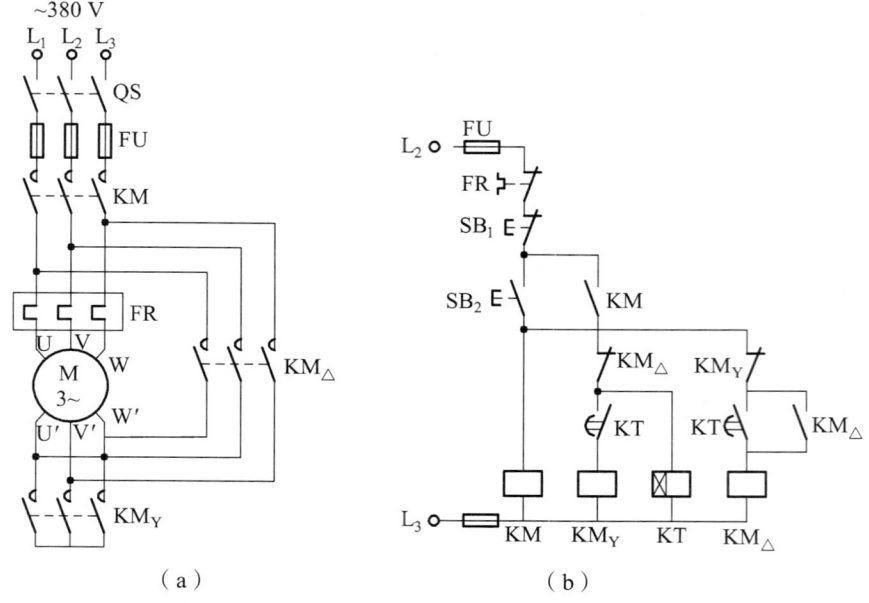

图 8-55 星形-三角形降压起动控制线路

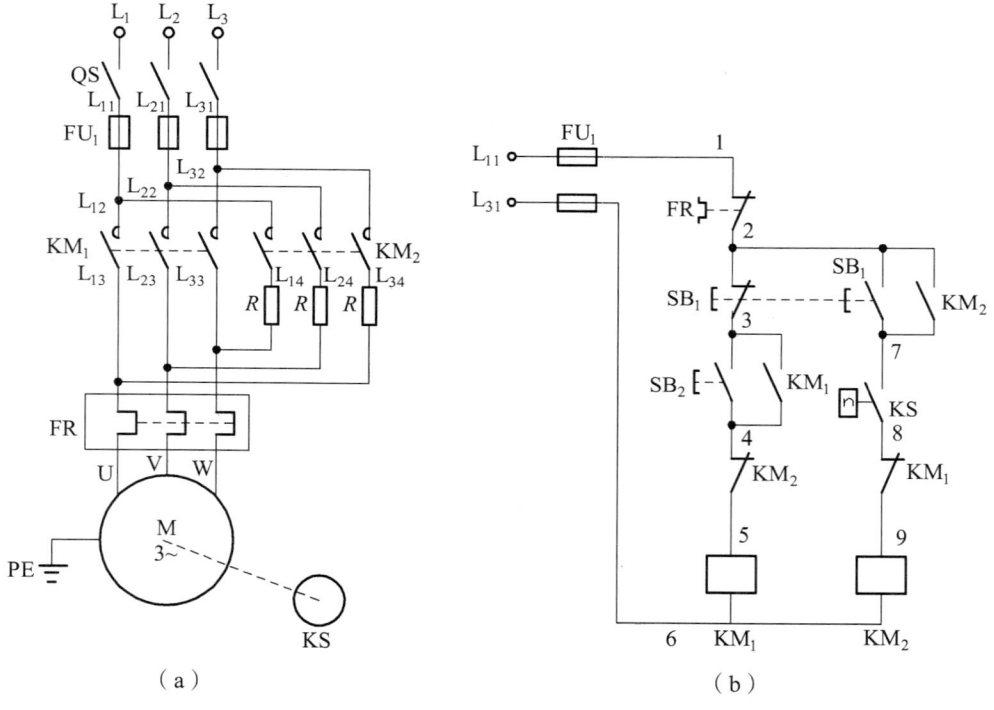

图 8-56 三相异步电动机电源反接制动控制原理图

电源反接制动主要采用速度继电器来控制，当电动机的转速接近于零时，必须及时切断电源，否则会引起电动机反转。速度继电器的动作值一般调整到 120 r/min 左右，释放值则调整为 90 r/min 左右。当电动机转速 $n>120$ r/min 时，速度继电器的触点动作；当

电动机转速 $n<90$ r/min 时，速度继电器的触动复位。

反接制动时，转子与旋转磁场的相对切割速度接近于同步转速的 2 倍，因此定子绕组中流过的电流相当于直接起动时电流的 2 倍，为了保护电机，需在定子回路中串入制动电阻以限制制动时的工作电流。

二、电气控制线路的安装工艺与调试方法

1. 工艺规范

（1）各元件的安装位置整齐、匀称，元件之间的距离合适，便于元件的更换及后期布线，紧固元件时要用力均匀，避免损伤器件。

（2）动力主电路的 U、V、W 三相导线颜色分别采用黄色、绿色、红色，零线采用蓝色，接地保护线（PE）采用黄绿双色线，控制回路采用黑色线。

（3）按钮盒采用软线连接，绿色做起动控制，红色做停止控制，黑色做点动或其他控制。

（4）布线时严禁损伤线心和导线绝缘。

（5）布线通道尽可能少，同路并行导线按主电路、控制电路分类集中，单层密排，紧贴安装面布线。

（6）布线要横平竖直，分布均匀，变换走向时应垂直。

（7）同一平面的导线应高低一致或前后一致，不能交叉。非交叉不可时，此根导线应在接线端子引出时就水平架空跨越，且必须走线合理。

（8）导线与接线端子或接线桩连接时，不得压绝缘层、不露铜过长。

（9）同一元件、同一回路不同接点的导线间距离应保持一致。

（10）一个电器元件接线端子上的连接导线不得多于两根，每节接线端子排上的连接导线一般只允许连接一根。

2. 通电前的线路检测

安装完毕的控制电路板必须经过认真检查以后才允许通电试车，以防止错接、漏接，造成不能正常运转或短路事故。

（1）外观检查。

对照电路原理图、接线图，从电源端开始逐段核对端子接线的线号，排除漏接、错接现象。检查所有端子接线的接触情况，用手摇动、拉拨端子上的接线，保证所用导线不松脱，避免通电试车时因虚接造成接触不良或故障。

（2）电阻测量法检查线路。

① 万用表检测主电路。

万用表调到电阻挡，将两表笔分别接在三相电源 L_1、L_2、L_3 的任意一相输入端及电动机 U、V、W 三相对应的出线端之间，分别测量 U 相、V 相、W 相在接触器不动作时的

直流电阻,读数应为"∞";用螺丝刀将接触器的触头系统按下,再次测量三相的直流电阻,读数应为每相定子绕组的直流电阻。根据所测数据判断主电路是否正常。

② 万用表检测控制电路。

万用表调到电阻挡,将两表笔分别接在 FU_2 两输入端,读数应为"∞",若按下起动按钮时,读数应为接触器线圈的直流电阻。若按下起动后,同时按下停止按钮,读数应再次为"∞"。根据所测数据判断控制电路是否正常。用此方法可分段测量电路各触点之间的通断情况。如图 8-57 所示。

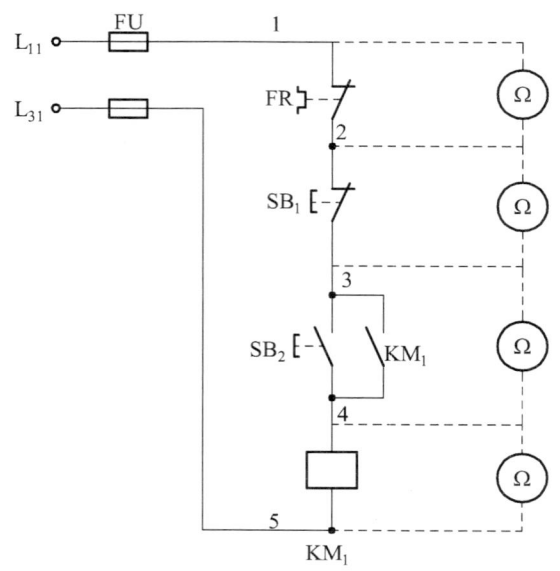

图 8-57　电阻测量法分段检查线路

3. 通电试车

通电试车必须经教师同意,并由教师接通三相电源,同时在现场监护。

(1) 合上电源开关 QS,用验电笔检查熔断器出线端,氖管亮则说明电源接通。

(2) 按下起动按钮,观察电动机运行情况是否正常;按下停止按钮,观察电动机是否正常停车。若有异常现象应立即停车,并切断电源。出现故障时,学生应独立进行检修;若需带电进行检查,教师必须在现场监护。检修完毕后,可进行再次试车。

(3) 试车结束后,应先切断三相电源线,再拆除电动机连线。

【研讨】

1. 名词解释

(1) 低压电器。

(2) 电气原理图、接线图、电器元件布置图。

(3) 自锁、互锁。

2. 问答题

（1）刀开关和低压断路器的区别？

（2）接触器的结构组成及各部分功能是什么？

（3）电气控制线路中一般有哪些保护，分别用什么元器件实现？

（4）短路保护与过载保护有什么区别？

3. 分析设计题

（1）图 8-58 是三相异步电动机的自耦变压器降低起动控制原理图，试分析其工作过程。

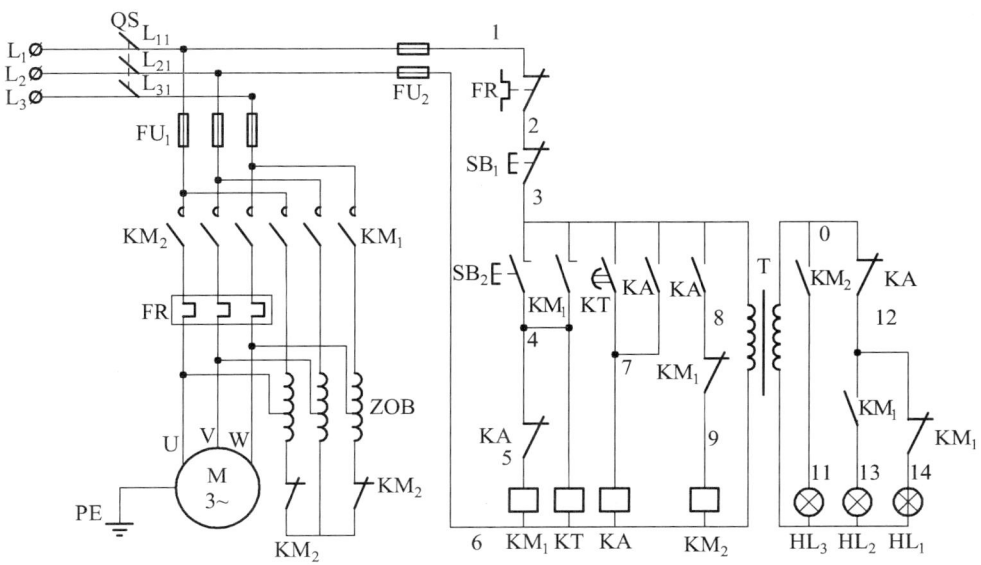

图 8-58　三相异步电动机自耦变压器降压起动

（2）设计两台电动机的顺序控制线路，要求：M_1 起动 10 s 后，M_2 才能起动，M_2 停止后，M_1 才能停止，且电路具有必要的短路和过载保护。

（3）设计一个可两地起动、两地停止的三相异步电动机控制电路，画出原理图，要求电路具有必要的短路和过载保护。

参考文献

[1] 冯泽虎. 电工技术[M]. 北京：高等教育出版社，2017.

[2] 赵承荻，王玺珍，袁媛. 电机与电气控制技术[M]. 5版. 北京：高等教育出版社，2018.

[3] 田淑珍. 电机与电气控制技术[M]. 北京：机械工业出版社，2009.

[4] 周守昌. 电路原理[M]. 北京：高等教育出版社，2004.